Was löst einen Essanfall aus?

Europäische Hochschulschriften

Publications Universitaires Européennes
European University Studies

Reihe VI
Psychologie

Série VI Series VI
Psychologie
Psychology

Bd./Vol. 702

PETER LANG
Frankfurt am Main · Berlin · Bern · Bruxelles · New York · Oxford · Wien

Tanja Legenbauer

Was löst einen Essanfall aus?

PETER LANG
Europäischer Verlag der Wissenschaften

Bibliografische Information Der Deutschen Bibliothek
Die Deutsche Bibliothek verzeichnet diese Publikation in der Deutschen Nationalbibliografie; detaillierte bibliografische Daten sind im Internet über <http://dnb.ddb.de> abrufbar.

Die Arbeit wurde vom Fachbereich I,
Psychologie der Universität Trier
im Jahr 2002 als Dissertation angenommen.

D 385
ISSN 0531-7347
ISBN 3-631-39783-6

www.peterlang.de

Theories are not true or false,
They are fertile or steril
Thomas Bernard

Danksagung

Zunächst möchte ich mich bei meinen Betreuern Prof. Dr. C. Vögele, Prof. Dr. H. Rüddel und Prof. Dr. D. Hellhammer bedanken, ohne deren fachlichen Rat, engagierte Förderung und persönliche Unterstützung die Durchführung der vorliegenden Untersuchung nicht möglich gewesen wäre. Dafür bedanke ich mich von ganzem Herzen.
Bedanken möchte ich mich zudem bei Dipl.-Psych. Ralph Jürgensen, der immer bereit war, mit mir statistische Probleme zu diskutieren und mir mit Rat und Tat zur Seite stand.
Zudem möchte ich mich bei dem Team der Diagnostikabteilung und des psychophysiologischen Labors des St. Franziska-Stift, Bad Kreuznach, insbesondere Dr. Dipl.-Psych. L. Mussgay für die Unterstützung und Hilfe bei der technischen Durchführung der Laborstudie bedanken.
Dank gilt ebenfalls allen Kollegen des Department of Psychology, University of Luton, UK, insbesondere den Mitgliedern der IT-Labors sowie Hannah Lambert, welche mir bei der Durchführung sowohl emotional als auch praktisch zur Seite stand.
Herzlichsten Dank auch an Dr. Dipl.-Psych. Silja Vocks und Dipl.-Psych. Katharina Kotthoff für das Bewerten der Transkripte.
Ein besonderer Dank gilt zudem Dipl.-Psych. Heike Wild und Dipl.-Psych. Petra Stadtfeld-Örtel für das unermüdliche Korrekturlesen und die emotionale Unterstützung.
Zudem möchte ich mich bei allen Kolleginnen und Versuchsteilnehmerinnnen bedanken, insbesondere bei den Probandinnen mit einer Ess-Störung, für die die Teilnahme an den Untersuchungen meist große Überwindung bedeutet hat.

Diese Arbeit widme ich meiner Familie, Gerald Scharpenack und allen meinen Freunden und Freundinnen. Es ist unschätzbar, was sie für mich getan haben.

Bad Kreuznach, im Februar 2002 Tanja Legenbauer

INHALTSVERZEICHNIS

1 Einleitung

Die Ausgaben für Diät- und Lightprodukte, Abnahmeprogramme, Bücher, etc. haben sich seit den 80iger Jahren verdoppelt. Der Jahresumsatz der Branche beträgt fast 30 Billionen Euro (Brownell, 1991).
Medikamente zur Gewichtsreduktion oder auch plastische Schönheitschirurgie gewinnen an Zuwachs – „wer schön sein will muss leiden". Scheinbar glauben viele Menschen, dass der Körper unendlich formbar ist: Man braucht nur die richtigen Esspläne, kombiniert mit dem richtigen Fitnessprogramm und vielleicht ein bisschen ärztliche Nachhilfe - dann kann jeder sein Schönheitsideal erreichen. Aber stimmt das? Und wenn es nicht wahr ist, welche Risiken geht der Schönheitsstrebende dann ein? Antizipiert wird dabei, dass jeder, der das Ziel erreicht, sehr großzügig belohnt wird: wenn man nur schöner, dünner und attraktiver ist, dann muss das Leben einfach besser sein – mehr Erfolg, glücklicher, erfüllter, positiveres Feedback vom anderen Geschlecht.
Unser heutiges Schönheitsideal kommt aus einer kollektiven Vision, beeinflusst von den Medien - Fernsehen und Magazinen, Katalogen, Kleidung und Werbung – sogar Spielzeuge wie die Barbie tragen das Schönheitsideal in die noch jungfräulichen Kinderstuben.
Diät ist die heutzutage meist verbreitete Methode, um das Gewicht zu regulieren. In einer Umfrage 1985 gaben bereits 46% der Frauen und 24% der Männer an, „auf Diät" zu sein. Die Raten für junge Mädchen liegen wesentlich höher (Brownell, 1991).
Anwärterinnnen zur Miss America Wahl trieben mindestens 13 Std. Sport pro Woche, das Maximum lag bei 35 Std. – ein „full-time" Job (Trebbe, 1989).
Der Anspruch an den eigenen Körper liegt so hoch, dass viele Menschen es mit einem normalen Maß an ausgewogener Ernährung und körperlicher Betätigung nicht mehr erreichen können. Und der Körper wehrt sich – hier stoßen also Physiologie und Kultur aufeinander. Der perfekte Körper ist ein Zeichen für Kontrolle – und das in einer Gesellschaft, in der Disziplin und Selbstkontrolle auch im Sinne harter Arbeit geachtet werden (Glassner, 1988). Der perfekte Körper zeigt, dass sich die Person gut unter Kontrolle hat, dem Verlangen faul zu sein oder zu essen gut widerstehen kann und ehrgeizig ist. Dicke Menschen werden in der entgegengesetzten Richtung stigmatisiert: sie sind fett, faul und haben sich nicht unter Kontrolle. So ist also ein schöner Körper in seiner Aussage nicht nur gesünder, sondern weist auch auf andere persönliche Qualitäten hin (Barsky, 1988). Das Ideal nicht zu erreichen, führt zwangsläufig zu stärkerer körperlicher Unzufriedenheit.
In einer Umfrage zu Wohlbefinden und körperlicher Zufriedenheit sagten 55% der Frauen und 41% der Männer, dass sie mit ihrem Gewicht unzufrieden seien (Cash et al., 1985). Dies wird als Anzeichen dafür gesehen, dass sich die kulturelle Überbewertung von Schlankheit und Attraktivität immer weiter ausdehnt und nun auch Männer nicht mehr außer Acht lässt (Cash & Brown, 1989).

Buttan und Whitehouse (1980) vermuten, dass 5% aller weiblichen Teenager nach Erreichen der Pubertät eine subklinische Ess-Störung entwickeln. Hartley (1998) konnte in einer Studie zeigen, dass fast 100% der 16jährigen Mädchen in einem Auswahltest nur Nahrungsmittel ohne Fett auswählten. Viele dieser Mädchen berichteten zudem, nur vegetarisch zu essen. Dies entspricht den Anweisungen von Ernährungsberatern, die vornehmlich übergewichtige Patienten zum Abnehmen bewegen wollen. Hinzu kommt, dass neben dem von Medien vermittelten Schlankheitsideal diejenigen, die diesem nicht entsprechen, stigmatisiert werden. So sind Diskriminierungen dicker Menschen in sozialer und ökonomischer Hinsicht an der Tagesordnung (DeJong & Kleck, 1986).
Gleichzeitig zu dem immer stärkeren Kult um Schönheit, Attraktivität und Schlankheit leiden aber immer mehr Kinder und Erwachsene an Adipositas. So wird immer häufiger von einer unter den deutschen Kindern grassierenden Fettsucht berichtet. Es seien bereits 33% der Mädchen und 25,8% der Jungen im Alter von 10-13 übergewichtig. In den USA haben insgesamt 25% der Frauen und 19,9% der Männer einen Body mass index (BMI) über 30. Der Anteil übergewichtiger Kinder steige von Jahr zu Jahr weiter an. Insgesamt habe sich das Verhältnis übergewichtiger Kinder verdreifacht. Falsche Ernährungsgewohnheiten und zu wenig Bewegung werden hauptsächlich dafür verantwortlich gemacht (Lässle, 2001).
Übergewicht zählt zu einem der Risikofaktoren zur Entstehung von Ess-Störungen. Insbesondere die Bulimia nervosa wird häufig mit prämorbidem und familiär gehäuftem Übergewicht in Zusammenhang gebracht. In einer Gesellschaft, in der die Medien immer mehr Einfluss gewinnen und die Erscheinungsform des „idealen Menschen" formen, ist Übergewicht nicht nur ein Gesundheitsrisiko, sondern kann auch zur Diskriminierung und Isolierung des übergewichtigen Menschen führen.
Gerade Kinder und Jugendliche, die sich durch die Pubertät in einer schwierigen Lebensphase befinden, sind sehr empfänglich für die von den Medien gesendeten Botschaften. Schlankheit und Schönheit als Ideal, als Voraussetzung für Erfolg, sind Dinge, die immer wieder betont werden. Aber nicht nur die Kinder sind offen für diese Botschaften. Auch die Eltern internalisieren die Botschaft. Kommt es nun auch durch Mitglieder der Familie zu kritischen Bemerkungen über die Figur oder das Aussehen, wird das Selbstwertgefühl des Kindes immer weiter unterhöhlt und Figur und Aussehen rücken in den Mittelpunkt der Selbstbewertung. Zudem wird am Modell der Eltern gelernt. Mütter, die auf Dauerdiät sind, geben ihre übermäßige Sorgen bzgl. Essen, Figur und Gewicht an ihre Kinder weiter (Geissner & Schary, 2001). Eine Studie von Franzen und Florin konnte zeigen, dass das Fütterungsverhalten von essgestörten Müttern eindeutig von dem nicht-essgestörter Frauen abweicht (Franzen & Florin, 1995). Neuere Ergebnisse aus Längsschnittanalysen (Jacobi, Agras & Hammer, 2000) weisen darauf hin, dass selbst Kinder im Alter von 8 Jahren schon durch das Ess-Verhalten der Mütter und deren Einstellungen zu Figur und Gewicht geprägt sind. In einer retrospektiven Studie von Geissner und Schary (2001) konnte zudem nachgewiesen werden, dass kriti-

sche Bemerkungen gegenüber Figur und Gewicht häufiger von Müttern geäußert wurden und dies bei Töchtern mit einer Ess-Störung auch häufiger vorkam.
Diät ist häufig ein Einstieg in den Teufelskreis aus Gewichtszu- und abnahme und wird als ein wichtiger Risikofaktor in der Entstehung und Aufrechterhaltung von Ess-Störungen wie Bulimia und Anorexia nervosa, aber auch der Binge Eating Disorder gesehen. Aus physiologischen Studien ist bekannt, dass durch eine Reduktion der Nahrungsaufnahme die Grundumsatzrate absinkt. Hält dieser Zustand an, versucht der Körper, wenn Nahrung verfügbar ist, seine Speicher wieder aufzufüllen. Da wir heute in einer Überflussgesellschaft leben und Nahrung jederzeit verfügbar ist, wird die willentliche Zurückhaltung für den Diätenden zu einem fortwährenden Kampf, einem Kampf gegen die Signale des Körpers und dem Nahrungsüberangebot.
In Laborexperimenten (Herman & Polivy, 1988; Heatherton, Mahamedi, Striepe, Filed, & Keel, 1997) konnte gezeigt werden, dass durch die kognitive Kontrolle die Wahrnehmung der internalen Reize verändert und durch Brechen von Diätregeln dann ein Überessen ausgelöst werden kann. Das Brechen der Diätregeln und die übermäßige Nahrungsaufnahme führen zu einem schlechten Gewissen, Schuld- und Schamgefühlen und erneuten, strikten Fastenversuchen. Es entsteht ein Teufelskreis aus Diät, Überessen und erneuten Diäten. Um das Gewicht weiter zu kontrollieren, können weitere kompensatorische Mechanismen ins Spiel kommen. Versuche, die Nahrung durch Erbrechen oder mit Hilfe von Abführmitteln schnellstmöglich wieder loszuwerden, exzessives Sporttreiben, um alle überflüssigen Energien zu verbrennen, gehören zum Bild der Bulimia nervosa.
Man vermutet, dass es nach Beginn der Störung zu einer Verselbständigung der Symptomatik kommt. Diskutiert werden dabei klassisch und operant konditionierte Mechanismen wie auch ein Mangel an sozialen Fertigkeiten wie Konflikt- und Ärgerbewältigungs- oder Problemlösungsstrategien. Verschiedene Arten von Stressoren wurden auf ihre Rolle bei der Auslösung von Essanfällen untersucht, um Therapien effizienter zu machen und den Ess-Brechzyklus durchbrechen zu können. Ein wichtiger Faktor scheint auch die Affektregulation durch den Essanfall bzw. das Erbrechen zu sein. Mehrere Studien (Lee & Miltenberger, 1997; Meyer, Waller & Walters, 1998; Grilo, Shiffman & Carter-Campell, 1994; Stice & Agras, 1994; Stickney, Miltenberger & Wolff, 1999; Sanftner & Crowther, 1989) konnten belegen, dass ein Essanfall vorwiegend an einen stärkeren negativen Affekt gekoppelt ist. Einige Studien zeigen allerdings auch ein durch positiven Affekt induziertes Überessen (Lingswiler, Crowther & Stephens, 1989).
Stunkard (1997) kommt in seiner Metaanalyse über 25 Jahre Ess-Störungsforschung zu folgendem Schluss: „...es gibt einen nachweisbaren Erfolg bzgl. dem Verständnis und der Behandlung von Ess-Störungen, wobei dieser uns nur mäßig erfolgreiche Behandlungsansätze hinterlässt. Der Boden für weiterführende Studien um Entstehung und Aufrechterhaltung besser zu verstehen, ist bereitet" (zit. Stunkard, 1997, S. 34).

Essanfälle sind das Hauptkriterium der Bulimia nervosa wie auch der Binge Eating Disorder. Aus der Übersicht Stunkards ist zu ersehen, dass trotz erfolgreicher Forschung dennoch unklar bleibt, welche Mechanismen bei der Auslösung von Essanfällen eine Rolle spielen. In der vorliegenden Dissertationsschrift werden die auslösenden und aufrechterhaltenden Mechanismen von Essanfällen näher untersucht. Dies geschieht in drei Teilschritten:

Zunächst werden in einem laborexperimentellen Teil physiologische und affektive Korrelate in einer Laborsitzung untersucht. Die Essanfall-Situation wird dabei in sensu vorgestellt und der Einfluss des idiosynkratischen Stressors auf das Essverhalten wird überprüft. Zum zweiten werden durch ambulatorische Messungen psychologische Veränderungen (z.B. Stimmung) und physiologische Veränderungen im natürlichen Umfeld beobachtet, um im Labor erhaltene Effekte im Alltagsgeschehen zu überprüfen. Drittens werden die beschriebenen idiosynkratischen Situationsbeschreibungen inhaltsanalytisch ausgewertet, um durch diese deskriptive Analyse störungsspezifische Verhaltensmuster zu identifizieren.

Die vorliegende Dissertationsarbeit soll so zu einem besseren und genaueren Verständnis der Aufrechterhaltung und zugrundeliegenden Mechanismen von Essanfällen beitragen.

Im Folgenden wird nun näher auf die theoretischen Modelle und wissenschaftlichen Studien zu den angenommenen Mechanismen eingegangen.

2 Literaturübersicht zur Entstehung und Aufrechterhaltung von Essanfällen

2.1 Essanfälle als diagnostisches Kriterium bei der Bulimia nervosa und Binge Eating Disorder

Hauptmerkmal der Bulimia nervosa (BN) als auch der Binge Eating Disorder (BED) sind Essanfälle. Bei der Bulimia nervosa gehen diese mit kompensatorischen Maßnahmen einher, um die Gefahr einer Gewichtszunahme zu verringern. Bei der BED finden keinerlei Gegenmaßnahmen statt (diagnostische Kriterien s. Anhang A, S. 1; Unterschiede zwischen den beiden Störungsbildern s. Kapitel 2.1.1, S. 8).

Essanfälle sind per Definition gekennzeichnet als „übermäßige Nahrungsaufnahme innerhalb eines bestimmten Zeitraumes", wobei die Menge diejenige überschreiten sollte, die andere Menschen in demselben Zeitraum essen würden. Essanfälle sollten gemäss den DSM-IV Kriterien (s. Anhang A) auch einen Kontrollverlust beinhalten, das heißt, die Person kann entgegen ihrem eigenen Willen nicht aufhören zu essen oder sie isst hochkalorische, fetthaltige Nahrungsmittel, die sie sich ansonsten verbietet.

Es gibt nur wenige Studien, welche diese Kriterien empirisch überprüft haben. Rossiter, Agras, Telch und Bruce (1992) untersuchten als eine der ersten auf deskriptiver Ebene die Kriterien für Essanfälle an einer Stichprobe von Frauen mit einer diagnostizierten Bulimia nervosa, welche als kompensatorische Maßnahme die Nahrungsaufnahme streng restringierten oder exzessiv Sport trieben, aber nicht erbrachen („non-purging type"). Sie erfassten eine durchschnittliche Kalorienmenge von 602 kcal bei einer Dauer von 38 min., wobei eine große Variabilität bestand. Der empfundene Kontrollverlust wurde daher als stabilstes Maß in der Bewertung von Essanfällen von den Autoren angesehen. Johnson, Boutelle, Torgrud, Davig und Turner (2000) bestätigten dies. Sie konnten zeigen, dass der Kontrollverlust bei der Beurteilung das wichtigste Kriterium war. Die Menge wird als zweitwichtigstes Kriterium angesehen, die Zeitdauer stellt sich in dieser Studie von geringerem Wert dar. Die Mahlzeit wurde bei größerer Menge in kürzerer Zeit eher als Essanfall gewertet als bei größerer Menge in längerer Zeit. Damit wären die Beurteilungen konsistent mit den im DSM-IV angelegten Kriterien. Die Autoren geben jedoch zu bedenken, dass es auch geplante Essanfälle gibt, die das Kriterium des Kontrollverlustes nicht erfüllen. Gerade diese Essanfälle jedoch dienen wahrscheinlicher zur Manipulation der Stimmung, während „spontane" Essanfälle nach Ansicht der Autoren eher auf das Brechen von Diätregeln zurückgeführt werden können und dadurch einen Kontrollverlust beinhalten. Niego, Pratt und Agras (1997) berichten ebenfalls, dass nicht die Menge,

sondern der Kontrollverlust maßgeblich zur Bewertung einer Mahlzeit als Essanfall beiträgt.
Empirisch bestätigt werden konnte dieser Befund in einem Laborexperiment, in welchem nach Induktion negativer Stimmung die Möglichkeit zu essen bestand. Es zeigten sich signifikante Korrelationen zwischen negativer Stimmung, Kontrollverlust und der Bewertung der Mahlzeit als Essanfall (Telch & Agras, 1996). Johnson, Carr-Nangle, Nangle, Anrony und Zafert (1997) konnten zudem zeigen, dass neben den drei herkömmlichen Kriterien auch andere Faktoren eine Rolle spielten: Sie ließen drei verschiedene Gruppen (Ernährungsberater, essgestörte Patienten und deren Peers) Mahlzeiten bewerten (Essanfall/kein Essanfall). Der Interratervergleich der drei Gruppen zeigte, dass die essgestörten Patienten am ehesten dazu neigten, ihre Mahlzeiten als Essanfall zu deklarieren, während die Übereinstimmung zwischen Peers und Ernährungsberatern nur moderat ausfiel. Die Autoren schließen daraus, dass zur Beurteilung einer Mahlzeit als Essanfall weitere Informationen wie Hungerstatus, äußerliche Umstände und Kontrollverlust bei der Beurteilung neben den im DSM-IV enthaltenen Kriterien eine wichtige Rolle spielen, welche den nicht-essgestörten Gruppen nicht zugänglich waren. Zudem scheint die Art der gegessenen Nahrungsmittel eine Rolle zu spielen – je „verbotener" die Speise, desto höher die Wahrscheinlichkeit, dass die Mahlzeit als Essanfall gewertet wurde (Guertin & Conger, 1999). In einer Studie von Agras und Telch (1998) wurden Frauen mit einer Binge Eating Disorder gebeten, nach dem Abendessen nichts mehr zu essen. Sie erhielten im Labor am nächsten Morgen ein Frühstück und danach entweder zwei Stunden vor Beginn des Laborexperimentes noch eine Mahlzeit oder gingen depriviert zum Test. Während dem Experiment wurde zunächst durch eine Imaginationsaufgabe (persönliche negative Erfahrung soll „in sensu" vorgestellt werden) negative Stimmung induziert, danach konnten die Probanden an einem Buffet so viel essen wie sie wollten. Frauen, die angaben, einen Essanfall zu haben, bezogen ihre Bewertung der Mahlzeit als Essanfall entweder auf das Gefühl des Kontrollverlustes, die Menge an verzehrten Speisen oder den affektiven Status. Dabei mussten nicht alle drei Punkte gleichzeitig erfüllt sein, um die Mahlzeit als Essanfall zu bewerten. Es fiel zudem auf, dass subjektive Essanfälle häufiger unter negativer Stimmung auftraten als in der neutralen Bedingung. Die Autoren sehen einen Verstärkungseffekt der negativen Stimmung hinsichtlich des erlebten Kontrollverlustes und damit darin einen aufrechterhaltenden Faktor.
Die Studien lassen vermuten, dass Essanfälle auf Grund unbekannter Größen variieren. So werden Mengen zwischen 600 und 2000 kcal (Rosen, Leitenberg, Fisher & Khazam, 1986) bis teilweise 20.000 kcal (Mitchell, Pyle & Eckert, 1981; Mitchell, Hatsukami, Eckert & Pyle, 1985) angegeben. In einer Übersichtsstudie von Mitchell, Crow, Peterson, Wonderlich und Crosby (1998) wer-

den im Rahmen von Laborstudien (also nachgestellten Essanfällen) zwischen 3.000 und 4.500 kcal pro Essanfall angegeben. Die durchschnittliche Kalorienzahl bei einem Essanfall von BED lag deutlich niedriger zwischen 1.500 – 2.500 (Mitchell et al., 1998).
Manche Studien weisen aber auch darauf hin, dass Patientinnen mit einer Bulimia nervosa häufiger subjektive Essattacken mit weniger als 100 kcal beschreiben. Die unterschiedlichen Werte könnten durch nicht eindeutig festliegende Kriterien wie Hungerstatus, Art der Speisen oder äußerliche Umstände erklärt werden. Ob die Größe des Essanfalles in der Ausprägung der Symptomatik tatsächlich eine Rolle spielt, ist unklar. Pratt, Niego und Agras (1997) zum Beispiel konnten keine Zusammenhänge zwischen allgemeiner und spezifischer Symptomausprägung und der Größe der angegebenen Essanfälle feststellen. Die Studie beruhte allerdings auf restrospektiv erhobenen Daten und Fragebögen. Keel, Mayer und Harnden-Fischer (2001) fanden sehr wohl Unterschiede zwischen Frauen mit und ohne objektive Essanfälle: Sie beschreiben einen größeren Einfluss von Impulskontrollstörungen bei objektiven Essanfällen. Die Autoren (Keel, Mayer & Harnden-Fischer, 2001) konnten nachweisen, dass sich Frauen, welche nur subjektive Essanfälle beschrieben, weder bzgl. des Diätverhaltens, Kontrollverlust und Hungergefühl von Frauen, welche die Kriterien für objektive Essanfälle erfüllten, unterschieden. Auch die Ausprägung nicht essstörungsspezifischer Symptomatik waren in beiden Gruppen gleich. Allerdings fand man einen bedeutsamen Unterschied in der Auftretenshäufigkeit und dem Merkmal „Impulsivität“ zwischen beiden Gruppen.
Es bleibt daher fraglich, inwieweit subjektive Essanfälle in der Diagnostik der Störungen berücksichtigt werden sollten.
Zusammenfassend ist zu sagen, dass die vom DSM-IV festgelegten Kriterien (Kontrollverlust, Menge und Zeit) die grundlegenden Faktoren zur Beurteilung von Essanfällen darstellen. Kriterien wie Hungerstatus, Stimmung u.ä. sind nicht im DSM IV oder ICD 10 zur Unterscheidung enthalten, scheinen aber wertvolle Zusatzinformationen zu liefern. Die Einbeziehung der Unterscheidung von subjektivem und objektivem Essanfall bleibt strittig.

2.1.1 Differenzierung von Bulimia nervosa und Binge Eating Disorder

Ein Hauptmerkmal der Binge Eating Disorder ist wie bei der Bulimia nervosa der Essanfall, welchem aber keine kompensatorischen Maßnahmen folgen. Fairburn, Cooper, Doll, Norman und O'Connor (2000) konnten zeigen, dass der Beginn der Bulimia nervosa meist früher lag und zumeist eine stärkere Ess-Störungs-Psychopathologie vorliegt, und zwar im Ernährungsverhalten (restraint style) und der Präokkupation mit Essen, schlechterer sozialer Anpassung und stärkerer genereller Psychopathologie. Es gab jedoch keine Unterschiede in der

Häufigkeit der Essanfälle. Die Wahrscheinlichkeit einer Behandlung ist bei Bulimia nervosa höher als bei Binge Eating Disorder. Der weitaus größte Unterschied fand sich aber im Verlauf der beiden Störungen: Frauen mit einer Bulimia nervosa zeigten eher bescheidene Besserungen, während Frauen mit einer Binge Eating Disorder selbst ohne Behandlung zum Großteil gebessert waren. Patientinnen mit einer Binge Eating Disorder nahmen dabei stärker zu als Patientinnen mit einer Bulimia nervosa.
Bezüglich der Ätiologie konnte gezeigt werden, dass Menschen mit einer Binge Eating Disorder weniger allgemeine Risikofaktoren wie kritische Lebensereignisse oder Stressexposition aufweisen, dafür aber stärkere spezifische Risikofaktoren wie Übergewicht der Eltern oder in der Kindheit berichten (Fairburn, Doll, Welch, Hay, Davies & O'Connor, 1998). Insgesamt wird die Binge Eating Disorder eher im Rahmen von Adipositas erforscht, da hier das Risiko einer Erkrankung mit 4% höher als in der Gesamtbevölkerung liegt (2%; Walsh & Devlin, 1998). Neuere Zahlen belegen für Deutschland (Westenhöfer, 2001) einen leichten Rückgang der Diagnose Binge Eating Disorder sowie dem Auftreten von Heißhungerattacken in der Gesamtbevölkerung bei Frauen (1,3% und 0,7% für BED, 1,1% für BN).
Insgesamt wird die Binge Eating Disorder zwischen der meist mit schwereren Störungen einhergehenden Bulimia nervosa und übergewichtigen Personen ohne Binge Eating Disorder angesiedelt (Fichter, Quadflieg & Brandl, 1993). Raymond, Mussel, Mitchell, de Zwaan und Crosby (1995) berichten für den Beginn von Diäten ein ähnliches Alter für beide Störungsbilder (BED: 15 Jh.; BN: 16.2 Jh.), der Beginn der Essanfälle liegt im Durchschnitt in der Gruppe der Patienten mit Binge Eating Disorder bereits bei 14.3 Jh., bei Patienten mit Bulimia nervosa erst bei 19.8 Jh. Bei einer Fragebogenstudie derselben Autoren fielen bei Patienten mit Bulimia nervosa mehr gewichts- und essverhaltensbezogene Pathologie, wie auch stärkere Komorbidität mit Achse II Störungen auf. Guertin (1998) gibt eine Übersicht über Frauen mit Bulimia nervosa im Vergleich mit selbst identifizierten „Binge Eatern". Sie unterteilt Tagebuchstudien und Laborstudien. Neben der durchschnittlichen Kalorienmenge (30 kcal - 3.995 kcal, abhängig von Instruktion, Gelegenheit zu erbrechen und untersuchter Gruppe) gibt sie auch unterschiedliche Häufigkeiten für Binge Eating Disorder und Bulimia nervosa an – Frauen mit Bulimia nervosa erlebten Essanfälle im Schnitt 10mal pro Woche, Frauen mit Binge Eating Disorder nur 4,1mal.
Frauen mit Bulimia nervosa weisen zudem stärkere zwanghafte Züge bzgl. ihrer Essanfälle auf. So berichten Bulimikerinnen, mehr Zeit mit Gedanken an Essen und dem Wunsch zu essen zu verbringen als Frauen mit Binge Eating Disorder. Zudem beschreiben Bulimikerinnen Gedanken und Gefühle als aufdringlicher

als Frauen mit Binge Eating Disorder (Raymond, Neumayer, Thuras, Weller, Eckert & Crow, 1999).
Bei einem Vergleich von Frauen mit Binge Eating Disorder mit Bulimikerinnen, welche nicht erbrachen („non-purging type“) fand man, dass diese Bulimikerinnen (NP-BN) häufiger eine Anorexie in der Vorgeschichte haben und in 89% der Fälle Diätieren dem Beginn der Essanfälle voranging. Die Gruppe der „Binge Eater“ wies insgesamt eine größere Varianz auf und stellte sich als heterogenere Gruppe dar. Sie unterschieden sich im Alter bei Beginn der Störung (NP-BN 18.4 +/- 4.5 vs. BED 23.8 +/- 9.8) und dem durchschnittlichen BMI (NP-BN 21 +/- 2 vs. BED 31.4 +/- 5.6). Es zeigte sich zudem eine Tendenz zu größerer Unzufriedenheit mit dem eigenen Körper bei Frauen mit Binge Eating Disorder und stärkerer Neigung zur Somatisierung bei emotionalen Problemen (SCL-90). Die Autoren schließen aus diesen Ergebnissen, dass die Bulimikerinnen non-purging (NP) klar der Gruppe Bulimia nervosa zugeordnet werden können und sich sehr wohl Unterschiede zur Gruppe der Binge Eating Disorder finden lassen (Santonastaso, Ferrara & Favaro, 1999).
Die Essanfälle scheinen sich von der Qualität nur in einem Aspekt – nämlich einer hedonischen Komponente – zu unterscheiden (Mitchell, Mussel, Peterson, Crow, Wonderlich, Crosby, Davis & Weller, 1999). Frauen mit einer diagnostizierten Binge Eating Disorder konnten das Essen während eines Essanfalles mehr genießen, als Frauen mit einer anderen Ess-Störung. Sie fühlten sich zudem weniger krank und ängstlich als Frauen mit einer Bulimia nervosa und konnten sich nach dem Essanfall besser entspannen.

2.2 Theoretische Modelle zur Entstehung und Aufrechterhaltung von Essanfällen

Untersuchungen im Grundlagenbereich zur Entstehung von Ess-Störungen weisen darauf hin, dass es verschiedene Risikofaktoren gibt. Es wird zudem davon ausgegangen, dass bei der Aufrechterhaltung andere Komponenten wirksam werden als bei der Entstehung der Störung (Bents & Cersovsky, 1995). Im folgenden wird daher zunächst kurz auf allgemeine Modelle zur Entstehung eingegangen, um dann auf spezifische Faktoren in der Aufrechterhaltung der Störung hinzuführen:
In der Risikoforschung werden Faktoren unterschieden, die allgemein die psychiatrische Morbidität erhöhen - die familiäre Vorgeschichte, affektive Störungen, Substanzmissbrauch, Übergewicht, Lebensereignisse in der Vorgeschichte wie sexueller Missbrauch oder physische Gewalt, verschiedene Persönlichkeitszüge wie Perfektionismus, Überangepasstheit oder niedriges Selbstwertgefühl (Fairburn, Welch, Doll, Davies & O'Connor, 1997) sowie Faktoren, die das Ri-

siko von Diätverhalten als Vorläufer einer Ess-Störung steigern z. B. kritische Bemerkungen in der Familie über Figur, Gewicht und Essverhalten, Übergewicht in der Kindheit und Übergewicht der Eltern. Leon, Keel, Klump und Fulkerson (1997) konnten in einer prospektiven Studie an einer Highschool zeigen, dass negative Emotionalität sowie geringes Selbstwertgefühl und Unzufriedenheit mit dem eigenen Körper die Entwicklung eines gestörten Essverhaltens voraussagen konnten. Schmitz (1987) gelang es, sowohl prädispositionierende Faktoren als auch aufrechterhaltende Bedingungen in einem integrativen Modell zu vereinen, welches exemplarisch im folgenden dargestellt werden soll:

Integratives Modell zur Ätiologie und Aufrechterhaltung der Bulimie

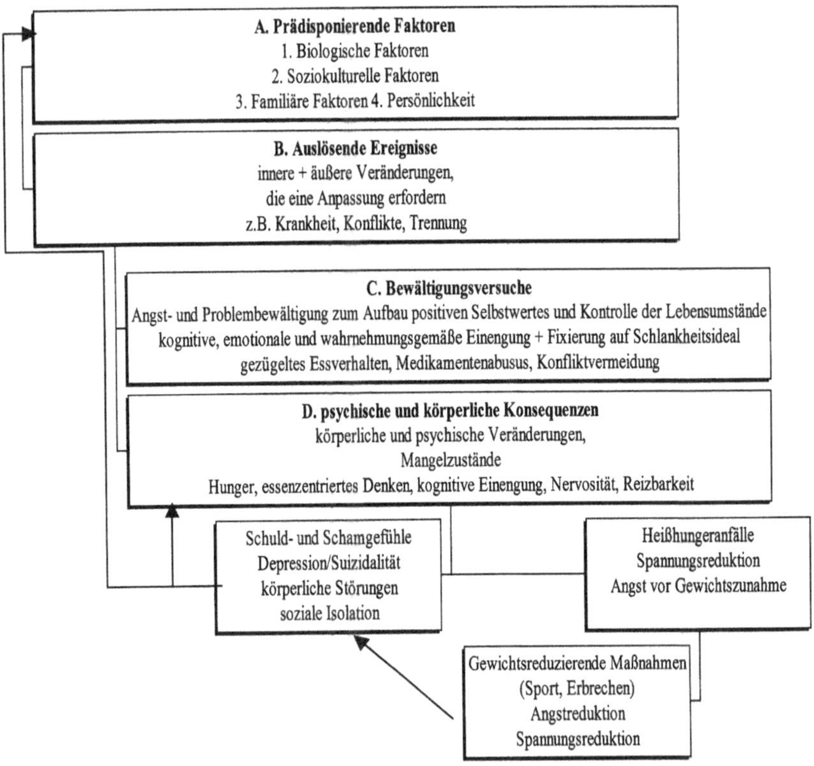

Abbildung 2.1: Integration von prädisponierenden Faktoren und Auslösern und deren Auswirkung auf die Entstehung und Aufrechterhaltung der Bulimia nervosa (Schmitz, 1987)

Vor dem Hintergrund verschiedener prädisponierender Faktoren wird das gestörte Essverhalten als Reaktion auf eine Krise gesehen (z.B. zur Selbstwertstabilisierung). Durch die körperlichen Veränderungen und kognitive Einengung auf das Essen verselbständigt sich das gestörte Essverhalten zu einem Teufelskreis. Aufrechterhalten wird es durch Stoffwechselveränderungen, emotionale Reizbarkeit und kognitive Fixierung, wobei der Essanfall zur Spannungsreduktion, das Erbrechen zur Angstreduktion dient. Die aus diesem Tun resultierenden Schuld- und Schamgefühle wiederum führen im Zusammenhang mit sozialem Rückzug zu weiteren körperlichen Veränderungen, Verschlechterung des emotionalen Zustandes und Aufrechterhaltung der Ess-Störung.
Wie in den meisten Modellen wird die Mikroebene, in welcher genauer betrachtet wird, welche Faktoren in der aktuellen Situation zur Auslösung eines Essanfalles führen, außer Acht gelassen. Die meisten Modelle, welche die Mikroebene miteinbeziehen, beschreiben einen Teufelskreis, dessen Schwerpunkt vor allem auf den Konsequenzen als aufrechterhaltenden Faktoren liegt.

Orleans und Barnett (1984) beschreiben folgenden Ess-Brech-Zyklus:

- ⌦ Restriktives Essverhalten führt zu Hunger, Frustration, Müdigkeit und physiologischer, psychologischer Deprivation
- ⌦ erhöhte Bereitschaft zu essen und auf Nahrung zu reagieren
- ⌦ durch Nachlassen der Selbstkontrolle Naschen einer kleineren Menge verbotener Speisen
- ⌦ Auslösung von negativen Gefühlen in Kombination mit alles – oder – nichts – Denken
- ⌦ Essanfall

Wenig ist bekannt über die Spezifität von Auslösesituationen. Es scheint jedoch plausibel, dass es neben den bekannten Risikofaktoren weitere Einflüsse geben muss, da in den gängigen Risikostudien zwar die bekannten Risikofaktoren den Beginn der Störung tatsächlich vorhersagen, aber nicht mit dem Ende der Störung korrelieren (Fairburn et al., 1997). Vor allem in der Therapie könnte aber ein besseres Wissen über die auslösenden Bedingungen zur Verbesserung des therapeutischen Erfolges dienen. Es ist daher wichtig herauszufinden, welche auslösenden Faktoren zur Entstehung eines Essanfalles beitragen und damit zur Aufrechterhaltung der Störung führen. Die hier dargestellten Modelle betrachten Konditionierungsprozesse im klassischen oder operanten Sinne, wie auch Affektregulationsdefizite und dysfunk- tionale kognitive Stile als Auslöser und aufrechterhaltende Faktoren von Essanfällen.

2.2.1 Restriktives Essverhalten und Diätieren

Im Zusammenhang mit der Entstehung von Essanfällen wurde sehr früh auf Nahrungsdeprivation und chronisches Diäthalten als Auslöser hingewiesen (vgl. 2.2.1.1). Im folgenden werden empirische Ergebnisse zu dieser Hypothese vorgestellt und dann auf die Entwicklung des Restraint Eating Konzeptes eingegangen.

Bei der Untersuchung einer subklinischen Stichprobe (Van der Ster Wallin, Norring & Holmgren, 1994) konnte gezeigt werden, dass Frauen die auf Grund von Übergewicht und Unzufriedenheit mit dem eigenen Körper eine Diät anfangen stärkere Restriktionen des Essverhaltens nach sich ziehen, wenn sie nur wenig Gewicht abnahmen. Die Befragten berichteten 10 Monate nach Beginn der Diät erste Essanfälle und Auslassen von Mahlzeiten zur Kompensation. Alle befragten Frauen mit einer späteren BN Diagnose gaben an, sich bewusst für das Diätieren entschieden zu haben, da sie unzufrieden mit ihrem Körper seien. Im Zusammenhang mit dem Konzept des restriktiven Ess-Stiles muss daher zunächst auf das Schlankheitsideal eingegangen werden, da Gedanken über Figur, Gewicht und Essen als mögliche Auslöser für Essanfälle beschrieben werden und diese zum Teil aus der Internalisierung des Schlankheitsideals hervorgehen können.

Korrelationsstudien zeigen, dass Unzufriedenheit mit dem eigenen Körper signifikant mit dem Drang, dünn zu sein, zusammenhängen (Wiederman & Pryor, 2000). So kam man zu der Annahme, dass kulturelle Überzeugungen hinsichtlich Schlankheit und Attraktivität zu einem größeren Drang, abzunehmen führen und eine überkritische Einstellung zum eigenen Körper zur Folge haben. Einige empirische Befunde untermauern diese Vermutungen: Zum Beispiel berichten Constanzo, Musante, Friedman, Kern und Tomlinson (1998), dass Diätmisserfolge das Selbstwertgefühl unterhöhlen, da v.a. Frauen Schlankheit und Attraktivität mit Erfolg gleichsetzen. Es wird vermutet, dass eventuell durch fehlende elterliche Fürsorge und niedrigem Selbstwertgefühl, welches durch kritische Bemerkungen über Figur und Gewicht in der Familie verstärkt wird, es zu einer Orientierung an äußerlichen Werten und damit zu einer Fixierung auf Figur und Gewicht kommt (Fairburn et al., 1997).

Welchen Einfluss das von Medien vertretene Schlankheitskonzept auf das Ernährungsverhalten haben kann, wurde durch eine auf den Fiji Inseln 3 Jahre nach der Einführung des Fernsehens durchgeführte Studie über das Essverhalten junger Frauen und Mädchen demonstriert. Diese zeigte, dass sich die Rate der Mädchen, die Erbrechen zur Kontrolle des Gewichtes selbst induzierten, von 3% der Stichprobe auf 15% der Stichprobe erhöhte. Das Risiko zur Entwicklung einer Ess-Störung war von 13% auf 29% gestiegen. Außerdem gaben 74% der Mädchen an, sich zu dick zu fühlen. Insgesamt wiesen diejenigen Mädchen, die

mindestens dreimal pro Woche abends fern sahen, 50% häufiger Gedanken zu fett zu sein sowie 30% häufiger Diätversuche auf (Bosch, 2000).
Es gibt immer mehr Artikel über Schlankheitsdiäten in Frauenmagazinen – 10.5 mal so viele wie in Männermagazinen (Wiseman, Gray, Mosimann & Ahrens, 1992). Gleichzeitig konnten die steigenden Inzidenzraten für Ess-Störungen in den letzten Jahren in Zusammenhang gebracht werden mit einem durchschnittlich sinkenden Körpergewicht und übersteigerter Internalisierung des Schlankheitsideals bei Frauen mit einer diagnostizierten Ess-Störung (Stice & Shaw, 1994). Stice, Schupack-Neuberg und Stein (1994) vermuten dabei einen direkten Zusammenhang: Frauen scheinen das aufgezeigte Verhalten direkt nachzuahmen.
Zumindest konnten verschiedene Studien einen Einfluss der Medien auf die Stimmung nachweisen. So führte die Konfrontation mit dem Schlankheitsideal zu nachfolgenden Gefühlen von Stress, Depression, Ärger, Schuld, Scham, Unsicherheit und körperlicher Unzufriedenheit (Heinberg & Thompson, 1995; Stice & Shaw, 1994) – alles Gefühle, die auch im Zusammenhang mit Essanfällen berichtet werden (s. auch Kapitel 2.2.3). Stice und Agras (1998) konnten beispielsweise in einer Korrelationsanalyse von Fragebögen und Induktion negativer Stimmung durch Konfrontation mit dem Schlankheitsideal zeigen, dass Schlankheitsideal-Internalisierung, Unzufriedenheit mit dem Körper, Diät und negativer Affekt den Beginn von Essanfällen mit kompensatorischen Maßnahmen vorhersagen konnten.
Sicher spielen noch andere Faktoren eine Rolle, da zwar viele Frauen den Medien ausgesetzt sind, aber nicht alle eine Ess-Störung entwickeln. Vermutet wird, dass kognitive, biologische oder Persönlichkeitsfaktoren bei einer vorhandenen Vulnerabilität eine Rolle spielen. Vorstellbar wäre, dass eine Frau mit prämorbid höherem Gewicht es schwerer hat mit einer Diät abzunehmen, so dass sie zu anderen Maßnahmen wie Erbrechen oder Abführmittel greift. Auch Frauen mit geringerem Selbstwertgefühl tendieren eventuell mehr dazu, solche soziokulturellen Standards zu internalisieren.
In einer Studie von Tiggemann (2001) konnte gezeigt werden, dass Frauen mit einem gezügelten Ess-Stil in körperbetonten Situationen wie im Schwimmbad, Umkleidekabine, u.ä. ein niedrigeres Selbstwertgefühl aufwiesen als nicht Diätende. Daraus ist zu schließen, dass die Bewertung des eigenen Körpers neben den persönlichen Einflüssen auch situationalen Einflüssen unterliegt. Nach Haimovitz, Lansky und O'Reilley (1993) hat die Zufriedenheit mit dem eigenen Körper neben einem stabilen auch einen dynamischen Aspekt. Dies könnte im Sinne eines negativen Affektes bei der Auslösung von Essanfällen von Bedeutung sein. So gehen zum Beispiel Heatherton und Polivy (1992) davon aus, dass Frauen, die häufig Diätieren und unzufrieden mit ihrem Körper sind, auf Grund

der Misserfolge bei den Diäten eine schlechtere Stimmung haben. Sie beschreiben ein Spiralmodell, aus welchem die Frauen – einmal eingestiegen – nur schwer wieder herauskommen. Je häufiger der Misserfolg, desto schlechter die Stimmung aber auch desto strenger die Vorschriften und erneuten Diätversuche. Stice und Agras (1995) integrieren diesen Ansatz in einem dualen Pfadmodell: sie vermuten, dass sowohl diätisches Essverhalten verbunden mit negativen Gefühlszuständen als auch soziokulturelle Faktoren (Schlankheitsideal) zu einem gestörten Essverhalten führten. Beide Pfade konnten über Längsschnittstudien bzw. Laborexperimente nachgewiesen werden. Verschiedene Studien berichten, dass dem Beginn der BED und auch der BN häufig stark restriktives Essverhalten vorhergeht (Abraham & Beumont, 1982). Zum Beispiel fand man, dass der erste tägliche Essanfall nach größerer kalorischer Deprivation stattfindet als ein Essen bei Gesunden, obwohl Frauen mit Bulimia nervosa eher weniger Hunger berichteten (Davies, Freeman & Garner, 1988). In einer Studie von Stice, Killen, Howard und Taylor (1998) wurde der Beginn von Essanfällen sowohl mit negativem Affekt wie auch mit Diätieren in Zusammenhang gebracht, wobei nur Diätieren den Beginn der Störung signifikant vorhersagen konnte.
Haiman und Devlin (1999) dagegen beschreiben eine Subgruppe von bulimischen Patienten, bei denen Essanfälle vor dem Diätieren kamen. Spurell, Wilfley, Tanosky und Brownell (1997) verfolgten einen ähnlichen Ansatz und konnten zeigen, dass sich in einer Gruppe von Patienten mit Binge Eating Disorder zwei unterschiedliche Entstehungsarten finden ließen. Diejenigen, die zuerst Essanfälle angaben, entwickelten auch wesentlich früher Übergewicht und eine schwerere Ess-Störung. Sie wiesen mehr Empfindlichkeit gegenüber Gewicht und Körperschema auf und in ihren Familien fanden sich vermehrt psychiatrische Erkrankungen. Mit höherer Wahrscheinlichkeit hatte diese Gruppe eine Achse II Störung. Mussel, Mitchell, de Zwaan, Crosby und Crow (1997) berichten über keinerlei Diätversuche vor dem Beginn der Ess-Störung in ihrer Stichprobe, aber von Überessen vor Beginn des Erbrechens. Bulik, Sullivan, Joyce, Carter und McIntosh (1998) weisen ebenfalls darauf hin, dass 17% ihrer Stichprobe zwar von Überessen, aber nicht Diätieren berichten.
Die Befundlage ist bis auf die Daten von Mussel et al. (1997) und Bulik et al. (1998) dahingehend konsistent, dass von einer wichtigen Rolle des Diätverhaltens bei der Entstehung und Aufrechterhaltung von Essanfällen ausgegangen wird. Die neueren Befunde dieser Autoren stellen dies in Frage, vor allem weisen sie auf die problematische retrospektive Erfassung der Befunde hin. Die Autoren schlagen vor, dass eher das gestörte Hunger- und Sättigungsverhalten und die rigiden Regeln des Diätierens zu einer Ess-Störung führen, als die Nahrungsdeprivation selbst. Diätieren wäre damit eher als Risikofaktor denn als Auslöser von Essanfällen zu sehen. Die Auslösung eines Essanfalles durch De-

privation bleibt allerdings umstritten. So konnten z.B. in Fragebogenstudien keine Korrelationen zwischen beschriebenen Essanfällen und dem restriktiven Ess-Stil festgestellt werden (vgl. Keel, Mayer & Harnden-Fischer, 2001). Widersprüchlich ist auch der Befund von Schlundt, Johnson und Jarrel (1985), welche in einer retrospektiven Befragung feststellen konnten, dass vor einem Essanfall fast immer sehr starke Hungergefühle berichtet werden und Nahrungsmittel durch den restriktiven Ess-Stil einen höheren positiven Stellenwert erhalten. Zusammenfassend ist zu sagen, dass Diätieren eher als Risikofaktor denn als direkter Auslöser verstanden werden kann. Auf der Mikroebene (akute Essanfallssituation) ist die Befundlage widersprüchlich – es bleibt unklar, welche Rolle Nahrungsdeprivation spielt. Bevor auf weitere Faktoren wie negativer Affekt und die Rolle von Kognitionen eingegangen werden soll, wird zunächst noch das Konzept des „restraint eating" vorgestellt.

2.2.1.1 Die Entwicklung des „restraint eating" – Konzeptes

Schon 1955 beschreibt Nisbett ein individuell bestimmtes Körpergewicht - das „Set point" - Gewicht, gegen welches angekämpft werden muss, um Gewicht zu verlieren. Dabei sieht er den Hunger- und Sättigungsprozess vom physiologischen Drang zu essen und dem psychologischen Widerstand, diesem Drang nachzugeben, beeinflusst (Nisbett, 1972). Der Stil des „restraint eating" ist demnach die selbstauferlegte Nahrungsdeprivation, um ein Gewicht unterhalb des eigenen Set point zu erreichen. Um das zu erreichen und das erreichte Gewicht auch zu halten, müssen die restriktiv essenden Frauen (RE) rigide Regeln betreffend Nahrungsaufnahme (Menge, Art, Uhrzeit, etc.) entwickeln (Herman & Polivy, 1984). Dies hat zur Folge, dass der physiologische Sättigungspunkt unterlaufen wird und damit ein Gefühl der physiologischen und psychologischen Deprivation entsteht. Folge von Regelverletzungen ist dann ein Gefühl des Versagens, welches zu Kontrollverlust und Enthemmung führt. Es wird bis zu einem unangenehmen Völlegefühl gegessen. Herman und Polivy (1991) definierten Diäten daher als "Ersetzung von internal reguliertem, hunger- und sättigungsgesteuertem Essverhalten durch geplantes, kognitiv gesteuertes gezügeltes Essverhalten, welches mit den Diätregeln in Einklang steht" (Howard & Porzelius, 1999, S. 27). Tagebuchstudien mit BN belegen, dass an essanfallsfreien Tagen von Diätern insgesamt weniger Kalorien verzehrt werden im Vergleich zu gesunden Frauen (Guertin, 1999). Das Konzept des „restraint eating" ist allgemein anerkannt, kritisch beleuchtet wird aber dessen Gleichsetzung mit dem Begriff „Diät" (Lowe, Whitlow & Bellwoar, 1991). Lowe (1993) postulierte beispielsweise, dass mindestens zwei Faktoren an dem Konstrukt des „restraint eating" beteiligt sein müssen. Als ersten Faktor benennt er vorausgegangenes

Diätverhalten und Überessen. Als zweiten Faktor sieht er das aktuelle Diätverhalten (das heißt Nahrungseinschränkung zum jetzigen Zeitpunkt). Zusätzlich postuliert er einen dritten Faktor „Weight suppression" – Diäter, die erfolgreich abgenommen haben und das erreichte Gewicht auch mehr als ein Jahr gehalten haben. Werden diese Punkte berücksichtigt, lassen sich damit Varianzen im Essverhalten und uneinheitliche Ergebnisse erklären:

a) Akkumulierender Effekt vorangegangener Diäten und Überessen könnte zu einer erhöhten Vulnerabilität bzgl. einer Ess-Störung beitragen, da wiederholte Diäten den Hunger-Sättigungsmechanismus stören und damit zu häufigerem Überessen beitragen könnten (s. auch Craighead & Allen, 1995). Häufiges Versagen beim Diäthalten kann letztendlich auch destabilisierend auf das Selbstwertgefühl wirken und damit zu einem häufigeren Überessen führen.
b) Aktueller Diätstatus (Diätgrenzen können besser eingehalten werden gegenüber einem restriktivem Essstil ohne aktuelle Diät. Erklärung für unterschiedliche Befunde im Labor zur Gegenregulation bei Geschmackstests)
c) Eine Kombination aus beiden Faktoren.

2.2.2 Affektregulationstheorien bei der Entstehung von Essanfällen

Das restriktive Essverhalten wird meist in Verbindung mit negativer Stimmung als Auslöser eines Essanfalles gesehen (vgl. Cools, Schotte & McNally, 1992; Howard & Porzelius, 1999). Zwei Modelle werden dafür herangezogen:

1. Ablenkung von den Diätregeln durch den negativen Affekt oder
2. Regulation des Affektes durch Überessen

Es werden immer wieder positive Korrelationen zwischen Depression (negativer Affekt) und negativem Körperbild – welches ja im Zusammenhang mit dem restriktiven Ess-Stil diskutiert wird – berichtet (Stice, 1994). Vor allem Studien zur Komorbidität unterstützen diesen Befund: 71% der Frauen mit Bulimia nervosa und komorbider Depression berichten vom Beginn der Depression vor Beginn der Ess-Störung. Neben dem restriktiven Ess-Stil ist also die mögliche Manipulation negativer Gefühlszustände durch Essen zu betrachten. Untersuchungen zeigen, dass Essanfälle häufiger entstehen, wenn sowohl eine Deprivation als auch eine negative Stimmung vorlagen (Agras & Telch, 1998). Zudem steigt die Menge an gegessenem Snack-food gegenüber Obst, Gemüse u.ä. unter Stress an, der Diätstatus (Diäter vs. Non-Diäter) sagte die Richtung (Anstieg oder Absinken) voraus (Oliver & Wardle, 1998). Frauen berichten von stärkerem Verlangen nach Süßem, wenn schlechtere Stimmung herrscht (Lafay, Thomas, Mennen, Charles, Eschwege, Borys & Basedevant, 2001). Bei der Untersuchung

von Frauen mit Binge Eating Disorder (Stice, Agras, Telch, Halmi, Mitchell & Wilson, 2001) und Frauen mit Bulimia nervosa (Stice & Agras, 1999) konnte gezeigt werden, dass sich beide Krankheitsgruppen in Subgruppen nach Diät-Typ und Diät-Depressionstyp unterscheiden ließen. Die Gruppe mit dem gemischten Bild – also erhöhte Werte sowohl auf Depressions - wie auch Ess-Störungsfragebögen wiesen dabei ausgeprägtere allgemeine Symptomatik und stärkere Beeinträchtigungen im sozialen Funktionsniveau auf.
Die Betrachtung von negativem Affekt bei der Auslösung eines Essanfalles scheint damit nicht nur von peripherer Wichtigkeit. Allerdings gibt es wenig systematische Untersuchungen zur Überprüfung psychologischer Auslöser von Essanfällen.
Patientenberichten zufolge treten Essanfälle vor allem situations- und stimmungsabhängig auf. Es handele sich dabei meist um Situationen, in denen Stresserlebnisse oder deren Verarbeitung eine Rolle spielen. Zusammenfassend werden folgende Modelle im Sinne einer Affektregulationsstörung genannt:

1. Funktionales Modell, wobei der Essanfall zur Spannungsreduktion dient (Pudel & Westenhöfer, 1998).
2. Essen als gelernte Ablenkung, Belohnung oder Entspannung (Lässle, 1993).
3. Essen aus lerntheoretischer Sicht mit Stimmung verknüpft, so dass konditionierte Stimuli wie Ärger, Angst, Niedergeschlagenheit und depressive Verstimmung zum Auslösereiz für Essen werden (Jansen, 1998).
4. Essanfall als Ablenkung von Versagen in einer Situation (aversive Selbstaufmerksamkeit, Heatherton & Baumeister, 1991)
5. Maskierung von negativen Ereignissen/Gefühlen (Herman & Polivy, 1988).

2.2.2.1 Negativer Affekt als Auslösebedingung von Essanfällen

Als typische Situationen werden bestimmte Tageszeiten, negative Stimmung, Alleinsein, unstrukturierte freie Zeit und interpersonale Konflikte genannt (Lee & Miltenberger, 1997). Meyer, Waller und Walters (1998) können in ihrer Studie sowohl internale Faktoren wie negativer Affekt als auch externale Faktoren wie die Tageszeit, unstrukturierte Zeit und alleine sein (Grilo, Shiffman & Carter-Campell, 1994) als Auslöser für Essanfälle bei vorhandenem Verlangen zu essen aufdecken. Die Autoren sehen den Essanfall dabei als Ablenkung vom Alleinsein (Meyer, Waller & Walters, 1998). Bzgl. des negativen Affektes werden dabei vor allem depressive Stimmung, Ärger, Gefühle von innerer Leere,

Hoffnungslosigkeit, Sorgen und Unzufriedenheit genannt (Stickney, Miltenberger & Wolff, 1999).
Davis, Freeman und Garner (1988) führten eine prospektive Studie durch. Es gelang ihnen durch Tagebuchaufzeichnungen depressive Stimmungen als Auslöser für Essanfälle zu identifizieren. Stice und Agras (1998) konnten zeigen, dass negativer Affekt den Beginn von Essanfällen vorhersagen kann. Sie wiesen aber gleichzeitig darauf hin, dass bei Besserung des Affektes das Essverhalten sich nicht automatisch wieder normalisierte – Besserung der Stimmung sagte nicht das Ende des Ess-Brech-Verhaltens vorher. Bei der Überprüfung von Auslösern fand man, dass Stress, Gedanken an Essen und negative Stimmung mit größerer Wahrscheinlichkeit zu einem Essanfall führen (Hawkins & Clement, 1984).
Ähnliche Ergebnisse berichten Stickney, Miltenberger und Wolff (1999). Sie befragten Frauen mit diagnostizierter Bulimia nervosa und Binge Eating Disorder nach typischen Essanfallssituationen und ließen sie täglich eine Liste mit Antezedentien ausfüllen. Zusätzlich wurde die Stimmung vor, während und nach einem Essanfall protokolliert. Die Angaben belegten vor dem Essanfall vorwiegend negativen Affekt (depressive Stimmung, Aufregung, Leere, Hoffnungslosigkeit, Stress und Überwältigt sein). Retrospektiv gaben die Probandinnen, Unzufriedenheit mit dem eigenen Körper, Langeweile, Sorgen über Verantwortung, Beschäftigung mit Essen an. Bzgl. der situationalen Merkmale zeigten sich die Verfügbarkeit von Essen, längere Zeit alleine sein, traurig sein, Müdigkeit, schon mehr gegessen zu haben als ursprünglich geplant und Reizbarkeit wie auch Konflikte oder negative soziale Interaktionen, Alkoholkonsum und Hetze relevant. Gefühle während des Essanfalles werden vorwiegend mit Erleichterung, Zufriedenheit, Fokus auf dem Essen verbunden.
In weiteren Studien konnte gezeigt werden, dass ein Anstieg des Verlangens zu essen im Zusammenhang mit einer induzierten negativen Stimmung steht: Je höher der subjektiv erlebte Belastungsgrad, desto stärker das Verlangen zu essen (Laberg, Wilson, Eldregde & Nordby, 1991). Lingswiler, Crowther und Stephens (1989) fanden, dass ein Essanfall für BN mit mehr Stress, gedanklicher Beschäftigung mit Essen und schlechterer Stimmung einherging als für BED und führen diesen Befund auf Schwankungen im Selbstwertgefühl auf Grund hoher Leistungsansprüche bei gleichzeitig hoher Sensibilität gegenüber Kritik (Saftner & Crowther, 1998) zurück. Sie konnten dies in ihrer Studie nachweisen: Frauen, die an Essanfällen leiden, berichten stärkere Schwankungen im Selbstwertgefühl und weisen ein höheres Level an Schuld- und Schamgefühlen auf (vgl. Kapitel 2.2.3.1; die Rolle des Selbstkonzeptes bei BN). Auffallend ist, dass bei dieser Studie nicht nur ein negativer Affekt dem Essanfall voranging, sondern es durchaus auch bei positiver Stimmung zu einem Essanfall kam. Die Au-

toren zeigten, dass bei dem Essanfall mehr Kalorien verzehrt wurden, wenn die Stimmung vor dem Essanfall positiv war. Der Befund blieb vereinzelt.
Zusammenfassend wird in der Mehrzahl der Labor- und auch Feldstudien der negative Affekt im Sinne von Unruhe, Anspannung, Ängstlichkeit oder Ärger wie auch ein starkes Verlangen zu essen als direkter Vorläufer von Essanfällen beschrieben. Inwiefern durch den Essanfall und das anschließende Erbrechen der emotionale Zustand verändert wird und dies im Sinne operanter Mechanismen dann zur Aufrechterhaltung des gestörten Essverhaltens führt, wird im folgenden Abschnitt dargestellt.

2.2.2.2 Negativer Affekt im Verlauf des Ess-Brech-Zyklus

Bei einer genaueren Analyse der affektiven Veränderungen im Verlauf des Ess-Brech-Zyklus zeigte sich, dass BN nach einem Ess-Brech-Zyklus stärker dysphorisch waren als vorher (Elmore & Castro, 1990). Johnson und Larson (1982) konnten während eines ambulatorischen Monitorings (Papier- und Bleistift-Protokolle) auch beobachten, dass vor einem Essanfall stärkere Gefühle von Reizbarkeit und Unzulänglichkeit vorkamen, welche sich über den Essanfall noch steigerten. Schuld- und Schamgefühle kamen zu den Gefühlen von Unzulänglichkeit hinzu. Zudem berichteten BN insgesamt negativere Stimmung, verbrachten mehr Zeit alleine und beschäftigten sich weit häufiger mit Essen als Frauen ohne Ess-Störung. Zudem gaben die Patientinnen an, nach dem Erbrechen weniger Ärger zu verspüren und die Kontrolle wiederzuerlangen. Es ist zu vermuten, dass die Emotionen vor und während Essanfall sich von den Gefühlen während und nach Erbrechen unterscheiden.
In einer korrelationsanalytischen Studie (Rebert, Stanton & Schwarz, 1991) von über 20 Tage geführten Essprotokollen bulimischer Patientinnen konnte dies bestätigt werden: Es zeigte sich ein Zusammenhang zwischen Angst, Ärger und Essanfall (.3 - .79) gegenüber Angst, Ärger, Depression und Erbrechen (.72). Arrnow, Kenardy und Agras (1992) erfassten in einem retrospektiv erhobenen Bericht den Verlauf von Essanfällen an einer Stichprobe übergewichtiger BED. Dabei gaben 100% der BED an, vor einem Essanfall in einer negativen Stimmung zu sein (42% Ärger/Frustration; 37% Ängstlichkeit/Unruhe; 16% Traurigkeit/Depression; 5% Bedauern), wobei nur 47% Hungergefühle angaben, die anderen konnten keine physischen Empfindungen benennen. Während des Essanfalles traten bei ca. 16% Schuldgefühle auf, bei weiteren 16% Sorgen und Anspannung, 42% berichteten sogar von einem angenehmen Gefühl. Allerdings kam es dann bei 95% zu einer Stimmungsverschlechterung, wobei hier jetzt Gefühle wie Schuld, Bedauern und Ärger mit sich selbst auftraten. 5% gaben an, frustriert zu sein. 84% gaben ein körperliches Völlegefühl an. Auf die Frage,

was typischerweise einem Essanfall vorangehe, beschrieben 63% Stimmungswechsel, 26% Gedanken an einen Essanfall und 11% Hungergefühle.
Weitere empirische Studien bestätigen diese Befunde: Es ist davon auszugehen, dass sich der vor dem Essanfall bestehende Spannungszustand nach den Gegenmaßnahmen verbessert. Dabei ist die Art des negativen Affektes zu unterscheiden. So wird berichtet, dass ein eher diffuser Angstzustand unverändert bleibt (Tuschen-Caffier, 1997). Diese Zusammenhänge scheinen essstörungsspezifisch zu sein: Nur bei Frauen mit einer Bulimia nervosa konnte ein Zusammenhang zwischen Verlangen, Hunger und negativem Affekt (Anspannung, Angst, Verunsicherung, Traurigkeit und negativem Körpergefühl) gegenüber einer klinischen Kontrollgruppe (Angstpatienten) und einer gesunden Kontrollgruppe gezeigt werden (Tuschen-Caffier, 1997).
Als wichtige Schlussfolgerung aus diesen Ergebnissen ist die Änderung der Qualität des negativen Affektes hervorzuheben. Dabei wird in dem Wechsel von Anspannung zu Schuld der aufrechterhaltende Faktor gesehen (Arrnow, Kenardy & Agras, 1992).
Kaye, Gwirtsman, George und Weiss (1986) erfassten bei stationären BN das psychische Befinden. Es zeigte sich ein sehr variables Muster von Gefühlen vor und nach dem Essanfall. So gaben von 12 Bulimikerinnen sechs Frauen an, vor dem Essanfall depressiver und ängstlicher aber weniger hungrig zu sein, gegenüber einer normalen Mahlzeit. Depressivität und Angst verringerten sich durch den Essanfall, Hunger veränderte sich nicht. Vier weitere Frauen gaben an, dass sich nur die Depressivität veränderte, die Angst aber gleich blieb. Zwei der Frauen berichteten keinerlei Veränderungen. Da die Stichprobe sehr klein war und die Bedingungen kaum den natürlichen Umgebungen entsprachen, sind die Ergebnisse eher eingeschränkt zu beurteilen.
Die meisten Autoren beschreiben bei Beobachtung des gesamten Ess-Brech-Zyklus dysphorische Zustände wie Anspannung, Hilflosigkeit und Angst im Verlauf (Cooper, Morrison, Bigman, Abrahamowitz, Levon & Krener, 1988; Steinberg, Tobin & Johnson, 1990). Die bisherigen Befunde zusammenfassend scheint es, als ob dem Essanfall direkt negative Stimmung vorangeht, wobei diese sich in unterschiedlichen Gefühlen ausdrückt. Vor einem Essanfall scheinen dabei Gefühle wie Anspannung und Ängstlichkeit zu überwiegen, während Schuld- und Scham wie auch Ärgergefühle sich nach dem Essanfall einfinden. Eine Aufrechterhaltung des gestörten Essverhaltens ist damit fraglich, da es insgesamt nicht zu einer Verbesserung der Stimmung, sondern eher zu einer Verschiebung kommt. Denkt man hier weiter, entsteht die Frage, wie dieser negative Affekt entsteht. Referenzen zu Stressbewältigung, Selbstwertstörungen, interpersonellen Konflikten oder Kognitionen als Mediatoren kommen dabei zum Tragen.

2.2.2.3 Negativer Affekt im Tagesverlauf

Zunächst einmal wurde nun empirisch der Tagesverlauf überprüft. Untersuchungen zeigten dabei, dass Frauen mit diagnostizierter Bulimia nervosa im gesamten Tagesverlauf angespannter, ängstlicher, unsicherer und unausgeglichener waren und ein weniger angenehmes Körpergefühl berichteten als Frauen einer gesunden Kontrollgruppe (Tuschen-Caffier, 1997). Überprüft man den Verlauf von Hungergefühlen und Verlangen zu essen, so könnte man vermuten, dass nicht die negative Stimmung alleine, sondern die Assoziation von negativer Stimmung und Wunsch zu essen durch Assoziationslernen zur Auslösung eines Essanfalles beiträgt (Alpers & Tuschen-Caffier, 2000). In der Studie von Alpers und Tuschen-Caffier (2000) schwankte das beschriebene Hungergefühl sehr stark über den Tag – morgens wenig, nachmittags ein Peak und abends weniger Hunger, was den bisherigen Befunden (Hungergefühl abends am größten) widerspricht. Dabei korrelierten Hunger und Anspannung ebenso positiv wie Verlangen zu essen und Anspannung, Angst und Verunsicherung. In Einzelvergleichen konnte bei Bulimikerinnen am Abend dann negativere Stimmung und stärkere Hungergefühle nachgewiesen werden.

Folgt man diesem Gedankengang, so würde die Bewertung der Situation bei der Auslösung und die gelernte Assoziation von negativer Stimmung und Verlangen zu essen eine treibende Funktion erhalten. Der Einfluss von Bewertung einer Situation und Erwartung der Konsequenzen wurde schon in der Alkoholforschung (Turrisi, 1999) diskutiert.

Esplen, Garfinkel und Gallop (2000) untersuchten die Fähigkeit von Frauen mit einer Bulimia nervosa, sich selbst zu trösten und abzulenken. Die Autoren vertraten dabei die Hypothese, dass es den Patientinnen nicht gelingt, aversive Gefühlszustände auszuhalten bzw. zu bewältigen und dies dann zu einem Essanfall führt. In der Studie konnte nachgewiesen werden, dass BN geringere Fähigkeiten zur Beruhigung und Entspannung besitzen und sich auch verstärkt einsam fühlen. Dies bestätigt die bisherigen Befunde und könnte als Affektregulationsstörung im Sinne von Flucht vor negativer Selbstaufmerksamkeit oder Maskierung des negativen Affektes interpretiert werden.

2.2.2.4 Allgemeine Auswirkungen von Stress auf das Essverhalten

In den letzten Jahren hat vor allem die Betrachtung der Rolle interpersonellen Stresses im Zusammenhang mit der Auslösung von Essanfällen zugenommen. Einbezogen werden sollten dabei nicht nur „Stimulus-Response-Konzepte“, sondern auch vermittelnde Variablen wie kognitive Bewertung des Stressors als Bedrohung oder Herausforderung und verfügbare Bewältigungsstrategien (vgl. Kapitel 2.2.3.2 Bewältigungsstil).

Unter Stressreaktion versteht man psychologische oder physiologische Reaktionen eines Individuums auf einen Stressor. Zwischen den belastenden Ereignissen und der Stressreaktion findet dann ein Prozess statt, in dem die Bewertung des Stressors erfolgt und eine adäquate Bewältigungsstrategie angewandt wird (z.B. transaktionales Stressmodell von Lazarus & Launier, 1978).
Bezüglich der Art der Stressoren, die einem Essanfall vorangehen, gibt es verschiedene Ansätze und Überlegungen: so wird zunächst davon ausgegangen, dass die dem Beginn der Ess-Störung vorangehenden Stressoren einen alltäglichen Charakter haben. So berichten Lacey, Cober und Birtchnell (1986), dass der Beginn der BN ihrer Teilnehmerinnen vor allem mit „life events" wie Scheidung, sexuellen Problemen oder Problemen mit dem weiblichen Körper zusammenhingen. Sozialen Stressoren wie interpersonelle Konfliktsituationen, Hänseleien wegen Figur und Gewicht z.B. auf Grund von Übergewicht oder emotionale Belastungen werden größere Bedeutung bei der Aufrechterhaltung der Ess-Störung zugeschrieben. Es wurde daraus geschlossen, dass nicht unbedingt schwerere Belastungen zur Entstehung und Aufrechterhaltung der Ess-Störung notwendig sind, sondern dass Frauen mit einer Ess-Störung wahrscheinlich Defizite in der Stressverarbeitung aufweisen. Eine wichtige Rolle wird dabei vor allem der kognitiven Bewertung eingeräumt. Bulimische Patientinnen beschreiben die Auslösung eines Essanfalles als solche Ereignisse, die sie als stressvoll empfinden und durch den Essanfall gelöst werden, da ihnen dieser kurzfristig Wohlbefinden vermittelt (Hartley, 1998).
Viele berichten auch über ein vermehrtes Essen unter Stress, dies kann durch die vermehrte Ausschüttung der Hormone Norepinephrin und Dopamin ausgelöst werden. Andere wiederum essen weniger, was auf die Freisetzung von Glukagon zurückgeführt wird (unterdrückt den Appetit). Insgesamt kann also geschlossen werden, dass individuelle hormonelle Reaktionen auf Stress den Appetit steigern oder vermindern (Pawlak, 1995).

2.2.2.5 Die Rolle von Stress bei der Auslösung von Essanfällen

Striegel-Moore und Cachalin (1999) untersuchten 947 College Studenten in ihrem ersten Jahr am College und konnten feststellen, dass sich bereits vorhandene pathologische Essverhaltensweisen und Einstellungen zu Figur und Gewicht im Laufe des Jahres mit dem Grad der empfundenen Belastung anstieg. So traten nicht nur vermehrt dysphorische Stimmung, sondern auch geringeres Gefühl von Selbstwirksamkeit und Attraktivität auf.
Tuschen, Vögele und Kuhnhardt (1995) führten eine experimentelle Studie an Frauen mit einer diagnostizierten BN durch, um zu überprüfen, wie sich verschiedene Stressoren (interpersonaler vs. Leistungsstressor) hinsichtlich des

Essbedürfnisses auswirken. In einer Studie von Cattanach, Malley und (1988) waren Unterschiede zwischen sozialen und Leistungsstressoren berichtet worden: Soziale Stressoren hatten ein hohes Bedürfnis zu überessen ausgelöst, während dies beim Leistungsstressor nur in geringem Maße auftrat. Tuschen, Vögele und Kuhnhardt (1995) führten daher folgende Studie durch: Die Probandinnen sollten sich eine Situation vorstellen, in der sie auf einer Party sind und dort keinen Anschluss finden, sich einsam, verlassen und zurückgewiesen fühlen. An einem zweiten Tag wurde das Design mit dem Leistungsstressor durchgeführt. Es ergab sich kein Unterschied zwischen den Gruppen während des Leistungsstressors. Alle Probanden zeigten sowohl starke physiologische als auch psychologische Reaktionen. Auffällig war, dass beim interpersonalen Stressor die Frauen mit der Ess-Störung stärkere emotionale Belastung (Traurigkeit, Verunsicherung, Angst) angaben als die Frauen der Kontrollgruppe. Die Bulimikerinnen gaben zudem an, hungriger zu sein und ein stärkeres Bedürfnis zu essen zu haben. Bzgl. der physiologischen Daten ergab sich für die Kontrollgruppe ein bedeutsamer Unterschied im systolischen Blutdruck – die Frauen der Kontrollgruppe wiesen einen höheren Blutdruck auf als die der Experimentalgruppe. Die Autoren sehen die niedrigere kardiovaskuläre Reaktivität im Zusammenhang mit dem gezügelten Essverhalten der Frauen mit Bulimia nervosa. Das stärker ausgeprägte Bedürfnis zu essen während des interpersonalen Stressors wird im Sinne der Fluchttheorie interpretiert und konnte als Ablenkung von den selbstwertbedrohenden Kognitionen gesehen werden. Das gesteigerte Bedürfnis nach dem Leistungsstressor scheint über kognitive Prozesse vermittelt (Tuschen-Caffier & Vögele, 1999).

Both-Orthmann (1994) überprüfte affektive Stressreaktionen auf einen sozialen wie auch einen Leistungsstressor und fand, dass bulimische Frauen nach der Applikation des sozialen Stressors mit stärkerer Niedergeschlagenheit reagierten.

Levine und Marcus (1997) überprüften die auf einen Stressor (Rede vorbereiten) folgende Nahrungsaufnahme, um den Zusammenhang von Stress, wahrgenommenem Verlangen und tatsächlichem Essverhalten im Labor zu überprüfen. Sie ließen Frauen mit einer Bulimia nervosa und Kontrollgruppe nach dem Belastungstest in einem Raum mit Lebensmitteln auf die Fortsetzung des Experimentes warten. Die Gruppen unterschieden sich in der Menge der gegessenen Nahrung nicht, obwohl die BN deutlich mehr „gesunde" Sachen als Binge food zu sich nahmen. Die Autoren führen das Ergebnis auf die Hemmung durch das künstliche Umfeld zurück.

Um die Annahme auch im natürlichen Umfeld zu überprüfen, wurden Lehrkräfte nach hohem (42,5 Stunden) und niedrigem Stresslevel (34,5 Arbeitsstunden pro Woche) eingeteilt. Zusätzlich wurde der „Restraint-Wert", sowohl mit dem

„Three Factor Eating Questionnaire" (Stunkard & Messick, 1985) als auch der „Restraint Scale" (Herman & Polivy, 1988), erfasst. Es zeigte sich, dass Frauen mit einem gezügelten Ess-Stil unter Stress mehr essen, Frauen mit einem ungezügelten Ess-Stil allerdings unter Stress unverändert essen. Bei niedrigem Stress gingen höhere RE-Werte mit gezügelter Aufnahme (weniger Kalorien und Fettaufnahme als Frauen der Kontrollgruppe) einher, bei höherem Stressindex erhöhte sich die Kalorien- und Fettaufnahme bei den RE-Frauen signifikant (Wardle, Steptoe, Oliver & Lipsey, 2000).
Eine weitere Studie zur Überprüfung von Stress und Überessen aus dem ambulatorischen Monitoring wertete über 14 Tage geführte „Daily Hassles"-Protokolle sowie Essprotokolle aus (Crowter, Sanftner, Bonifazi & Shepherd, 2001). Es konnte gezeigt werden, dass diejenigen Frauen, die Heißhungerattacken berichteten, diese an Tagen mit „Daily Hassles" hatten, welche als signifikant stressiger bewertet wurden. Auch konnte eine insgesamt höhere Kalorienaufnahme an den Tagen mit signifikant mehr Stress nachgewiesen werden.

Zusammenfassend ist zu sagen, dass trotz vieler Einschränkungen der aufgezählten Studien die Befunde relativ konsistent in die Richtung weisen, dass negative Gefühlszustände eine Rolle bei der Auslösung wie auch der Aufrechterhaltung von Essanfällen spielen. Zudem konnten die Studien zeigen, dass Frauen mit einer Bulimia nervosa glauben, negative Gefühlszustände durch vermehrtes Essen reduzieren bzw. regulieren zu können. Stress wird dabei als ein eigenes Konzept betrachtet. Ähnlich der Ergebnisse zum negativen Affekt zeigte sich, dass es sowohl im Rahmen von Laborstudien durch die Konfrontation mit Belastungssituationen wie auch unter ambulatorischem Monitoring unter Stress zu vermehrter Nahrungsaufnahme bei restriktiv essenden und bulimischen Frauen kommt.
Schlussfolgernd ist bei der Untersuchung der Affektregulationstheorien festzustellen, dass die psychologische Betrachtung der Entstehungsbedingungen für einen Essanfall hilfreich bei der Verbesserung der therapeutischen Interventionen sein kann. Durch die vermehrte Beachtung internaler Zustände in der Interaktion mit externalen Gelegenheitsbietern (z.B. alleine sein) kann die Wahrscheinlichkeit, adäquate Bewältigungsstrategien zur Reduktion des Verlangens zu entwickeln, erhöht werden. Neuere Modelle, die neben den internalen auch externale Faktoren einbeziehen und so verschiedene Modelle auf der Mikroebene kombinieren, scheinen in der komplexen Bearbeitung der verschiedenen Bereiche (Gefühle, Situation, Hungerstatus) zudem bessere Behandlungsansätze zu bieten.
In einem Vergleich von Ernährungsmanagement zu alleiniger Stressbewältigungsbehandlung bei stationären Patientinnen konnten bei beiden Therapien

stabile Erfolge und Reduktion im gestörten Essverhalten erreicht werden. Das Ernährungsmanagement erwies sich dabei als schneller und umfassender erfolgreich bzgl. des gestörten Essverhaltens (Essanfälle und Erbrechen), das Stressmanagement wirkte sich positiver auf allgemein psychopathologische Maße und darüber indirekt auf das gestörte Essverhalten aus (Lässle, Beumont, Butow, Lennerts, O'Connor, Pirke, Touyz & Waadt, 1991).

2.2.3 Moderierende Faktoren auf Essanfälle

Wichtig ist die Frage warum nicht alle Personen, die einen restriktiven Ess-Stil haben oder an depressiven Verstimmungen leiden, eine Ess-Störung entwickeln. Als moderierende Faktoren werden hier Bewältigungsfähigkeiten im Zusammenhang mit Konflikten und Stress sowie niedrige Selbstwertgefühle beschrieben. Im Folgenden soll auf diese beiden Faktoren näher eingegangen werden.

2.2.3.1 Die Rolle des Selbstkonzeptes bei Ess-Störungen

Als Selbstkonzepte eines Menschen werden heute Einstellungen des Individuums im Sinne von Kognitionen über Emotionen und Verhalten des Individuums gegenüber sich selbst bezeichnet.

Verbale Reaktionen wie in Worte gefasste Gedanken, Feststellungen, Stellungnahmen, Bezeichnungen, Attributionen zur eigenen Person werden als Medium zur Bestimmung von Selbstkonzepten angesehen. Aus der kognitiven Perspektive heraus betrachtet wird das Selbstkonzept als „Selbstschema" definiert, welches die kognitiven Repräsentationen der eigenen Person konstituiert. Dabei wird eine künstliche Trennung von affektiv-evaluativer Deutung von der kognitiven Repräsentation durchgeführt. Deusinger vertritt hier in ihrer Arbeit die Auffassung, dass diese Trennung nicht in angemessener Weise die Komplexität von Selbstkonzepten erfasst. Selbstkonzepte definiert sie deshalb als Einstellungen zur eigenen Person, die durch eine kognitive, affektive und eine Handlungskomponente gekennzeichnet werden.

Nach Deusinger (1986) bildet sich das Selbstbild, das ein Mensch von sich hat, in 10 verschiedenen Bereichen differierender Selbstkonzepte ab, welche in mehr oder weniger engem Zusammenhang stehen. Als zentrale Konzepte beschreibt sie aus dem Leistungsbereich Konzepte zu allgemeiner Leistungsfähigkeit, Problembewältigung und allgemeiner Verhaltens- und Entscheidungssicherheit. Zudem beschreibt sie verschiedene Selbstkonzepte, die sie dem sozialen Bereich zuordnet (eigene Standfestigkeit gegenüber Gruppen und bedeutsamen anderen, eigene Kontakt- und Umgangsfähigkeit, Wertschätzung durch andere, Irritierbarkeit durch andere, Gefühle und Beziehungen zu anderen), ein zentrales Kon-

zept zum Bereich der allgemeinen Wertschätzung (allgemeiner Selbstwert) und ein Konzept über die eigene Empfindlichkeit und Gestimmtheit.
Einstellungen zur eigenen Person werden gelernt, das bedeutet, Selbstkonzepte entwickeln sich im Laufe der individuellen Sozialisation der Person, vor allem in der Interaktion im sozialen Vergleich mit „bedeutsamen anderen" – etwa mit den Eltern, Geschwistern, Freunden, Mitschülern, Gleichaltrigen, Lehrern, Ausbildern, Vorgesetzten, Kollegen, etc. Diese gelernten Einstellungen zur eigenen Person spiegeln die individuellen Unterschiede der erfahrenen Umwelt wie auch die individuellen Unterschiede im Wirksamwerden von Lern- und Verstärkungsbedingungen der Umwelt. Das Individuum nimmt so in sein Selbstkonzept sein Idealkonzept (die Vorstellung davon, wie es sein möchte) und sein Realkonzept (das ist die Vorstellung davon, wie es tatsächlich ist) auf. Dies wird beeinflusst von dem, was als sozial erwünscht gelernt wurde und das selbst praktizierte sozial erwünschte Verhalten. Damit kann es bedingt durch Verstärkungen der Umwelt (oder eigenem Interesse) Konsistenz im eigenen Verhalten und seinen Selbstkonzepten anstreben wollen. Psychische Störungen müssten sich demnach nicht nur auf der Verhaltensebene, sondern auch im Selbsterleben und damit im Selbstkonzept wiederfinden. So weisen z.B. negative, d.h. mit sozial wenig erwünschten Merkmalen beschriebene Selbstkonzepte auf psychische Instabilität oder deutliche psychische Störungen hin. Vor allem im Zusammenhang mit Ess-Störungen wird ein geringes Selbstwertgefühl beschrieben (Silverstone, 1991). Jacobi (2000) konnte in einer meta-analytischen Studie belegen, dass sich trotz inkonsistenter Operationalisierungen des Konstruktes „Selbstkonzept" bei Frauen mit einer Ess-Störung durchgängig niedrigere Werte im Selbstkonzept finden lassen.
Nur selten wird das Selbstkonzept als handlungsanleitend im Zusammenhang mit Ess-Störungen diskutiert. Heatherton und Baumeister (1991) weisen in ihrer „Fluchttheorie" einen solchen Ansatz auf, indem sie den Essanfall als solchen als eine Flucht vor einer selbstwertbedrohenden Situation oder Kognition beschreiben. Sie sehen diese insbesondere im Zusammenhang mit den hohen Standards und Erwartungen, die Frauen mit einer Ess-Störung häufig an sich stellen und die bei Versagen zu einer Bedrohung des Selbstwertes werden. Werden sie nämlich den Anforderungen nicht gerecht, müsste das der Theorie von Heatherton und Baumeister nach zu einem aversiven Muster an erhöhter Selbstaufmerksamkeit und Besorgnis darüber, wie sie von anderen wahrgenommen werden, führen. Dies führe zu emotionalem Stress, welcher auf der Handlungsebene durch einen Essanfall gelöst würde, da die Frauen die Aufmerksamkeit auf die Stimulusumgebung lenken und somit selbstbildrelevante Gedanken vermeiden können.

In diesem Zusammenhang soll nun das handlungstheoretische Partialmodell der Persönlichkeit vorgestellt werden, in dessen Rahmen eine Einbettung von Selbstkonzept und Handlungskonsequenz verständlich wird.
Das Modell diente dazu, die bisher situativ verankerten Konstrukte der Handlungstheorie, nämlich situationsspezifische Personenvariablen mit differentiellem Wert auf zeitlich und situativ relativ stabile Charakteristika von Personen zur Vorhersage, Rekonstruktion und Beschreibung von Handeln zu erweitern. Allen psychologischen Handlungstheorien ist gemein, dass sie sich darauf beziehen, beobachtbare Verhaltensweisen oder Unterlassungsereignisse als Handlung von Personen zu interpretieren, deren Einstellungen (z.B. zielgerichtet, erwartungsgesteuert, intentional, etc.) und Motivation die Handlung beeinflusst. Es wird also angenommen, dass die handelnde Person die Situation interpretiert und dabei vorliegende Erfahrungen benutzt, um bestimmte Ereignisse oder Zielzustände zu bewerten.
Motivationspsychologische Ansätze gehen hierbei von einem Erwartungs-Wert-Modell aus, welches die Intention des Handelnden bestimmt. Der Grundsatz dieser Modelle wird dabei wie folgt erklärt:
Handeln geschieht auf Grund subjektiver Bewertungen von Handlungsergebnissen oder -zielen (Valenzen), und subjektiven Erwartungen darüber, dass einer bestimmten Handlung ein Ereignis/Ergebnis folgt. Im Rahmen der interaktionistischen Persönlichkeitstheorien kann nun bei ausreichend bekannter, für das Individuum gut kognitiv strukturierbarer und subjektiv eindeutiger Situation, eine Vorhersage auf Grund der subjektiven Valenzen und Erwartungen für das Verhalten gemacht werden. Dies wird damit erklärt, dass zweckmäßiges Verhalten auf dem Aufbau kognitiver Strukturen („kognitiver Landkarten") und Erwartungen basiert (Krampen, 1987). Das Individuum zieht dann diese kognitive Landkarte zur Bewältigung der Situation heran und reagiert gegebenenfalls auch routinemäßig im Sinne einer automatisierten Handlung. Allgemeine Persönlichkeitsvariablen haben in diesen Situationen wenig Vorhersagewert. Hier liefern situations- und handlungsspezifische Personenvariablen, welche in Form von Handlungsskripten individuell oder auch in kulturell normierter Art vorliegen, die zur Vorhersage und Beschreibung des Verhaltens notwendigen Informationen. Mehrdeutige Situationen werden demnach besser durch generalisierte Einstellungen über Situationen ähnlicher Struktur vorhergesagt, da noch keine kognitiven Repräsentationen angelegt sind.
Im Rahmen des handlungstheoretischen Partialmodells der Persönlichkeit entwickelte Krampen (1987) den beschriebenen Ansatz weiter. Er fasste die differenzierten Erwartungs-Wert-Modelle unter Berücksichtigung der wechselseitigen Beeinflussung situativer und personaler Faktoren zusammen. Handlungen

und Handlungsintention werden damit auf folgende Basisvariablen zurückgeführt:

1. Situations-Ereignis-Erwartungen (subjektive Erwartung einer Person darüber, dass ein bestimmtes Ereignis in einer gegebenen Handlungs- oder Lebenssituation auftritt oder verhindert wird, ohne dass die Person selbst aktiv wird und handelt)
2. Kompetenzerwartungen (subjektive Erwartung darüber, dass in der gegebenen Situation der Person Handlungsalternativen – zumindest aber eine Handlungsmöglichkeit zur Verfügung steht)
3. Kontingenzerwartungen (subjektive Erwartung darüber, dass auf eine Handlung bestimmte Ergebnisse folgen)
4. Instrumentalitätserwartungen (subjektive Erwartungen darüber, dass bestimmten Ergebnissen oder Ereignissen bestimmte Konsequenzen folgen)
5. subjektive Bewertungen (Valenzen) der Handlungsergebnisse und Ereignisse
6. subjektive Bewertung der Valenzen und ihrer Folgen

Krampen geht davon aus, dass auf allen Konstruktebenen Generalisierungen stattfinden, die zu unterscheidbaren, situativ und zeitlich relativ stabilen Persönlichkeitsvariablen führen, an Hand derer Personen und interindividuelle Unterschiede beschrieben werden können. Die von ihm erstellten Faktoren und hierarchischen Ebenen sind:

1. Generalisierung der Situations-Ereignis-Erwartungen dahingehend, dass darauf vertraut wird, auch ohne eigenes Zutun ein positives Ergebnis zu erreichen. D.h. die Person vertraut oder misstraut der Situationsdynamik. Krampen benennt diesen Persönlichkeitsfaktor **Vertrauen.**
2. **Kompetenzerwartungen** werden in dem Masse generalisiert, dass man sich in vielen verschiedenen Situation als kompetent erlebt.
3. **Kontingenzerwartungen** werden durch Generalisierung zu Kontrollüberzeugungen – der subjektiven Annahme über die Kontrollierbarkeit von Ereignissen.
4. **Instrumentalitätserwartungen** gehen in das Ausmaß der kognitiven Durchdringung sowie des Verstehens von Handlungs- und Lebenssituationen und ihrer Dynamik ein.
5. **Situationsspezifische Valenzen** finden ihre Generalisierung in den allgemeinen Wertorientierungen und Lebenszielen der Person.

Krampen folgert, dass ein niedrig ausgeprägtes Selbstkonzept eigener Fähigkeiten in den verschiedenen Bereichen Leistung und Soziales durch die dadurch veränderten Kompetenz- und Kontingenzerwartungen die stattfindende Handlung beeinflusst (Krampen, 1987).
Dies könnte bedeuten, dass auf dem Boden eines niedrig ausgeprägten Selbstkonzeptes es im Rahmen der Ess-Störung zu veränderten Kompetenz- und Kontingenzerwartungen wie gering wahrgenommener Handlungskontrolle in der Situation kommt und dies dann zu Essen als dysfunktionaler Copingstrategie führt.

2.2.3.2 Bewältigungsstrategien bei Ess-Störungen

Man nimmt an, dass die Fähigkeit der Bewältigung von Stress-Situationen und der interpersonale Stil eine Rolle bei der Aufrechterhaltung von Essanfällen spielt. Mehrere Autoren vermuten, dass das gestörte Essverhalten auf unzureichende Bewältigungsstrategien zurückzuführen ist (Bennett & Cooper, 1999; Lazarus & Folkman, 1990). In der Alkoholforschung konnte gezeigt werden, dass ineffektive Copingstrategien zu einem höheren Rückfallrisiko führen (Shiffman, 1984). Die Vermutung besteht, dass Frauen mit besseren Copingmöglichkeiten auch den Drang nach Essen besser aushalten könnten. Es gab bislang allerdings wenig Untersuchungen auf diesem Gebiet. Soukoup, Beiler, und Terell (1990) zeigten an einer Stichprobe essgestörter Patientinnen, dass sowohl Frauen mit einer Anorexia wie auch Bulimia nervosa ein höheres Stressniveau berichteten als auch ein geringes Vertrauen in die eigenen Problemlösefähigkeiten aufwiesen und dazu neigten, Konfrontation mit ihren Problemen zu vermeiden. Eine Rolle dabei könnte die subjektive Bewertung des Stressors spielen (Hahn & Smith, 1999). Frauen mit einer Bulimia nervosa erleben sich zudem als stärker ängstlich und inadäquat im sozialen Kontakt. Sie erhalten scheinbar weniger soziale Unterstützung durch ihre Familien und Freunde und erleben eher stärker konfliktbeladene und weniger kompetente Interaktionen. Marco, Neale, Schwartz, Shiffman und Stone (1999) postulieren zum Beispiel, dass die Konsequenz von Stress oder anderen Belastungssituationen von dem jeweiligen Copingverhalten abhängt. Sie untersuchten Copingverhalten im Tagesverlauf und ließen Stimmung und Stressor stündlich bewerten. Sie konnten durch dieses „event-sampling“ zunächst die Heuristik, dass die Stimmung nach Stress schlechter ist, bestätigen. Zudem war es möglich nachzuweisen, dass die Bewertung eines Stressors als kontrollierbar und erwünscht mit einem stärker problemorientierten Bewältigungsstil einhergeht. Die Bewältigungsversuche beeinflussten die Stimmung allerdings nicht.

Lehman und Rodin (1989) konnten z.B. nachweisen, dass Frauen mit einer Bulimie Stresserlebnisse als weniger kontrollierbar erlebten als Kontrollpersonen. Interessant ist auch die Überlegung, dass Bulimikerinnen über einen häufigeren Einsatz von Bewältigungsstrategien berichten, aber diese als weniger effektiv erleben. Das Defizit könnte also nicht nur in der Verfügbarkeit, sondern auch in der falschen Auswahl liegen. Katzman und Wolchik (1984) berichten, dass BN ähnlich wie Depressive einen passiven Bewältigungsstil haben. BN scheinen zudem vermehrt Vermeidung und emotionszentrierte Bewältigungsstrategien einzusetzen, wobei diese als weniger effektiv angesehen werden als der aktivere, problemzentrierte Stil von Kontrollpersonen (Shartford & Evans, 1986). Es wird vermutet, dass Erfolgsgefühle wie auch das Gefühl der Kontrolle bei einer Diät als Verstärker für dieses Verhalten funktioniert (Slade, 1982).
In einer Studie mit übergewichtigen Kindern, welche eine Risikogruppe zur Entstehung von Ess-Störungen sind, konnte gezeigt werden, dass diese dazu neigen, auch zu essen, wenn sie nicht hungrig sind und mehr Probleme haben. Es wird daher vermutet, dass das Defizit schon in der Kindheit entsteht und essen als Bewältigungsstrategie gelernt ist (Brät & van Strien, 1997).
Häufig wird in der Literatur ein emotionales Coping bei Essgestörten beschrieben. Einige Autoren nehmen an, dass Probleme in internalen Beziehungen, Gefühle und Gedanken einen stärkeren Einfluss auf die Entstehung eines Essanfalles haben als physiologische Faktoren (Eldrege, Locke & Horowitz, 1996). Rachman (1980) vermutet z.B., dass durch eine starke emotionale Reaktion ein Habituierungsprozess verhindert wird und will damit die Stärke der Aktivierung auf konditionierte Reize erklären.
Es könnte somit vermutet werden, dass durch schlecht gelernte Bewältigungsstile und bestimmte Persönlichkeitseigenschaften es in bestimmten Situationen zu einer Fehleinschätzung der Situation, bedingt durch die Aktivierung vorgeprägter kognitiver Strukturen, kommt, die dann den Drang zu essen im Sinne der Fluchttheorie als maladaptiven Bewältigungsstil initiiert.

2.2.4 Selektive Aufmerksamkeit und kognitive Verzerrungen bei der Entstehung von Essanfällen

Im Zusammenhang mit negativem Affekt und Diätstil gibt es zudem Überlegungen, wie sich diese auf die häufig beschriebenen kognitiven Einschränkungen auswirken: So vermuten Stice und Agras (1999), dass eine Subgruppe von Bulimikerinnen, die vermehrte depressive Züge aufweisen, auch stärker dysfunktionale Kognitionen bzgl. Essen, Figur und Gewicht haben. Inwiefern der negative Affekt Auslöser der kognitiven Verzerrung oder die selektive Wahrnehmung Auslöser des negativen Affektes ist, bleibt bislang unklar. Jansen, Louwerse,

Leemans und Schouten (1998) überprüften das Auftreten depressogener Attributionen und die Auswirkung negativer Stimmung auf das Essverhalten an einer Stichprobe von „restraint" und „unrestrained eatern". Sie manipulierten das Gewicht der Teilnehmer – und zwar suggerierten sie eine Gewichtszunahme von 2,5 kg im Rahmen einer normalen körperlichen Untersuchung. Danach wurde das eigentliche, angekündigte Experiment - ein Geschmackstest für Eiskrem - durchgeführt. Die Hypothese war, dass „restraint eater" in der Bedingung „Gewichtszunahme" dieses Ereignis auf internale („ich habe keine Willenskraft"), stabile („ich habe nie gelernt, mich zu kontrollieren") und globale („ich werde zunehmen, was ich auch tue") Faktoren zurückführen und damit anfällig für eine dysphorische Stimmung sind. Die Stimmungsverschlechterung sollte sich in einer erhöhten Nahrungsaufnahme während dem Geschmackstest zeigen. Der allgemeine Attributionsstil (Beginn der Untersuchung) wie auch die Attribution des Gewichts (am Ende der Untersuchung) wurden über Fragebögen erhoben. Die Stimmung wurde mit einem Fragebogen vor und nach dem Geschmackstest erfasst. Es bestätigte sich zwar, dass die Gewichtszunahme tatsächlich mit einer schlechteren Stimmung nur bei den „restraint eatern" einherging, allerdings stand dies weder mit einem depressogenen Attributionsstil noch mit erhöhter Nahrungsaufnahme in Zusammenhang. Die Menge der Nahrungsaufnahme konnte am besten mit dem Selbstwertgefühl vorhergesagt werden. Frauen mit einem niedrigen Selbstwertgefühl und restriktivem Essverhalten aßen am wenigsten während des Geschmackstestes. Die Autoren vermuten, dass die Stimmungsmanipulation zu spezifisch war, d.h., durch die Gewichtsmanipulation war die negative Stimmung eindeutig an Körper und Gewicht gebunden, was eventuell zu einer Verstärkung der Kontrolle geführt hat. Die Autoren weisen darauf hin, dass in der Literatur vor allem der unspezifische negative Affekt, also diffuse negative Gefühle mit Essanfällen in Verbindung gebracht werden. Eine weitere Erklärung könnte die kognitive Komponente neben dem Attributionsstil sein. Inwieweit Selbstinstruktionen oder selektive Aufmerksamkeit in der Auslösung von Essanfällen eine Rolle spielen, soll daher im weiteren betrachtet werden.

Göbel, Spalthoff, Schulze und Florin (1989) verbanden ebenfalls negativen Affekt mit Depression und schlossen aus dieser Perspektive auf eine Beteiligung kognitiver Elemente an der Entstehung und Aufrechterhaltung von Essanfällen. Sie untersuchten eine Stichprobe von Bulimikerinnen und konnten zeigen, dass eine Differenz zwischen Kontrollgruppe und Frauen mit einer Bulimia Nervosa auf den Subskalen Globalität und Internalität des BDI und DAS zu finden sind. Die Ergebnisse von Jansen et al. (1998) werden also bestätigt. Dritschel, Williams und Cooper (1992) untersuchten die Bewertung von Situationen hinsichtlich der kognitiven Verzerrung essgestörter Patienten in folgenden Kategorien:

Personalisierungstendenzen (externe Ereignisse werden auf sich selbst bezogen ohne Rechtsgrundlage), Übergeneralisierung (allgemeingültige Schlussfolgerung auf Grund nur eines Ereignisses), Katastrophisierung (ein Ereignis ohne Grund als Desaster bezeichnen) und selektive Abstraktion (Tendenz, nur einzelne zur Einstellung passende Segmente eines Ereignisses wahrzunehmen und andere zu ignorieren). Es zeigte sich, dass Frauen mit Essanfällen mehr Personalisierungstendenzen aufweisen, stärker übergeneralisieren, katastrophisieren und selektiv bewerten. Spezifische Kognitionen hingen dabei eng mit Diätstil, Körpersorgen und Stimmung zusammen, allgemeine kognitive Fehler mit einem niedrigen Selbstwertgefühl.

Informationsverarbeitungsansätzen zufolge haben verschiedene kognitive Konstrukte Einfluss auf die Handlung. Lebensgeschichtliche Grundannahmen, Wertsysteme, Einstellungen usw. sind als kognitive Struktur oder auch Schemata die Grundlage für die Verarbeitung ankommender Reize und Informationen aus der Umwelt. Eine bestimmte Situation beinhaltet Reize, welche durch verschiedene Aufmerksamkeits- und Gedächtnisprozesse verarbeitet werden. Man spricht dabei von kognitiven Prozessen. Diese kognitiven Prozesse werden durch aktivierte kognitive Strukturen beeinflusst und erhalten durch ihren Eingang in kognitive Produkte wie Gedanken Handlungsrelevanz. Selbstverbalisationen, Vorstellungsbilder oder Erwartungen sind eine weitere Art kognitiver Produkte, welche durch die Aktivierung der kognitiven Schemata entstehen. Sie sind situationsspezifisch und damit handlungsrelevant. Direkt erfassbar sind diese kognitiven Produkte z.B. an Hand von Protokollen, Tagebüchern, Fragebögen oder Interviews (Glass & Arnkoff, 1997). Dies ist insofern relevant, da vermutet wird, dass dysfunktionale Kognitionen besonders starke Verbindungen zu negativen Selbstschemata haben und damit die Handlungskompetenz negativ beeinflussen können (Vitousek & Hollon, 1990). Es konnte gezeigt werden, dass diese kognitiven Produkte gut durch Vorstellungsübungen, Verhaltenstests oder „in-vivo" Expositionen aktiviert werden können. Dies ist besonders bei der Diagnostik und Therapie von psychischen Störungen wichtig, um störungsspezifische kognitive Strukturen und Prozesse erfassen und bearbeiten zu können (Bastine & Tuschen, 1996). Es deutet somit einiges darauf hin, dass Frauen mit einer BN eine Vielzahl von Stimuli hinsichtlich ihrer Bedeutung für Figur – und Gewicht interpretieren.

Cooper und Fairburn (1987) gehen dabei davon aus, dass die dysfunktionalen Grundannahmen über Figur und Gewicht zentral bei Frauen mit einer Bulimia nervosa sind. Um diese theoretische Grundannahme zu überprüfen, gaben sie Frauen mit BN und AN unvollendete Sätze vor, welche die Probandinnen beenden sollten. Die Sätze konnten entweder auf die eigene Person, eine andere, positiv oder negativ sein (z.B. „Zwei Freunde reden hinter ihrem Rücken schlecht von ihnen – was glauben Sie, was das sein könnte ?"). Die Hypothese konnte bestätigt werden. Cooper (1997) fand heraus, dass die Zentralität von Figur und Gewicht nur dann vorhanden war, wenn die vorgegebenen Situationen negativ waren und sich auf die Probandin selbst bezogen. Die Autoren schlussfolgerten, dass diese zentralen Annahmen aus heuristisch in der Lerngeschichte angelegten kognitiven Strukturen resultieren, die bei Frauen mit einer Ess-Störung stärker aktiviert werden, so dass es zu einem gewichts- und figurbezogenen Bias kommt.

Um kognitive Prozesse – also den Vorgang der Aktivierbarkeit - abbilden zu können, wurden Untersuchungen mit Strooptests an dieser Population durchgeführt. Dazu wurde der Strooptest modifiziert – statt der Farbwörter enthielt er nun gewichts-, figur- und nahrungsbezogene Wörter, die zu Interferenzen bei der Nennung der Farben führen sollten. Der Großteil der mit dem Strooptest durchgeführten Studien wies darauf hin, dass Frauen mit einer Bulimia nervosa im Vergleich mit Probandinnen ohne Ess-Störung verzögerte Reaktionszeiten beim Benennen der Farbe von nahrungs- und figurbezogenen Wörtern zeigen. Diese Interferenz wird mit einer selektiven Aufmerksamkeitszuwendung erklärt – die kognitiven Strukturen werden scheinbar stärker aktiviert und führen damit zu einer selektiven Aufmerksamkeitszuwendung hinsichtlich der relevanten (bedrohlichen) nahrungs- und figurbezogenen Wörter (Ben-Tovim, Walker, Fok & Yap, 1989; Fairburn, Cooper, Anastasiades & McKenna, 1991; Cooper, Anastasiades & Fairburn, 1992; Lovell, Williams & Hill, 1997; Formea & Burns, 1996). Allerdings sind die Befunde nicht konsistent, denn in wenigstens einer Studie konnten keine verlängerten Latenzzeiten festgestellt werden (Black, Wilson, Labouvie & Hefferman, 1997). Dies mag auf unterschiedlich verwendete Wörter, vorherige Befragung, welche einen „Priming-Effekt" zur Folge gehabt haben könnte, Vermischung von Figur- und Nahrungsbezogenen Wörtern, Reihenfolgeeffekten auf Grund fehlender Kreuzvalidierung u.ä. zurückzuführen sein (Lovell, Williams & Hill, 1997). Die Arbeitsgruppe um Jansen weist zudem darauf hin, dass zwar bei Frauen mit BN die Ergebnisse einheitlich sind, allerdings Frauen mit einem gezügelten Ess-Stil, welche ähnlich hohe Werte auf Skalen zur körperlichen Unzufriedenheit und somit ein negatives Körperkonzept aufweisen, diese verlängerten Latenzzeiten bei figur- und gewichtsbezogenen Wörtern nicht zeigen. Jansen, Huygens und Tenney (1998) interpretierten dies so, dass die nicht-klinische Gruppe der gezügelt essenden Frauen sich in ihrer kognitiven Struktur bzw. deren Neigung zur Aktivierung von der klinischen BN unterscheidet. Sie führen frühere Befunde auf die Blockdarbietung der Reizwörter zurück, da dadurch größere Interferenzen erzeugt würden und es so zu falschen Annahmen bzgl. kognitiver Prozesse bei nicht-klinischen Ess-Störungen gekommen sei. Interessanterweise gilt dies nur für Befunde zu körper- und ge-

wichtsbezogenen Wörtern, die Befunde zu nahrungsbezogenen Kognitionen sind konsistent und weisen alle auf einen Aufmerksamkeitsbias hin.
In einer weiteren Untersuchung derselben Arbeitsgruppe (Jansen, Overduin & Meijenborn, 1995) konnte der Aufmerksamkeitsbias auf nahrungsbezogene Wörter dann auch in einer Gruppe ungezügelt essender Frauen gefunden werden. Die Autoren erklären den Befund mit dem „urge to act“ Gesetz – demnach werden Reizquellen, die mit den inneren Bedürfnissen zusammenhängen bevorzugt verarbeitet. Die Autoren korrelierten das Ausmaß der Interferenz mit der gegessenen Menge an Eiskrem, es konnten aber nur bei „unrestraint eatern“ signifikante Korrelationen nachgewiesen werden. Die fehlende Korrelation in der restraint Gruppe erklären Jansen et al. (1995) mit der bewussten Wahrnehmung der Reize – ihrer Meinung nach konnte durch die bewusste Wahrnehmung der Bias eliminiert werden und die im Vordergrund stehende Kontrolle aufrechterhalten werden. Demnach müsste bei unbewusster Informationsverarbeitung der Bias auftreten. Erste Befunde zu dieser Vermutung gibt es in Bezug auf Angststörungen. Sie bestätigen die Annahme der möglichen Ausschaltung des Bias bei bewusster Wahrnehmung der Reizquelle, allerdings stehen Befunde auf dem Gebiet der Ess-Störungen noch aus.
Zusammenfassend weist die Arbeit mit dem modifizierten Stroopverfahren darauf hin, dass ein Aufmerksamkeitsbias und damit eine leichtere Aktivierung der damit verbundenen Schemata bzgl. figur- und gewichtsbezogener Wörter für Frauen mit einer diagnostizierten Ess-Störung als stabiles Merkmal angenommen werden können. Je nach Art der Verwendung von nahrungsbezogenen Wörtern gilt das auch für diese.
Insgesamt gibt es noch sehr wenige Studien, die sich direkt mit den kognitiven Produkten selbst beschäftigen. Es existieren einige standardisierte Messinstrumente wie die “Thoughts Checklist“ (Cooper & Fairburn, 1992) oder das „Bulimic Cognition Inventory“ (Zotter-Bonifazi & Crowther, 1996). Daneben werden unstrukturierte Methoden wie die Methode des „lauten Denkens“ oder Gedankenauflistens (Van Someren, Barnard & Sandberg, 1994) eingesetzt. Diese Methoden weisen höhere ökologische Validität auf, sind in der Auswertung jedoch weit aufwendiger. Ihre Reliabilität hängt zunächst von der Güte des erstellten Kategoriensystems zur inhaltsanalytischen Auswertung des Untersuchungsmaterials ab.
Die einzig bislang bekannte Untersuchung im Feld, welche sich eine solche unstrukturierte Methode zunutze machte, stammt aus dem Jahr 1991 von Zotter und Crowther. Sie untersuchten an Hand der Methode des Gedankenprotokollierens über zwei Tage die Häufigkeit von ess-störungsspezifischen Kognitionen im Tagesverlauf. Die Frauen sollten dabei alle 30 min ihre Gedanken protokollieren. Es zeigte sich, dass Frauen mit Bulimia nervosa signifikant häufiger und

intensiver negative Gedanken äußerten und dabei mehr essens- und gewichtsbezogene Kognitionen beschrieben als Frauen ohne Ess-Störung. Die Autoren untersuchten zudem sowohl Inhalt als auch Valenz der geäußerten Kognitionen und deren Grad an Verzerrung (dichotomes Denken). Es zeigte sich, dass Frauen mit BN signifikant häufiger verzerrte Gedanken äußerten – 7,4% aller geäußerten Gedanken waren klar störungsspezifisch („ich darf nichts essen, sonst werde ich furchtbar fett"), 1,4% dem dichotomen Denken zuzuordnen. Bei Vorgabe eines standardisierten Gedankeninventars waren die Ergebnisse ähnlich eindeutig (Zotter-Bonifazi & Crowther, 1996). Fairburn und Cooper (1992) konnten mit der Methode des lauten Denkens unter den Bedingungen „wiegen", „Schokolade essen" und „sich im Spiegel anschauen" bei Bulimia wie auch Anorexia nervosa mehr negative Gedanken bezogen auf das Essen, Figur und Gewicht gegenüber einer gesunden Kontrollgruppe nachweisen. „Restraint eater" liegen dazwischen, Bulimikerinnen haben eine höhere Anzahl negativer Gedanken und ließen sich auch vom emotionalen Inhalt her gut von der Kontrollgruppe unterscheiden. Bei Frauen mit Anorexia nervosa waren die negativen Gedanken auf das Essen bezogen, bei Frauen mit Bulimia nervosa stärker auf Figur und Gewicht. Auch bei einer Fragebogenstudie zur Überprüfung der Bereitschaft, ähnlich wie bei Angstpatienten, eine Situation eher als bedrohlich zu bewerten, konnte bei Frauen mit einer Ess-Störung eine höhere Bereitschaft nachgewiesen werden, selbstbezogene und negative Situationen eher figur- und gewichtsbezogen zu interpretieren als Kontrollpersonen. Die Patientinnen gaben zugleich an, dass diese Interpretation sie sehr aufregen würde und zu negativer Stimmung führe (Cooper, 1997). Interessanterweise ließen sich auch bei einer laborexperimentellen Untersuchung vergleichbare Ergebnisse erzielen (Willmuth, Leitenberg, Rosen & Cado, 1988). Dabei äußerten Frauen mit einer BN bei einer Testmahlzeit häufiger nahrungsbezogene Kognitionen mit einer negativeren Valenz als Frauen einer Kontrollgruppe. Jansen, Osterlaan, Tuiten & Van den Hout (1988) konnten bei der Aufzeichnung von lautem Denken bei einer Mahlzeit keine Unterschiede zwischen „restraint eatern" und „unrestraint eatern" feststellen. Zur Beforschung kognitiver Produkte an Hand von Gedankeninventaren und lautem Gedankenäußern zeigt sich somit, dass bei Frauen mit einer Ess-Störung, insbesondere Frauen mit einer Bulimia nervosa, häufiger und intensivere negative Gedanken auftreten, diese dazu neigen, zweideutige Erfahrungen im Alltag eher störungsbezogen und negativ zu attribuieren und die Gedanken ähnlich wie bei Depressiven verzerrt sind. Es wird daher vermutet, dass Aufmerksamkeitsbias, Gedächtnisbias und Körperschemastörung verschiedene Formen von gestörten Informationsverarbeitungsprozessen sind, welche dazu beitragen, ähnlich wie bei Depressiven, alte Erfahrungen zu bestätigen und damit die Störung aufrechtzuerhalten (Sebastian, Williamson & Blouin, 1996).

Werden diese Befunde nun in Bezug zu dem Auftreten von Essanfällen gesetzt, um deren Rolle bei der Auslösung zu überprüfen, sind folgende Ergebnisse von Wichtigkeit:
Lingswiler, Crowther und Stevens (1989) erfassten im Rahmen von Ernährungsprotokollen neben dem negativen Affekt auch dichotomes Denken bei Frauen mit Bulimia nervosa und Binge Eating Disorder. Sie fanden heraus, dass neben einem negativen Affekt auch signifikant häufiger dichotome Gedanken vor Essanfällen in beiden Ess-Störungsgruppen gegenüber der gesunden Kontrollgruppe (Vergleich „normale Mahlzeit") auftraten.
Arnow, Kenardy und Agras (1992) befragten retrospektiv Übergewichtige mit Binge Eating Disorder nach den Kognitionen vor, während und nach einem Essanfall. Sie konnten zeigen, dass vor einem Essanfall meistens Kognitionen wie „ich kann das tun, wenn ich will", „ich will was essen" oder „mir wird es besser gehen, wenn ich was esse" auftraten. Während dem Essanfall dann drehten sich die Kognitionen meist um den Kontrollverlust, nach dem Essanfall traten dann vorwiegend (in 84% der Fälle) selbstabwertende Kognitionen auf. Wichtig erscheint neben diesen handlungsanleitenden Kognitionen auch der Faktor „Verletzung selbstauferlegter Diätregeln". In einer Hauptkomponentenanalyse erwies sich neben dem negativen Affekt dieser zweite Faktor als ausschlaggebend in der Aufklärung der Varianz bei der Auslösung eines Essanfalles. Ein weiterer Hinweis auf die leichtere Aktivierbarkeit von Schemata bei Frauen mit einer Ess-Störung sind zudem Studien zu Gedächtnisfehlern. Es konnte in einer Studie zum freien Erinnern von neutralen und störungsspezifischen Wörtern bei Bulimikerinnen und Kontrollpersonen nachgewiesen werden, dass BN sich besser an störungsspezifische, bedrohliche Wörter (Fett, u.ä.) erinnern können. Frühere Befunde bestätigten sich damit (King, Herman & Polivy, 1991).
Polivy und Herman (1999) untersuchten Attributionsstile im Sinne des Maskierens von „Distress" durch Essen. Sie konnten nachweisen, dass bei Versagen in einem Belastungstest (Rätsel lösen, welches nicht lösbar war) mit nachfolgendem Eiskrem essen, bei „restraint eatern", welche angaben, sich schlecht zu fühlen, eine Attribuierung auf das Eis essen stattfand anstatt auf das Versagen bei der Aufgabe. Alternativ gaben einige an, sich vom Versagen ablenken zu wollen (Distract theory).
Huon (1997) verglich gesunde Kontrollpersonen und Frauen mit einer Bulimia in ihrer Reaktion auf ein standardisiertes Frühstück. Er manipulierte dabei sowohl die Menge an aufgenommenen Kohlenhydraten wie auch das Wissen über die Menge. Huon konnte feststellen, dass, wenn Probanden mit einer Bulimia nervosa verheimlicht wird, welche Menge an Kohlenhydraten sie beim Frühstück gegessen haben, sie gegenüber der Kontrollgruppe sehr viel mehr an Kohlenhydraten bei einer nachfolgenden Mahlzeit essen. Der Befund weist darauf hin, dass die kognitive Bewertung dessen, was gegessen wurde, eine

hin, dass die kognitive Bewertung dessen, was gegessen wurde, eine Konsequenz auf das nachfolgende Essverhalten hat. Bei der Überprüfung der kognitiven Bewertung von Nahrungsstimuli konnte gezeigt werden, dass sowohl die Valenz der Empfindungen bei gezügelten Essern wie auch die emotionale Erregung und das Kontrollerleben bei den gezügelt essenden Frauen negativer ausfiel. Es wird vermutet, dass diese drei Kategorien darauf hinweisen, dass im Rahmen der Bewertungsprozesse ein Kontrollverlust antizipiert wird und dadurch ein negatives Erregungsniveau entsteht.
Als weiterer Ansatz wird Aufmerksamkeitslenkung durch ironische bzw. paradoxe Effekte diskutiert. Es ist weithin bekannt, dass jemand, der Verlangen nach einem bestimmten Nahrungsmittel verspürt, dieses über kurz oder lang auch isst. Damit geht einher, dass die Häufigkeit, mit der an das Nahrungsmittel gedacht wird, ansteigt. Überträgt man diesen Mechanismus auf Ess-Störungen, so findet man vor allem in den rigiden Diätregeln Quellen, die zu diesem paradoxen Effekt führen können. Auch im Störungsbild selbst wird dieser Vorgang beschrieben: „..dauernde Beschäftigung mit Essen".
Das Konzept des ironischen Denkens wurde erstmals von Wegner (1994) beschrieben und befasst sich mit der Annahme, dass die Unterdrückung eines Gedankens zu einer entgegengesetzten Handlung führt. Zum Beispiel: „Ich muss unbedingt schlafen" würde gemäss dieser Annahme dazu führen, dass diese Person dann im Gegenteil eher nicht schlafen kann. Herman und Polivy beschäftigten sich mit dem kognitiven Einfluss auf die Nahrungsaufnahme im Rahmen ihrer „restraint eating"-Forschung (1993). Harnden, McNally und Jimerson (1997) konnten zeigen, dass die Unterdrückung von gewichtsbezogenen Gedanken zu einer nachfolgenden Vermehrung führt, und zwar nur bei Diätern. Überträgt man das auf Ess-Störungen, so könnte der Versuch, nicht an essen zu denken, zu einer überschiessenden Reaktion führen, z.B. statt gar keine Schokolade dann eine ganze Tafel zu essen.
Johnston, Bulik und Anstiss (1999) untersuchten diesen Effekt erstmals in Bezug auf gestörtes Essverhalten. Sie instruierten eine Gruppe von restriktiv essenden Frauen, welche sich als schokoladensüchtig bezeichneten und verglichen diese mit nicht-gezügelt essenden Frauen, welche sich ebenfalls als „Schokoholics" bezeichneten. Beide Gruppen wurden instruiert, nicht an Schokolade zu denken. Danach sollten die Frauen aus einem Wasserbottich so viele Äpfel wie möglich fischen. Diese sollten danach gegen Schokolade eingetauscht werden können. Es zeigte sich, dass die Probandinnen, die sich selbst als „Schocoholics" bezeichneten, bedeutsam mehr Äpfel fischten, wenn sie vorher instruiert worden waren, nicht an Schokolade zu denken. Die Autoren interpretierten das Ergebnis als Hinweis auf einen paradoxen Effekt. Gerade im Hinblick auf die rigiden Regeln, welche Frauen mit einer Ess-Störung häufig haben, könnte diese Theorie

Erklärungsansätze für die immer wieder auftretenden Kontrollverluste bieten und damit einen wichtigen Faktor in der Auslösung von Essanfällen darstellen.
Die Annahme, dass Frauen mit restriktivem Essverhalten nach dem Versuch, bestimmte Gedanken zu unterdrücken, vermehrt diesen Gedanken haben (Anstieg in Quantität des Zielgedankens) und dieser Gedanke auch als stärker und aufdringlicher wahrgenommen wird (veränderte Qualität des Zielgedankens – ähnlich wie bei Zwangsstörungen), wurde von Oliver und Huon (2001) mit einer modifizierten Version des „Thought suppression paradigmas" (Wegener et al., 1987) überprüft. Dazu wurden die Probanden instruiert, jedes Mal, wenn sie an Essen dachten, einen Knopf zu drücken. Die Probanden wurden auf zwei Gruppen (Kontrollbedingung und Experimentalbedingung) verteilt sowie nach ihrem Gesamtwert im „Three Factor Eating Questionnaire" (Stunkard & Messick, 1985) in Personen mit niedrigen bzw. hohen Werten auf der Skala „Enthemmung" des Fragebogens (TFEQ) eingeteilt. Sie sollten zunächst über irgendetwas nachdenken, was sie mögen und bei Auftreten eines Zielgedankens den Knopf drücken (5 min). Danach sollten sie fünf Minuten entweder nicht über essen nachdenken (Experimentalbedingung) oder über etwas allgemeines nachdenken (Kontrollbedingung). Nach der Manipulation erfolgte erneut die neutrale Bedingung über irgendetwas angenehmes nachzudenken (5 min). Es zeigte sich, dass Frauen mit höherem Wert im „Three Factor Eating Questionnaire" besser Gedanken an Essen unterdrücken konnten, sie hatten aber deutlich mehr Gedanken an Essen in der Kontrollbedingung als die Personen mit niedrigen Werten auf der Skala „Enthemmung". Die Befunde widersprechen dem von Harnden, McNally und Jimerson (1997). Die Autoren weisen zudem darauf hin, dass die Probanden mit hohen Werten auf der Skala „Enthemmung" über einen negativen Stil der kognitiven Kontrolle berichten – vor allem Bestrafungsgedanken wie „es wird was schlimmes passieren, wenn ich das denke" dienten zur Gedankenkontrolle. Diese Gedanken sind eng mit negativem Affekt, Angstgefühlen und Stress verbunden und mögen eine Rolle bei der Aufrechterhaltung des Gedankenkontrollierens spielen.
Mann und Ward (2001) überprüften in ihrer Studie sowohl den Aspekt der Reaktanz gegenüber dem auferlegten Verbot, ein bestimmtes Nahrungsmittel nicht essen zu dürfen sowie das Postulat des ironischen Denkens hinsichtlich deren Anteil bei der Auslösung eines Essanfalles. Die Autoren führten zwei Studien durch: In der ersten waren die Probanden gezwungen, ein bestimmtes Nahrungsmittel über 5 Tage nicht zu essen. Sie sollten Protokoll über Gedanken an diese Speise und die Häufigkeit des Regelbruches führen sowie 5 Tage vorher und nachher ebenfalls protokollieren. In der zweiten Studie wurden unter dem Label eines Geschmackstests drei Arten von Bonbons getestet. Nach einem ersten Durchgang wurde entweder verboten, ein bestimmtes Bonbon weiterzuessen

oder es wurde gesagt, dass von diesem Bonbon kaum noch welche da seien. Beim dritten Durchgang wurde das Verbot wieder aufgehoben bzw. es wurde mitgeteilt, dass Nachschub der einen Bonbonsorte gekommen war. In jeder Sitzung wurde Verlangen nach und Gedanken an alle drei Bonbonarten auf Ratinglisten pro Durchgang erfasst. In beiden Studien konnte nachgewiesen werden, dass ohne Verbot die Gedanken an eine bestimmte Speise mit der Zeit nachließen. Im Gegensatz dazu stieg aber bei einem Verbot einer schmackhaften Speise die Häufigkeit der Gedanken an diese Speise sehr viel stärker an. Allerdings führte weder die stärkere kognitive Fixierung auf das Nahrungsmittel noch ein erhöhtes Verlangen zu einem höheren Konsum. Die Autoren vermuten, dass hier weitere Faktoren wie Deprivation einen konfundierenden Faktor bilden, da bei Diäten häufig zusätzlich zum kognitiven und motivationalen Status auch noch der körperliche Mangelzustand hinzukommt.
Es ist somit davon auszugehen, dass kognitive Prozesse an der Entstehung bzw. Auslösung von Essanfällen beteiligt sind. Ob dabei von leichterer Aktivierbarkeit kognitiver Schemata, automatisch unbewusst ablaufenden Prozessen, die zu einem emotionalen und physiologischer Erregung führen oder ironische Effekte handlungsleitend sind, ist unklar.

2.2.5 Konditionierungsmodelle von Essanfällen

Auf der Suche nach immer besseren Erklärungsmodellen zur Entstehung und Aufrechterhaltung von Essanfällen werden in einem neuen Ansatz Erkenntnisse aus der Suchtforschung auf aufrechterhaltende Mechanismen von Essattacken übertragen. Dabei wird ein Essanfall gleichgesetzt mit dem Verlangen nach Alkohol: Beides wird charakterisiert durch unwiderstehliches Verlangen, andauernde Beschäftigung mit der Substanz und Kontrollverlust über den Gebrauch. Rückfälle geschehen dabei häufig in Verbindung mit bestimmten Auslösern wie Gedanken an die Droge/Essen und bestimmte Situationen (Hauptbahnhof/Bäckerei). Diesen Gedanken folgen dann starke körperliche Reaktionen, wie Studien aus der Alkoholabhängigkeitsforschung durch Expositionsübungen mit Drogen bzw. Alkohol zeigen konnten. Vor allem Speichelfluss, Herzrate und Hautleitfähigkeit veränderten sich bedeutsam (Tiffany, 1995, Drobes & Thomas, 1999). Die Autoren führen diese Reizreaktivität auf klassisches Konditionieren zurück: Ein Reiz, der immer beim Drogen/Alkoholkonsum präsent ist, erwirbt langfristig die Fähigkeit, den Konsum vorherzusagen. Diese Schlüsselreize können dabei situationaler (Ort, Ritual), interoceptiver (Geschmack), emotionaler oder auch kognitiver (drogenbezogener) Art sein.
Jansen (1998) überträgt dieses Konzept nun auf das Auftreten von Essanfällen. Die Annahme ist, dass die typischen physiologischen Reaktionen wie Insulin-

ausschüttung, Blutzuckeranstieg und Speichelsekretion durch verschiedenste mit Nahrung verbundene Reize wie Geruch, Ansehen, Geräusche, Tageszeit oder Gedanken an Essen ausgelöst werden können.
In Tierversuchen konnte gezeigt werden, dass Ratten, die auf Zucker konditioniert waren, Insulin auch auf eine Placebospritze ausschütteten (Siegel, 1972) und nachdem sie bis zur Sättigung gegessen hatten, auf einen vorher mit Essen gepaarten Ton hin noch einmal eine große Menge an Essen fraßen (Weingarten, 1983). Bei Menschen konnten ähnliche Vorgänge bei der Antizipation von Nahrungsaufnahme durch Nahrungskonfrontation beobachtet werden (Powley, 1977, Rodin et al., 1985).
Jansen (1998) schlussfolgert daraus, dass ähnlich dem Drogenkonsum Essen als ein unkonditionierter Stimulus wirkt und die damit ausgelöste Reaktion als unkonditionierte Reaktion betrachtet werden kann. Ansicht, Geruch oder Geschmack von Nahrung könnte dann zum konditionierten Stimulus werden und schon vor der Nahrungsaufnahme die damit verbundenen Reaktionen (CR) auslösen. Diese könnten dann, da schon vor der Nahrungsaufnahme stattfindend, die Wahrscheinlichkeit eines Essanfalles erhöhen (Jansen, 1990, 1994, Wardle, 1987).

Conditional model of Binge Eating (CBE)

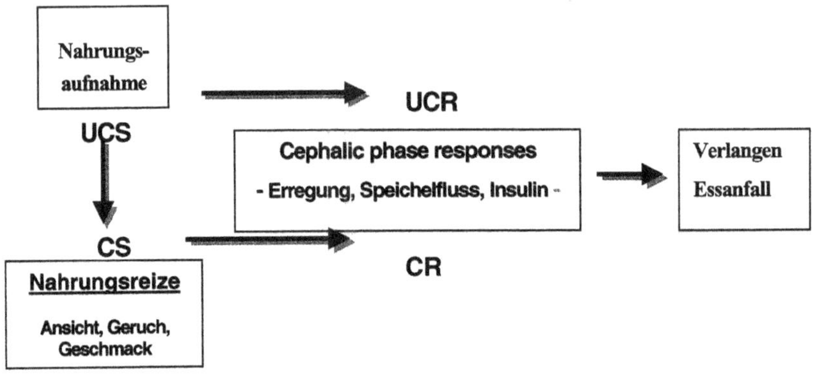

Abbildung 2.2: Klassische Konditionierung eines Essanfalles: der unkonditionierte Stimulus (UCS) hat eine unkonditionierten Reaktion (UCR) zur Folge, durch den Konditionierungsprozess erlangt der unkonditionierte Stimulus auslösende Kraft und wird zum konditionierten Stimulus (CS), dem eine konditionierte Reaktion (CR) folgt. (Jansen, 1998)

Essgestörte Frauen berichten oft von rigiden Verhaltensregeln bzgl. Nahrungsaufnahme wie nur abends essen, tagsüber nichts etc., welche den Konditioniervorgang erleichtern können, da das Essen so auf wenige und starke Reize beschränkt wird. Die konditionierte Reaktion wird dann als starkes Verlangen wahrgenommen und kann zum Essanfall führen (unwiderstehlicher Drang). Direkte Nachweise gibt es für dieses Modell noch nicht. Studien zur Überprüfung von cephalischen Reaktionen wie Speichel-, Insulin – oder Blutzuckerreaktionen schlugen bislang fehl. Auch konnte im Zusammenhang mit induzierter Hypoglykämie kein gesteigertes subjektives Verlangen nachgewiesen werden (Karhunen, Lappalainen, Tammela, Turpeinen & Uusitupa, 1997; Overduin & Jansen, 1997).

Auch Studien, welche explizit die Rolle des Insulins und des Blutzuckers als cephalische Reaktion untersuchten, fanden keine Belege für veränderte Insulin- oder Glukosereaktionen bei Bulimikerinnen als Reaktion auf Nahrungsreize (Moyer, Rodin & Cummings, 1993). Bei einem Glukosetoleranztest konnten bei Bulimikerinnen bis 60 Minuten nach Glucoseinjektion ein verlangsamter Abbau einhergehend mit verstärktem Drang nach Süßem und subjektivem Kontrollverlust beobachtet werden (Blouin, Blouin, Braaten, Sarwar, Bushnik & Walker, 1991).

Waters, Hill und Waller (2001) untersuchten in einer neueren Arbeit internale und externale Antezedentien von Essanfällen. Fünfzehn Frauen mit einer diagnostizierten Bulimia nervosa protokollierten auftretenden Heißhunger im Verlauf einer Woche. So gaben die Frauen an, dem Verlangen eher nachzugeben, wenn sie alleine waren und wenn es vormittags war und wenn sie schon etwas von dem „Verbotenen" gegessen hatten. Dass Essanfälle eher am Vormittag auftraten ist dabei widersprüchlich zu der bisherigen Annahme, dass Essanfälle vornehmlich am Abend auftreten. Zusammenfassend stellen die Autoren dar, dass somit von einer Beteiligung internaler als auch externaler Reize auszugehen ist. Die Autoren konnten damit im Sinne des Konditionierungsmodells (CBE) belegen, dass es typische Situationen gab, in denen die Frauen Essanfälle erlitten. Interessant ist, dass nicht wie durch das Konditionierungsmodell (CBE) vorhergesagt durch Gedanken an oder die Ansicht der „verbotenen" Nahrungsmittel ein Essanfall ausgelöst wurde, sondern im Gegenteil eher das Essen des verbotenen Lebensmittels zum Essanfall führte.

In einer Therapiestudie zur Überprüfung des Therapieerfolges (Carter, Bulik, McIntosh & Joyce, 2001) an Hand der „cue reactivity" wurden Patientinnen mit einer Bulimia nervosa nach sechs Stunden einführender kognitiv-behavioraler Therapie (CBT) auf drei Therapieprogramme verteilt: Konfrontation mit den Auslösereizen vor einem Essanfall mit der Verhinderung eines Essanfalles, Konfrontation mit Auslösereizen für das Erbrechen oder Entspannungstraining. Die Probandinnen bekamen die Anweisung, soviel von ihrem „Binge food" zu essen, wie sie wollen, dabei wurden folgende physiologische Parameter aufgezeichnet: Systolischer und diastolischer Blutdruck, Herzrate, Speichelfluss. Die Probandinnen wurden darauf aufmerksam gemacht, erst nach 2,5 Std. die Möglichkeit zum Erbrechen zu haben. Affektive Veränderungen wurden über die „subjectiv units of distress“ (SUDS) erfasst. Es konnte gezeigt werden, dass bei beiden Expositionsübungen die Reaktivität von vor dem Essen hin zu während dem Essen anstieg und danach auch erhöht blieb. Dieses Verhalten änderte sich aber nach der Behandlungsphase. Einzige Ausnahme ist der Speichelfluss, welcher nach der Behandlung im Gegensatz zu sonstiger verringerter Reaktivität nun stärker anstieg sowie dem Bedürfnis zu Diäten, welches sich stabil hielt. Die Therapieform spielte dabei keine Rolle, allerdings hing der Grad des Reaktivitätsrückganges mit dem Therapieerfolg (Reduktion der Erbrechens- und Essanfallsfrequenz) zusammen.

2.2.5.1 Speichel als Operationalisierung für Hunger und Verlangen

Die Messung von Appetit und Hunger an Hand der Speichelmenge beruht auf den Erkenntnissen von Pavlov. Er konnte in seinen Tierexperimenten zeigen, dass Hunger eine hohe Speichelsekretion auslöst und er somit nicht rein physiologisch, sondern auch psychologisch erklärt werden kann.
Durch die Analyse des Speichels können so neben verschiedenen natürlichen Substanzen auch der Hormonstatus und emotionale Zustände, Ernährungseinflüsse und metabolische Prozesse bestimmt werden (Mandel, 1993). Aber nicht nur die Art und Zusammensetzung des Speichels, auch die Menge kann Aufschluss geben: Die Erhöhung des Sympathikotonus bei Stress führt zur Freisetzung von Katecholaminen, welche die Blutzufuhr zur Speicheldrüse drosseln und ein Sinken des Sekretionsdruckes zur Folge haben. Die Speichelsekretion wird also durch psychische Belastungen verändert. Zudem kann die Speichelproduktion durch konditionierte Reflexe (Anblick von Speisen), unkonditionierte Reflexe (gustatorisch, mastikatorisch, taktil u.a.) sowie emotionale und physische Faktoren, welche auf die Nervi salivatori in der Medulla oblongata wirken, beeinflusst werden (Imfeld, 1984).
Mittlerweile gilt Speichelfluss als eine der ersten Reaktionen in der Kette von cephalischen Reaktionen und sollte damit ein gutes Maß für die Messung von Appetit und Hunger sein (Franchina & Slank, 1988).
Die „cephalic phase responses“ (CPR) bezeichnen allgemeine physiologische Reaktionen essensbezogener visueller, olfaktorischer, geschmacklicher oder oropharyngal-mechanischer Stimuli (Powley & Berthoud, 1985; Teff, Levin & Engelman, 1993). Viele der cephalischen Reflexe erreichen den Höhepunkt fünf Minuten nach der Wahrnehmung der Nahrungsreize (Powley & Berthoud, 1985) und kehren zehn Minuten später zum Grundniveau zurück. Unterschieden werden daher die frühen cephalischen Reaktionen vor dem Essen (antizipatorisch)

und während der Nahrungsaufnahme (postabsorptiv). Die postabsorptiven Reaktionen werden durch die Nährstoffaufnahme im Blut ausgelöst. Die cephalischen Reaktionen laufen auf parasympathischem Weg ab (Powley & Berthoud, 1985). Verschiedene Arbeiten weisen darauf hin, dass cephalic phase responses bei Bulimikerinnen normal sind (Moyer, Rodin & Cummings, 1993). Die Autoren vermuten, dass psychologische Variablen zur Auslösung eines Essanfalles beitragen müssen.

Die Funktion der cephalischen Reaktionen wird auf zwei Gebieten diskutiert. Einerseits werden die CPRs im Zusammenhang mit Informationen über die aufgenommene Nahrung zur Regulation der Nahrungsaufnahme gesehen, andererseits wird ihnen appetitfördernde Wirkung (Powley, 1977) durch Modifikation des Stoffwechsels (Rolls, Rowe, Rolls, Kingston, Megson & Gunary, 1981; Rolls, Rolls & Rowe, 1983) zugeschrieben. Die cephalischen Reaktionen können auch zufällig konditionierte Reaktionen sein, die widerspiegeln, dass die Nahrungsaufnahme mit unkonditionierten Reaktionen der Viscera und den endokrinen Organen in Verbindung steht (Woods, 1983). Es werden verschiedene modulierende Faktoren zum Ablauf der cephalischen Reaktionen diskutiert:

Die Schmackhaftigkeit der zu erwartenden Speisen und deren Attraktivität scheinen eng mit ihnen zusammenzuhängen (Christensen & Navrazesh, 1984). Des weiteren wird die kognitive Komponente bei der Modulation der Ausschüttung betont (z.B. das Wissen, die präsentierten Speisen auch essen zu können; Sjörström, Garellick, Krotiewski & Luyckx, 1980). Hier spiegelt sich die Idee des Konditionierungsmodells, welches habituierte Essgewohnheiten mit einer verstärkten cephalischen Insulin- und Speichelreaktion in Verbindung bringt. LeGoff, Leichner und Spigelman (1988) fanden bei bulimischen Patientinnen einen erhöhten cephalischen Speichelfluss, welcher auf das bulimische Essmuster (Essanfall mit großer Nahrungsmenge) zurückgeführt wird.

Durch Tierversuche konnten unter anderem Habituierung an Mahlzeitenbeginn (Weingarten 1983, 1984) und konditionierte Hypoglycämie bzw. Insulinreaktionen (Deutsch, 1974; Woods et al., 1977; Strubbe, 1992) nachgewiesen werden. Untersuchungen am Menschen bestätigten die Interpretation von Hyperinsulinämie als Verlangen bzw. Hunger (Service 1995, Hepbrun 1993). Im Zusammenhang mit Verlangen nach Alkohol in der Suchtforschung wird Speichel als Reaktivitätsmaß erhoben und gilt dabei als valides Instrument zur Abbildung der Stärke von Verlangen (Drobes & Thomas, 1999)

Insgesamt wird die Frage, ob Hunger und Verlangen mit der Speichelreaktivität gemessen werden kann eher kritisch betrachtet. Einigkeit besteht zumindest soweit, dass der Speichelfluss, als eine physiologische Reaktion zumindest eine Aussage über die physiologischen Vorgänge des Körpers in Reaktion auf einen

bestimmten biologischen oder motivationalen Zustand macht (Sahakian, 1981b). Die Fragestellung bestimmt dabei die Wahl der Methode.
Für die Forschung sind folgende Befunde als richtungsweisend zu betrachten (Wooley & Wooley, 1981a):

- Drastisch und langandauernde Nahrungsdeprivation (Diät) mit Gewichtsverlust unterdrückt sowohl Ruhespeichel wie auch stimulierten Speichelfluss (Rosen, 1981; Durrant, 1981; Wooley & Wooley, 1981b).
- Mit höherer Kalorienaufnahme steigt der stimulierte Speichelfluss an (Durrant, 1981; Guy-Grand & Goda, 1981).

Im folgenden werden nun einige Befunde zur Speichelmessung bei gesunden Frauen und Frauen mit Ess-Störung aufgeführt:
Verschiedene Studien versuchten zunächst, einen Zusammenhang zwischen Speichelreaktivität und selbstberichteten Hungergefühlen nachzuweisen (Hodgson & Greene, 1979; Durrant, 1981), was nicht auf einem statistisch bedeutsamen Niveau gelang. Weitere Studien untersuchten den Einfluss von Nahrungsreizen nach Deprivation. Auch hier kam es zu inkonsistenten Befunden. Bei Brummer und Pudel (1981) variierte beispielsweise die Speichelmenge von Tag zu Tag.
Nierenberg und Miller (1982) gelang es dann, bei der Untersuchung von 21 Frauen und vier Männern aus einem Gewichtskontrollprogramm, stabile Veränderungen in der Speichelreaktivität nachzuweisen. Das Untersuchungsdesign sah zwei Baseline-Messungen und eine Nahrungsexposition vor, zusätzlich wurden subjektive Hungergefühle erfasst. Es ergab sich zwar eine Steigerung des Speichelflusses von der Baseline zur Konfrontation, doch konnten keine signifikanten Korrelationen zu empfundenem Hunger oder Heißhunger hergestellt werden. Jansen, Nauta und van den Hout (1992) folgern aus den inkonsistenten Ergebnissen, dass Speichelfluss und subjektiv erlebte Hungergefühle zwei locker verbundene Systeme sind, was zu der Annahme führte, dass Speichelfluss eine konditionierte Reaktion ist, welche in Abhängigkeit des Diätstils reagiert. Belege dafür finden sich bei Wooley und Wooley (1981b), Klajner und Mitarbeiter (1981) oder Sahakian (1981a): Nicht der Gewichtsstatus, sondern das Diätverhalten beeinflusste die Speichelsekretion.
Die Beobachtung der Speichelsekretion gewann auch in der Ess-Störungsforschung an Bedeutung. Unterschiede in der Reaktivität wurden überprüft und auf Gruppenspezifität hin untersucht:
Wooley und Wooley (1973, 1975) konnten in ihren Untersuchungen Zusammenhänge zwischen Speichelfluss, Geruch oder Anblick von Speisen und kognitiven Aspekten (Gedanken an Essen) aufzeigen: Zum einen nimmt mit steigender Deprivationsdauer bei konstanten Baselinewerten die Speichelsekretion

beim Anblick von Nahrungsmitteln zu. Appetitliche Speisen (hier Schokoladenkuchen, Fischsandwiches) erhöhten dabei, im Gegensatz zu übelriechenden, unansehnlichen Speisen, den Speichelfluss auch im gesättigten Zustand und allein die Vorstellung von Speisen im hungrigen Zustand verstärkte den Speichelfluss.
Die Untersuchungen an „restraint eatern" zeigten in einem weiteren Experiment (Wooley, Wooley & Williams, 1978) mit kalorischer Variation des gereichten Preloads (150 vs. 300 kcal), dass bei der nachfolgenden Konfrontation mit einem leckeren Menü bei unrestrained eatern eine durchgängig höhere cephalische Speichelproduktion auftrat. Signifikante Unterschiede in der Speichelflussrate auf schmackhafte Nahrungsreize wurden bei Über- und Normalgewichtigen nur dann gefunden, wenn sie satt waren. Die Tatsache, dass die Mahlzeit nur mäßig schmackhaft war, konnte die Unterschiede noch vergrößern.
Klajner, Herman, Polivy und Chabra (1981) berichten, dass die Zunahme der Speichelsekretion auf eine Essensdarbietung nach vorübergehender Nahrungsdeprivation bei normal- und übergewichtigen Diätern dreimal höher war als die der Vergleichsgruppe, die aus normalgewichtigen und übergewichtigen Normalessern gebildet wurde. Die gezügelten Esser zeigen also eine verstärkte Speichelreaktivität.
Dieses Ergebnis konnte in einer weiteren Untersuchung derselben Autoren (Herman, Polivy, Klajner & Esses, 1981) repliziert werden. Die Autoren begründeten das Ergebnis damit, dass der Speichelfluss nicht durch Angst gehemmt wurde, wie das in anderen Untersuchungen der Fall gewesen sein könnte. Weitere Erklärungen für die unterschiedlichen Resultate könnten die Verwendung unterschiedlicher Messmethoden (Watteröllchen vs. Absaugvorrichtungen wie suction cups; Wooley und Wooley, 1981b), unterschiedliche Probandeninstruktionen (Polivy & Herman, 1979) oder kognitive Konzepte der Probanden sein. Daneben könnten diese Widersprüche als Unterschiede zwischen den Diätgruppen erklärt werden. So kann es zwar sein, dass die Diäter eine kalorienreduzierte Ernährung einhalten und wenig essen wollen, dies jedoch nicht stringent durchhalten, sondern bei appetitlichen Speisen dann rückfällig werden. Dies könnte zu einer konditionierten Hypersekretion führen.
Es scheint also, dass Personen, die über längere Zeit eine kalorienreduzierte Diät einhalten, sowohl in der Baseline-Messung als auch nach dem Nahrungsangebot weniger Speichel als bei adäquater Ernährungsweise produzieren (Rosen, 1981). Klassische Konditionierung könnte zu einer Gewöhnung an die niederkalorischen Speisen führen und somit eine verminderte Speichelsekretion zur Folge haben. Diese Annahme konnte in einer Langzeitstudie von Durrant (1979) bestätigt werden, während nur eine kurze Deprivation zu einer erhöhten Speichelreaktion führt (s.o.). Sahakian (1981) konnte eine positive Korrelation zwischen Ausmaß der Speichelsekretion und dem Grad des Diätstatus bestätigen.

Der Zusammenhang zwischen gezügeltem Essen, Hunger, Speichelfluss und Nahrungsaufnahme wurde von Rogers & Hill (1989) untersucht. Sie konfrontierten gezügelte Esser mit einer Mahlzeit, welche dann auch gegessen werden sollte. Danach reichten sie in einem angeblichen Geschmackstest fünf Kekssorten. Die gezügelten Esser aßen trotz Speichelflussabfall mehr Kekse, was mit einer Enthemmung durch die Konfrontation erklärt wurde. Der angenommene Zusammenhang zwischen Speichelfluss, gezügeltem Essen und dem gezeigten Essverhalten konnte nicht bestätigt werden.
Eine Beeinflussung des Speichelflusses durch die kognitiven Konzepte und den jeweiligen Diätstil wurde von LeGoff, Leichner und Spigelman (1988) vermutet. Sie untersuchten deshalb zwei Stunden nach dem Frühstück eine Gruppe von anorektischen Patientinnen, eine Gruppe von bulimischen Patientinnen und jeweils eine vergleichbare Kontrollgruppe. Sie boten jeweils fünf Nahrungsmittel und fünf nicht-essbare Dinge als Geruchsreiz (30 sec) dar und sammelten nach jedem Reiz-Set Speichelproben mit Watteröllchen (SHP-Test). Zusätzlich wurden auch hier Stimmungsratings zu Hunger und Angst ausgefüllt. Bulimische Patientinnen zeigten eine erhöhte, anorektische eine erniedrigte Speichelreaktion auf die Nahrungsreize. Bezüglich der berichteten Hungergefühle zeigte sich ein signifikanter Gruppeneffekt: Anorektische Patientinnen gaben deutlich weniger Gerüche als lecker an, fühlten sich durch sie weniger angesprochen und hatten schon vor der Untersuchung ein niedrigeres Hungergefühl. Hinsichtlich des Angstniveaus konnten keine Gruppenunterschiede gefunden werden. Die Ergebnisse wurden so erklärt, dass Anorektikerinnen gemäß dem stark gezügelten Essstil mit niedrig schwankender Kalorienaufnahme einen geringen Speichelfluss auf Nahrungsreize, Bulimikerinnen mit der großen kalorischen Schwankungsbreite durch das intermittierende Fasten und die Essanfälle einen stärkeren Speichelfluss zeigen.
Ähnliche Ergebnisse konnten in einer Studie von Wisniewski, Epstein, Marcus und Kaye (1997) zur Habituation des Speichelflusses an einen Nahrungsreiz repliziert werden. Sie wiesen einen Anstieg des Speichelflusses bei bulimischen Patientinnen nach, während in der Kontrollgruppe ein Abfall stattfand. Auch stieg das Bedürfnis zu essen bei Bulimikerinnen signifikant über die Messwiederholungsstufen an, während es bei der Kontrollgruppe absank. Den Bulimikerinnen wurden zwei schmackhafte Nahrungsreize, welche sich in der sensorischen Dichte glichen, allerdings unterschiedlichen Kaloriengehalt hatten, gereicht. Nach zwei Baseline-Messungen wurde jeweils der Joghurt oder die Eiskrem acht Mal dargeboten, beim neunten Mal folgte Zitronensaft zur Neutralisierung und beim zehnten Durchgang noch einmal der Joghurtstimulus. Die Autoren sahen ihre Annahme, dass die Speichelreaktivität essgestörter Frauen abnormalen Anpassungsvorgängen unterliegen könnte, bestätigt.

Bulik, Lawson und Carter (1996) stellten wiederum bei bulimischen Patientinnen eine geringere Speichelreaktivität im Gegensatz zu einer gezügelt essenden und einer gesunden Kontrollgruppe fest. Der Abfall der Speichelreaktivität bei den bulimischen Patientinnen wurde von den Autoren erwartet, da sie davon ausgingen, dass Bulimikerinnen in der Öffentlichkeit gezügelt essen und die Nahrungsmittel für sie angstbesetzt sind (Laborsituation, Bulik et al., 1992). Für eine hohe kognitive Kontrolle der bulimischen Patientinnen spricht, dass sie im Gegensatz zu den beiden anderen Gruppen kaum etwas von den Speisen aßen. Ein weiterer Grund könnte ein zu hoher Grad an Dehydration auf Grund der von Bulimikerinnen häufig benutzten Laxantien und Diuretika sein.
Legenbauer, Vögele & Rüddel (2002a) konnte in ihrer Studie im Rahmen einer Nahrungskonfrontation mit den bevorzugten Essanfallslebensmitteln von Bulimikerinnen und anschließender Möglichkeit, diese auch zu essen, zeigen, dass sowohl bzgl. der subjektiven Parameter (Traurigkeit, Unsicherheit, Anspannung, Drang zu essen) wie auch der Speichelreaktivität Patientinnen mit einer Bulimia nervosa höhere Reaktivitätswerte aufwiesen und insgesamt mehr aßen.
Die Speichelreaktivität scheint demnach ein recht gutes Maß zur Beschreibung körperlicher Vorgänge v.a. im Zusammenhang mit Nahrungsaufnahme zu sein. Ob diese Vorgänge bei Essgestörten konditioniert in spezifischen Situationen ablaufen und zur Auslösung eines Essanfalles beitragen, bleibt zu untersuchen. Bislang ist es nicht gelungen, konditionierte physiologische Reaktionen bei Frauen mit einer Ess-Störung nachzuweisen. Allerdings gelang dies bei anderen Patientengruppen. So konnte man konditionierte körperliche Reaktionen auf bedrohliche Auslösereize bei Patienten mit posttraumatischer Belastungsstörung im Labor nachweisen (Perri, Ben-Shakhar & Orr, 2000). Auch Ergebnisse aus der Alkoholforschung weisen auf Konditionierungsvorgänge im Zusammenhang mit bestimmten Auslösereizen hin. So konnten Coffey, Saladin, Libet, Drobes und Dansky (1999) nachweisen, dass es bei Alkoholabhängigen sowohl „urge-responders" als auch „salivation-responders" gibt. Das heißt, dass Alkoholkranke auf den Reiz eines Drinks mit stärkerem Verlangen bzw. stärkerer Speichelflussrate reagierten. Die Autoren konnten nachweisen, dass die Speichelreaktion dann stärker war, wenn der letzte Drink erst einige wenige Tage her war. Die Probanden berichteten auch angenehmere Gefühle gegenüber dem Drink. Diejenigen, die ein größeres Verlangen spürten, berichteten von größerem Stress vor der Exposition. Zusammenhänge von Verlangen und Speichelfluss waren tendenziell signifikant.

2.2.5.2 Kardiovaskuläre Parameter bei Stress und Nahrungsexposition

Es besteht die Vermutung, dass Stress sich entweder direkt oder über erregungsauslösende Eigenschaften auswirkt, was zur Folge hätte, dass unterschiedliche

physiologische Reaktionen auf Stress auch zu einem unterschiedlich starken Erleben auf der körperlichen Ebene führten. Neben der subjektiven Reaktion (Bewertung) und der Verhaltensreaktion stellen physiologische Reaktionen auf Stress somit eine Hauptkomponente der Reaktion eines Individuums auf belastende Umweltreize dar (Kaluza, Vögele & Voigt, 1997).
Die Stressreaktion des ZNS hat zwei Stadien: Eine mit kurzer Latenz ablaufende Katecholaminreaktion und die nachfolgend langsamere Glucocorticoidreaktion. Es wird vermutet, dass stressauslösende Reize die Informationsverarbeitung beeinflussen – v.a. Gedächtnis und Aufmerksamkeitsprozesse. Und zwar erfolgt durch die sympathische Erregung eine Erhöhung der Reizschwelle, um eine Überreizung zu verhindern (Skosnik, Chatterton, Swisher & Park, 2000).
Gegenstand bisheriger Forschung im Zusammenhang mit Ess-Störungen war vor allem neben den cephalischen Reaktionen und psychoendokrinologischer Forschung (vlg. Kapitel 2.5.3) das kardiovaskuläre System. Dabei scheint die subjektiv wahrgenommene Kontrollierbarkeit von Stress-Situationen die kardiovaskuläre Reaktivität zu beeinflussen (Greeno & Wing, 1994).
Physiologische Veränderungen von Blutdruck und Herzrate auf Grund äußerer Einflüsse werden unter dem Begriff der kardiovaskulären Reaktivität zusammengefasst. Mit äußeren Einflüssen sind dabei meist Laborstressoren gemeint, es kann sich aber auch um alltägliche, längeranhaltende Belastungen wie Arbeitszeit u.ä. handeln. Informationen aus Reaktivitätsmessungen bieten daher einen Einblick in die physiologischen Funktionen einzelner Individuen (Vögele, 1999). Foerster und Mitarbeiter (1983) unterteilen die Reaktivitätsmuster in:

- Individualspezifische Reaktionen (ISR), welche die habituelle Disposition eines Individuums auf verschiedenartige Reize mit einem bestimmten Reaktionsmuster zu reagieren und zwar in einer anderen Art und Weise als andere Personen. Schandry (1996) bezeichnet dies auch als Trait. Angewandt wurde dieses Konzept insbesondere bei der Suche nach Faktoren, welche die Entstehung von Hypertonie erklären könnten.

- Stimulusspezifische Reaktion (SSR) bezeichnen habituelle Dispositionen aller Individuen auf einen bestimmten Reiz in bestimmten Situationen, wobei die Reaktion in Abhängigkeit von der Situation variiert. Zu den situativen Stimuli werden hier auch intrapsychische Stimuli wie Emotionen gezählt. Zum Beispiel reagieren alle Menschen mit einem Anstieg des Blutdruckes bei körperlicher Aktivität. Schon im letzten Jahrhundert wurden Vermutungen geäußert, dass unterschiedliche Emotionen verschiedene physiologische Reaktionen zur Folge haben.

- Motivationsspezifische Reaktion (MSR) umfasst sowohl habituelle wie auch aktuelle Komponenten. Die aktuelle Komponente bezieht sich dabei auf die Wechselwirkung zwischen Person x Situation x Zeitpunkt und beinhaltet damit eine Einmaligkeit in ihrem Auftreten (Foerster & Walschburger, 1983). Die habituelle Komponente meint die Interaktion zwischen Person x Situation und beinhaltet damit eine individuelle stimulusspezifische Reaktion. Es wird damit ein Reaktionsmuster beschrieben, das für eine Person typisch ist und auftritt, wenn ein bestimmtes Setting mit inneren Faktoren wie einer bestimmten Bewertung oder Motivation einhergeht (Schandry, 1996). Zum Beispiel könnte eine Person mit einer Ess-Störung mit erhöhtem Blutdruck auf Essen reagieren. Reagiert diese Person damit anders als andere Personen und auch anders als in anderen Situationen, handelt es sich um eine motivationsspezifische Reaktion.

Um die kardiovaskuläre Reaktivität zu erfassen, wird in den meisten Studien eine Differenz zwischen dem jeweiligen physiologischen Parameter in der Baseline und unter Stimulusbedingungen gebildet. Über Vor- und Nachteile diesen Verfahrens siehe auch die meta-analytische Betrachtung mehrerer Methodenstudien von Vögele (1998).
Die Baselinemessung bei der Erfassung der kardiovaskulären Reaktivität ist in ihrer Wichtigkeit nicht zu unterschätzen. Die Herstellung einer möglichst reizarmen Situation sowie die ausreichend lange eingeplante Ruhezeit und vor allem ausreichend lange Pausen zwischen den Manipulationen bei der Darbietung mehrerer Stressoren muss gewährleistet sein. Dennoch ist nicht auszuschließen, dass alleine die Antizipation eines Stressors eine Aktivierung zur Folge haben kann (Turner, 1994).
Nach Steptoe und Vögele (1991) können die im Rahmen der Reaktivitätsforschung eingesetzten Laborstressoren in fünf Gruppen unterteilt werden. Eine der Kategorien umfasst Problemlöseaufgaben, welchen auch der in der Stressforschung häufig eingesetzte Rechenstressor („mental arithmetic task“) zuzurechnen ist. Zum Überblick der weiteren Stressoren (Informationsverarbeitungsaufgaben, psychomotorische Aufgaben, affektive Bedingungen und schmerzhafte Bedingungen) wird aus Platzgründen auf die Übersichtsarbeit von Steptoe und Vögele (1991) verwiesen. Die Auswahl des Stressors sollte sich an den theoretischen Hintergründen der Studie wie auch praktischen und ökologischen Aspekten orientieren. Der Einsatz von affektiven Stressoren geht meist mit einer stärkeren Aktivierung der physiologischen Reaktionen einher als zum Beispiel bei der Vorgabe von mentalen Aufgaben, weist aber auch stärkere Einflüsse von intraindividuellen Bewertungsvorgängen und physiologischer Aktivierung durch Sprechen o.ä. auf (Ewart, Jorgensen & Kolodner, 1998).

Studien zur Überprüfung der Reaktivität als zeitlich stabiles Merkmal weisen auf gute Test-Retestkorrelationen zwischen r=.67 bis r=.91 bzgl. der Herzrate und des systolischen Blutdruckes unter Stimulusbedingungen hin. Die Korrelationen zu den Baselinewerten sind durchweg niedriger. Man schloss daraus auf eine individuell charakteristische Reaktivität auf einen bestimmten Stimulus (Steptoe, 1990). Die fehlende zeitliche Stabilität des diastolischen Blutdruckes wird dabei auf die notwendigen komplexen Interaktionen von kardiovaskulären und vaskulären Faktoren und seiner relativ geringen Responsivität bei Stressorexposition zurückgeführt (Steptoe & Vögele, 1991). Vor diesem Hintergrund wurde zudem die situationale Stabilität der Reaktivität auf Laborstressoren untersucht. Verschiedene Untersuchungen ergaben dabei für die Herzrate und den systolischen Blutdruck ähnlich hohe Korrelationen wie bei der Überprüfung der zeitlichen Stabilität, dies galt jedoch nur für ähnlich geartete Stressoren (Sherwood, Turner, Light & Blumenthal, 1990). Hinsichtlich der Generalisierbarkeit der Ergebnisse aus den laborexperimentellen Reaktivitätsänderungen wird in der Übersichtsarbeit von Turner (1994) der Schluss gezogen, dass es wohl Hinweise auf Zusammenhänge gibt, bisherige Studien aber zu viele Inkonsistenten aufweisen, um eindeutige Schlussfolgerungen ziehen zu können. Empfehlenswert sei es daher, auf das Alltagsleben übertragbare Stressoren anzuwenden, da diese höhere ökologische Validität besitzen.
Es zeigte sich, dass sowohl Männer als auch Frauen, die dazu neigten, Gefühle zu unterdrücken, sowohl in der Ruhephase als auch während experimenteller Bedingung (mental challenge) einen höheren systolischen wie auch diastolischen Blutdruck aufwiesen. Vor allem Studien zum Zusammenhang von Blutdruck, Stress und Bewältigungsstil weisen darauf hin, dass Menschen mit hohem Blutdruck eher dazu neigen, Probleme zu verleugnen, zu bagatellisieren und sie abzuwerten (Nyklicek, Vingerhoets & Heck, 2000).
Im Kontrast zu der Vielzahl an Studien zur kardiovaskulären Stressreaktivität vor allem bei Hypertonie und koronaren Erkrankungen stehen die wenigen Befunde kardiovaskulärer Reaktivität bei anderen Störungsgruppen. In der Alkoholforschung wird die kardiovaskuläre Reaktivität oft im Zusammenhang mit der Erfassung von Verlangen überprüft (Drobes & Thomas, 1999). In der Ess-Störungsforschung gibt es nur wenig Befunde zu kardiovaskulären Veränderungen. Gerade hinsichtlich theoretischer Modelle wie dem Konditionierungsmodell (CBE) jedoch sind die Überprüfungen dieser physiologischen Vorgänge als wichtige Hinweise in der Entstehung und Bewältigung von Essanfällen zu sehen. Es wird vermutet, dass BN auch größere physiologische Reaktivität auf bestimmte Reize wie zum Beispiel Figur, Körper oder Gewicht sowie Nahrungsreize bieten. Bisherige Befunde sind eher uneinheitlich:

Untersuchungen hinsichtlich der Herzratenreaktivität bei Frauen mit einer diagnostizierten Ess-Störung weisen größtenteils keine gesteigerten Reaktionen auf Nahrung oder Denken an Essanfallssituationen auf (Laberg, Wilson & Eldregde, 1991).

Vögele und Florin (1997) verglichen eine Gruppe von Frauen mit gezügeltem Essverhalten mit einer Gruppe von Frauen ohne gezügeltes Essverhalten in ihrer Reaktivität auf Nahrungsreize. Sie konfrontierten die Frauen dabei über einen Zeitraum von 20 min mit ihren Lieblingsspeisen und boten danach die Möglichkeit, diese auch zu essen. Aufgezeichnet wurden Blutdruck, Herzrate, Hautleitfähigkeit und psychologische Parameter. Es zeigte sich, dass sich die Frauen in ihrer kardiovaskulären Reaktivität nur hinsichtlich des systolischen Blutdruckes bedeutsam unterschieden. Zudem war die elektrodermale Aktivität deutlich bei den gezügelt essenden Frauen erhöht. Die Herzrate korrelierte mit der gegessenen Kalorienzahl.

Cattanach, Malley und Rodin untersuchten in ihrer Studie zum Zusammenhang von Stress und Nahrungsaufnahme neben den herkömmlichen psychologischen Parametern auch systolischen und diastolischen Blutdruck sowie die Herzrate. Es konnte aber kein bedeutsamer Unterschied zwischen den Frauen mit einer Bulimia nervosa und der Kontrollgruppe festgestellt werden. Ähnliches findet sich bei Both-Orthman (1994) in ihrer Studie zu Stressreaktionen und Nahrung – sie konnte zwar bedeutsame Veränderungen im affektiven Bereich sowie in den endokrinen Reaktionen nachweisen, doch blieben übrige physiologische Parameter unbedeutsam.

Laberg, Wilson, Eldredge und Nordby (1991) leiteten die Herzfrequenz von Frauen mit einer diagnostizierten Bulimia nervosa und Frauen mit restriktivem Ess-Stil (RE) unter zwei Bedingungen (neutrale vs. gedrückte Stimmung) beim Ansehen von Dias (nahrungsbezogen vs. neutral) ab. Sie konnten zunächst zeigen, dass Bulimikerinnen insgesamt eine niedrigere Herzfrequenz aufwiesen, was die Autoren auf einen eingeschränkten Stoffwechsel zurückführten. Die Herzfrequenz nahm nach der negativen Stimmungsmanipulation noch weiter ab. Die Autoren sehen dies als Orientierungsreaktion auf einen bedrohlichen Reiz an, d.h. die negative Stimmung könnte zu einer automatischen Aufmerksamkeitszuwendung auf (bedrohliche) Nahrungsreize führen.

Rutledge und Linden (1998) konnten zeigen, dass „restraint eater" nach mentaler Belastung (Lärm-Rechen-Test, Stroop Test und Satzergängzungstest) mehr essen und dabei die Herzrate der beste Prädiktor für die Nahrungsmenge war. Die Daten zeigten zudem, dass der Nahrungskonsum das Absinken der physiologischen Erregung verhinderte, was im Sinne der Mask-theorie zu einer Umattribuierung von Stressgefühlen auf das Essen hindeuten könnte (vgl. Polivy & Herman, 1999).

In einer zur Erfassung psychobiologischer Besonderheiten bei Bulimikerinnen und Anorektikerinnen durchgeführten Studie (Dietzemann, 2001) wurden beide Patientengruppen mit einer gesunden Kontrollgruppe unter verschiedener Stressbelastung hinsichtlich kardiovaskulärer Reaktionen verglichen. Hierbei wurde unter anderem der Lärm-Rechentest verwendet. Alle Patientengruppen zeigten insgesamt eine deutliche Blutdruckreaktivität. In beiden Gruppen fand sich zudem eine adäquate kardiale Reaktivität bzgl. des Lärm-Rechentests, es ist also eine normale Anpassungsfähigkeit an den mentalen Stressor zu beobachten. Insgesamt ist der systolische Blutdruck bei den Frauen mit einer Ess-Störung niedriger, zudem steigt der Blutdruck weniger unter Belastung an als in der Kontrollgruppe. Dietzemann konnte nachweisen, dass hierbei das intermitterende Ess-Verhalten bzw. der gezügelte Ess-Stil einen deutlichen Einfluss auf die Reaktivität der Herzrate hat. Der Zusammenhang zwischen verstärkt physiologischen Reaktionen in neutralen oder emotionalen Belastungen und dem Essverhalten bleibt unklar.

2.2.5.3 Endokrine Parameter bei Stress und Nahrungsaufnahme

Verschiedene Forschergruppen konnten Zusammenhänge zwischen negativem Selbstwert und stärkerer endokrinologischer Stressreaktion auf Laborstressoren (LRT) aufweisen (Prüssner, Hellhammer & Kirschbaum, 1999). Zudem konnte nachgewiesen werden, dass die Cortisolreaktion auf einen Stressor (aggressives Videospiel) signifikant mit der Reaktionszeit auf einen Aufmerksamkeitstest (Wahrnehmung des Pluszeichens an einem Computerbildschirm (Skosnik, Chatterton, Swisher & Park, 2000) korreliert.

Es wird vermutet, dass Stress über seine akuten biologischen Veränderungen das Essverhalten beeinflussen kann (Rodin & Reed, 1988). Im Stress vermehrt sezernierte Hormone wie Cortisol oder auch verschiedene Catecholamine beeinflussen zum einen den Glucoseverbrauch, zum anderen die Glucosetoleranz und die Aminosäurenzusammensetzung und wirken so an der Steuerung von Hunger – und Sättigungsgefühlen mit (glukostatische Hypothese, Both-Orthman, 1994). Die Stressreaktion besteht aus zwei Komponenten: Zum einen kommt es zur Veränderung des subjektiven Erlebens, zum anderen zu Reaktionen auf physiologischer Ebene wie eben der Ausschüttung von Hormonen und vegetativen Veränderungen. Das subjektive Erleben determiniert dabei das Verhältnis, in welchem Cortisol und Catecholamine ausgeschüttet werden (Frankenhäuser, 1982; Kirschbaum & Hellhammer, 1989; Smyth, Ockenfels, Porter, Kirschbaum, Hellhammer & Stone, 1998). Wenn Bulimikerinnen nun soziale Stressoren als besonders belastend und (selbstwert-)bedrohend empfinden, dann würde dies mit einer hohen Cortisolausschüttung einhergehen und durch die Beteili-

gung des Cortisols am Hunger- und Sättigungssystem zu einem starken Verlangen und damit zur Auslösung eines Essanfalles beitragen.
Die Rolle von Cortisol bei Ess-Störungen bzw. bei der Auslösung von Essanfällen ist bislang wenig untersucht. Russel, Hooper und Hunt (1996) wiesen auf wechselseitige Beziehungen zwischen Insulinanstieg, Cortisolniveau und Depression bei bulimischen Patientinnen hin. Ein erhöhtes Cortisolniveau ging mit einem niedrigen Insulinniveau und häufigem Erbrechen einher. Wenige Essanfälle und geringe Erbrechenfrequenz waren charakteristisch für ein niedriges Cortisol- aber erhöhtes Insulinniveau. Die Autoren ziehen daraus den Schluss einer Feedbackschleife von vermehrt gestörtem Essverhalten über erhöhte Depressivität, niedrigem Insulinpeak und erhöhtem Cortisol.
Pirke, Platte, Lässle, Seidl und Fichter (1992) unterzogen Bulimikerinnen dem „Trierer Mental Challenge Test“ und stellten fest, dass es zwar auf der subjektiven Ebene keine Unterschiede zwischen Kontrollgruppe und Bulimikerinnen gab, sich allerdings die Cortisolausschüttung unterschiedlich verhielt, und zwar wiesen die Frauen mit Bulimia nervosa keine Veränderungen in der Sekretionsrate auf, während diese in der KG anstieg. Da subjektiv keine Unterschiede bestanden, wurde das Ergebnis als abnorme Stressreaktion interpretiert.
Erhöhte Cortisolwerte zu den Nahrungsaufnahmezeitpunkten, welche durch Nahrungseinnahme-Stress oder vermehrte Aktivität erklärt werden (Doerr, Fichter, Pirke & Lund, 1980), wiesen Bulimikerinnen nur zur Mittagszeit auf. Both-Orthmann (1994) führte eine Studie zur Aufdeckung psychoendokrinologischer Mechanismen bei der Auslösung eines Essanfalles durch. Sie verglich dabei die Wirkung von einem sozialem (Vorstellung eines negativen Erlebnisses) und einem Leistungsstressor. Nach dem sozialen Stressor konnte keine signifikante Veränderung des Cortisolniveaus in beiden Gruppen nachgewiesen werden, der mentale Stressor bewirkte in beiden Gruppen einen Anstieg der Cortisolsekretion. Jeweils 10 der Patientinnen erlebten während der im Anschluss möglichen Mahlzeit einen Essanfall. Es könnte davon ausgegangen werden, dass ähnlich wie bei Panikpatienten ein Anstieg des Cortisols während der belastenden Situation auftritt (Bandelow, Wedekind, Pauls, Brooks, Hajak und Ruether, 2000).
Untersuchungen zur Cortisolausschüttung bei Nahrungskonfrontation (Neudeck, 1998) ergaben einen signifikanten Gruppeneffekt zwischen bulimischer und Kontrollgruppe. Neudeck teilte die Bulimikerinnen dabei auf zwei Gruppen auf. Die erste Gruppe wurde mit niedrig-kalorischen Speisen konfrontiert, die zweite mit hoch-kalorischen. Während der Konfrontation gab es mehrere Messzeitpunkte, welche nach 10 min., 15 min. und 20 min. vorgenommen wurden. Eine Follow-up Messung 20 min. nach Ende der Konfrontation sollte dem Baselinewert entsprechen. Es wurden an zwei Tagen Messungen vorgenommen, wobei intra-individuelle Unterschiede nur am ersten Tag auftraten. Die mit hoch-

kalorischen Speisen konfrontierten Bulimikerinnen zeigten bei hoher Erwartungsangst eine hohe Cortisolausschüttung (hohe Baseline mit hohem Anstieg), die niedrig-kalorisch konfrontierten bulimischen Frauen zeigten bei hoher Erwartungsangst eine abfallende Cortisolausschüttung während der Konfrontation (hohe Baseline mit abfallender Ausschüttung). Am zweiten Tag blieb die Cortisolsekretion bei den hoch-kalorisch konfrontierten Frauen gleich, während sie bei den niedrig-kalorisch konfrontierten Frauen erhöht war. Es konnte kein statistisch signifikanter Gruppeneffekt nachgewiesen werden.

2.3 Fragestellung und Hypothesenbildung

Die Untersuchung der Beziehung zwischen Essanfall und den auslösenden Reizen konzentrierte sich bislang meist auf einzelne Auslöse-Ereignisse wie Essensreize (Ansicht, Geruch und Geschmack) oder durch Stress induzierte negative Stimmung. Es gibt nur wenige, meist retrospektive Berichte, welche auf individueller Ebene Verbindungen von spezifischen Reizen und Essanfällen untersuchten (Abraham & Beaumont, 1982; Bruce & Agras, 1992; Mitchell et al., 1985; Lee & Miltenberger, 1997). Die daraus entwickelten Modelle, welche Auslösung von Essanfällen und deren Aufrechterhaltung zu erklären versuchten, basierten dabei meist auf der kognitiven Steuerung des Essverhaltens wie Vermeiden verbotener Speisen und intermittierendem Fasten (Walsh, 1993; Beglin & Fairburn, 1992). Eine Verbindung der verschiedenen Faktoren unter Einbezug individueller Auslösereize und vermittelnder Faktoren gab es nur ansatzweise. Schmitz (1987) bleibt in seinem integrativen Ansatz beispielsweise auf der ätiologisch-beschreibenden Ebene. Bislang fand keine Zusammenführung der Ergebnisse aus den einzelnen systematisch erforschten Teilbereichen statt.

Ein wichtiger Ansatzpunkt für einen umfassenden integrativen Ansatz zur Erklärung der Auslösung eines Essanfalles scheint dabei die Analyse der Auslösesituationen zu sein. Es zeigte sich in verschiedenen Untersuchungen, dass es den betroffenen Frauen auf individueller Ebene gelingt, typische auslösende Faktoren von Essanfällen wie Umstände, Orte oder Gefühle zu identifizieren und zu benennen (Abraham & Beaumont, 1982; Bruce & Agras, 1985; Mitchell et al., 1985; Lee & Miltenberger).

In einer Studie von Bargou (1992) zur Erfassung situationaler Auslöser bei diätenden und nicht-diätenden Frauen zeigte sich eine große Übereinstimmung zwischen den Gruppen bei der Benennung der Situationen, in denen die Kontrolle über die Nahrungsmittel leichter beizubehalten war. So wurde Frühstück, Arbeit, Kälte, Glücklichsein und Essenszubereitung in dieser Kategorie genannt, während Nervosität, Hunger, Sitzen vor Lieblingsspeisen, Einladungen und Frustessen als Situationen genannt wurden, in denen häufig ein Überessen ausgelöst

wird. Bei Einbeziehung der Komponente Gewicht wurde ein Gruppenunterschied bezüglich des emotionalen Essens (Frustessen) zwischen normalgewichtigen und übergewichtigen Frauen (sowohl diätende wie auch nicht-diätende) festgestellt. Zusätzlich zeigte sich, dass Frauen mit stärkerer bulimischer Symptomatik eher bei der Zubereitung von Essen einen Kontrollverlust erleiden als Frauen mit geringerer bulimischer Problematik.
Da bisher in diesem Bereich systematische Untersuchungen und signifikante Gruppenunterschiede von vor allem klinischen Populationen fehlen, bleibt die Frage nach individuellen, lerngeschichtlich verankerten Auslösern (bei Traurigkeit, Einsamkeit, Fernsehen essen) oder zufälligen Auslösern bei passender Gelegenheit (z.B. bei Bäckerei vorbeigehen, alleine sein) weiter offen. Es bleibt also unklar, ob es gelernte oder zufällige Reizverbindungen sind, welche helfen, eine Verbindung zwischen Schlüsselreiz und Essanfall zu etablieren (Catania, 1991).
Die Entstehung und Aufrechterhaltung von Essanfällen wird über verschiedene Ansätze erklärt. Schaut man sich die zentralen Diagnosekriterien der Bulimia nervosa an, so könnte die Vermutung entstehen, dass Essanfälle mit den beschriebenen vorangehenden negativen Emotionen und physiologischen Korrelaten in der Angst vor dem Dickwerden zusammen mit einem gestörten, chaotischen Essverhalten wurzeln. Dies würde dem dualen Pfadmodell nach Stice (1994) entsprechen. Nimmt man an, dass das Schönheitsideal als Grundlage dient, würden vor dem Hintergrund der Störung Angst und Sorge vor Gewichtszunahme die Entstehung von dysfunktionalen Kognitionen fördern („ich fühle mich so fett, da ist eh alles egal"), welche sich auf physiologischer Ebene in Unruhegefühlen, Anspannung und Dysphorie niederschlagen. Die Stressforschung, insbesondere die Erforschung von Bewältigungsstilen bei essgestörten Frauen bietet als Erklärungsansatz an, dass diese Frauen die negativen Gefühle nur sehr schlecht aushalten und als Kompensationsreaktion anfangen zu essen. Integriert man all diese Vermutungen und Ergebnisse bisheriger Forschung zu diesem Thema, zeigt sich, dass Essanfälle in einer akuten Situation sehr komplex entstehen.

Vier Komponenten, welche sich im Rahmen eines SORK-Schemas darstellen lassen, erscheinen dabei von Bedeutung:

S	Möglichkeit, einen Essanfall zu haben (Verfügbarkeit der Nahrungsmittel, alleine sein)
O	Defizite in der Affektregulation, dysfunktionaler Bewältigungsstil
$R_{kognitiv}$	Dysfunktionale Interpretation eines Ereignisses (i.S. störungsrelevanter Reize wie Körperwahrnehmung, Selbstwertgefühl)

$R_{emotional}$	Negative Stimmung wie Anspannung, Traurigkeit, Unsicherheit
$R_{physiologisch}$	Cephalische Reaktionen (Speichel, Insulin, vegetatives Arousal), Hunger (Nahrungsdeprivation)
K	Abbau von Anspannung, Ablenkung von Problemen u.ä.

Die Konsequenz eines Essanfalles wäre damit die Reduktion negativer Stimmung im Sinne verschiedener Affektregulationstheorien und würde im Sinne operanten Konditionierens aufrechterhalten werden.
Um also Aufschluss über die postulierten Annahmen zu bekommen, müssen zunächst für Essanfälle typische Stimuli gefunden werden. Dies könnten zum einen typische Nahrungsmittel sein, welche während eines Essanfalles verzehrt werden. Da es aber vorrangig um die Aufklärung der Auslösung eines Essanfalles geht, soll zunächst über die Beschreibung individueller Essanfallssituationen und deren Vorstellung ein möglichst realer Affekt induziert und die Konsequenzen auf das Essverhalten und das subjektive Befinden erfasst werden. Neben der Erfassung des subjektiven Erlebens (Affektkomponente) sollen gleichzeitig physiologische Reaktionen erfasst werden, um das Postulat einer Spannungsregulation und antizipatorischer Reflexe überprüfen zu können. Um möglichst genaue Aufzeichnungen zu erhalten, ist dies als Laborexperiment geplant (Studie I: Hauptstudie).
Da Untersuchungen im Feld auf Grund der größeren ökologischen Validität oft bessere Hinweise geben können, wurde zur Überprüfung der Hypothesen und Laborergebnisse zusätzlich eine Erhebung im natürlichen Umfeld durchgeführt (Studie II). Dabei sollen zum einen generelle Stimmung, Tagesstruktur bzgl. Nahrungsaufnahme und Aktivitäten erfasst und mit einer Kontrollgruppe verglichen werden. Zudem sollen Stimmung und physiologische Reaktivität vor jeder Mahlzeit und vor jedem Essanfall aufgezeichnet werden. Zur Überprüfung der Annahme von Defiziten im Bewältigungsstil und triggernder dysfunktionaler Kognitionen sollen zuletzt die idiosynkratischen Auslösesituationen nach einem Kodiersystem hinsichtlich allgemeiner psychopathologischer Aspekte wie Selbstwertgefühl, Copingverhalten, kognitive Verzerrungen und essstörungsspezifischer Merkmale untersucht werden (Studie III).
Es wird angenommen, dass sich auf den vier dargestellten Ebenen (Situationsmerkmale, Gedanken, Gefühle, physiologische Reaktionen) Unterschiede zwischen den Gruppen ergeben:

1. Hypothese:
Frauen mit einer diagnostizierten Ess-Störung berichten über spezifische Auslösesituationen, welche vor allem durch Alleinsein und Vorhandensein von Speisen gekennzeichnet sind

2. Hypothese:
Frauen mit einer diagnostizierten Ess-Störung weisen signifikant häufiger dysfunktionale Gedanken über sich selbst und ihre Erlebnisse auf

3. Hypothese:
Frauen mit einer Ess-Störung antworten mit stärkerer physiologischer Erregung auf Stress-Erlebnisse und sind vor einem Essanfall stärker physiologisch erregt.

4. Hypothese:
Frauen mit einer Ess-Störung weisen insgesamt höhere Speichelreaktivität vor Mahlzeiten insbesondere vor Essanfällen gegenüber der Kontrollgruppe auf

5. Hypothese:
Frauen mit einer Ess-Störung haben insgesamt einen negativeren Affekt, insbesondere vor einem Essanfall

6. Hypothese:
Frauen mit einer Ess-Störung erleben sich weniger kompetent bei der Bewältigung von Stresserlebnissen

Die drei Studien werden im Folgenden getrennt dargestellt. Spezifische Hypothesen sind jeweils nach einer kurzen zusammenfassenden Einleitung zu finden. Im Anschluss an jede Einzelstudie werden die Ergebnisse diskutiert. Eine übergreifende Ergebnisdiskussion erfolgt in Kapitel 6 der Dissertationsarbeit.
Die Ethikkommission der Landesärztekammer hatte ein positives Votum zur Durchführung der Arbeit erteilt.
Die Stichprobe setzt sich aus Frauen mit einer diagnostizierten Binge Eating Disorder bzw. einer Bulimia nervosa „purging type" und Bulimia nervosa „non-purging type" zusammen. Es wurde für diese gemischte Gruppe die Abkürzung ED für Eating Disorder Gruppe verwandt.

3 Laborstudie

3.1 Einleitung

Bislang ist wenig darüber bekannt, welche Faktoren einen direkten Beitrag zur Auslösung eines Essanfalls leisten. In der Literatur wird negativer Affekt sowie interpersonaler und Leistungsstress als verursachend beschrieben. Studien zu diesen Modellen beinhalten meist Laborstudien, in welchen durch Stimmungsmanipulation der Einfluss der Stimmungsveränderung auf das subjektive Verlangen zu essen überprüft werden sollte. Einige Studien boten zudem nach der Stimmungsmanipulation Nahrungsmittel dar, um den Einfluss der Stimmung auf das tatsächliche Verhalten – nämlich dem Essverhalten festzustellen (Rutledge & Linden, 1998; Tuschen, Baucke & Florin, 1991;Levine & Marcus, 1997).

Viele laborexperimentelle Studien wurden an studentischen Stichproben mit gezügelt essenden Frauen durchgeführt (Odgen & Wardle, 1991; Polivy & Herman, 1999). Herman und Polivy (1999) zum Beispiel induzierten negative Stimmung durch Erwartungsangst (Vorbereitung einer Rede) und führten dann einen Geschmackstest durch. Es konnte gezeigt werden, dass bei selbstwertbedrohendem Stress Frauen mit gezügeltem Ess-Stil stärker dazu neigten, auch mehr zu essen.

Die meisten Studien unterscheiden bei der Stimmungsmanipulation Leistungsstress von interpersonalem Stress und überprüfen die unterschiedliche Auswirkung der Stressorarten. Dabei wurde angenommen, dass vorwiegend interpersonaler Stress einen stärkeren Einfluss auf die Stimmung und das Essverhalten hat als Leistungsstress. Diese Hypothese konnte weitgehend bestätigt werden. Dabei wurden als affektive Komponente während dem interpersonalen Stressor vermehrte Traurigkeit, Unsicherheit und Angst beschrieben. Zusätzlich berichteten Frauen mit Bulimia nervosa mehr Hunger und ein größeres Verlangen zu essen (Tuschen-Caffier & Vögele, 1999). Als idiosynkratische Stressoren wurden dabei entweder standardisierte Vorstellungsübungen konflikthafter oder frustrierender sozialer Interaktionen oder persönlich belastender Erlebnisse verwendet. Als Leistungsstressoren wurden meist Konzentrations- oder Rechentests unter Lärmbelastung wie der Lärm-Rechentest verwendet (Cattanach, Malley & Rodin, 1988; Tuschen, Vögele, Kuhnhardt & Cleve-Prinz, 1995). In allen Studien erwies sich der negative Affekt als bester Faktor zur Unterscheidung der Gruppen. Neben der affektiven Komponente wurden je nach Autor noch physiologische Parameter wie Blutdruck und Herzrate oder Cortisol erhoben. Speichelsekretion und auch Cortisol sind vor allem hinsichtlich von Nahrungsreizen untersucht worden. Insgesamt sind die Befunde zur physiologischen Erregung nicht so eindeutig.

Beispielsweise konnten Tuschen et al. (1995) einen insgesamt höheren Blutdruck in der Kontrollgruppe nachweisen, unabhängig vom Stressor. Einen ähnlichen Befund – nämlich insgesamt geringere physiologische Reaktivität wurde von Dietzemann (2001) nachgewiesen. Hinsichtlich der tatsächlich verzehrten Menge an Speisen gelang es in den wenigsten Studien, einen Gruppenunterschied abzubilden. Trotz meist stärkerem negativen Affekt in der Experimentalgruppe aßen die Frauen mit Bulimia nervosa od. „restrained eater" nicht mehr als die Kontrollgruppe. Ausnahme ist das Ergebnis von Rutlegde und Linden (1998), welche sowohl stärkere physiologische Erregung während dem Leistungsstressor als auch nachfolgend eine höhere Nahrungsaufnahme in der Gruppe der Bulimia nervosa nachweisen konnten. Die Herzrate erwies sich als bester Prädiktor für die Menge der aufgenommenen Kalorien. Die übrigen Studien, welche eine höhere Nahrungsaufnahme bei Bulimikerinnen im Labor zeigten, waren Expositionsstudien (Legenbauer, Vögele & Rüddel, submitted; Rogers & Hill, 1995). Die physiologische Reaktivität während der Nahrungskonfrontation wiesen meist auf höhere Speichelsekretionsraten während der Exposition hin (LeGoff, Leichner & Spigelmann, 1988; Legenbauer, Vögele & Rüddel, submitted; Wisniewski, Epstein, Marcus & Kaye, 1997), was meist auch mit stärkerer emotionaler Erregung einherging. Die Befunde zur kardiovaskulären Rekativität sind eher uneinheitlich. Einige berichteten über stärkere Erregung bei „Binge eatern" (Vögele & Florin, 1997; Laberg, Wilson & Eldregde, 1991). Das Cortisol wurde zum einen im Zusammenhang mit Leistungsstressoren untersucht. Both-Orthman (1994) fand bspw. einen Anstieg der Cortisolsekretion nur nach dem Leistungsstressor, nicht aber nach dem sozialen Stressor. Pirke, Platte, Lässle, Seidl & Fichter (1992) konnten nur in der Kontrollgruppe einen Anstieg in der Cortisolsekretion nach dem Trierer Stress-Test finden. Einige wenige Studien untersuchten die Cortisolausschüttung auch bei Nahrungskonfrontation – hier konnte eine erhöhte Ausschüttung in der Experimentalgruppe nur bei hoch-kalorischen Speisen und gleichzeitig bestehender Erwartungsangst nachgewiesen werden (Neudeck, 1998).

Eine vorab durchgeführte Vorstudie (Legenbauer, Vögele & Rüddel, 2002b) an stationären Patientinnen mit einer diagnostizierten Bulimia nervosa zur Testung der erwarteten Effekte zeigte bei der Stimmungsmanipulation in beiden Gruppen deutliche Veränderungen während des idiosynkratischen Stressors. Entgegen der Erwartung war die Reaktivität in beiden Gruppen auf den Leistungsstressor am stärksten ausgeprägt. Auswirkungen auf die Nahrungsaufnahme waren entgegen der Annahme: zwar reagierten die Bulimikerinnen mit deutlich stärkerer subjektiver Belastung und erhöhtem Drang zu essen, doch aßen nur Frauen der Kontrollgruppe von den dargebotenen Nahrungsmitteln. Hinsichtlich der

physiologischen Reaktionen ergaben sich Hinweise auf eine gruppenspezifische Speichelreaktion – nämlich unter Stress bei den Bulimikerinnen erhöht. Dies galt ebenfalls für die Cortisolsekretion, welche in der Gruppe der Bulimikerinnen nach dem erlaubten Essen und während des Leistungsstressors am stärksten war. Die Ergebnisse für die übrigen Parameter waren nicht statistisch bedeutsam.
In allen diesen Studien wurden negative Stimmungen vor einem Essanfall beschrieben. Kausale Verbindungen konnten nicht hergestellt werden. Insgesamt geht man daher eher von einem unspezifischen negativem Affekt aus. Kritisch an diesen Studien ist anzumerken, dass sie zur Stimmungsmanipulation vorwiegend zwar mit in ihrer Wirksamkeit überprüften, aber standardisierten Stressoren arbeiteten. Die Rolle von Kognitionen wird dabei ganz vernachlässigt. Da die Wirkweise von Stress aber sehr stark von der Bewertung des Stressors abhängig ist und gerade bei der Entstehung von Essanfällen auch von gelernten Verbindungen ausgegangen wird, mag dies zu den mehrdeutigen Ergebnissen bisheriger Studien führen. Um dies zu vermeiden wurde in der hier durchgeführten Studie ein idiosynkratischer Stressor vor der Möglichkeit des Essens dargeboten.

3.2 Hypothesen

Testsitzung

Hypothese 1

a) Die ED-Gruppe weist eine höhere Speichelsekretion als die KG während der Beschreibung der idiosynkratischen Stress-Situationen auf.
b) Die Cortisolsekretion ist in der ED höher als in der KG

Hypothese 2

Die ED-Gruppe weist eine höhere kardiovaskuläre Erregung als die KG während der Beschreibung der idiosynkratischen Stress-Situationen auf.

Hypothese 3

Die ED-Gruppe berichtet eine schlechtere Stimmung als die KG während der Beschreibung der idiosynkratischen Stress-Situationen.

Laborstudie – Vorstellung der idiosynkratischen Stress-Situationen

Hypothese 4

a) Die ED-Gruppe weist eine höhere Speichelsekretion als die KG während der Vorstellung der idiosynkratischen Stress-Situationen auf.

b) Die Cortisolsekretion der ED ist höher als die der KG.

Hypothese 5
Die ED-Gruppe weist eine stärkere kardiovaskuläre Erregung als die KG während der Vorstellung der idiosynkratischen Stress-Situationen auf.

Hypothese 6
Die ED-Gruppe berichtet schlechtere Stimmung als die KG während der Vorstellung der idiosynkratischen Stress-Situationen.

Laborstudie – Antizipation
Hypothese 7
Die ED-Gruppe weist eine höhere Speichelsekretion als die KG während der Antizipation der Nahrungsmittel auf.

Hypothese 8
Die ED-Gruppe weist eine stärkere kardiovaskuläre Erregung als die KG während der Antizipation der Nahrungsmittel auf.

Laborstudie – erlaubtes Essen
Hypothese 9
a) Die ED-Gruppe weist eine höhere Speichelsekretion als die KG nach der Phase des erlaubten Essens auf
b) Die ED-Gruppe reagiert auf die Nahrungsmittel mit einer höheren Cortisolsekretion als die KG

Hypothese 10
Die ED-Gruppe weist eine stärkere kardiovaskuläre Erregung als die KG nach der Phase des erlaubten Essens auf

Hypothese 11
Die ED-Gruppe berichtet schlechtere Stimmung als die KG nach der Phase des erlaubten Essens

Hypothese 12
a) Die ED-Gruppe isst mehr als die KG während der Phase des erlaubten Essens
b) Die Menge der von Frauen der ED-Gruppe verzehrten Nahrung kann über die in der Phase des erlaubten Essens gemessenen Herzrate, dem Ausmaß der kognitiven Kontrolle und dem subjektiv empfundenen Verlangen vorhergesagt werden.

Laborstudie – Leistungsstressor (LRT)

Hypothese 13

a) Die Speichelsekretion der ED-Gruppe ist höher als die der KG während des LRT
b) Die ED-Gruppe reagiert im Mittel mit einer höheren Cortisolsekretion als die KG

Hypothese 14

Die ED-Gruppe weist eine stärkere kardiovaskuläre Erregung als die KG während des LRT auf

Hypothese 15

Die ED-Gruppe berichtet schlechtere Stimmung als die KG während des LRT

Laborstudie – Follow-up 2

Hypothese 16

a) Die Speichelsekretion der ED-Gruppe bleibt über dem Ausgangsniveau der Baseline
b) Die Speichelsekretion der ED ist in R1 höher als in R2
c) Die Speichelsekretion der ED-Gruppe ist in R1 höher als die der KG in R1
d) Die Speichelsekretion der ED-Gruppe ist in R2 höher als die der KG in R2

Hypothese 17

a) Die kardiovaskuläre Erregung der ED-Gruppe ist gegenüber dem Ausgangsniveau der Baseline erhöht
b) Die kardiovaskuläre Erregung der ED-Gruppe in R1 ist gegenüber der KG in R1 erhöht
c) Die kardiovaskuläre Erregung der ED-Gruppe in R2 ist gegenüber der KG in R2 erhöht

Hypothese 18

a) Das berichtete subjektive Befinden der ED-Gruppe ist gegenüber dem Ausgangsniveau der Baseline schlechter
b) Das berichtete subjektive Befinden der ED-Gruppe ist in R1 gegenüber dem der KG in R1 schlechter
c) Das berichtete subjektive Befinden der ED-Gruppe ist in R2 gegenüber dem der KG in R2 schlechter

3.3 Methoden

3.3.1 Stichprobe

Die Stichprobe von insgesamt 41 Teilnehmerinnen setzt sich zu 75% aus Studierenden zusammen. Die Teilnehmer wurden speziell für die jeweilige Gruppe geworben. Für die Experimentalgruppe wurden per Aushänge im Universitätsgebäude, in Fitness-Centern und verschiedenen kleinen Lebensmittelgeschäften und Zeitungsläden sowie per Zeitungsannonce und Radiointerview Frauen gesucht, die an Essanfällen leiden und Interesse haben, an einer psychologischen Untersuchung teilzunehmen. Sie erhielten £20,- für die Teilnahme. Bei Interesse konnten sie telefonisch oder per E-Mail einen Termin für ein erstes Interview vereinbaren. Im Erstgespräch wurde das MiniDips (Übersetzung der Arbeitsgruppe mit Erlaubnis der Autoren Margraf & Schneider) durchgeführt und die Essstörungsproblematik detailliert erfasst. Das MiniDips wurde in Anlehnung an die deutsche Fassung als Interviewleitfaden genutzt, um das Auftreten klinisch bedeutsamer Symptome und die Erfüllung der Kriterien auf der Grundlage des DSM-IV für Bulimia nervosa and Binge Eating Disorder zu überprüfen. Probandinnen, die nicht das Vollbild einer Bulimia nervosa oder einer Binge Eating Disorder erfüllten, wurden ausgeschlossen. Andere psychische Störungen wurden über das MiniDips erfasst und beschrieben. Die Ess-Störung musste Primärdiagnose sein.
Im folgenden werden die erfassten Stichprobencharakteristika vergleichend beschrieben. Waren die statistischen Voraussetzungen erfüllt, wurden Chi^2-Testungen durchgeführt.

Experimentalgruppe
Die Experimentalgruppe setzte sich aus 21 Frauen mit folgenden Diagnosen zusammen: acht Bulimia nervosa „non-purging type“ (BN-NP), sechs Bulimia nervosa purging type (BN-PT), sieben Binge Eating Disorder (BED). Achtzehn der Frauen waren kaukasischer Abstammung, zwei waren Kreolen, eine war indischer Abstammung. Vier der Frauen litten unter Asthma, eine hatte einen Herzklappenfehler.

Kontrollgruppe
Die Kontrollgruppe bestand aus 16 Studentinnen und vier weiblichen Mitgliedern des Lehrkörpers, welche im MiniDips keine aktuellen psychiatrischen Erkrankungen aufwiesen. Achtzehn Frauen waren kaukasischer Abstammung, eine war Schwarzafrikanerin, zwei waren indischer Abstammung. Die Kontrollgruppe wurde nach Alter, Gewicht und Größe der Experimentalgruppe stratifiziert. Zwei der Frauen litten unter Asthma.

Tabelle 3.1: Charakteristiken von Experimentalgruppe (ED=Frauen mit diagnostizierter Ess-Störung) und Kontrollgruppe (KG) im Vergleich. inklusive der statistischen Kennwerte der Gruppenvergleiche (t.-Wert; Freiheitsgrade (df) und Wahrscheinlichkeitsniveau (p).

	ALTER (Jahre)	GRÖßE (cm)	GEWICHT (kg)	BMI (kg/m²)
ED (n=21)	26,43 (6,98)	166,44 (5,33)	66,36 (10,5)	24,07 (3,92)
KG (n=20)	26,3 (8,05)	168,15 (8,07)	66,34 (7,54)	23,5 (2,54)
t-Test	.055	-.806	.008	.552
df	39	39	36.2	34.4
p	.96	.43	.99	.58

Die Charakteristiken der beiden Stichproben im Vergleich können der Tabelle 3.1 entnommen werden. Die Stichprobenmerkmale wurden mit dem t-Test für unabhängige Stichproben auf bedeutsame Unterschiede hin überprüft. Die Gruppen unterschieden sich in keiner der Variablen signifikant. Bei Gewicht und BMI ist allerdings von heterogenen Varianzen auszugehen, da hier die F-Testung bedeutsame Unterschiede aufwies.
Die durchschnittliche Erkrankungsdauer der Frauen mit einer Ess-Störungsdiagnose betrug 5,9 Jahre (sd 4,35) bei einer Variationsbreite von 2-21 Jahren. Die Häufigkeit des Erbrechens wird im Mittel für die Gruppe der Frauen mit Bulimia nervosa „purging type" über das tägliche Vorkommen berechnet (x/7), es beträgt 1,42 pro Tag (sd 2,14), wobei die Variationsbreite 0,5x/Tag (2-3 x wöchentlich) bis 5 x täglich geht. Die Zeit, die seit dem letzten Essanfall vergangen ist, beträgt durchschnittlich 1,92 (sd 2,08) Tage mit einer Variationsbreite von 0-5 Tage. Eine tabellarische Übersicht über diese Variablen sowie die Diagnose ist im Anhang einzusehen.

Soziodemographische Variablen

Lebenssituation
Elf der Frauen mit Ess-Störungsdiagnose gaben an, zur Zeit keinen Partner zu haben, fünf hatten einen festen Partner, fünf waren verheiratet. Zwei der Patientinnen lebten noch bei ihren Eltern, fünf lebten alleine, acht in einer Wohngemeinschaft und die fünf verheirateten lebten in einer gemeinsamen Wohnung. In der KG sah die Verteilung etwas anders aus. Zwölf der zwanzig Probandinnen hatten einen Partner, davon lebten acht mit ihrem Partner in einer gemeinsamen Wohnung. Eine lebte noch bei den Eltern, sieben in einer Wohngemeinschaft und die übrigen vier alleine. Die geringe Zellenbesetzung erlaubte keine Chi²-Testung.

Schulabschluss
Alle Teilnehmer der Studie hatten eine höhere Schulbildung (Abitur).

Berufsgruppen
Die Verteilung hinsichtlich der von den Probandinnen aktuell ausgeübten Tätigkeit kann nur deskriptiv beschrieben werden, da wegen mangelnder Voraussetzungen kein statistisches Verfahren zur Überprüfung von Gruppenunterschieden zur Verfügung steht. Fünfzehn der Frauen der Ess-Störungsgruppe und 16 der Frauen in der Kontrollgruppe waren Studentinnen. Vier Frauen der Kontrollgruppe waren Angestellte (Dozentinnen), fünf der Frauen der Ess-Störungsgruppe waren ebenfalls Angestellte (zwei Dozentinnen, zwei waren kaufmännische Angestellte, eine arbeitete in einer Zeitarbeitsfirma). Eine Frau mit Ess-Störungsdiagnose war arbeitslos.

Kontrollvariablen
Da in dieser Studie im laborexperimentellen Teil das Essverhalten beobachtet wird, erscheint es sinnvoll, Diät- und Essverhalten durch verschiedene Instrumente zu erfassen. Dazu wurden die Restraint Scale (RS; Herman & Polivy, 1988), der Three Factor Eating Questionnaire (TFEQ-R; Stunkard & Messick, 1985) sowie das Eating Disorder Inventory (EDI; Garner, Olmstedt & Polivy, 1983) verwendet. Um die Stichprobe umfassend beschreiben zu können wurden zudem das Beck-Depressions-Inventar (BDI; Beck, Steer & Brown, 1996) und die Symptom-Checklist von Derogatis (SCL-R90; Derogatis, 1977) verwendet. Die verwendeten Messinstrumente werden im Anhang B ausführlich dargestellt, Mittelwerte und Standardabweichung sowie Ergebnisse der Signifikanztestung sind in der Übersichtstabelle 3.2 dargestellt.

Ess-Störungsspezifische Symptome
Hinsichtlich ess-störungsspezifischer Verhaltensweisen konnte eine überdurchschnittlich hohe kognitive Kontrolle sowie emotionale Störbarkeit des Essverhaltens und Stärke der wahrgenommenen Hungergefühle in der Gruppe der ED nachgewiesen werden. Die Gruppen unterschieden sich auf allen Subskalen des TFEQ-R signifikant. Auch der Gesamtwert der RS-Skala war in der ED-Gruppe überdurchschnittlich ausgeprägt. Bezüglich relevanter Einstellungen und Konzepte, welche mit dem EDI gemessen wurden, wiesen Frauen der ED-Gruppe tendenziell überdurchschnittlich ausgeprägten Drang, dünn zu sein sowie Unzufriedenheit mit der Figur auf. Überdurchschnittliche Werte der ED-Gruppe zeigten sich im Mittel auf den Skalen „Bulimie“ und „interozeptive Wahrnehmung“. Insgesamt kann eine erhöhte

psychopathologische Einstellung auf ess-störungsrelevanten Dimensionen wie Körpereinstellung und Verhaltensweisen beim Essen nur in der ED-Gruppe festgestellt werden.

Tabelle 3.2: Tabellarische Übersicht der erhobenen Fragebögen. Dargestellt sind die wichtigsten Skalen mit Mittelwert (m), Standardabweichung (sd) sowie Ergebnisse der Signifikanzprüfung mit t-Tests (df= Freiheitsgrade; p= Signifikanzniveau).

	ED	KG	t-Wert	df	p ≥
EDI; Bulimie	91,2	45,0 (6,5)	7,49*	13,93	,001
EDI;	(20,0)	47,9	1,678	19	,110
Körperzufriedenh.	58,2	(10,5)	5,34*	18,34	,001
EDI;	(15,9)	41,3 (7,8)			
Schlankheitsdrang	65,7				
	(12,9)				
TFEQ; Kogn.	12,2 (4,5)	2 (1,5)	7,18*	14,31	,001
Kontrolle	12,8 (1,8)	4,11 (3,5)	7,378	19	,001
TFEQ; Störung d. Ess.	9,83 (3,7)	4,22 (2,4)	3,872	19	,001
TFEQ; Hunger					
RS	21,3(3,2)	6,56 (3,4)	10,01	19	,001
ADS-K	64,6(8,5)	43,6 (4,2)	6,372	17	,001
SCL; Somatisierung	68,2(8,9)	41 (9,8)	5,799	15	,001
SCL; Zwanghaftigkeit	72,6(7,8)	43,7 (9,6)	6,73	15	,001
SCL; Soziale	72,6(8,3)	45,7 (9,8)	5,961	15	,001
Unsicherh.					
SCL; Depressivität	71 (5,3)	42,3 (9,4)	8,089	15	,001
SCL; Ängstlichkeit	67,7(9,3)	48,2 (8,9)	4,210	15	,001
SCL; Aggressivität	69,3(10,4)	48,5 (7,7)	4,252	15	,001
SCL; Phobische Angst	65,2(12,1)	48 (8,6)	3,064	15	,008
SCL; Paranoides Denk.	66,1(10,6)	45,7 (9,4)	3,888	14	,002
SCL; Psychotizismus	66,1(13,0)	43,4 (6,1)	3,597	10	,005
QMI	74,2	71,9	,292	16	,774
	(18,7)	(15,0)			

Allgemeine klinische Auffälligkeiten

Hinsichtlich der Ausprägung klinischer Symptome lagen bei der studentischen Stichprobe der Hauptstudie gegenüber der Pilotstudie deutlich geringer ausgeprägte allgemeine psychopathologische Veränderungen vor. Auf der SCL-90R konnten Unterschiede zwischen den Gruppen (ED vs. KG) nur hinsichtlich Zwanghaftigkeit und Unsicherheit im Sozialkontakt nachgewiesen werden, wobei der Gruppenmittelwert der ED nur tendenziell überdurchschnittlich ausgeprägt war. Die übrigen Skalen wie auch der Gesamtbeschwerdeindex lagen im Normbereich. Die mit dem BDI erhobene Depressivität ist in der ED tendenziell überdurchschnittlich ausgeprägt.

Questionnaire for mental imagination

Die Beurteilung der einzelnen Items geht von 0= keinerlei Vorstellung bis 6=absolut klare und realistisch lebhafte Vorstellung des Bildes. Der Fragebogen enthielt 20 Fragen zu verschiedenen Bildern, Gefühlen und Erlebnissen, die der Proband sich vorstellen und nach der Qualität der Vorstellung beurteilen sollte. Der Range des Fragebogens geht von 0 – 120. Der mittlere Wert in der ED-Gruppe beträgt 74,22 (sd 18,71), der der KG 71,89 (sd 15,04). Die Gruppen unterscheiden sich nicht bedeutsam. Die Qualität der Vorstellung ist im Mittel in beiden Gruppen gut und lebhaft.

Einflussfaktoren auf die physiologische Aktivität

Koffein

In den letzten drei Stunden vor der Untersuchung hatten weder die Probandinnen der Kontroll- noch der Experimentalgruppe Koffein konsumiert. Dies wurde anhand eines Fragebogens zu den Mahlzeiten und Getränken erfasst.

Rauchen

Neunzehn Probandinnen der Ess-Störungsgruppe waren Nicht-Raucher, zwei gaben an, zwischen 5 – 10 Zigaretten pro Tag geraucht zu haben. Eine der Probandinnen hatte direkt vor der Laboruntersuchung geraucht, die andere das letzte mal drei Stunden vor Untersuchungsbeginn. In der Kontrollgruppe rauchten acht, 12 gaben an, Nichtraucher zu sein. Drei der Kontrollpersonen hatten vor Beginn der Untersuchung geraucht, bei den fünf anderen Frauen lag die letzte Zigarette mehr als drei Stunden zurück.

Mahlzeiten

Die letzte Mahlzeit der Experimentalgruppe war im Mittel vor 1,33 Stunden, die der Kontrollgruppe vor 1,6 Stunden. Die Gruppen unterschieden sich im Mittel nicht signifikant.

Alkohol

Zehn der Frauen der Ess-Störungsgruppe gaben an, regelmäßig Alkohol zu trinken, elf verneinten dies. Drei der Probandinnen gaben dabei an, in den letzten 24 Stunden Alkohol zu sich genommen zu haben, von den Probandinnen der KG bejahten 14 regelmäßigen Alkoholkonsum sechs verneinten dies. Nur zwei der Probandinnen gaben an, in den letzten 24 Stunden vor Beginn der Untersuchung Alkohol zu sich genommen zu haben.

Stress
Die Frage, ob die Probandinnen in den letzten vier Tagen unter Stress gestanden hätten, bejahten neun Frauen mit der Diagnose einer Ess-Störung und 12 Frauen der Kontrollgruppe. In beiden Gruppen wurde der Stress auf Leistungsstress (Examen, Hausarbeiten) zurückgeführt. Jeweils eine Probandin der Ess-störungs- und eine der Kontrollgruppe gaben an, Stress in sozialen Beziehungen gehabt zu haben.

Zusatzdiagnosen
Zur Beschreibung der Komorbidität wurden die Diagnosen nach dem MiniDips vergeben. Diagnosen im Bereich der affektiven Störungen wurden als Zusatzdiagnose insgesamt neunmal in der Gruppe der Frauen mit einer Ess-Störung vergeben. Die Diagnose bezog sich in 7 der neun Fälle auf das letzte Jahr. Bei zwei Probandinnen muss von einer aktuellen leichten depressiven Episode ausgegangen werden. Eine Probandin erhielt die Diagnose einer sozialen Phobie, bei zwei anderen wurde ein aktueller Alkohol und bei einer Drogenmissbrauch (Ecstacy) festgestellt. In der Kontrollgruppe wurde nur zweimal die Diagnose Drogenmissbrauch (Haschisch, Ecstacy) vergeben. Diese Diagnose bezog sich aber auf das letzte Jahr.

Medikation
Art und Dosis der Medikamente, die die Probandinnen zum Zeitpunkt der Untersuchung regelmäßig einnahmen, wurden registriert. Bei der Rekrutierung der Stichprobe wurde in Kauf genommen, dass einige Probandinnen Medikamente einnahmen, welche die Reaktivität des zentralen Nervensystems beeinflussen. Dies wurde anschließend in der Auswertung der einzelnen Variablen berücksichtigt und ggf. wurden die Personen von einzelnen Auswertungen ausgeschlossen.
Aus Gründen der Übersichtlichkeit werden an dieser Stelle die Anzahl der Probandinnen und die Art ihrer Medikamente deskriptiv dargestellt. Die Klassifikation fand auf der Basis der in der "Roten Liste" (BPI, 1997) genannten Gruppen statt:

Tabelle 3.3: Anzahl der Patientinnen/Probandinnen, die Medikamente einnehmen

Medikament	ED (n=21)	KG (n=20)
Ovulationshemmer	8	10
Asthmaspray	4	2

3.3.2 Erhebung physiologischer Variablen

Herzfrequenz

Die Herzfrequenz ist definiert als Anzahl der Schläge pro Minute. Sie gilt als ein Indikator für die kardiovaskuläre Aktivität. Herzfrequenzveränderungen begleiten nahezu jeden Wechsel der physischen und psychischen Anforderungen.

Die Herzfrequenz steht mit dem Blutdruck in engem Regulationszusammenhang: ein Blutdruckanstieg führt zu erhöhter Barorezeptorenstimulation, was in der Medulla oblongata eine vagal vermittelte erniedrigte Schrittmacherfrequenz im Sinusknoten zur Folge hat.

Die Herzfrequenz wurde apparativ mit dem FINAPRES® (s.u.) on-line gemessen, zusätzlich über das EKG (EKG 506D EXT/MON, Speicheroszilloskop für EKG-Signale, beides Fa. BOSCH, Berlin, Deutschland) apparativ aufgezeichnet und anschließend mit einem Computerprogramm für kardiovaskuläre Parameter durch Zählung der R-Zacken Abstände ausgewertet, wobei eine einzelne R-Zacke als Kennzeichen eines einzelnen Herzschlags diente. Es wurde bei der Auswertung, nach definieren der Schwelle zur Auszählung der R-Zacken ein programmbestimmtes Amplitudenkriterium festgelegt, dessen Überschreitung als Auftreten eines Herzschlags gewertet wird. Im Anschluss daran berechnete der Computer die IBI (interbeat-intervall), die mit der Formel HR=60000/IBI in die Herzratenwerte transformiert werden konnten.

Blutdruck

Die kontinuierliche, non-invasive Messung des Fingerarteriendruckes erfolgte mit dem FINAPRES® (FINger Arterial PRESsure; Modell OHMEDA 2300, Ohmeda Co., München, Deutschland). Diese Methode der Blutdruckmessung basiert auf einer von Penaz (1973) eingeführten Methode. Dabei wird eine pneumatische Manschette um den Mittelfinger der nicht-dominanten Hand, die auf Herzhöhe platziert ist, angelegt. Der Druck in dieser Manschette wird dem Druck in den Arterien des Fingers über den gesamten Pulszyklus so nachgeführt, dass der Durchmesser der Fingerarterien konstant bleibt. Diese Gefäßweite wird von einem Transmissionsplethysmographen erfasst. Unter der Voraussetzung, dass der transmurale Druck, das heißt der Unterschied zwischen dem arteriellen und dem extramuralen Druck, aufgehoben wird, entspricht der leicht messbare und kalibrierbare Manschettendruck dem intra-arteriellen Druck (Imholz, Settels, van-der-Meiracher, Wesseling & Wieling, 1990). Mulder, Veldman, Rüddel, Robbe und Mulder (1991) zeigen in einer Studie, dass mit FINAPRES® gemessene Blutdruckwerte signifikant mit denen durch die

Standardblutdruckmessung (Riva-Rocci-Korotkoff-Methode) erhobenen übereinstimmten. Es ließ sich zudem feststellen, dass FINAPRES® den mit der Standardmethode gemessenen Blutdruck unterschätzt. Blutdruckveränderungen werden ausreichend genau registriert, wenn zwischen den Messungen die Geräte angelegt bleiben. So sind die gemessenen Absolutwerte nicht uneingeschränkt interpretierbar, Blutdruckveränderungen können aber reliabel gemessen werden. Die mit FINAPRES® erhobenen Daten wurden mit dem FINANAL Auswertungsprogramm zunächst über ein-Minutenintervalle gemittelt und dann in Phasenmittelwerte umgerechnet.

Speichelsekretion
Speichel wird von den drei Kopfspeicheldrüsen (Glandula submandibularis, sublingualis und parotis) sowie den kleinen Mundhöhlenspeicheldrüsen gebildet, wobei die Sekrete in der Zusammensetzung variieren. Das Produkt aller Drüsen ist Gesamt- oder Mischspeichel (Schmidt, 1982).
Parasympathische Fasern für die Parotisdrüsen kommen aus dem Nucleus inferior in der Rautengrube über den Nervus glossopharyngeus zum Ganglion petrosum und dann als Nervus tympanicus in das Ganglion opticum. Von dort besteht eine Verbindung über den Nervus auriculotemporalis zur Glandula parotis. Nervenfasern für die Glandula submandibularis und sublingualis stammen aus dem Nucleus salivatorius superior und ziehen über die Chorda tympani in die jeweiligen Drüsen. Die sympathische Innervation hat den Ursprung im Nucleus intermedius lateralis des Rückenmarks im Segment C 8 bis Th. 1. Im Ganglion cervicale superius erfolgt die Umschaltung in das 2. Neuron. Von hier aus ziehen sympathische Nervenfasern entlang der großen Halsgefäße zu den entsprechenden Speicheldrüsen. Zusätzlich bestehen Versorgungsmöglichkeiten über die Nervi facialis, hypoglossus und vagus.
Speichelfluss und -zusammensetzung stehen in enger Korrelation zur autonomen Innervation. Die Stimulation des parasympathischen Systems führt zur Mengenzunahme des Speichels pro Zeiteinheit (Speichel dünnflüssiger); Stimulation des Sympathikus verringert die Speichelmenge (zähflüssiges Sekret).
Die Aktivität der Speicheldrüsen wird als Fließrate bezeichnet. Sie berechnet sich aus dem Gewicht der sezernierten Speichelmenge pro Zeiteinheit unter Berücksichtigung der mittleren Dichte des Speichels (=1,008g/l). Sie zeigt Schwankungen im Tagesverlauf, im Vergleich der Drüsen untereinander und interindividuell. Der Ruhenüchternspeichel liegt zwischen 0,1 bis 0,64 ml/min. (Schmidt 1987); der Tagesrhythmus zeigt ein Maximum bei ca. 16 Uhr +/- 24 min., das Minimum liegt in den frühen Morgenstunden. Von Shannon (1974)

werden zudem jahreszeitliche Schwankungen der Glandula parotis mit einem Minimum im Sommer beschrieben.
Die Fließrate wird als Speichelreaktion durch Reflexbogen gesteuert, deren efferenten Schenkeln die sympathische und parasympathische Innervation der Speicheldrüsen gilt und deren Afferenzen durch mastikatorische und gustatorische Reize gebildet werden. Parasympathische Impulse stimulieren die Drüsen zur Produktion des Sekretes und die sympathischen Impulse modulieren seine Zusammensetzung. Der Reflexbogen steht unter dem Einfluss übergeordneter Zentren, wodurch emotionale und psychische Faktoren die Fließrate modifizieren können. Zusätzlich wird die Fließrate durch Schwangerschaft, Diabetes, Schmerzreize, lokale Irritationen oder durch vegetative Stimulationen erhöht. Im Alter kommt es zu einer Erniedrigung.
Um die Menge an sezerniertem Speichel im Mund zu erfassen, wurde der Strongin-Hinsie-Test nach Peck (SHP) verwendet. Er gilt als das Mittel der Wahl zur Messung des Gesamtspeichels. Daneben sind noch die „Suction cups" von Lashley in verschiedenen Modifikationen in Verwendung. Dieses Verfahren ist allerdings sehr aufwendig, da es erlaubt, auch Parotisspeichel und Speichel aus den beiden anderen Drüsen (Unterzungen- und Kieferspeicheldrüse) zu bestimmen. Da hierbei dem Probanden aber unterhalb der Parotisdrüse eine kleine Kappe in den Mund gesetzt wird und die Schläuche zur Sammlung in ein Gefäß außerhalb des Mundes führen, könnte es den Versuchsablauf und das Wohlbefinden des Probanden deutlich stören. Als neuere Methode, die Menge des sezernierten Speichels zu bestimmen, arbeitete die niederländische Gruppe um Anita Jansen mit Elektroden am Halsmuskel, um die Anzahl der Schluckbewegungen zu bestimmen und daraus auf die sezernierte Speichelmenge zu schließen (Nederkorn, Smulders & Jansen, 1999). Da aber kaum Vergleichsdaten vorliegen und eine zu starke Verkabelung der Probanden umgangen werden sollte, wurde wird in dieser Untersuchung auf den SHP zurückgegriffen. Es konnte in einer neueren Studie nachgewiesen werden, dass die Messung der Anzahl der Schluckbewegungen hoch mit dem SHP-Messungen korrelierte (Neederkorn, Smulders & Jansen, 1999). Bei diesem Verfahren nimmt der Proband 3 Watteröllchen (CELLURON, Gr. 1, Bestellnummer 430 204 6, Fa. Hartmann, München, Deutschland) in den Mund und plaziert diese jeweils in der rechten und linken Backentasche, das dritte unter der Zunge. Die Röllchen werden nach einer festgesetzten Zeit (1-2 min., hier 1 min.) aus dem Mund entfernt und behindern den Probanden während der Untersuchung nicht weiter. Nach der Speichelmessung werden die Watteröllchen unter Vakuum verschlossen. Die Menge des gesammelten Speichels wurde durch Wiegen der Röllchen errechnet. Hierzu wurde eine Apothekenwaage benutzt, (Feinwaage, Typ 2842 S 0001; Seriennr.

3407032/Bjh. 84, Fa. Sartorius AG Göttingen, Deutschland) deren Wiegebereich von 0,00g Minimum bis 200g Maximum geht. In der Zeit der Speichelmessung wurden keine physiologischen Daten aufgezeichnet.
Die Speichelsekretion wurde in allen Untersuchungsphasen erfasst, das heißt in der Baseline, nach jeder der Vorstellungssituationen und dem LRT sowie in der ersten und zweiten Ruhephase. Auch nach der Phase des erlaubten Essens wurde trotz der möglichen Verzerrung durch Essen - Essen kann durch Kaubewegungen die Drüsentätigkeit anregen - an der Speichelmessung festgehalten, um zu sehen, wie nach einer Mahlzeit die Speichelsekretion beeinflusst ist.

Cortisol

Zur Gewinnung der Speichelprobe wurde der Speichel aus den Speichelmessungen verwendet. Die Proben wurden nach Abwiegen der Speichelmenge in Pipetten überführt und dann sofort tiefgefroren und im Labor der Universität Trier mit einem Immunoassay bestimmt (Dressendörfer, Kirschbaum, Rode, Stahl & Strasburger, 1992). Die Proben wurden fünf Minuten lang bei 3000 rpm zentrifugiert, um eine sedimentfreie Speichelprobe zu erhalten. Eine 100µl-Probe wurde für die Analyse von Cortisol (in Duplikaten) verwendet. Für eine 50µl-Speichelprobe liegt der untere Grenzwert der Cortisolerfassung bei 0,43 nmol. Die neun Proben einer Person wurden in einem Assay-Durchlauf analysiert. Aufgrund der teilweisen sehr geringen Speichelmengen kam es allerdings zu Ausfällen innerhalb der intraindividuellen Analysen. Um die Validität der verbleibenden Messungen zu erhalten, wurden missing data durch den Gruppenmittelwert ersetzt. Das Verfahren des Replacement wurde nur dann angewandt, wenn nicht mehr als 2 Werte pro Gruppe und Phase ersetzt werden mussten. Die Messzeitpunkte für das Speichelcortisol lagen ausgehend von der Baselinemessung 5, 10, 15, 20, 25, 40, 50, 55 und 65 min. nach dem Beginn der Stimulation.

Hautleitfähigkeit

Die Hautleitfähigkeit wurde mit zwei Silberelektroden gemessen, die an den Ring- und Zeigefinger der nicht-dominanten Hand mit einem Klettband befestigt wurden. Das Aufzeichnungsprogramm Powerlab 3.0 zeichnete die Hautleitfähigkeitsreaktionen auf dem 2. Kanal als Differenz von Baselinewert und Reaktionen während der experimentellen Manipulationen auf. Dazu wurde der absolute Wert der Hautleitfähigkeit auf Null gelevelt, und zwar zunächst vor und dann nach dem Anlegen der Elektroden. Zum Start der Aufzeichnung konnte so eine Differenz errechnet werden. Die Aufzeichnungsbreite ging von –10 Mikrosiemens bis 100 Mikrosiemens. Die Rohdaten wurden per Hand dann in Minuten und Phasenmittelwerte zusammengefasst. Dazu wurde die Verlaufskurve in dem gewünschten Abschnitt markiert und in ein Analyseprogramm eingelesen. Dort konnte der zugehörige Mittelwert abgelesen werden.

3.3.3 Erhebung psychologischer Variablen

Die Items wurden für die varianzanalytische Auswertung zunächst in Oberskalen aufgrund von Ähnlichkeitsmaßen (euklidische Distanzberechnung im Rahmen einer hierarchischen Clusteranalyse) zusammengefasst, um bei der geringen Stichprobengröße eine α-Inflation zu vermeiden. Da es um die Aufdeckung spezifischer Faktoren, vor allem auf der affektiven Ebene geht, werden die einzelnen Items im Anschluss varianzanalytisch ausgewertet. Insgesamt wurden 11 Items (Belastung, Nervosität, Traurigkeit, Aufregung, Anspannung, Ärger, ich bin aggressiv, Schamgefühl, Hunger, Verlangen zu essen, Erschöpfung) gewählt, welche auf einer Likertskala von 0 (gar nicht) bis 6 (sehr stark) vorgegeben wurden.

3.3.4 Untersuchungsablauf

Die Probanden wurden über den Ablauf der Studie informiert und bei Einverständnis ein Termin für die Erarbeitung der Imaginationssituationen vereinbart. Der Termin sollte zwischen 16 – 18 Uhr liegen, um mögliche durch zirkadiane Rhythmen verursachte Varianzen im Speichelfluss zu vermeiden. Als Vorbereitung zu diesem Termin füllten sie den Fragebogen zu Essanfällen mit detaillierter Erfassung der typischen Essanfallssituationen aus und brachten diesen zum Interview-Termin mit. Die Versuchsteilnehmer wurden zunächst mit den Geräten verbunden und eine dreiminütige Baseline mit anschließender Speichelmessung und Stimmungsrating wurde durchgeführt. Danach wurde mit der Beschreibung von vier für Essanfälle typische Situationen begonnen. Die Aufzeichnung der Daten lief kontinuierlich, Speichel und Stimmung wurde jeweils am Ende der jeweiligen Situation abgefragt. Nachdem alle vier Situationen erfasst wurden, bewerteten die Probandinnen die Häufigkeit und den Belastungsgrad der Situationen und bildeten daraus eine Hierarchie. Dann wurde der Termin für die Laborsitzung vereinbart und die Versuchsteilnehmerinnen darauf aufmerksam gemacht, dass sie drei Stunden vor Beginn nicht rauchen und kein koffeinhaltigen Getränke mehr zu sich nehmen sollten. Sie wurden ebenfalls gebeten, nicht nahrungsdepriviert zur Sitzung zu kommen, sondern im Zeitraum von 1-2 Stunden vorher eine Kleinigkeit zu sich zu nehmen. Es wurde davon Abstand genommen, eine Standardmahlzeit vorzugeben, da durch die

sehr heterogene Stichprobe mit unterschiedlichen Vorlieben dies nicht eingehalten werden konnte.
Die Laborsitzung, welche zwischen 18 und 20 Uhr stattfand, begann mit der Erklärung des Ablaufes und Verkabelung der Teilnehmerin. Die Teilnehmerinnen wurden randomisiert Design A oder B zugewiesen (vgl. Abb. 3.1). Die Sitzung begann immer mit einer fünfminütigen Baseline, während der die Probandin leichte Entspannungsmusik hörte. Das Licht wurde gelöscht, um möglichst gute Ruhewerte zu erhalten. Danach wurde je nach Design die Imagination oder der Lärm-Rechentest durchgeführt. Im Folgenden wird das Vorgehen nach Design A beschrieben:

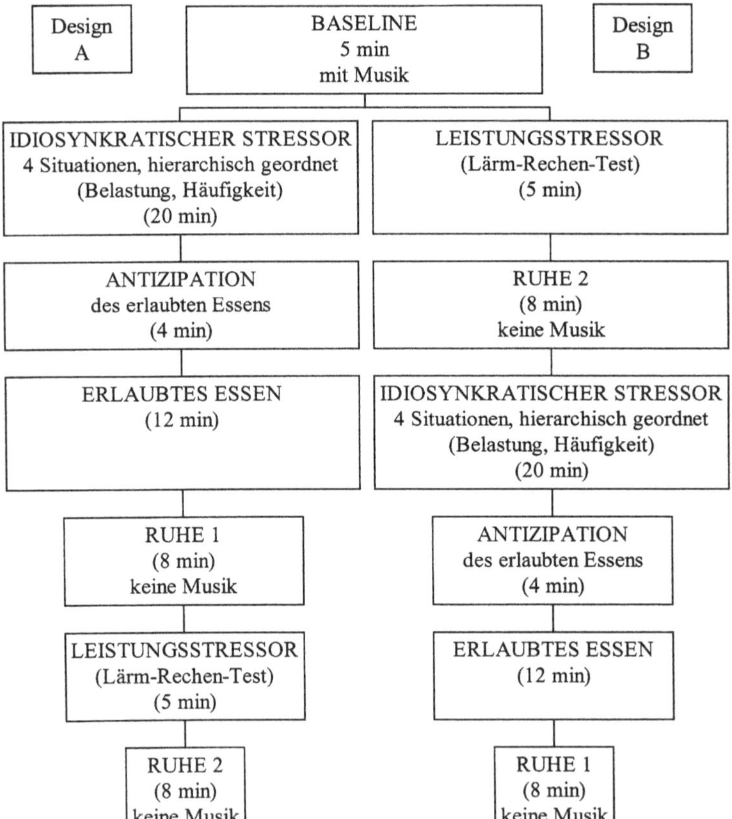

Abbildung 3.1: Überblick des Untersuchungsablaufes der Hauptstudie getrennt für Design A und B

nach der Baseline folgten die vier verschiedenen Imaginationssituationen, wobei mit der am wenigsten belastenden begonnen wurde und die Belastendste am Ende war. Danach erhielt die Probandin die Instruktion für die Nahrungspräsentation. Sie wurde angehalten, sich mit dem Essen zu beschäftigen und „wenn sie wolle auch etwas zu essen, sie müsse aber nicht" (genauer Wortlaut s. Anhang B). Danach wurde ihr gesagt, dass es einige Minuten dauere, bis das Tablett vorbereitet sei, damit die Speisen auch frisch seien. Es wurde ihr vorgelesen, welche Speisen sie von der Liste gewählt hatte. Danach wurde sie alleine gelassen. Nach vier Minuten kam die Versuchsleiterin zurück und kündigte an, dass „das Essen soweit sei, es müsse nur noch eine Speichelmessung vorgenommen werden". Danach wurde das Essen herangebracht und auf einem Rolltisch direkt vor der Probandin abgestellt. Das Essen wurde vor und nach der Präsentation gewogen, um die Menge des Gegessenen festzustellen. Die Probandin blieb für 12 min mit dem Essen alleine. Nach den 12 min wurde die Probandin für die Ruhephase instruiert, das Licht gelöscht und die Probandin für 8 min alleine gelassen. Danach fand der Lärm-Rechen-Test statt (genaue Instruktion mit Testbeispiel s. Anhang B). Wobei die Probandin über einen Kopfhörer verschiedene Störgeräusche für fünf Minuten hörte und dabei Zahlen von einer Leinwand fortlaufend aufaddieren sollte. Nach fünf Minuten wurde das Tonband gestoppt und die Probandin nach der Zahl gefragt. Dann wurde eine Speichelmessung und ein Stimmungsrating durchgeführt und danach die zweite Ruhephase durchgeführt. Am Ende der Ruhephase 2 fand noch mal eine Speichelmessung und ein Stimmungsrating statt. Danach wurden die Elektroden entfernt und ein halbstrukturiertes Interview durchgeführt (Text s. Anhang B).

3.3.5 Statistische Auswertung

Die physiologischen Parameter, welche zum einen aus den Aufzeichnungen der Finapres (BD, HR) hervorgingen, zum anderen mit Hilfe des Powerlab (SCL) aufgezeichnet wurden, wurden zunächst als Rohparameter gespeichert und dann mit den zugehörigen Auswertungsprogrammen (Finanal, Powerlab) in Minuten und Phasenmittelwerte umgerechnet. Diese wurden der Berechnung der Varianzanalysen zugrunde gelegt. Um eine Alpha-Inflation zu vermeiden wurden die erfassten subjektiven Ratings zu drei Oberskalen gemäss einer hierarchischen Clusteranalyse (average linkage Vorgehen, Rohdaten wurden in euklidische Distanzen umgerechnet) zusammengefasst. Die Skalen wurden durch Bildung der Summenmittelwerte der Einzelitems erstellt. Im Ergebnisteil werden die Varianzanalysen zunächst für diese zusammengefassten Skalen „negativer Affekt", wobei diese Oberskala sich noch einmal zur besseren

Differenzierung aus zwei Subskalen „PNA“ (passiv-negativer Affekt) und „ANA“ (aktiv- negativer Affekt) unterteilt und der Oberskala „Hungergefühle“ sowie dem Item „Erschöpfung“ als eigenständiges Item dargestellt. Da diese Arbeit spezifische Einflüsse bei der Entstehung von Essanfällen aufdecken soll, wird aus heuristischem Interesse im Anschluss daran eine varianzanalytische Überprüfung der aussagekräftigsten Items dargestellt.
Die Menge der verzehrten Kalorien wurde mit einer one-way ANOVA, Ergebnisse des halb-strukturierten Interviews je nach Skalenniveau mit einem t-Test für unabhängige Stichproben oder einem Chi^2-Test überprüft. Für einige Analysen wurden auch die Subgruppen der ED-Gruppe mit in die Analyse einbezogen.

3.4 Ergebnisse der Hauptstudie

3.4.1 Ergebnisse der hierarchischen Clusteranalyse

Es ergab sich eine drei Clusterlösung (s. Dendrogramm), wobei das erste Cluster sich noch einmal in zwei Subcluster unterteilen lässt. Aus der dargestellten Clusterlösung wurden drei Skalen gebildet:

* Skala 1 (negativer Affekt): „nervös“, „Anspannung“, „Aufgeregt“, „Belastung“, „Ärger“, „traurig“, „aggressiv”, “Schamgefühle”
* Skala 2 (subjektive Hungergefühle): “Verlangen”, “Hunger”
* Skala 3 (Erschöpfung): “erschöpft”

Die Unterteilung in zwei Subskalen für die Skala „negativer Affekt“ stellt sich wie folgt dar:

* Subskala ANA (aktiv-negativer Affekt): „Belastung“, „Ärger“, „traurig“, „aggressiv”, “Schamgefühle”
* Subskala PNA (passiv-negativer Affekt): nervös“, „Anspannung“, „Aufgeregt“,

HIERARCHISCHE CLUSTERANALYSE

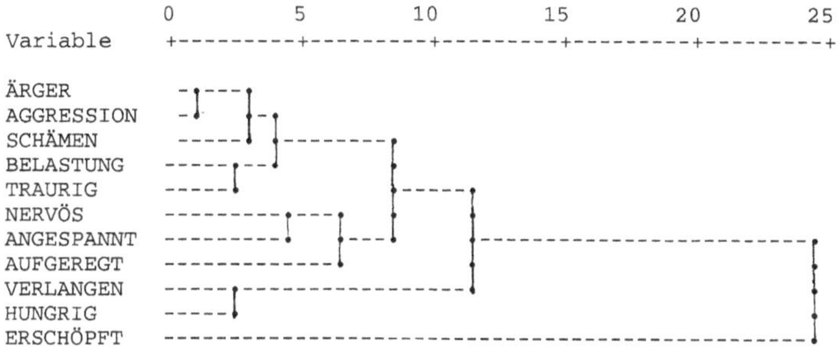

Abbildung 3.2: Dendrogramm zur hierarchischen Clusteranalyse unter Verwendung des average linkage Verfahrens zwischen den Gruppen

3.4.2 Unterschiede in den Ruhewerten

Da bei nur fünfminütiger Entspannungszeit der Phasenmittelwert höher als die Werte der beiden letzten Minuten lag, wurde, um die Reaktivität besser erfassen zu können, der letzte Minutenmittelwert der Ruhephase zu den Vergleichen herangezogen. Es ergab sich ein bedeutsamer Unterschied zwischen den Gruppen im Ruhewert des systolischen Blutdrucks (t=-2,502; df=36, p=.017) und ein tendenziell signifikanter Unterschied beim diastolischen Blutdruck (t=-1,902; df=36, p=.065). Keine Unterschiede in den Ruhewerten zeigten sich für die übrigen physiologischen Variablen. Bei der subjektiven Einschätzung der Stimmung unterschieden sich die Gruppen in der Baselinephase nicht.

3.4.3 Ergebnisse der Interviewsitzung

Die Phasenmittelwerte der Testsitzung aller Variablen können im Anhang eingesehen werden. Im folgenden werden Unterschiede zwischen den Gruppen als ANOVA mit Messwiederholung überprüft. Der erste Faktor enthält zwei Stufen (ED vs. KG), der zweite Faktor als Messwiederholung fünf Stufen (Baseline vs. Beschreibung der idiosynkratischen Belastungs-Situationen).

Der Vollständigkeit halber wurden auch die Ruhemittelwerte der Baseline der Testsitzung auf Unterschiede mit einem t-Test überprüft. Es konnten keine signifikanten Unterschiede bei den physiologischen Variablen nachgewiesen werden. Die Darstellung erfolgt daher im Rahmen von univariaten Varianzanalysen mit Messwiederholung. Bei der Prüfung der psychologischen Variablen fanden sich dagegen signifikante Unterschiede zwischen den Gruppen für die Variablen „Nervosität“ (ED: 2,5 (1,5) vs. KG: 1,25 (1,3); t=2,115; df=39;

p=.041), „Schamgefühle“ (ED: 0,5 (1,2) vs. KG: 0,05 (0,2); t=2,129; df=21,4; p=.045), „Verlangen zu essen“ (ED: 1,9 (2,3) vs. KG: 0,6 (1,2); t=2,239; df=31,4; p=.032) und „Erschöpfung“ (ED: 3,25 (2,1) vs. KG: 2,1 (1,8); t=2,04; df=39; p=.046).

Charakteristik der idiosynkratischen Belastungs-Situationen:
Zur Reihenfolgenbestimmung der Belastungs-Situationen während der Imaginationsübung in der Hauptsitzung wurden Häufigkeit und Belastungsgrad der geschilderten Situationen bestimmt. Die Frauen der ED-Gruppe gaben im Mittel eine größere Häufigkeit bzgl. der ersten Situation an. Das Mittel lag hier bei 1,84 (d.h. im Schnitt ca. 2x pro Woche), die Frauen der Kontrollgruppe gaben die Vorkommenshäufigkeit nur mit 0,8 (d.h. weniger als 1x pro Woche) an. Dieser Unterschied ist signifikant (t=2,041, df=37, p=.048). Die übrigen Situationen unterschieden sich in ihrer Vorkommenshäufigkeit nicht. Bzgl. des eingeschätzten Belastungsgrades konnten ebenfalls keine bedeutsamen Unterschiede festgestellt werden, allerdings wiesen die Frauen mit der Diagnose einer Ess-Störung bei Betrachtung des absoluten Mittelwertes tendenziell höhere Einschätzungen auf.
Die Ergebnisse der Interviewsitzung wurden im Nachhinein nach Belastungseinschätzung geordnet. Sie sind zunächst in der ursprünglichen Reihenfolge des Interviews dargestellt und dann im Anschluss noch einmal in der Reihenfolge für die Laborsitzung ausgewertet worden, um Reihenfolgeeffekte aufzudecken und die Ergebnisse der Interview- und Laborsitzung besser vergleichen zu können. Aus Platzgründen wird nur das Ergebnis der geordneten Analyse beschrieben, wenn keine bedeutsamen Unterschiede durch die Reihenfolgenänderung aufgetreten sind.

Hypothese 1
Die Speichelsekretion veränderte sich signifikant (F(4,156)=3.251, p=.014). Es konnte aber keine signifikante Interaktion zwischen den Gruppen oder eine gruppenspezifische Reaktion nachgewiesen werden. Die gerechneten Kontraste zeigten ebenfalls keine bedeutsamen Unterschiede. In der ED-Gruppe stieg die Menge des sezernierten Speichels von der Baseline über alle vier idiosynkratischen Situationsbeschreibungen hin an, einzige Ausnahme war eine geringere Sekretion bei der zweiten Beschreibung. In der Kontrollgruppe sank die sezernierte Menge dagegen ab, wobei hier auch während der Beschreibung der zweiten Situation ein deutlicherer Abfall der Sekretion stattfand.

Vergleicht man diesen Verlauf mit dem der in der Reihenfolge korrigierten, so zeigt sich folgendes Bild: Keiner der Haupteffekte ist signifikant. Allerdings ist der Unterschied in der Menge des Speichelvolumens in der am belastendsten bewerteten Situation tendenziell bedeutsam unterschiedlich zwischen den Gruppen (F(1,39)=3.258, p=.079). Vom Verlauf her findet nun ein sukzessiver Anstieg bei der ED-Gruppe statt, während in der Kontrollgruppe von der Baseline zur ersten Beschreibung die Menge des sezernierten Speichels absinkt und dann wieder auf das initiale Niveau ansteigt. Von der zweiten Situationsbeschreibung an findet dann ein sukzessiver Abfall der sezernierten Menge statt.
Hinsichtlich der Cortisolsekretion erwiesen sich weder die Haupteffekte noch der Interaktionseffekt als statistisch bedeutsam. Tendenziell ist eine Veränderung über die Zeit signifikant (F(3,75)=2.240, p=.070). Die Überprüfung der Kontraste zwischen den Gruppen wiesen keine statistisch bedeutsamen Unterschiede auf. Augenscheinlich liegt das Sekretionsniveau im gesamten Verlauf in der KG höher als in der ED. Die Cortisolsekretion sinkt im Verlauf der Interviewsitzung ab. Sowohl die Annahme einer stärkeren Aktivierung unter der Belastung der Situationsbeschreibung noch einer insgesamt höheren HHNA-Aktivierung muss verworfen werden.

Hypothese 2

Sowohl der systolische als auch der diastolische Blutdruck wie auch die Herzrate änderten sich im Verlauf signifikant. Entgegen der Erwartung ergab sich aber bei allen drei Parametern keine gruppenspezifische Reaktion. Ein Interaktionseffekt trat ebenfalls nicht auf. In beiden Gruppen stieg das Niveau beider Blutdruckwerte von der Baseline über alle vier Interviewphasen hin an, wobei das Niveau in der Kontrollgruppe etwas höher war. Dieser Effekt trat unabhängig von der Reihenfolge (ungeordnet vs. nach Belastungsgrad geordnet) auf. Betrachtet man den Verlauf der Herzrate, so zeigt sich in beiden Gruppen ein Abfall der Herzrate, wobei dies sich bei der Anordnung nach Belastungsgrad verändert: die Herzrate in der ED- Gruppe verläuft dann steigend und fällt erst während der letzten – also belastendsten Beschreibung wieder ab, während in der Kontrollgruppe das Niveau nur unwesentlich ansteigt.

Hautleitfähigkeit
Hinsichtlich der Hautleitfähigkeit zeigte sich eine signifikante Veränderung der Hautleitfähigkeit von Baseline über die Beschreibung der Belastungs-Situationen (F(4,148)=56.728, p>.001). Allerdings unterschieden sich weder Interaktion noch Gruppenreaktion signifikant. In beiden Gruppen stieg das Niveau der Hautleitfähigkeit von Baseline über die Beschreibung der Belastungs-Situationen an. Nach Hierarchisierung der Situationen ändert sich das Bild nicht.
Insgesamt scheint also in beiden Gruppen die Beschreibung der Situationen zu verstärkten körperlichen Reaktionen zu führen. Die H0 (Gruppen unterscheiden sich nicht) muss daher angenommen werden.

Hypothese 3
Es konnte gezeigt werden, dass sich der subjektiv wahrgenommene Affekt im Verlauf bedeutsam verändert. Dies gilt sowohl für die Subskala „ANA" als auch „PNA". Für beide Subskalen konnte weder eine gruppenspezifische Reaktion noch ein bedeutsamer Interaktionseffekt nachgewiesen werden. Dies veränderte sich auch nicht bei Berücksichtigung des Belastungsgrades der verschiedenen Situationen. Da für die Einzelitems „Schamgefühle", „Verlangen" und „erschöpft" bedeutsame Gruppen – und Interaktionseffekte nachgewiesen werden konnten, werden diese im folgenden einzeln dargestellt:

Schamgefühle
Die von beiden Gruppen berichtete Scham veränderte sich bedeutsam über die Zeit (F(4,152)=6.698, p>.001). Interaktion (F(4,152)=2.868, p=.025) und gruppenspezifische Reaktion (F(1,38)=13.932, p=.001) waren ebenfalls auf dem 5% Niveau bedeutsam. In der ED-Gruppe stieg das Niveau im Verlauf von 0.5 im Mittel auf 1,8 in der dritten Beschreibungsphase an, während es in der Kontrollgruppe stabil bei 0.3 im Mittel blieb.

Hungergefühle
Für das Item „Verlangen" konnte ein tendenziell signifikanter Haupteffekt im Verlauf (F(4,152)=2.214; p=.070) festgestellt werden. Die Interaktion war nicht bedeutsam. Die Gruppen unterschieden sich signifikant (F(1,38)=6.688; p=.014). Bei der Berechnung von Kontrasten fand sich ein signifikanter Unterschied zu allen Zeitpunkten (p=.004 - .039). Es wurde daher eine Kovarianzanalyse gerechnet. Alle Haupteffekte verloren dabei ihre Bedeutsamkeit. Die Frauen der Ess-Störungsgruppe berichteten von Beginn an

ein höheres Bedürfnis zu essen. Bei den Frauen der Kontrollgruppe blieb das Niveau von Baseline über die gesamte Interviewsitzung stabil.
Der Grad des subjektiv wahrgenommenen Hungers unterschied sich zwischen den Gruppen ($F(1,38)=4.824$, $p=.034$). Bei stabilem Verlauf konnte kein Interaktionseffekt nachgewiesen werden.

Erschöpfung
Die Gruppen unterschieden sich in ihrer Reaktion bedeutsam ($F(1,38)=7.964$, $p=.008$). Es konnte keine signifikante Veränderung über die Zeit oder ein Interaktionseffekt nachgewiesen werden. Die KG beschreibt ein Absinken der Müdigkeit von der Baseline über die Interviewsitzung, während die Probandinnen der Ess-Störungsgruppe stabil bei 3,2 im Mittel lagen.

Zusammenfassend lassen die Befunde darauf schließen, dass tatsächlich eine Veränderung auf physiologischer als auch psychologischer Ebene bei der Beschreibung der idiosynkratischen Belastungs-Situationen stattfand, allerdings scheint es für beide Gruppen von der körperlichen Reaktivität her keine Unterschiede zu geben. Auf psychologischer Ebene wurde von beiden Gruppen eine Verschlechterung des Affektzuständen beschrieben. Gruppenunterschiede zeichneten sich nur insofern ab, dass die Frauen der ED-Gruppe sich insgesamt stärker schämten, von Beginn an ein höheres Verlangen zu essen verspürten und insgesamt erschöpfter waren. Diese Unterschiede ergaben sich allerdings nicht durch die experimentelle Manipulation, sondern waren von Beginn an vorhanden.

3.4.4 Ergebnisse der Laborsitzung

Die physiologische Aktivität, die während der neun Messwiederholungsphasen Baseline (B), Imaginationsaufgabe (I1- I4), Antizipation des Essens (A), erlaubtes Essen (E), Ruhephase (R1), Lärmrechentest (LRT) und Ruhephase 2 (R2) registriert wurde, ist im Folgenden dargestellt. Die Werte der Situationen I1-I4 wurden zum Teil als Gesamtwert (I) dargestellt, wenn sich keine deutlichen Veränderungen innerhalb der vier Vorstellungsübungen zeigten.

3.4.4.1 Physiologische Variablen

Speichelfluss

Es ergab sich ein signifikanter Haupteffekt „Zeit" (F(4,159)=4.368, p=.002), sowie eine signifikante Wechselwirkung von „Gruppe x Zeit" (F(4,159)=3.013; p=.003). Der Haupteffekt „Gruppe" war nicht signifikant. Der Verlauf der Speichelsekretion über die Messwiederholungsphasen ist aus der folgenden Darstellung ersichtlich:

Tabelle 3.4: Mittelwerte für die Speichelsekretion (Gramm/Minute) im Verlauf der Untersuchung getrennt nach Gruppen ED= Frauen mit Ess-Störung; KG= Kontrollgruppe; B=Baseline, I=idiosynkratischer Stressor, A= Antizipation; E=erlaubtes Essen; R1+R2=Ruhephasen; LRT=Lärm-Rechen-Test.

	Speichelsekretion (g/min)						
	B	*I*	*A*	*E*	*R1*	*LRT*	*R2*
ED (n=18)	.79 (6)	.64 (.5)	.58 (.5)	1.1 (.7)	.77 (.4)	.7 (.5)	.73 (.5)
KG (n=20)	.76 (.3)	.63 (.3)	.61 (.4)	.67 (.3)	.83 (.5)	.77 (.4)	.74 (.4)

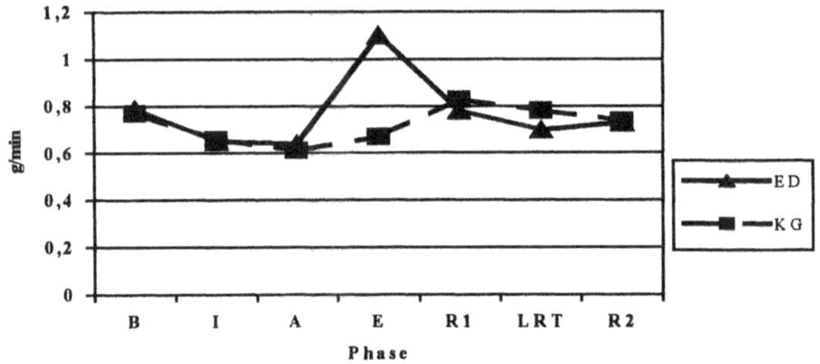

Abbildung 3.3: Baseline=B; idiosynkratischer Stressor= I; Antizipation= A; erlaubtes Essen= E; Ruhephase 1 + 2= R1 + R2; Lärm-Rechen-Test= LRT dargestellt für Frauen mit diagnostizierter Ess-Störung (ED) und Kontrollgruppe (KG).

Bei der Berechnung univariater Kontraste erwies sich bis auf die Phase des erlaubten Essens die sezernierte Speichelmenge als nicht bedeutsam unterschiedlich zwischen den Gruppen. In der Phase des erlaubten Essens unterschieden sie sich signifikant (F(1,36)=6.175; p=.018). Die Sekretionswerte während der vier Vorstellungsübungen wurden zu einem Mittelwert zusammengefasst, da die Sekretion in allen vier Situationen nur unwesentlich schwankte.

In beiden Gruppen erfolgt von der Baseline über die Vorstellungssituationen zunächst eine Verringerung der Sekretionsrate. Auch in der Antizipation des Essens ist nicht der erwartete Unterschied zwischen den Gruppen zu finden. Der einzig relevante Kontrast zeigt sich bei der Speichelmessung nach dem erlaubten Essen. Hier verdoppelt sich die Sekretionsrate der ED-Gruppe, während die KG kaum eine Veränderung aufweist. Sowohl in der anschließend „Ruhephase 1" als auch beim Lärm-Rechentest gibt es keine Unterschiede zwischen den Gruppen mehr. Die Sekretionsrate pendelt sich auf das ursprüngliche Ausgangsniveau ein.

Cortisol
Ähnlich dem Ergebnis der Interviewsitzung findet von der Baseline über den idiosynkratischen Stressor zunächst ein Absinken der Cortisolsekretionsrate statt. Beide Gruppen reagieren allerdings mit zunehmendem Belastungsgrad des idiosynkratischen Stressors mit wieder ansteigenden Konzentrationen, welche sukzessiv im weiteren Untersuchungsverlauf ansteigen und den Gipfel erst während des Lärm-Rechentestes erreichen. In der Kontrollgruppe sinkt die sezernierte Menge dann während der zweiten Ruhephase wieder ab, in der Ess-Störungsgruppe bleibt sie erhöht. Auffällig ist, dass in der Kontrollgruppe von der Baseline bis zum Ende der Untersuchung insgesamt eine Verringerung der Cortisolausschüttung eintritt, während sie in der ED-Gruppe am Ende der Untersuchung deutlich über der sezernierten Menge zu Anfang der Untersuchung lag.
Die Gruppen unterscheiden sich dann auch in ihrer Reaktivität tendenziell bedeutsam voneinander (F(1,31)=3.157, p=.085). Weder die Veränderung im Verlauf noch eine Wechselwirkung sind signifikant.

Kardiovaskuläre Parameter
Sowohl für den systolischen (F(9,324)=18.860, p>.001) als auch den diastolischen Blutdruck (F(3,122)=8.030; p>.001). konnten bedeutsame Änderungen im Verlauf nachgewiesen werden. Für den systolischen Blutdruck konnte eine tendenziell signifikante gruppenspezifische Reaktion (F(1,36)=3.951, p=.054) nachgewiesen werden, welche auf Unterschiede in der Baseline (F(1,36)=6.259, p=.017), während der Imaginationsübungen (F(1,36)=5.482; p=.025) als auch während der Antizipation (F(1,36)=10.558; p=.003) des Essens zurückzuführen sind. Die ED-Gruppe differierte in der

Reaktivität des diastolischen Blutdrucks auf einem Signifikanzniveau von 5% von der KG ($F(1,30)=5.841$; $p=.022$). Die Unterschiede sind auf die Blutdruckwerte zu den Zeitpunkten Baseline ($F(1,30)=6.761$; $p=.014$) und Imagination ($F(1,30)=7.015$; $p=.013$) der idiosynkratischen Stressoren zurückzuführen.
Da in beiden Gruppen bedeutsame Unterschiede in der Baseline auftreten, wurde eine Kovarianzanalyse gerechnet. Der Haupteffekt „Verlauf" ($F(7,238)=6.541$;$p=.016$) bleibt nur für den diastolischen Blutdruck bestehen, keine weiteren Effekte sind bedeutsam.

Tabelle 3.5: Mittelwerte und Standardabweichung (sd) für systolischen und diastolischen Blutdruck im Verlauf der Untersuchung getrennt nach Gruppen (ED= Frauen mit Ess-Störung; KG= Kontrollgruppe; B=Baseline, I=idiosynkratischer Stressor, E=erlaubtes Essen; R1+R2=Ruhephasen; LRT=Lärm-Rechen-Test).

	systolischer Blutdruck (mmHg)							**diastolischer Blutdruck (mmHg)**						
	B	***I***	***A***	***E***	***R1***	***LRT***	***R2***	***B***	***I***	***A***	***E***	***R1***	***LRT***	***R2***
ED	119,1	124,2	122,9	146,8	135,8	138,7	129,6	73,0	73,3	77,7	89,3	81,2	83,2	79,6
(n=20)	(11,6)	(14,7)	(13,8)	(29,9)	(21)	(22,7)	(23,2)	(9,3)	(9,5)	(9,2)	(19,3)	(16,9)	(12)	(13,5)
KG	130,9	135,3	138,2	150,4	141,5	149,1	138,4	81,2	82,4	81,9	95,3	84,0	91,9	87,4
(n=20)	(16,7)	(18,5)	(15,1)	(18,6)	(15,6)	(21,5)	(20,2)	(8)	(10,1)	(13,7)	(19,8)	(13,2)	(14,3)	(16,2)

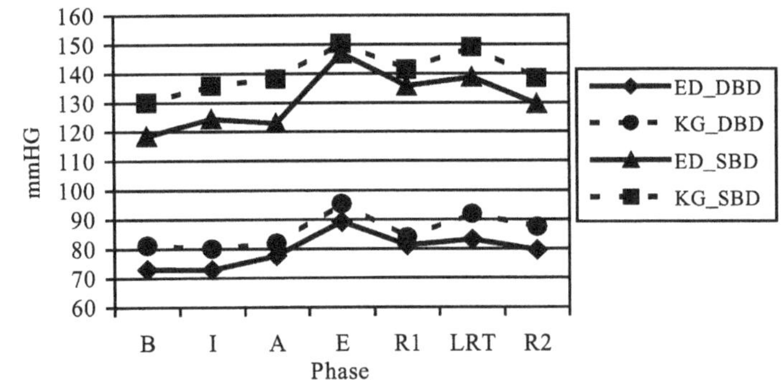

Abbildung 3.4: Darstellung der Gruppenmittelwerte des syst. und diast. Blutdruckes für Frauen mit diagnostizierter Ess-Störung (ED) und Kontrollgruppe (KG) im Untersuchungsverlauf (B=Baseline; I= Imaginationübung; A=Antizipation; E=erlaubtes Essen; R1 und R2= Ruhephasen 1 und 2; LRT=Lärm-Rechentest).

Beide Blutdruckparameter stellen sich vom Verlauf her ähnlich dar. Das Niveau liegt insgesamt in der KG höher. In beiden Gruppen wird der Peak während der Phase des erlaubten Essens erreicht, wobei das höhere Niveau in der Kontrollgruppe weiter bestehen bleibt und der Blutdruckanstieg in der ED-

Gruppe stärker ist. Zur ersten Ruhephase nach dem erlaubten Essen sinkt in beiden Gruppen das Niveau ab und erreicht während dem Lärm-Rechentest einen zweiten Höhepunkt. Der Blutdruck liegt in beiden Gruppen während dem Follow-up auf erhöhtem Niveau gegenüber der Baseline.
Für die Herzrate ergab sich eine bedeutsame Veränderung im Verlauf (F(9,324)=20.046, p>.001). Die Gruppen unterschieden sich nicht bedeutsam. Der Verlauf der Herzrate ähnelt dem des Blutdruckes mit erhöhter Reaktivität während des Essens und dem Lärm-Rechentest, so dass von einer graphischen Darstellung abgesehen wurde.

Zusammenfassend ist zu sagen, dass die kardiovaskuläre Reaktivität sich nicht wie erwartet während der Imaginationsübung verhält. Stärkere physiologische Erregung ist nur in der Bedingung „erlaubtes Essen“ sowie während des Lärm-Rechentestes zu finden. Zudem waren diese Reaktionen nicht gruppenspezifisch.

Hautleitfähigkeit (SCL)
Die Hautleitfähigkeit wurde auf Haupteffekte ebenfalls varianzanalytisch überprüft. Es ergab sich ein signifikanter Haupteffekt „Zeit“ (F(9,324)=20.145; p>.001), es konnte aber keine bedeutende gruppenspezifische Reaktion oder eine Interaktion nachgewiesen werden. Die gerechneten Kontraste wiesen ebenfalls keine signifikanten Unterschiede zwischen den Gruppen nach. Die Veränderungen im Verlauf gehen auf einen Anstieg der Leitfähigkeit während der Erwartung des Essens (Antizipation) und einem zweiten Höhepunkt während des Lärm-Rechentestes zurück. Darin unterscheidet sie sich also von den kardiovaskulären Parametern.

3.4.4.2 Psychologische Variablen

Skala 1 (negativer Affekt)
Diese Oberskala setzt sich aus zwei Subskalen zusammen, welche im Folgenden getrennt dargestellt werden, um eine bessere Differenzierung auslösender Bedingungen hinsichtlich eines negativen Affektes als Reaktion auf die experimentelle Manipulation zu erlauben.
Für die Subskala „aktiver negativer Affekt“ (ANA: „belastet“, „ich ärgere mich“, „traurig“, „aggressiv“, „ich schäme mich“) wurden aufgrund der Signifikanz des Spherizitäten-Tests nach Mauchly die Freiheitsgrade nach Greenhouse Geisser korrigiert. Die Werte der Skala „ANA“ veränderten sich signifikant im Verlauf (F(3,134)=4.485, p>.001), zudem unterschieden sich die Gruppen (F(1,36)=3.962, p=.054) und es konnte eine tendeziell bedeutsame

Interaktion „Gruppe x Zeit“ (F(3,134)=2.253, p=.071) nachgewiesen werden. In der Baseline und den Ruhephasen 1 + 2 unterscheiden sich die Gruppen nicht bedeutsam, zu allen anderen Zeitpunkten sind die gerechneten Kontraste auf dem 5% Niveau bedeutsam.

Beide Gruppen reagieren dabei mit einem Anstieg des aktiv-negativen Affektes auf die Imaginationsübungen. Bis nach dem Essen bleibt die Stimmung dann auch schlechter. In der Ruhephase 1 bessert sich die Stimmung, allerdings bleibt sie weiterhin schlechter als in der Baseline. In der Kontrollgruppe ist die Stimmung besser als zu Beginn der Untersuchung. Während dem Lärm-Rechentest verschlechtert sich die Stimmung noch einmal, wobei die ED-Gruppe einen stärkeren aktiv negativen Affekt berichtet.

Tabelle 3.6: Mittelwerte und Standardabweichung (sd) für die Skalen aktiver (ANA) und passiver (PNA) negativer Affekt im Verlauf der Untersuchung getrennt nach Gruppen ED= Frauen mit Ess-Störung; KG= Kontrollgruppe; B=Baseline, I=idiosynkratischer Stressor, E=erlaubtes Essen; R1+R2=Ruhephasen; LRT=Lärm-Rechen-Test.

	ANA						PNA					
	B	*I*	*E*	*R1*	*MA*	*R2*	*B*	*I*	*E*	*R1*	*MA*	*R2*
ED	.2	1.1	1.1	.6	.6	.3	.9	1.1	1.4	.8	1.8	.9
(n=20)	(.4)	(1)	(1.2)	(.7)	(.6)	(.4)	(1.2)	(1)	(1.2)	(.9)	(1.5)	(1.1)
KG	.3	1.3	.1	.1	.3	.2	.4	.6	.2	.2	.8	.2
(n=20)	(.6)	(.7)	(.3)	(.2)	(.3)	(.4)	(.7)	(.5)	(.3)	(.3(	(.6)	(.4)

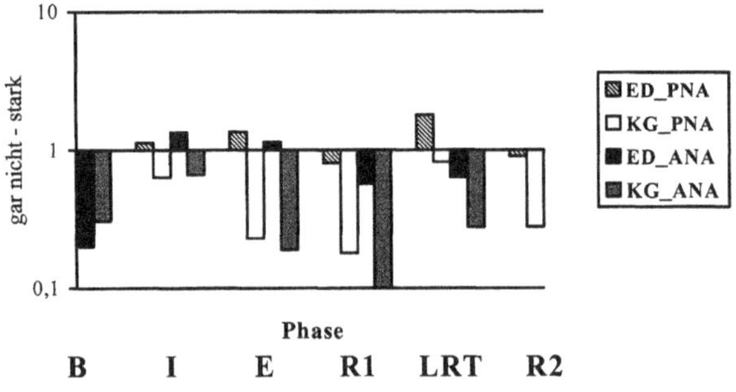

Abbildung 3.5: Logarithmierte Darstellung des Skalenvergleiches ANA vs. PNA über die Messwiederholungsstufen. ED= Frauen mit Ess-Störung; KG= Kontrollgruppe; B=Baseline, I=idiosynkratischer Stressor, E=erlaubtes Essen; R1+R2=Ruhephasen; LRT=Lärm-Rechen-Test.

Hinsichtlich des „passiv negativen Affektes“ (PNA: „nervös“, „angespannt“, „aufgeregt“) wurden aufgrund der Signifikanz des Spherizitäten-Tests nach

Mauchly die Freiheitsgrade nach Greenhouse Geisser korrigiert. Die Werte der Skala „PNA“ veränderten sich signifikant im Verlauf ($F(4,140)=7.372$, $p>.001$), zudem unterschieden sich die Gruppen ($F(1,36)=5.265$, $p=.028$) signifikant. Die Interaktion „Gruppe x Zeit“ ist nicht statistisch bedeutsam. In der Baseline und während der Imaginationsübung unterscheiden sich die Gruppen nicht bedeutsam. Zu allen anderen Zeitpunkten sind die gerechneten Kontraste auf dem 5% Niveau bedeutsam.

Der berichtete PNA unterscheidet sich im Verlauf von dem des ANA, der Höhepunkt des von der ED-Gruppe berichteten PNA liegt während dem Lärm-Rechentest. Auch in der KG wird hier im Vergleich zu den übrigen Zeitpunkten die stärkste Ausprägung auf der Skala PNA angegeben, während z.B. während des Essens und den Erholungsphasen so gut wie kein PNA angegeben wird. Die berichteten statistischen Kennwerte beziehen sich auf die logarithmierten Skalen. Sie unterschieden sich von den statistischen Kennwerten der Skalenabsolutwerte nur unwesentlich.
Die Subskala PNA umfasst die Items „nervös“, „aufgeregt“ und „angespannt“. Ausschlaggebend für die hohe Ausprägung zum Zeitpunkt Lärm-Rechentest ist dabei das Item „Anspannung“. Die beiden anderen Items sind insgesamt wenig aussagekräftig, zwar ist sowohl die berichtete Unruhe als auch die empfundene Aufregung für die jeweilige Gruppe spezifisch, doch konnte kein Interaktionseffekt nachgewiesen werden. Charakteristisch für alle drei Items ist ein sukzessiver Anstieg im Verlauf der Imaginationsaufgabe und ein zweiter Gipfel während dem Lärm-Rechentest.
Die Subskala ANA setzt sich aus den Items „belastet“, „traurig“, „ich ärgere mich“, „aggressiv “ und „ich schäme mich“ zusammen. Die Subskala ANA unterscheidet sich von der Subskala PNA durch die stärkere Ausprägung während des erlaubten Essens.
Die Items „aufgeregt“ und „aggressiv” erwiesen sich als wenig trennscharf zwischen den Gruppen und nicht bedeutsam für die experimentellen Manipulationen. Aussagekräftiger sind die übrigen Items, wobei „traurig“ und „Ärger“ die Gruppen am besten für die berichteten subjektiven Bewertungen während der Vorstellungsaufgaben trennten. Das berichtete Schamgefühl dagegen steigt im Verlauf über die Imaginationssituationen an, erreicht aber seine höchste Ausprägung während dem erlaubten Essen, während in der KG im gesamten Verlauf so gut wie kein Schamgefühl berichtet wird. Da für das Item „Schamgefühle“ beide Haupteffekte als auch ein Interaktionseffekt auf dem 5% Niveau bedeutsam sind, soll es im folgenden kurz dargestellt werden.
Betrachtet man den Verlauf, so kann man sehen, dass das mittlere Schamgefühl in der ED-Gruppe über die Vorstellungsübungen sukzessiv ansteigt. Der erste

Peak liegt in der dritten Vorstellungssituation, der zweite folgt in der Phase des erlaubten Essens. Danach geht das Schamgefühl auf das Ursprungsniveau zurück. In der Kontrollgruppe scheint das Niveau zwischen etwas und gar nicht eingependelt - es steigt nur in der vierten Vorstellungssituationen leicht an.
Bei der varianzanalytischen Auswertung der empfundenen Schamgefühle unterschieden sich Experimental – und Kontrollgruppe auf dem 5% Niveau im zeitlichen Verlauf (F(8,288)= 8.824, p>.001), in ihrer spezifischen Reaktion (F(1,36)=19.982, p>.001) und bzgl. der Interaktion (F(8,288)= 5.824, p>.001).

Tabelle 3.7: Gruppenmittelwerte und Standardabweichung (sd) für das subjektiv berichtete Schamgefühl im Verlauf der Untersuchung. (ED= Frauen mit Ess-Störung; KG= Kontrollgruppe; B=Baseline, I=idiosynkratischer Stressor, E=erlaubtes Essen; R1+R2=Ruhephasen; LRT=Lärm-Rechen-Test). Mittelwerte beziehen sich auf die Einstufung auf einer Likert-Skala von 0=gar nicht bis 6= sehr stark.

	subjektiv berichtetes Schamgefühl								
	B	***I1***	***I2***	***I3***	***I4***	***E***	***R1***	***LRT***	***R2***
ED	.3	1	1.2	1.6	1.3	2.2	1.1	.6	.3
(n=20)	(.7)	(1.2)	(1.3)	(1.4)	(1.2)	(2)	(1.6)	(.9)	(.7)
KG	0	.2	.1	.2	.4	.2	0	.1	.1
(n=20)	(0)	(.3)	(.2)	(.4)	(.8)	(.5)	(0)	(.2)	(.2)

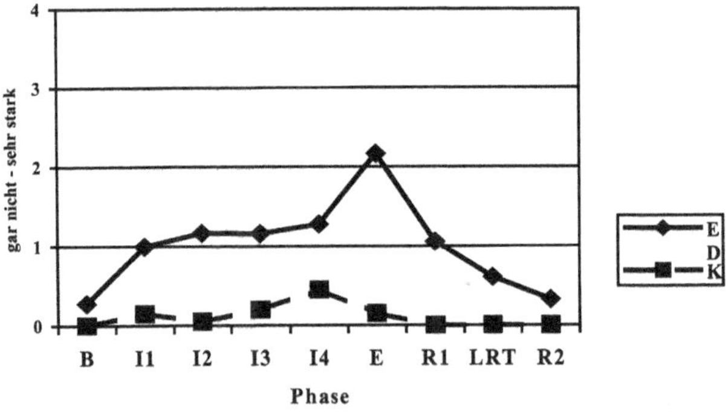

Abbildung 3.6: Darstellung des Verlaufs von subjektiv wahrgenommenen Schamgefühlen getrennt nach Gruppen (ED=Frauen mit diagnostizierter Ess-Störung, KG=Kontrollgruppe) über die Untersuchungsphasen (B=Baseline, I=idiosynkratischer Stressor, E=erlaubtes Essen; R1+R2=Ruhephasen; LRT=Lärm-Rechen-Test).

Bei der Berechnung von Kontrasten erwies sich der Grad der subjektiv wahrgenommenen Schamgefühle für alle Vorstellungsübungen sowie während des erlaubten Essens (F(1,36)= 18.988, p>.001), der nachfolgenden Ruhephase (F(1,36)= 9.281, p=.004) und dem Lärm-Rechen-Test (F(1,36)= 7.052, p=.012) als signifikant unterschiedlich.

Das Item Belastung weißt zwei Höchstpunkte auf, und zwar zum Zeitpunkt der 4. Imaginationsaufgabe, also der schwierigsten und dem Lärm-Rechentest und fällt damit innerhalb der Subskala aus dem Rahmen. Aus diesem Grund wird der Verlauf ebenfalls grafisch im folgenden geschildert. Betrachtet man den Verlauf der subjektiv wahrgenommenen Belastung, stellt sie sich wie folgt dar:

Tabelle 3.8: Gruppenmittelwerte und Standardabweichung (sd) für die subjektiv berichtete Belastung im Verlauf der Untersuchung. (ED= Frauen mit Ess-Störung; KG= Kontrollgruppe; B=Baseline, I1-I4=idiosynkratischer Stressor, E=erlaubtes Essen; R1+R2=Ruhephasen; LRT=Lärm-Rechen-Test). Mittelwerte beziehen sich auf die Einstufung auf einer Likert-Skala von 0=gar nicht bis 6= sehr stark.

	subjektiv berichtete Belastung								
	B	***I1***	***I2***	***I3***	***I4***	***E***	***R1***	***LRT***	***R2***
ED	.3	1	1.2	1.6	1.3	2.2	1.1	.6	.3
(n=20)	(.7)	(1.2)	(1.3)	(1.4)	(1.2)	(2)	(1.6)	(.9)	(.7)
KG	0	.2	.1	.2	.4	.2	0	.1	.1
(n=20)	(0)	(.3)	(.2)	(.4)	(.8)	(.5)	(0)	(.2)	(.2)

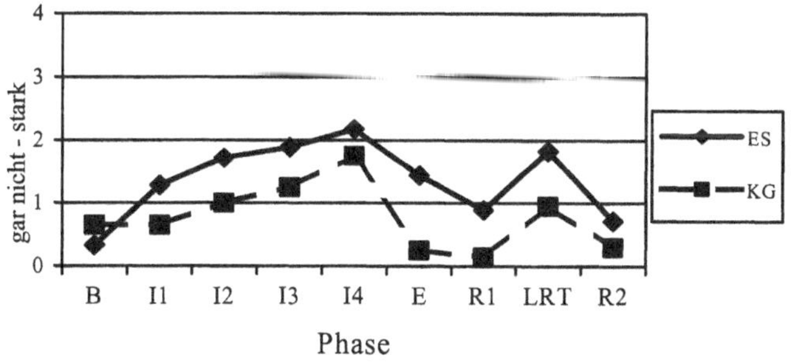

Abbildung 3.7: Darstellung der subjektiv berichteten Belastung im Verlauf der experimentellen Phasen (B=Baseline, I=idiosynkratischer Stressor, E=erlaubtes Essen; R1+R2=Ruhephasen; LRT=Lärm-Rechen-Tes) getrennt nach Gruppen. Angegeben werden die Gruppenmittelwerte pro Phase nach Einschätzung auf einer Likertskala 0 (gar nicht) – 6 (sehr stark).

Es zeigte sich ein signifikanter Gruppenunterschied. Der Haupteffekt „Verlauf“ ist auf dem 5% Niveau signifikant (F(8,288)=13.130, p>.001), der Haupteffekt „Gruppe“ ebenfalls (F(1,36)=5.930; p=.020). Es gab zudem einen signifikanten Unterschied in der Interaktion (F(8,288)=2.017, p=.044).
Unterschiede zu den einzelnen Phasen zwischen den Gruppen erwiesen sich tendenziell für die zweite (F(1,36)=3.717, p=.062) und dritte Imaginationsübung (F(1,36)=3.199, p=.082). Weitere, allerdings signifikante Unterschiede fanden sich während des erlaubten Essens (F(1,36)=10.096, p=.003), der ersten Ruhephase (F(1,36)=9.160, p=.005) und während dem Lärm-Rechentest (F(1,36)=4.979, p=.032).
Das Niveau ist in der Ess-Störungsgruppe anfangs niedriger und steigt dann über die Vorstellungsübungen stärker an mit dem Gipfel in der letzten Situation. Während dem Essen sinkt die subjektive Belastung bereits ab, bis sie während der ersten Ruhephase fast das Ursprungsniveau erreicht. Während des Lärm-Rechentests steigt der Grad der Belastung wieder leicht an und fällt dann auf das ursprüngliche Niveau zurück. In der Kontrollgruppe ist der Verlauf ähnlich, doch unterscheiden sich die Gruppen im Niveau. Über den gesamten Verlauf der Vorstellungsübungen ist ein gleichmäßiger Anstieg zu finden. Der Höchstpunkt liegt wie in der ED-Gruppe auch in der letzten Vorstellungsübung. Die wahrgenommene Belastung ist während der Phase des erlaubten Essens unter dem Ausgangsniveau. Während des Lärm-Rechen-Tests steigt die Belastung nur leicht an und sinkt danach wieder ab.

Zusammenfassend ist zu sagen, dass die subjektive Bewertung der experimentellen Manipulation gemäß der Hypothese Unterschiede zwischen den Gruppen für den idiosynkratischen Stressor in der erwarteten Richtung bestätigt. Allerdings ist der berichtete negative Affekt im Gruppenmittel nicht sehr stark ausgeprägt. Wichtig erscheint die Unterscheidung zwischen ANA und PNA, da hier die Reaktivität in den Phasen unterschiedlich ist. So scheint der neutrale Leistungstressor eher passiv negative Affektionen im Sinne von Anspannung und Unruhe auszulösen, während die Nahrungskonfrontation in der ED-Gruppe stärkere aktiv negative Affektionen wie Belastung, Ärger, Traurigkeit und Schamgefühle hervorruft.

Skala 2 (Hungergefühle)
Die Skala „Hungergefühle“ setzt sich nur aus zwei Items – „Verlangen“ und „Hunger“ zusammen.
In der ANOVA erwiesen sich beide Haupteffekte (Verlauf: F(2,881;103,72)=3.821, p=.013 und Gruppe: F(1;36)= 7.037, p=.012) als signifikant. Die Interaktion verfehlte knapp das Signifikanzniveau

(F(2,881;103,72)= 2.008, p=.120). Die Berechnung univariater Kontraste zwischen den Gruppen zeigte signifikante Unterschiede zu allen Zeitpunkten außer der Baseline.

Wie zu erwarten war die Skala am stärksten ausgeprägt in der Phase des erlaubten Essens. Entsprechend der Hypothese steigt das berichtete Hungergefühl aber nur in der ED-Gruppe schon während der Imaginationsaufgaben an und sinkt nur langsam wieder ab. Um den Unterschied zwischen physiologischem Hungergefühl und dem eher psychologischen Verlangen zu essen herauszuarbeiten, werden die beiden Einzelitems im folgenden verglichen:

Tabelle 3.9: Gruppenmittelwerte und Standardabweichung (sd) für die Skala „Hungergefühle" im Verlauf der Untersuchung. (ED= Frauen mit Ess-Störung; KG= Kontrollgruppe; B=Baseline, I=idiosynkratischer Stressor, E=erlaubtes Essen; R1+R2=Ruhephasen; LRT=Lärm-Rechen-Test). Mittelwerte beziehen sich auf die Einstufung auf einer Likert-Skala von 0=gar nicht bis 6= sehr stark.

	Skala „Hungergefühle"					
	B	***I1***	***E***	***R1***	***LRT***	***R2***
ED (n=20)	1 (1.5)	1.6 (1.5)	2.2 (1.5)	1.8 (1.6)	1.2 (.4)	1.4 (1.9)
KG (n=20)	.5 (1)	.7 (1.2)	.6 (1)	.6 (1.1)	.3 (.8)	.6 (1.2)

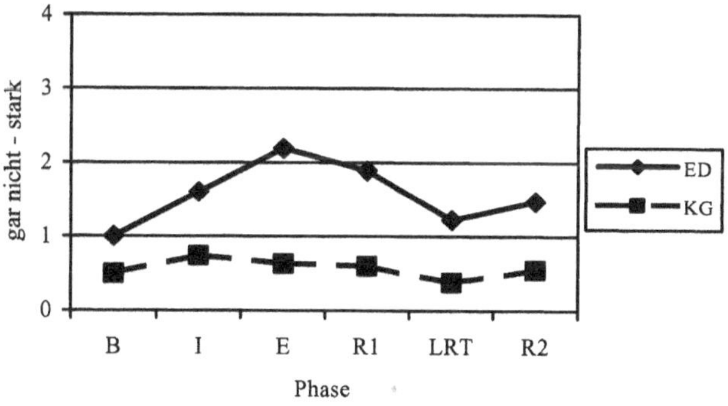

Abbildung 3.8: Subjektiv berichtetes „Hungergefühl" (Skala 2) getrennt nach Gruppen (ED=Ess-Störungsgruppe; KG=Kontrollgruppe) im Verlauf der experimentellen Phasen (B=Baseline, I=idiosynkratischer Stressor, E=erlaubtes Essen; R1+R2=Ruhephasen; LRT=Lärm-Rechen-Tes). Angegeben werden die Gruppenmittelwerte pro Phase nach Einschätzung auf einer Likertskala 0 (gar nicht) – 6 (sehr stark).

Für das Item „Verlangen" zeigte sich eine signifikante Veränderung im Verlauf (F(8,288)= 3.700, p>.001) sowie der Interaktion (F(8,288)= 2.220, p=.026) und der gruppenspezifischen Reaktion (F(1,36)= 10.997 p=.002). Bei der Berechnung der univariaten Kontraste erwiesen sich die Gruppen in der zweiten (F(1,36)= 6.732; p=.014), dritten (F(1,36)= 9.534 p=.004) und vierten Vorstellungsübung (F(1,36)= 5.130; p=.030) sowie dem erlaubten Essen (F(1,36)= 19.119; p>.001), dem nachfolgenden Ruhephase (F(1,36)= 15.381; p>.001) und der zweiten Ruhephase (F(1,36)= 4.954 p=.032) als statistisch bedeutsam unterschiedlich. Ein tendenzieller Unterschied fand sich für den Leistungsstressor (F(1,36)= 3.507 p=.069).

Tabelle 3.10: Gruppenmittelwerte und Standardabweichung (sd) für das subjektiv wahrgenommene Verlangen im Verlauf der Untersuchung. (ED= Frauen mit Ess-Störung; KG=Kontrollgruppe; B=Baseline, I1-I4=idiosynkratischer Stressor, E=erlaubtes Essen; R1+R2=Ruhephasen; LRT=Lärm-Rechen-Test). Mittelwerte beziehen sich auf die Einstufung auf einer Likert-Skala von 0=gar nicht bis 6= sehr stark.

	subjektiv empfundenes Verlangen zu essen								
	B	***I1***	***I2***	***I3***	***I4***	***E***	***R1***	***LRT***	***R2***
ED (n=20)	.3 (7)	1 (1.2)	1.2 (1.3)	1.6 (1.4)	1.3 (1.2)	2.2 (2)	1.1 (1.6)	.6 (.9)	.3 (.7)
KG (n=20)	0 (0)	.2 (.3)	.1 (.2)	.2 (.4)	.4 (.8)	.2 (.5)	0 (0)	.1 (.2)	.1 (.2)

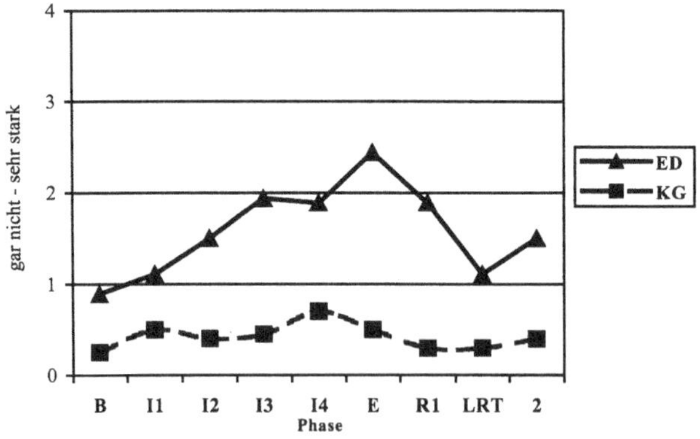

Abbildung 3.9: Gruppenmittelwerte des subjektiv wahrgenommenen Verlangens getrennt nach Frauen mit diagnostizierter Ess-Störung (ED) und Kontrollgruppe (KG) über die Untersuchungsphasen (B=Baseline, I1-I4=idiosynkratischer Stressor, E=erlaubtes Essen; R1+R2=Ruhephasen; LRT=Lärm-Rechen-Tes). Angegeben werden die Gruppenmittelwerte pro Phase nach Einschätzung auf einer Likertskala 0 (gar nicht) – 6 (sehr stark).

Betrachtet man den Verlauf, so kann man feststellen, dass die Kontrollpersonen kaum Bedürfnis zu Essen haben und dies im Verlauf im Mittel stabil bleibt. In der ED-Gruppe steigt das Verlangen im Verlauf der Vorstellungsübungen an und erreicht das Maximum während der Phase des erlaubten Essens. Danach wird das Verlangen geringer. Es sinkt bis auf den Ursprungswert während des Lärm-Rechentest ab und steigt erst wieder während der nachfolgenden Ruhephase an.

Die Bewertung des physiologischen Hungergefühls ist nicht so eindeutig über die Untersuchungsphasen zwischen den Gruppen zu unterscheiden. Der Haupteffekt „Gruppe" ist nur tendenziell signifikant (F(1,36)= 3.006 p=.092). Ein Interaktionseffekt tritt gar nicht auf. Allerdings verändert sich die Einschätzung im Verlauf bedeutsam (F(8,288)= 3.258, p=.001).

Tabelle 3.11: Gruppenmittelwerte und Standardabweichung (sd) für den subjektiv empfundenen Hunger im Verlauf der Untersuchung. (ED= Frauen mit Ess-Störung; KG= Kontrollgruppe; B=Baseline, I1-I4=idiosynkratischer Stressor, E=erlaubtes Essen; R1+R2=Ruhephasen; LRT=Lärm-Rechen-Test). Mittelwerte beziehen sich auf die Einstufung auf einer Likert-Skala von 0=gar nicht bis 6= sehr stark.

	subjektiv empfundenes Verlangen zu essen								
	B	*I1*	*I2*	*I3*	*I4*	*E*	*R1*	*LRT*	*R2*
ED (n=20)	1.1 (1.7)	1.2 (1.7)	1.4 (1.7)	1.6 (1.5)	2.2 (1.7)	1.9 (1.8)	1.9 (1.7)	1.3 (1.8)	1.4 (2.1)
KG (n=20)	.8 (1.3)	.9 (1.2)	.9 (1.3)	1 (1.4)	1 (1.6)	.8 (1.1)	.9 (1.3)	.5 (1)	.7 (1.4)

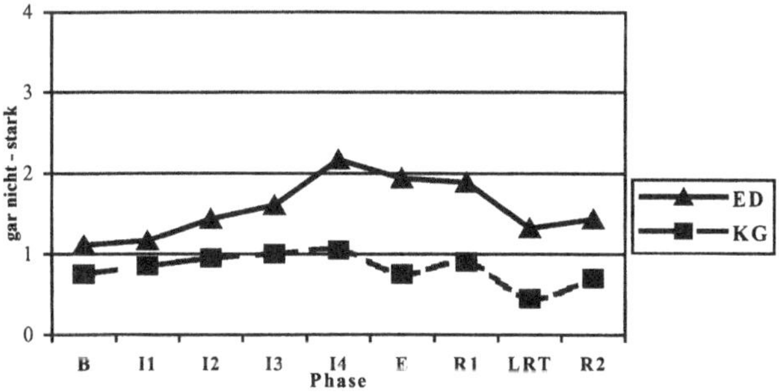

Abbildung 3.10: Verlauf des subjektiv wahrgenommenen Hungers in der Ess-Störungsgruppe (ED) verglichen mit Frauen der Kontrollgruppe (KG). (B=Baseline, I=idiosynkratischer Stressor, E=erlaubtes Essen; R1+R2=Ruhephasen; LRT=Lärm-Rechen-Tes). Angegeben werden die Gruppenmittelwerte pro Phase nach Einschätzung auf einer Likertskala 0 (gar nicht) – 6 (sehr stark).

Kontrastiert man die Gruppenmittelwerte ist nur in der vierten Vorstellungsübung (F(1,36)= 3.364 p=.044) und dem erlaubten Essen (F(1,36)= 6.344 p=.016) ein bedeutsamer Unterschied zu finden. Unterschiede in der Einschätzung des Hungergefühls finden sich sonst nur tendenziell während der ersten „Ruhephase" (F(1,36)= 3.990 p=.053) und dem Lärm-Rechentest (F(1,36)= 3.648 p=.064).
Zusammenfassend ist festzustellen, dass das Item „Verlangen" die Gruppen besser trennt als das Item „Hunger" und zudem sensibler auf die experimentelle Manipulation reagiert. Entgegen der Erwartung erreicht das Hungergefühl während der letzten Vorstellungsübung seinen Höhepunkt, das Verlangen zu essen allerdings erst während Nahrungsmittelkonfrontation. Danach verschwindet es ganz, während das Hungergefühl vorhanden bleibt. In der KG sind beide Items nur sehr gering ausgeprägt und zeigen ein anderes Muster als die ED-Gruppe. Es ist also davon auszugehen, dass die Empfindung von Hunger und Verlangen im Zusammenhang mit der experimentellen Manipulation steht.

Skala 3 („Erschöpfung")
Die Gruppen zeigten weder eine spezifische Reaktion, noch gab es eine bedeutsame Interaktion oder eine signifikante Veränderung im Verlauf. Es wurden aufgrund der fehlenden Signifikanz der Haupteffekte keine Kontraste berechnet.
Der Grad der berichteten Erschöpfung bleibt in der Gruppe der Frauen mit Ess-Störung auf einem mittleren Niveau um den Wert 2,5 herum. Die Frauen der KG beschreiben initial etwas Müdigkeit, welche im Verlauf sich leicht verstärkt, aber ab dem erlaubten Essen kontinuierlich abnimmt.

3.4.4.3 Nahrungsaufnahme während der Laborsitzung

Verzehrte Kalorienmenge
Etwa die Hälfte der Frauen der Ess-Störungsgruppe aßen etwas von den dargebotenen Lebensmitteln. Insgesamt wurden im Mittel 362,22 kcal (sd 333,12 kcal) verzehrt. Die Frauen der Kontrollgruppe aßen alle etwas von den dargebotenen Nahrungsmitteln, im Schnitt 467,92 kcal (sd 386,74).
Die Gruppenmittelwerte unterschieden sich nicht bedeutsam (t=-,905; df=35; p=.372). Bei der Berechnung der Menge in Gramm zeigte sich, dass die Kontrollgruppe fast doppelt so viel aß als die Frauen der Ess-Störungsgruppe (KG: 130,5; ED: 67,56). Auch dieser Unterschied zwischen den Gruppen ist nicht statistisch bedeutsam (t=-1,540; df=27; p=.135).

Die hohe Kalorienzufuhr in der Kontrollgruppe widersprach der angenommenen Hypothese, dass die Frauen der Ess-Störungsgruppe zu vermehrter Nahrungszufuhr nach der Belastung neigen würden. Es wurde daher die Verteilung der Kalorienaufnahme in der Kontrollgruppe überprüft. Dabei zeigte sich, dass die höchsten Kalorienzahlen von den Frauen der Kontrollgruppe mit dem höchsten BMI und der längsten Deprivationszeit (Zeit seit letzter Mahlzeit) verzehrt wurden. Daher wurde eine MANOVA mit dem BMI und der Deprivationszeit als Kovariate gerechnet. Trotz des Herauspartialisierens des angenommenen Einflusses des BMI und der Deprivationsdauer unterschieden sich die Gruppen weiterhin nicht bedeutsam in der Anzahl der aufgenommenen Kalorien und Gramm.
Wie aus der Tabelle ersichtlich, aßen die BN-PT insgesamt im Durchschnitt am meisten, sowohl in Gramm als auch gemessen in Kalorien. Auch aßen alle aus dieser Subgruppe etwas. Am wenigsten Kalorien aßen die BE, gegenüber der BN-NPT, die am wenigsten von der Menge in Gramm her aßen. Das Maximum ist in der BN-NPT am größten, man könnte annehmen, dass diese Frauen entweder gezügelt aßen oder im Ausnahmefall einen Essanfall erlebten (986 kcal in 12 min entspricht in etwa einem Essanfall). Überraschend ist mit Sicherheit das Ergebnis, dass das Maximum in der Kontrollgruppe sowohl bzgl. Gramm als auch Kalorienmenge am höchsten ist und auch die durchschnittliche Kalorienzahl höher liegt als in der Ess-Störungsgruppe insgesamt wie auch den Subgruppen. Dieser Befund ist allerdings nicht signifikant.
In der unten stehenden Tabelle ist die Anzahl der verzehrten Kalorien nach Subgruppen Ess-Störungsgruppe und Kontrollgruppe aufgeteilt:

Tabelle 3.12: Übersicht der aufgenommenen Kalorienmenge und gegessene Menge in Gramm aufgeteilt nach Subgruppen der Ess-Störungsgruppe (ED) und Kontrollgruppe (KG): Bulimia Nervosa, purging type=BN_PT; Bulimia Nervosa, non-purging type=BN_NPT; Binge Eating Disorder=BE.

Gruppe	M (sd)		Min		Max	
	Kcal	**gr**	**kcal**	**gr**	**Kcal**	**Gr**
BN-PT (n=7)	544,8 (213,35)	193 (190,92)	281	58	800	328
BN-NPT (n=5)	364,57 (421,22)	21 (29,7)	0	0	986	42
BED (n=6)	207,32 (256,58)	36 (51,79)	0	0	539,83	127
KG (n=20)	417,85 (386,74)	130,5 (100,32)	0	0	1467	348

Überprüfung des kognitiven Einflusses auf die Nahrungsaufnahme

Es wurde zudem angenommen, dass die Herzrate, welche in der Antizipationsphase auftrat, die Menge an verzehrter Nahrung für die Frauen der ED-Gruppe vorhersagen könnte. Es konnten nur für die Gesamtgruppe signifikante Korrelationen zwischen verzehrter Nahrungsmenge und der Skala Enthemmung des TEFQ (r=-.419; p=.019), der Skala „Drang, dünn zu sein des EDI (r=-.440; p=.013) und Skala „Unzufriedenheit mit dem eigenen Körper" (r=-.510; p=.003). Das Verlangen zu essen korrelierte nicht signifikant mit der verzehrten Kalorienmenge. Zur Überprüfung der Hypothese wurde eine Regressionsanalyse gerechnet. Die Korrelationen weisen darauf hin, dass entgegen der Befunde aus der Literatur (Vögele & Florin, 1997) eher kognitive Variablen mit der Nahrungsaufnahme zusammenhängen. Es wurde daher neben der Herzrate noch die kognitive Kontrolle („Restraint Wert") mit in die Regressionsgleichung aufgenommen. Der Anteil der aufgeklärten Varianz für die abhängige Variable „Kalorienaufnahme" für die gesamte Gruppe lag nur bei R^2= .281. Alleine der Koeffizient für den Restraint Wert erreichte statistische Signifikanz (p=.011).

Um die Vorhersage zu verbessern, wurde die Herzrate der Phase des erlaubten Essens in die Gleichung eingebracht. Die erklärte Varianz für das Ereignis „Kalorienaufnahme" stieg dadurch auf R^2=.324). Der Koeffizient „Restraint Wert" erreichte dabei wiederum statistische Signifikanz (p=.003), die Herzrate als Mittel der Gesamtgruppe ist tendenziell signifikant (p=.086). Da die Hypothese nur für die Frauen der ED-Gruppe galt, wurden die Regression noch einmal getrennt nach Gruppen durchgeführt. Dabei ergab sich für die Vorhersage der Kriteriumsvariablen „Kalorienaufnahme" ein R^2= .448 für die ED-Gruppe, aber nur ein R^2 von .192. Es scheint also eindeutig zu sein, dass die Herzrate in der Phase des erlaubten Essens als auch die kognitive Kontrolle nur in der ED-Gruppe die Höhe der Nahrungsaufnahme mit 44,8% erklären können, wobei nur der Koeffizient des Prädiktors „Restraint Wert" statistisch signifikant ist (p=.022). Es ergab sich folgende Regressionsgleichung:

$$\text{Kalorienaufnahme (ED)} = .36\text{xHR} - .65\text{RS-Wert} + c \quad (r = .670, F(2,12)=4.1; p<.05)$$

Post hoc wurden in die Regressionsgleichung alle drei Skalen des TEFQ und die Skalen „Bulimie" und „Unzufriedenheit mit dem Körper" des EDI eingesetzt. Die Kriteriumsvariable „Kalorienaufnahme" konnte so für die Frauen mit Ess-Störung zu 92,7% aufgeklärt werden (multiple r=.96, F(9,12)=4.22, p=.132). Statistisch bedeutsame Prädiktoren waren dabei die beiden EDI Skalen („Bulimie: p=.038; „Körperunzufriedenheit": p=.043). Die Skala „Enthemmung" des TFEQ als auch die Skala „Störbarkeit durch

Hungergefühle" waren tendenziell statistisch bedeutsame Prädiktoren („Enthemmung": p=.101; „Hungergefühle" p=.079). Es ergab sich folgende Regressionsgleichung:

Kalorienaufnahme* = 1,93xBulimie – 1,42xKörper – 1,08xEnthemmung + 1,14xHunger + c

Diese Befunde weisen darauf hin, dass die kognitiven Prozesse einen eindeutigen Anteil an der Menge der verzehrten Nahrung nur in der Ess-Störungsgruppe hatten. Die Hypothese konnte nicht bestätigt werden.

3.4.4.4 Ergebnisse des halbstrukturierten Interviews

Psychische Gesamtbelastung

Die psychische Gesamtbelastung wurde auf einer Skala von 1 (gar nicht) bis 5 (sehr stark) erfragt. Im Mittel gaben die Frauen der Ess-Störungsgruppe eine Belastung von 2,72 (sd 1,02), die KG 1,75 (sd 1,02) an. Diese Einschätzung unterschied sich signifikant (t=2,937; df=36, p=.006). Um eine bessere Differenzierung der empfundenen Belastung zu erhalten, wurden die Probandinnen gebeten, die empfundene Gesamtbelastung zusätzlich auf einer visuellen Analogskala von 0 (gar nicht) bis 100 (sehr stark) einzuschätzen. Hier lag das Gruppenmittel der ED bei 41,33 (sd 24,66) und bei den Frauen der KG bei 18,24 (sd 14,76). Bei der VAS-Einschätzung war der F-Test zur Testung der Varianzhomogenität signifikant, so dass bei dieser Einschätzung nicht von homogenen Varianzen ausgegangen werden kann. Die Gruppen unterschieden sich dennoch signifikant voneinander (t=3,545; df=27,195, p=.002). In beiden Einschätzungen zur Gesamtbelastung durch die Untersuchung gaben die Patientinnen demnach an, stärker belastet gewesen zu sein.

Belastung während der Imaginationsübung und dem Lärm-Rechentest:

Wie aus der Tabelle ersichtlich, verändert sich die Einschätzung der Belastung retrospektiv von der ersten zur letzten Vorstellungsübung in beiden Gruppen. Eine ANOVA mit Messwiederholung zeigte eine auf dem 5% Niveau bedeutsame Veränderung (F(df=1;36)=40.545; p>.001), auch unterscheiden sich beide Gruppen auf dem 5% Niveau bedeutsam (F(df=1;36)=7.395; p=.010). Am stärksten belastet sind beide Gruppen während des LRT, wobei die subjektiv empfundene Belastung in der ED-Gruppe im Mittel höher ist. Die Gruppen unterscheiden sich darin bedeutsam (t=2.921; df=36; p=.006).

Tabelle 3.12: Übersicht der Mittelwerte und Standardabweichung der eingeschätzten Belastung auf einer VAS von 0 (gar nicht) bis 100 (sehr stark) getrennt nach Gruppen (KG=Kontrollgruppe; ED=Ess-Störungsgruppe).

Gruppe	I1	I4	MA
ED	29,44	54,45	66,47
(n=20)	(sd 18,19)	(sd 27,04)	(sd 23,12)
KG	11,31	40,90	42,36
(n=20)	(sd 11,05)	(sd 28,39)	(sd 27,29)

Schwierigkeiten bei der Vorstellung

Um eventuelle Schwierigkeiten bei der Vorstellungsübung zu erfassen, wurde auf einer Skala von 1 (gar keine) bis 5 (sehr starke) erfragt, ob die Probandinnen Schwierigkeiten bei der Vorstellung hatten. Beide Gruppen gaben im Mittel keine bis leichte Schwierigkeiten an (ED: 1,89 (sd 0,9); KG: 1,65 (sd ,49)). Die Gruppen unterscheiden sich nicht bedeutsam in der Art der Schwierigkeiten. Vornehmlich sind störende Gedanken und die eigene Gefühlslage Gründe für Schwierigkeiten bei der Vorstellung.

Essverhalten

Um neben dem standardisierten Stimmungsrating weitere Auskünfte zu erhalten, wurden die Probandinnen über ihr Erleben während des erlaubten Essens befragt. Zudem wurde erfragt:

1. ob sie etwas gegessen hatten
2. ob sie die Kontrolle verloren haben
3. inwiefern sie sich durch das Essen belastet gefühlt haben

Für diese drei Fragen ergab sich folgendes Bild:

Die ersten beiden Fragenstellungen gehen auf die Hypothese zurück, dass Frauen der Ess-Störungsgruppe durch Belastung ausgelöst mehr essen und die Kontrolle dabei verlieren. Es wurde zunächst mit dem Mann-Whitney U-Test getestet, ob ein Unterschied zwischen den Gruppen besteht – für die erste Annahme ergab sich nur ein tendenziell signifikanter Unterschied (p=.122), für Kontrollverlust konnte kein Gruppenunterschied nachgewiesen werden. Die Hypothese wurde dann noch mit dem Moses-Test für extreme Reaktionen einseitig getestet. Der Test war signifikant mit p>.001, allerdings war dies darauf zurückzuführen, dass alle Probandinnen der Kontrollgruppe etwas aßen,

aber nicht alle Probandinnen der Experimentalgruppe. Die Annahme ist also in umgekehrter Richtung bestätigt.
Die dritte Frage drehte sich um den Grad der Belastung durch das erlaubte Essen auf einer Skala von 1 (gar nicht) bis 5 (sehr stark). Die ED-Gruppe gab dafür im Mittel 2,78 (sd 1,35) an, die Kontrollgruppe 1,05 (sd 0,22). Die ED-Gruppe gab im Mittel ziemlich bis starke Belastung während des erlaubten Essens an, während die KG sich gar nicht belastet fühlte. Dieser Unterschied wurde mit dem T-Test für unabhängige Stichproben überprüft. Die Varianzen waren nicht homogen, so dass die Freiheitsgrade korrigiert werden mussten. Es ergab sich ein signifikanter Gruppenunterschied auf dem 5% Niveau mit p>.001 (t=5,635, df=17).

Entspannungsfähigkeit
Es ergab sich kein bedeutsamer Unterschied zwischen den Gruppen (ED: 2,33 (sd 1,75) vs. KG: 2,5 (sd 1,67). Die Ursache der Schwierigkeiten wurde erfasst, indem 4 Kategorien (1=Setting, 2=Störgeräusche, Musik, 3=eigene Gefühlslage, 4= störende Gedanken) vorgegeben wurden. Um Unterschiede zwischen den Gruppen zu überprüfen, wurde wiederum der Mann-Whitney U-Test verwendet. Er wies jedoch keinen bedeutsamen Unterschied zwischen den Stichproben auf.

Stimmung nach der Untersuchung
Die Ess-Störungsgruppe bewertete ihre Stimmung im Mittel mit 60,08 (sd 23,06), die Kontrollgruppe mit 73,33 (sd 14,03). Das subjektive Befinden am Ende der Untersuchung unterschied sich unter Annahme heterogener Varianzen (t=-2,163; df=27,482; p=.044).

3.5 Diskussion der Laborstudie

3.5.1 Diskussion der Testsitzung
Anders als erwartet konnte hinsichtlich der physiologischen Parameter keine eindeutigen gruppenspezifischen Reaktionen nachgewiesen werden. Zwar gab es deutliche Veränderungen im Verlauf der Interviewsitzung, welche aber hinsichtlich der kardiovaskulären Parameter mit der vermehrten Bewegung bei der Beschreibung zum Teil erklärt werden können. Auch die Cortisolsekretion zeigt keine Veränderungen in der erwarteten Richtung. Angaben der Patientinnen, das Schildern der Probleme zum Teil als sehr entlastend erlebt zu haben, könnte ein Grund für die Verringerung der Cortisolkonzentration im

Verlauf der Beschreibung sein. Zudem mag die nur sehr kurze Baseline (3 min) nicht ausgereicht haben, um einen Ruhewert zu erhalten. Aus der Literatur ist bekannt, dass gerade neue und wenig kontrollierbare Situationen zu einer erhöhten Cortisolsekretion führen (Kirschbaum et al., 1992). Die hohen Baselinekonzentrationen könnten dafür ein Hinweis sein. Angenommen, die Antizipation von Belastung vor Beginn der Beschreibungen habe zu einer erhöhten Ausschüttung geführt, so könnte durch die bessere Kontrollierbarkeit und den immer gleichen Ablauf der Beschreibungen die für die Aktivierung der HHNA relevanten Auslöser weggefallen sein. Buchanan u. a. (1999) beschreiben zudem, dass weniger intensive emotionale Stressoren wie Stressinterviews nicht ausreichen, um die Nebennierenrinde genügend zu stimulieren. Unterstützt wird diese Vermutung durch die Veränderung der subjektiven Bewertung der Interviewsitzung. Beide Gruppen berichten eine negativere Stimmung während des Interviews gegenüber der Baseline. Deutliche Gruppenunterschiede zeigten sich dabei nur für Schamgefühle, Verlangen zu essen und Erschöpfung, wobei diese nicht durch die experimentelle Manipulation auftraten, sondern von Beginn an vorhanden waren. Es wird deshalb vermutet, dass die durch die Beschreibung der IS-Situationen ausgelösten Emotionen nicht relevant für die Aktivierung der HHNA sind, allerdings eine Verbindung von Situationsbeschreibung und Verlangen zu essen besteht. Die Hypothesen 1 – 3 müssen also verworfen werden.

3.5.2 Diskussion der Laborsitzung

Idiosynkratischer Stressor

Weder die kardiovaskuläre Reaktivität noch die Speichelsekretionsrate verlaufen in der erwarteten Richtung. Die Speichelsekretion sinkt in beiden Gruppen von der Baseline zum IS ab. Bisherige Studien überprüften die Speichelreaktivität nur hinsichtlich nahrungsbezogener Reize. Bislang ist wenig über die Veränderungen der Speichelsekretion unter Belastung bekannt. Da die Speicheldrüsen parasympathisch aktiviert werden, könnte durch die sympathische Aktivierung unter Belastung die Speichelsekretion reduziert werden. Dies würde die Befunde bestätigen, aber nicht im Sinne des Essanfalls-Konditionierungsmodells (CBE) stehen, welches bestimmte Situationen als Auslöser für eine veränderte Speichelreaktion sieht. Zu vermuten wäre, dass entweder die Stichprobe nicht ausreichend stark beeinträchtigt ist, um diese abnormen Reaktionen aufzuweisen, oder aber keine Konditionierung auf die Belastung, sondern eine übermäßig starke Reaktion auf das Essen bzw.

Gedanken daran die abnorme Reaktion auslösen (vgl. Antizipation, erlaubtes Essen).
Anders als angenommen wiesen die Frauen der Kontrollgruppe eine stärkere kardiovaskuläre Reaktivität auf als die Frauen der Ess-Störungsgruppe. Hypothese 5 muss also verworfen werden. Die unterschiedliche Ausprägung erwies sich für den Blutdruck (SBD, DBD) als bedeutsam zwischen den Gruppen. Dies gilt nicht für die Herzrate. Geht man von der Annahme aus, dass die kardiovaskuläre Reaktivität zeitlich stabil ist und ein Individuum so die Neigung hat, auf bestimmte Reize mit bestimmten kardiovaskulären Veränderungen zu reagieren (Sherwood & Turner, 1992), scheint entweder die kardiovaskuläre Reaktionsbereitschaft bei Frauen der Ess-Störungsgruppe durch den restriktiven Ess-Stil gemindert zu sein oder die dem Konditionierungsmodell zugrundeliegenden Annahmen zur Auslösung von Verlangen durch physiologische Erregung gelten nicht für die kardiovaskuläre Reaktivität. Gegen die niedrigere kardiovaskuläre Reaktion aufgrund von Stoffwechselveränderungen spricht, dass diese nicht konsistent in der Literatur bestätigt wird (Dietzemann, 2001) und zudem meist im Zusammenhang mit Mangelernährung und Untergewicht berichtet wird. Beides ist für die hier zugrundeliegende Stichprobe nicht zutreffend.
Die Befunde entsprechen allerdings früheren Studien, welche ebenfalls keine bedeutsamen Unterschiede kardiovaskulärer Reaktivität zwischen Frauen mit einer Ess-Störung und nicht-klinischen Kontrollpersonen nachweisen konnten, wobei meist niedrigere Blutdruckwerte für Frauen mit einer Ess-Störung im Vergleich zu nicht-klinischen Versuchspersonen auftraten (Cattanach, Malley & Rodin, 1988; Laberg et al., 1991, Tuschen et al., 1995; Both-Ortmann, 1994).
Zusammenfassend ist zur kardiovaskulären Reaktivität zu sagen, dass die angenommene Hypothese einer erhöhten Reaktivität in der Ess-Störungsgruppe verworfen werden muss, wobei zu vermuten ist, dass die niedrigere Ausprägung des Blutdruckes in der Es-Störungsgruppe auf Stoffwechselveränderungen zurückzuführen ist. Hinzu kommt, dass durchaus eine Veränderung stattfindet, also angenommen werden kann, dass die Reaktivität keinen abnormen Anpassungsvorgängen unterliegt. Möglicherweise ist die Vorstellung der idiosynkratischen Belastungs-Situationen nicht intensiv genug, um eine ausreichend starke kardiovaskuläre Reaktion hervorzurufen.
Hierfür spräche, dass auch die endokrinologische Reaktion auf den idiosynkratischen Stressor ausblieb. Allerdings unterscheiden sich die Gruppen bedeutsam in ihrer subjektiven Bewertung des Erlebens des idiosynkratischen Stressors. Hier stieg vor allem der passiv-negative Affekt deutlich gegenüber der Baseline sowie im Vergleich mit der KG an. Der aktiv-negative Affekt dagegen war in der Ess-Störungsgruppe schon in der Baseline erhöht und blieb auf

diesem Niveau. Die Vorstellung des idiosynkratischen Stressor scheint also mit innerer Unruhe und v.a. Anspannung einherzugehen.
Es könnte vermutet werden, dass diese Art von Affekt nicht verantwortlich für erhöhte physiologische Reaktionen ist, da bei der starken kardiovaskulären Reaktivität des Leistungsstressors vor allem der aktiv-negative Affekt anstieg und somit dieser eher im Zusammenhang mit einer deutlich stärkeren physiologischen Aktivierung stehen könnte. In der Literatur werden hinsichtlich der subjektiven Bewertung von Stressoren häufiger direkte Zusammenhänge zwischen Stimmungsmanipulation und gesteigertem Verlangen zu essen überprüft. Im Zusammenhang mit der Art des induzierten Affektes wird meist nur von einem übergreifenden negativen Affekt berichtet. So nennen bspw. Tuschen und Mitarbeiter (1995) Angst, Unruhe und Anspannung. Das in der Ess-Störungsgruppe berichtete subjektive Verlangen zu essen steigt im Verlauf des idiosynkratischen Stressors bis zur belastendsten Situation stetig an, während es in der Kontrollgruppe absinkt. Die Gruppen unterschieden sich hier in ihrer Reaktion auf den idiosynkratischen Stressor also deutlich voneinander. Dies könnte daran liegen, dass in den Situationsbeschreibungen der Ess-Störungsgruppe Gedanken an Essen auftreten, was in den Beschreibungen der Kontrollgruppe zumeist nicht der Fall ist (vlg. Studie III; Inhaltsanalyse der Auslösesituationen). Es könnte daher sein, dass durch die Erwähnung von Essen bzw. Gedanken daran bestimmte kognitive Felder aktiviert wurden, welche zu einem verstärkt wahrgenommenen Verlangen zu essen führten. Entgegen der Annahmen tritt allerdings kein physiologisches Pendant auf. Die Bewertungsprozesse wurden jedoch im Rahmen des Laborteils nicht untersucht.
Eine andere Hypothese könnte sein, dass die Veränderung im Affekt im Sinne des Konditionierungsmodells (CBE) zu einem verstärkten Verlangen geführt hat oder zumindest einer gelernten Assoziation von negativem Affekt und gesteigertem Verlangen zu essen entspricht. Ein Hinweis darauf könnte sein, dass das Item „Verlangen zu essen" die Gruppen besser unterscheidet als das subjektiv wahrgenommene Hungergefühl. Verschiedene Untersuchungen belegen, dass durch Stimmungsinduktion mit sozialen oder idiosynkratischen Stressoren eine stärkere emotionale Reaktion (Unsicherheit, Angst und Traurigkeit) bei Frauen mit restriktivem Essverhalten bzw. einer diagnostizierten Ess-Störung zu beobachten ist (Tuschen et al., 1995; Both-Ortmann, 1994).

Antizipation

Auch hier sind keine Unterschiede auf der physiologischen Ebene nachzuweisen. Weder hinsichtlich der Speichelsekretion noch der kardiovaskulären Reaktivität konnten Unterschiede während der Erwartung des Essens aufgezeigt werden. Aus der bisherigen Forschung gibt es kaum Untersuchungen, welche die Antizipation von Nahrungsexposition bzw. Nahrungsaufnahme im Zusammenhang mit Auslösebedingungen von Essanfällen beschreibt. Moyer, Rodin und Cumming (1994) weisen z.B. auf normale cephalic phase responses vor Nahrungsaufnahme bei BN hin Vermutet werden bei der Auslösung eines Essanfalles daher psychologische Faktoren als Trigger.

Die Schilderungen der Probandinnen deuten auf eine subjektiv empfundene stärkere Anspannung hin. Diese wurden nicht anhand von Stimmungsratings validiert, um die Probandinnen in dem Glauben zu lassen, dass es nur eine zufällige Wartezeit ist, um zu vermeiden, dass der Affekt durch eine Instruktion die subjektiven Abläufe beeinflussen könnte. Damit entfällt aber auch die Möglichkeit der Überprüfung affektiver Veränderungen durch die Erwartung von Essen. Durch das Fehlen der erwarteten bedeutsamen Unterschiede auf der physiologischen Ebene ist daher eine genauere Untersuchung der Auswirkung von Antizipation einer Nahrungsaufnahme nicht gelungen. Hier ist es sicher notwendig zur Aufdeckung kognitiver Prozesse, welche durchaus als Mediatoren für das Verhalten bei der nachfolgenden Nahrungsaufnahme gesehen werden könnten, ein genaueres Design zur Erfassung eben dieser zu entwerfen. Bei genauerer Betrachtung der Verläufe der physiologischen Reaktionen im Verlauf der vier minütigen Antizipationsphase (s. Anhang B) ist zu sehen, dass gegen Ende sehr wohl stärkere physiologische Erregung eintritt. Es könnte daher vermutet werden, dass die Dauer der Antizipation zu kurz währte, um intensiv genug zu sein, sich auf physiologischer Ebene auszubreiten. Ergebnisse aus der psychophysiologischen Forschung im Bereich der Speichelsekretion auf Nahrungsreize weisen ebenfalls darauf hin, dass abnorme Reaktionen sich erst bei genügend langer Expositionsdauer nachweisen lassen (Wiesniewski et al., 1997). Auch Legenbauer (1998) konnte zeigen, dass bei einer Nahrungsexposition erst nach ca. 10 min Effekte auftraten, und zwar ein Abklingen der Erregung in der Kontrollgruppe und ein sukzessiver Anstieg in der Gruppe der Patientinnen mit Bulimia Nervosa. Es wäre daher empfehlenswert, genügend Raum für die Antizipation des Essens zu gewähren, um kognitive Prozesse in Gang zu bringen und eine Übertragung auf das physiologische System zu ermöglichen. Dies entspräche auch eher dem natürlichen Ablauf, da meist einige Zeit zwischen dem aufkommenden Verlangen und dem eigentlichen Essanfall verstreicht.

Erlaubtes Essen

Hinsichtlich des erlaubten Essens zeigten sich deutliche Reaktionen auf physiologischer Ebene – und zwar stieg die Speichelsekretion der Ess-Störungsgruppe signifikant gegenüber der Baseline und dem idiosynkratischen Stressor als auch gegenüber der Kontrollgruppe an. Hypothese 9 kann also als bestätigt angenommen werden. Die oben beschriebene Annahme, dass eine abnorme Reaktion auf Nahrungsreize vorliegt, wird von diesem Befund unterstützt. Eventuell kommt es durch die vorher unter Belastung abgesunkene Speichelsekretion zu einem übermäßig starken Einschießen von Speichelsekret. Es bleibt allerdings unklar, ob dieses übermäßig starke Einschiessen von Speichelsekret sodann zum Brechen der kognitiven Kontrolle oder wie im Konditionierungsmodell postuliert, zu einem verstärkten subjektiven Verlangen führt und somit indirekt auf die Nahrungsaufnahme wirkt. Zumindest wird der Zusammenhang zwischen verstärktem Speichelfluss und gesteigertem Verlangen wie er schon aus der Alkoholforschung bekannt ist (Coffey et al., 1999), durch das Ergebnis der Studie gestützt. Zwar steigert sich das von der Ess-Störungsgruppe berichtete Verlangen schon während des idiosynkratischen Stressors, doch erreicht es eindeutig den Höchstpunkt während der Phase des erlaubten Essens. Wie schon beschrieben enthielten die Situationsbeschreibungen des idiosynkratischen Stressors schon Nahrungsmittelreize in Form von Gedanken an Essen, welche zu einem gesteigerten Verlangen in der Ess-Störungsgruppe hätten führen können. Das Verlangen verschwindet fast gänzlich nach Ende der Expositionsphase, was mit einem gestillten Bedürfnis zusammenhängen könnte oder durch eine Verschiebung in der Qualität des Affektes bewirkt wird.

Wichtig bei der Betrachtung dieser Phase ist zum einen der Einbezug der künstlichen Atmosphäre im Labor wie auch die Schamhaftigkeit, die mit der Nahrungsaufnahme für die Frauen der Ess-Störungsgruppe verbunden ist. Es könnte deshalb sein, dass die Ratings wie auch das Essverhalten selbst durch die Umgebung verzerrt wurden. Ein Hinweis darauf sind die Angaben aus dem halbstrukturierten Interview. Hier berichteten vor allem diejenigen Probandinnen, welche überhaupt nichts aßen, dass sie „sich geschämt hätten" bzw. „was der Untersucher denken würde, wenn sie etwas essen", u.ä. (siehe Anhang B). Auch berichteten sie, dass sie zu Hause alles gegessen hätten. Die Probandinnen der Ess-Störungsgruppe gaben dabei vorwiegend negative Gedanken an das Essen an, während in der Kontrollgruppe Gefühle wie Genuss oder positive Gedanken an das Essen überwiegten. Auch dachten mehrere der Kontrollgruppen-Frauen auch über andere Dinge nach. Insofern ist davon auszugehen, dass durch die intensive gedankliche Beschäftigung mit dem Essen („ich darf nicht") ähnlich dem paradoxen Effekt (Johnston, Bulik & Anstiss,

1999) es je nach Stärke der Kontrolle zu einem Essanfall bzw. zu einer totalen Vermeidung kam. Interessant ist dabei, dass gerade die Bulimikerinnen „non-purging type“ sich eher einschränken konnten, während die Bulimikerinnen des „purging type“ eher dazu neigten, über die gesamte Zeit zu essen. Das Ausbleiben signifikanter Gruppenunterschiede bei der Menge der gegessenen Nahrungsmittel könnte also an der bestehenden kognitiven Kontrolle in der Ess-Störungsgruppe liegen. Zudem sind drei Personen der Kontrollgruppe über drei Stunden nahrungsdepriviert gewesen, was zu einem hohen Verzehr an Kalorien führte und damit den Gruppendurchschnitt extrem anhob. Trotz Berücksichtigung der Deprivationszeit und des BMI als Kovariate konnte jedoch kein Gruppeneffekt nachgewiesen werden.

Mann und Ward (2001) erzielten ein ähnliches Ergebnis in der Testung von Reaktanz und paradoxen Effekten bei einem Geschmackstest – auch hier wurde trotz eindeutig höherer Beschäftigung mit dem Essen und gesteigertem Verlangen von den Probanden mit Ess-Störung nicht mehr verzehrt als von den Kontrollgruppe. Ähnliche Befunde zu verzehrter Nahrungsmenge nach Stimmungsmanipulation wiesen Levine und Marcus (1997) nach, da hier die Bulimikerinnen nach einem sozialen Stressor (Rede halten) auch in einem unbeobachteten Raum nicht signifikant mehr aßen als die Kontrollgruppe. Die Autoren führten diese Effekte auf die künstliche Laborumgebung zurück.

Hinsichtlich der affektiven Komponente ist wiederum ein deutlicher Gruppenunterschied zu finden. Dabei wird deutlich, dass sich gegenüber dem idiosynkratischen Stressor die Qualität des negativen Affektes in der Ess-Störungsgruppe verändert, und zwar überwiegt während der Phase des erlaubten Essens der passiv-negative Affekt (Anspannung, nervös, Aufgeregt). Die Ausprägung ist dabei allerdings insgesamt nur mäßig, was eine Erklärung für die fehlende Auswirkung auf das Essverhalten bieten würde.

Die Hypothesen zur Speichelreaktivität wie auch zum negativen Affekt können also angenommen werden. Deutliche Verlaufsänderungen ergaben sich ebenfalls für die kardiovaskuläre Reaktivität, welche deutlich für beide Gruppen anstieg. Hier ist sicher ein konfundierender Effekt durch die Nahrungsaufnahme selbst als auch die vermehrte Bewegung bei der Interpretation der Befunde zu berücksichtigen. Die Befunde sind nicht gruppenspezifisch, so dass hier keine Bestätigung der vorgestellten theoretischen Modelle zur Auslösung von Essanfällen unterstützt werden. Zu überlegen wäre, ob im Sinne einer motivations-situations-spezifischen Reaktivität es durch die Erwartungskontingenzen zu einer Hemmung durch die kognitive Bewertung kam und so die zu erwartende starke physiologische Reaktion nicht eintrat. Ein Hinweis darauf wäre die im Rahmen der multiplen Regression errechneten Prädiktoren zur Vorhersage der Kalorienaufnahme in der Ess-Störungsgruppe, welche alle aus kognitiven Konzepten zum Essen resultieren. Da in der Kontrollgruppe keiner dieser Faktoren ein Prädiktor für die aufgenommene Nahrungsmenge war, scheint zumindest tatsächlich eine motivations-situationsspezifische Reaktivität aufzutreten. Diese könnte zum einen zu einer sympathischen Aktivierung und damit zu einer Hemmung führen, auf der anderen Seite bei Brechen der kognitiven Kontrolle eine erhöhte Nahrungsaufnahme mitzubedingen.

Lärm-Rechen-Test

Gegenüber dem idiosynkratischen Stressor liegt die kardiovaskuläre Reaktivität insbesondere des systolischen Blutdruckes deutlich erhöht. Damit werden Befunde aus der kardiovaskulären Reaktivitätsforschung hinsichtlich standardisierter Laborstressoren bestätigt (Steptoe & Vögele, 1991). Auch Befunde aus der Ess-Störungsforschung konnten damit repliziert werden (Dietzemann, 2001; Rutlegde & Linden, 1998) – sowohl Frauen mit einer diagnostizierten Ess-Störung als auch gesunde Frauen reagieren mit einer erhöhten Blutdruckreaktivität auf den Leistungsstressor, es scheinen also keine abnormen Anpassungsvorgänge vorzuliegen.

Hinsichtlich der Speichelsekretion zeigte sich gegenüber dem idiosynkratischen Stressor eine leicht verstärkte Sekretionsrate. Diese tritt in beiden Gruppen auf. Das Sekretionsniveau liegt noch deutlich unter dem der Baseline. Auch hier gilt die Annahme, dass das Fehlen der höheren Speichelsekretion auf die sympathische Aktivierung, wie sie für kardiovaskuläre Parameter deutlich wird, zurückzuführen sein könnte. Zudem könnte durch die kognitive Arbeit das Nachdenken über Nahrungsmittel gehemmt werden. Für eine erhöhte Sekretion nötige Auslösereize wären damit nicht vorhanden. Der Leistungsstressor alleine scheint nicht zu einer erhöhten Speichelsekretion zu führen. Es könnte angenommen werden, dass Belastung alleine nicht zu einer Erhöhung der Speichelsekretion führt, sondern andere Prozesse wie Bewertungen, Attributionen oder Schlussfolgerungen neben direkten Auslösern wie das Sehen oder Riechen von Speisen an einer verstärkten Sekretionsrate beteiligt sind. Betrachtet man in diesem Zusammenhang den subjektiv berichteten negativen Affekt, so bemerkt man einen deutlich ausgeprägten aktiv-negativen Affekt. Unter dem Leistungsstressor ist die subjektive Bewertung also deutlich anders gerichtet als unter dem idiosynkratischen Stressor, bei welchem der passiv-negative Affekt überwiegt. Ein Zusammenhang zwischen Hungergefühl, Verlangen zu essen und einer stärkeren Belastung während des Leistungsstressors ist nicht zu finden. Während das Verlangen zu essen in beiden Gruppen kaum noch vorhanden ist, bleibt das Hungergefühl in der Ess-

Störungsgruppe über dem Baselinewert bestehen. Diese Befunde replizieren Ergebnisse früherer Befunde zum subjektiv empfundenen Verlangen während eines Leistungsstressors (Tuschen, Vögele & Kuhnhardt, 1995).

Ruhephase 2

Entgegen der Annahme (Hypothese 16.a) bleibt die Speichelsekretion in beiden Gruppen unter dem Ausgangswert. Zudem unterscheiden sich die Gruppen nicht wie erwartet in der Stärke der Speichelsekretion. Frühere Studien berichteten von abnormen Anpassungsvorgängen und fehlenden Habituierungsvorgängen (Wiesniewski et al., 1997; Legenbauer, Vögele & Rüddel, 2002b) im Verlauf, so dass angenommen wurde, auch bei dieser Untersuchung zumindest nach der Phase des erlaubten Essens in der Ess-Störungsgruppe stabile veränderte Sekretionsraten zu finden. Dies war nicht der Fall, was zum einen wie bereits diskutiert an der nicht-klinischen Stichprobe liegen könnte, welche durch das zu wenig beeinträchtigte Essverhalten noch gute Anpassungsleistungen bringt. Ein Hinweis darauf ist ebenfalls, dass sich die Werte von Ruhephase 1 und Ruhephase 2 weder innerhalb noch zwischen den Gruppen unterscheiden.
Die kardiovaskuläre Reaktivität allerdings bleibt entsprechend der Annahme auf einem gegenüber der Baseline höheren Niveau in beiden Gruppen. Dies gilt sowohl für Blutdruck als auch Herzrate, wobei sich die Gruppen nicht bedeutsam unterscheiden. Dies weist darauf hin, dass durch die experimentellen Manipulationen insgesamt Anpassungsleistungen gebracht werden mussten und diese zu einer insgesamt höheren psychovegetativen Erregung auch nach der zweiten achtminütigen Ruhephase geführt haben. Der systolische Blutdruck ist dabei in der Ruhephase 1 in beiden Gruppen höher ausgeprägt als in Ruhephase 2, für den diastolischen Blutdruck zeigt sich in der Kontrollgruppe eine leichte Erhöhung von Ruhephase 2 gegenüber Ruhephase 1, was auf die Art des Stressors zurückgeführt werden kann. Die Ess-Störungsgruppe weist keine Unterschiede zwischen Ruhephase 1 und 2 auf.
Hinsichtlich der affektiven Veränderungen ist festzustellen, dass der passiv-negative Affekt in der Ess-Störungsgruppe und der Kontrollgruppe gegenüber der Baseline auf dem gleichen Niveau ist, allerdings der aktiv-negative Affekt in beiden Gruppen von der Baseline zur Ruhephase 2 leicht gesunken ist. So dass hier die stärkere physiologische Erregung sich nicht auf der subjektiven Ebene abzubilden scheint. Es könnte damit erklärt werden, dass die Nahrungsaufnahme nachfolgend den Erregungsrückgang hinauszögert wie von Rutlegde und Linden (1998) gezeigt werden konnte. Für diese Annahme spricht, dass gegenüber der Ruhephase 2 die Ess-Störungsgruppe in der Ruhephase 1 einen leicht stärkeren aktiv-negativen Affekt (ANA) beschreibt und auch gegenüber

der Kontrollgruppe ist dieser erhöht. Der passiv-negative Affekt (PNA) hingegen ist in der Ruhephase 2 höher als in der Ruhephase 1, was für beide Gruppen auf unterschiedlichem Niveau gilt. Interessant dabei ist, dass vor allem eine leichte Steigerung des Hungergefühls wie auch des Verlangens zu essen in der Ess-Störungsgruppe auftraten, wobei das Hungergefühl (Verlangen und physiologischer Hunger) in Ruhephase 1 stärker ausgeprägt ist als in Ruhephase 2.

Cortisol

Zum Verlauf des Cortisols während der Laborsitzung ist festzustellen, dass ähnlich früherer Untersuchungen (vgl. Both-Orthmann, 1994) keine Aktivierung der Cortisolsekretion während des idiosynkratischen Stressors stattfand, aber deutlich erhöhte Sekretionswerte während des Leistungsstressors nachzuweisen waren. Die Gruppen unterschieden sich dabei nicht voneinander. Abweichend von früheren Ergebnissen fand allerdings nur ein leichter Anstieg der Cortisolkonzentration während und nach dem erlaubten Essen statt. Hier zeichnete sich in der Ess-Störungsgruppe tendenziell ein sukzessiver Anstieg ab, während in der Kontrollgruppe die Konzentration deutlich unter dem Ausgangsniveau blieb.

Die insgesamt niedrigere Cortisolkonzentration in der Ess-Störungsgruppe könnte auf ein geringer gestörtes Essverhalten zurückzuführen sein. Russel, Hooper und Hunt (1996) wiesen nach, dass bei Normalgewicht und gering gestörtem Essverhalten eher niedrige Cortisolkonzentrationen zu finden sind. Da die Probandinnen der vorliegenden Untersuchung aus einer studentischen Stichprobe stammen und die Ess-Störungen nur auf mittlerem Niveau ausgeprägt waren, könnte dies zur Erklärung der unerwarteten Ergebnisse herangezogen werden.

Aus der Alkoholforschung ist bekannt, dass Speichelfluss am stärksten auf die Auslösereize anspricht, wenn das letzte alkoholische Getränk nur wenige Tage zurückliegt (Coffey et al., 1999). Übertragen auf die hier untersuchten Frauen mit einer diagnostizierten Ess-Störung könnte dies heißen, dass die unterschiedlichen Ergebnisse hinsichtlich der Speichelsekretion zwischen klinischen Stichproben (vgl. Legenbauer, Vögele & Rüddel, 2002b) und der hier vorliegenden darauf zurückzuführen sein könnten, dass klinische Stichproben sich meist aus stationären und damit stärker beeinträchtigten Frauen zusammensetzen. Diese weisen dadurch zum einen stärkere Stoffwechselstörungen auf und zum anderen durch die Behandlung verändertes Essverhalten, so dass die Reaktivität auf die Nahrungsreize verändert sein könnte und gegenüber unbehandelten eher verringerte Sekretionsraten auftreten.

Zusammenfassend ist zu sagen, dass für alle Phasen die kardiovaskuläre Reaktivität nicht den Annahmen entsprachen. Auch die Speichelreaktivität zeigte sich in anderer Richtung als angenommen während der beiden Stressoren, wobei unter dem idiosynkratischen Stressor tendenziell eine Erhöhung der Speichelsekretion in der Ess-Störungsgruppe eintrat. Nur die Reize der Speisen selbst als auch der Lärm-Rechentest waren stark genug, deutliche Veränderungen auf physiologischer Ebene auszulösen, wobei nur während der Phasen des erlaubten Essens auch Gruppenunterschiede auftraten. Der negative Affekt dagegen erwies sich trotz insgesamt nur mäßiger Ausprägung als bedeutsam unterschiedlich zwischen den Gruppen. Vor allem während des Leistungsstressors als auch der Phase des erlaubten Essens traten deutliche Veränderungen in Qualität und Quantität auf, wobei die Ess-Störungsgruppe stärkere Emotionen aufwies. Das Verlangen zu essen verhielt sich nur bedingt ähnlich dem berichteten Hunger, deutlich war aber ein Anstieg über den idiosynkratischen Stressor in der Ess-Störungsgruppe zu finden, den Höhepunkt erreicht das Verlangen zu essen während der Nahrungsdarbietung.

3.5.3 Einschränkungen der Studie

Es gibt mehrere Aspekte, welche durch eine andere Schwerpunktsetzung im Design die Frage nach Auslösefaktoren für Essanfälle eindeutiger beantwortet hätten.

Zum einen ist hier die zu kurze Antizipationsphase zu nennen. Eine Verlängerung der Antizipationsphase hätte vielleicht zu einem besseren Effekt des idiosynkratischen Stressor geführt, so dass Bewertungsprozesse und affektive Veränderungen im Rahmen des idiosynkratischen Stressor sich hätten besser entfalten und so eine getreuere Abbildung der Auswirkung auf das Essverhalten hätten bieten können. In diesem Zusammenhang hätte die Aufzeichnung von Gedankengängen im Rahmen der Methode des „lauten Denkens“ oder auch die Erfassung von Kognitionen über ein vorgegebenes Gedankeninventar sicher besseren Aufschluss über die vermittelnden Vorgänge gegeben. Auch eine Erfassung der subjektiven Bewertungen noch vor dem Beginn des erlaubten Essens wäre sicher sinnvoll gewesen. Dies hätte die ohnehin schon lange Untersuchung allerdings so umfangreich gemacht, dass die einzelnen Stressoren voneinander nicht mehr hätten unterschieden werden können, so dass sich unter in Kaufnahme von Informationsverlusten für die dargestellte Durchführungsweise entschieden wurde.

Ein weiterer Kritikpunkt könnte die Durchführung beider Stressoren hintereinander sein. Zwar wurde versucht, durch systematische Variation der Reihenfolge Summierungseffekte und Überschneidungen der Stressoren zu vermeiden, doch wäre sicher die Teilung von IS und Leistungsstressor auf zwei Tage mit jeweiliger Möglichkeit zu essen im Anschluss an den Stressor aufschlussreicher für die Spezifität der Stressorart bei der Auswirkung auf das Essverhalten gewesen. Da die Studie allerdings im bestehenden Design schon ein Einführungsinterview, zwei Labortermine und zwei Termine für die ambulatorische Studie enthielt und mit der Höhe des Arbeitsaufwandes auch die Compliance der Teilnehmer sank, wurde sich für die kombinierte Stressordarbietung entschieden.

3.6 Zusammenfassende Bewertung und Ausblick

Die Studie weist ähnlich der Vorstudie (Legenbauer, Vögele & Rüddel, 2002b) keine gruppenspezifischen Reaktivitätsmuster hinsichtlich der physiologischen Parameter auf.

Grundlage zum Einbezug physiologischer Parameter in das Design waren zum einen Überlegungen aus dem Essanfalls-Konditionierungsmodell (Jansen, 1998), welches die Entstehung von Heißhunger auf der Basis konditionierter physiologischer Reaktionen sieht. Dabei wird vor allem an eng mit der Nahrungsaufnahme zusammenhängende Faktoren wie Insulin und Blutzuckersekretion im Sinne cephalischer Reaktionen gedacht. Da die Messung von Insulin oder Blutzucker mit der Erfassung der Stimmungsmanipulation durch die Invasivität des Erfassens interferiert hätte, wurde die Speichelsekretion als cephalischer Parameter zur Überprüfung der Annahmen herangezogen.

Die Speichelsekretion sollte nach Annahmen des Konditionierungsmodells eine deutliche Steigerung schon vor der beginnenden Nahrungsaufnahme aufweisen. Bisherige Studien überprüften die Speichelsekretion als cephalische Reaktion meist direkt vor einer erwarteten Nahrungsaufnahme (Nederkoorn, Smulders & Jansen, 2000; Legenbauer, Vögele & Rüddel, 2002a; Wiesniewski et al., 1997), wobei alle genannten Studien deutliche Veränderungen bei gesunden als auch Frauen mit einer Ess-Störung nachweisen konnten. Inkonsistent sind dabei allerdings Befunde zur Gruppenspezifität, und zwar im Sinne einer stärker ausgeprägten cephalischen Speichelsekretion bei Frauen mit einer Ess-Störung, welche zu der Wahrnehmung von subjektivem Verlangen führten könnten. Vor allem in der Alkoholforschung ist das Konzept einer solchen Reiz-Reaktivitätsverbindung überprüft und anerkannt (Tiffany, 1995; Coffey et al., 1999). Die Autorin der vorliegenden Untersuchung vermutete ein ähnlich gruppenspezifisches Muster, nämlich durch die Konfrontation mit typischen Auslösesituationen in sensu einen Anstieg der Speichelsekretion in der Ess-Störungsgruppe. Diese Erwartung zeichnete sich nicht ab. Eine in der Vorstudie

durchgeführte Probeimagination (Legenbauer, Vögele & Rüddel, 2002b) erzeugte ein der Erwartung entsprechendes Bild. Geht man davon aus, dass dies im Sinne einer konditionierten Reaktion stattfand, fragt sich, was diese während der Laborsitzung verhindert hat. Zunächst könnte die Folge von vier hintereinander dargebotenen Imaginationssequenzen den „natürlichen" Ablauf gestört haben. Eine andere Hypothese könnte sein, dass zu „leichte" Situationen nicht genügend Kraft hatten, eine konditionierte Reaktion hervorzurufen oder aber die Probandinnen sich nicht auf alle Situationen gleich stark konzentrierten und damit die typischen Reaktionen verhindert wurden. Um diese Hypothese zu überprüfen, wurde die Reihenfolge der Situationen nach Belastungsgrad in der Hauptstudie geordnet. Es zeigte sich dabei tendenziell ein Anstieg in der Ess-Störungsgruppe gegenüber einem leichten Abfall in der Kontrollgruppe.
Die ausbleibende Erhöhung der Cortisolsekretion während des idiosynkratischen Stressors könnte als deutlicher Hinweis auf eine nicht genügend starke emotionale Belastung durch den idiosynkratischen Stressor verstanden werden. Damit wäre eventuell auch zu erklären, dass die übrigen physiologischen Parameter keine gruppenspezifischen Muster aufweisen. Um dies zu überprüfen, müsste zum einen die physiologische Reaktivität im natürlichen Umfeld beobachtet werden. Um Generalisierungen besser abbilden zu können, sollte der idiosynkratische Stressor eventuell intensiviert werden, indem zum Beispiel nur eine kurz zurückliegende, stark belastende Situation als idiosynkratischer Stressor verwandt wird.
Die Cortisolsekretion der Ess-Störungsgruppe im Untersuchungsverlauf steigt insgesamt an und liegt am Ende über dem Ausgangsniveau, während in der Kontrollgruppe das Cortisolniveau am Ende der Untersuchung deutlich unter dem Ausgangspunkt liegt. Dies könnte daran liegen, dass die Ess-Störungsgruppe die Kontrolle nicht aufrechterhalten konnte und von den Lebensmitteln aß, so dass sie die Studie insgesamt belastender und negativer erlebten, was zu einer stärkeren Cortisolsekretion im Gesamtverlauf führte. Die subjektiven Angaben der Frauen der Ess-Störungsgruppe aus dem Abschlussinterview hinsichtlich der Belastung durch die Nahrungsmittelexposition als ziemlich bis stark belastend könnten ein Hinweis darauf sein, dass tatsächlich die Belastung des erlaubten Essens einen Cortisolanstieg ausgelöst haben könnte und damit auf einer unbewussten oder automatisch ablaufenden Ebene zu einer insgesamt höheren Ausschüttung bis zum Ende der Untersuchung geführt haben könnte. Überlegungen aus der Kognitionspsychologie, welche automatisierte Handlungen durch Aktivierung bestimmter Felder erklären, könnten dabei zur Unterstützung der Hypothese dienen: die durch die Nahrungsaufnahme aktivierten kognitiven Schemata zur Kontrolle der Nahrungsaufnahme mögen eine Verschiebung des Affektes

bewirken und damit zu einer längerandauernden Anspannung führen, welche sich auf das gesteigerte Bedürfnis zu essen auswirkt und vielleicht auch eine erhöhte Aufmerksamkeitszuwendung auf Nahrungsreize zur Folge hat.
Insgesamt liegt die emotionale Reaktivität im mittleren Bereich und würde die Annahme einer nicht ausreichenden emotionalen Stimulation bestätigen und damit die fehlenden gruppenspezifischen Muster in den physiologischen Parametern erklären können. Trotz nur mäßig ausgeprägter affektiver Veränderungen als auch physiologischer Reaktionen auf die experimentellen Stimulationen steigt in der Experimentalgruppe das Verlangen zu essen im Verlauf des idiosynkratischen Stressors an und unterscheidet sich deutlich von dem in der Kontrollgruppe zum Zeitpunkt der belastendsten Imagination angegebenen und erreicht den Höhepunkt während des Essens.
Verlangen und physiologischer Hunger werden als einander ähnliche Konstrukte verstanden. Dies könnte ein Hinweis darauf sein, dass zum einen die zumeist unbehandelte studentische Stichprobe weniger Kenntnisse oder interozeptive Wahrnehmungsfähigkeiten zur Bestimmung von internalen Gefühlszuständen wie Hunger oder Verlangen besitzt. Zum Beispiel galt das nicht in der mit stationären bulimischen Patientinnen durchgeführten Vorstudie (Legenbauer, Vögele & Rüddel, 2002b): hier zeichnete sich eher ein Zusammenhang von physiologischen Hunger mit Erschöpfung ab. Das Verlangen zu essen bildete in der Vorstudie ein Cluster mit negativem Affekt. Zum anderen könnte dies auch darauf hinweisen, dass tatsächlich automatische Prozesse im Sinne einer Maskierung des negativen Affektes durch die Attribution von schlechterer Stimmung auf Nahrungsmittel besteht, was letztendlich zur Wahrnehmung von Verlangen führt. Dies stünde im Sinne der Maskierungs- und Ablenkungstheorien (Herman & Polivy, 1988; Heatherton & Baumeister, 1991). Aufzuklären bleibt also, was das Verlangen zu essen trotz nur gering ausgeprägter cephalischer Reaktionen vor der Nahrungsaufnahme anregt und letztendlich zu einem sehr stark ausgeprägten Verlangen führt. Zunächst ist dabei sicher die Reizqualität der Nahrungsmittel in Betracht zu ziehen. Zum einen kommen wie schon beschrieben in den Beschreibungen der Situationen Nahrungsmittel vor, was eventuell zu einer Aktivierung der kognitiven Felder führen könnte. Bei der Darbietung der Reize könnte durch die bereits bestehende Erregung bestimmter kognitiver Strukturen dann eine verstärkte Wahrnehmung der Reizqualitäten erfolgen. Dies könnte zu einer verstärkten Reaktion führen. Um diese Vermutungen zu überprüfen, wäre es sinnvoll zum einen die kognitiven Produkte vor, während und nach der Nahrungsaufnahme zu erfassen. Zudem könnten bildgebende Verfahren bei der Vorstellung von Auslösesituationen etwas über neurophysiologische Prozesse erkennen lassen und eventuell Aufschluss über die Aktivierung kognitiver Felder geben.

Zusammenfassend ist zu sagen, dass in der Studie die affektiven Veränderungen deutliche Unterschiede zwischen den Gruppen aufwiesen, wobei die stärksten Reaktionen auf die Phase des erlaubten Essens und den Leistungsstressor erfolgten. Physiologisch ergaben sich zwar Veränderungen im Verlauf, doch konnte kein gruppenspezifisches Muster für kardiovaskuläre Parameter und Hautleitfähigkeit nachgewiesen werden. Inkonsistente Befunde ergab dabei die Beobachtung der Speichelsekretion. Am markantesten stellte sich das subjektive Verlangen zu essen dar. Es hatte die stärkste Ausprägung und wies deutlich einen gruppenspezifischen Effekt auf. Woraus sich dieses Verlangen entwickelt, bleibt unklar, obwohl deutlich die Reizkonfrontation einen Anteil hatte.
Weiterführende Studien sollten daher zum einen einheitliche Deprivationszeiten, eventuell ein Design, welches die Deprivationszeiten variiert, deutliche Trennung der Stressoren (idiosynkratischer vs. Leistungsstressor) und Stärke der emotionalen Reizung (idiosynkratischer Stressor) beachten. Der Einbezug kognitiver Veränderungen in Form von Gedankenprotokollen oder lautem Gedankenaussprechen wäre weiterhin hilfreich, um hier Veränderungen zu erfassen.

3.7 Zusammenfassung

Zur Überprüfung bisheriger empirischer Befunde zum negativen Affekt und Belastung bei der Auslösung von Essanfallen wurde eine Laborstudie durchgeführt, welche entgegen bisheriger Studien einen individualisierten sozialen Stressor (IS) als Grundlage für eine Imaginationsübung zur Stimmungsmanipulation nutzte. Die Probandinnen beschrieben vier belastende Situationen, infolge deren es typischerweise zu einem Essanfall kommt. Diese sollten sie sich während des Experimentes lebhaft vorstellen, danach wurden ihnen ihre Lieblingsspeisen („Binge food“) mit der Erlaubnis zu essen, präsentiert. Um die Reaktionen auf den idiosynkratischen Stressor (IS) vergleichen zu können, wurde zusätzlich der Lärm-Rechen-Test als neutraler Leistungsstressor (LS) wechselweise vor oder nach dem idiosynkratischen Stressor (IS) dargeboten. Nach dem idiosynkratischen Stressor gab es die Möglichkeit, die dargebotenen Nahrungsmittel zu essen. Die Antizipation des Essens wurde als eigenständige Phase standardisiert und aufgezeichnet.
Insgesamt zeigt die laborexperimentelle Untersuchung deutlich, dass vor allem die Reaktivität auf das Essen deutliche Unterschiede zwischen den Gruppen aufweist. Zudem erwies sich das subjektive Erleben, insbesondere im Sinne eines negativen Affektes als deutlich ausgeprägter in der Ess-Störungsgruppe. Das Verlangen zu essen konnte nicht systematisch in Zusammenhang mit der negativen Stimmung bzw. der Stimmungsmanipulation gebracht werden. Es ist davon auszugehen, dass komplexere Vorgänge – und zwar kognitiver Art im

Sinne von Aktivierung bestimmter Felder für die Verknüpfung von Verlangen und gesteigerter Nahrungsaufnahme verantwortlich sind. Als einzig aussagekräftiges physiologisches Maß erwies sich die Speichelsekretionsrate, welche in der Ess-Störungsgruppe nach dem Essen höher ausfiel und schlechter adaptierte als in der Kontrollgruppe.

4 Feldstudie „Psychophysiologisches Monitoring im Tagesverlauf“

4.1 Einleitung

Eine Schwierigkeit von im psychophysiologischen Labor durchgeführten Untersuchungen, liegt sicher darin, dass einige der Befunde sich nur schwer auf die natürliche Umwelt generalisieren lassen und somit Laborstudien geringere ökologische Validität besitzen (Gerin, Rosofsky, Pieper & Pickering, 1994; Mitchell, Crow, Peterson, Wonderlich & Crosby, 1998).

Bei der Untersuchung im Labor können konfundierende Variablen eine Generalisierung auf den Alltag erschweren (Fahrenberg, 1996). So kann das im Labor gezeigte Verhalten nicht unbedingt zum normalen Spektrum des Patienten gehören. Kontext und Stimuli sind nicht immer natürlich und es kann zu unbeabsichtigten Schwankungen kommen. Die dargebotenen Stimuli sind in ihrer Intensität geringer als im natürlichen Umfeld. Bei einigen Fragestellungen können die spezifischen Vorteile einer Laboruntersuchung wie die Variablenkontrolle, die interne Validität, Standardisierung gegenüber den genannten Nachteilen überwiegen. Gerade bei Forschung zu Entstehungs- und Aufrechterhaltungs-mechanismen scheint aber eine Laboruntersuchung nicht ausreichend. Obwohl theoretische Modelle sich vorwiegend auf Verhaltensweisen stützen, die im natürlichen Umfeld auftreten, gibt es nur wenige Studien im Bereich der Ess-Störungen, welche bisherige Ergebnisse im Feld überprüften.

Bisher war, um Verhalten in natürlicher Umgebung zu studieren, retrospektive Befragung oder Selbstberichte in Form von Fragebögen das Mittel der Wahl. Es zeigte sich aber, dass in dieser Erhebungsform Fallen liegen – zum einen wird ein hoher Anspruch an die Gedächtnisleistung des Probanden gestellt, um das Ereignis richtig wiederzugeben, zum anderen werden Ereignisse oft von kürzlich gemachten Erfahrungen überdeckt. Der Proband stützt sich zur Schätzung auf Heuristiken. Wenn man zum Beispiel einen Schmerzpatienten fragt, wie stark der Schmerz am gestrigen Tag war, so wird die Antwort durch das aktuelle Schmerzempfinden mit beeinflusst (Shiffman & Stone, 1998).

Ein weiterer Punkt, warum dieses Vorgehen nicht ausreichend ist, um Hypothesen abzutesten, liegt vor allem daran, dass viele theoretische Modelle sich nicht nur auf Summenbildung beziehen, sondern dass hier dynamische Prozesse im Vordergrund stehen. Zum Beispiel geht es in der Stress-Reaktionshypothese kardiovaskulärer Krankheiten nicht um den durchschnittlichen Blutdruckwert, sondern um die Blutdruckreaktivität unter Stress. Man nimmt an, dass stärkere Reaktionen ein Risiko für koronare Herzkrankheiten darstellen und diese auch vorhersagen können. Um diese

Hypothese überprüfen zu können, reicht allein das Wissen über einen durchschnittlichen Blutdruck oder durchschnittliche Belastung nicht aus.
Aus dem Bedürfnis heraus, diese Prozesse aufzudecken wurden verschiedene Methoden entwickelt, welche unter dem Begriff des „ecological momentary assessment" (EMA; Stone & Shiffman, 1994) zusammengefasst sind.
Diese Methode erlaubt es, Informationen im Tagesverlauf im natürlichen Setting kontinuierlich oder stichprobenhaft zu erfassen. Genutzt werden dabei Papier- und – Bleistift Protokolle zur Erfassung von Verhaltensweisen wie Rauchen, Essen, Stressbewältigung u.ä. sowie Stimmungen und tragbare Geräte zur Aufzeichnung physiologischer Parameter wie Herzrate, Blutdruck oder EMG. Dies gestattet, Verzerrungen durch Erinnerungsprozesse so gut wie möglich auszuschließen, da die Eingaben sofort in der Situation gemacht werden sollen. Dies ermöglicht einen guten Querschnitt über das individuelle Verhalten und den Gefühlszustand im Tagesverlauf und erhöht die ökologische Validität erheblich. Um die Gefahr der Manipulation oder Falschausfüllung von Protokollen zu entgehen, werden immer häufiger kleine Computer – Palmtops – eingesetzt, um die Protokolle nach Eintragungszeit zu überprüfen und falsche Protokollierung herauszufiltern (Litt, Cooney & Morse, 1998).
Es werden drei Arten des Datensammelns (Affleck, Zauntra, Tennen & Armeli, 1999) unterschieden:

- ☒ „Intervall-contingent-method" (Vorkommnisse des Tages am Abend erfasst und beschrieben; z.B. Feldman et al., 1999).
- ☒ „Signal-contingent-method" (auf ein Signal hin z. B. Piepen einer Uhr oder Signalgebung durch das Aufzeichnungsgerät (Palmtop) füllt Pbn sein Protokoll aus und erfasst situative und emotionale Faktoren; z.B. Marco et al.,1999).
- ☒ „Event-contingent-assessment" (Auftreten eines best. Ereignisses z. B. Ärgererlebnis vom Pbn eigenständig dokumentiert; vgl. Steiger et al., 1999).

Die Daten können entweder als Tagesdurchschnitt berechnet oder als Zeitreihe im Tagesverlauf analysiert werden.
Zum Beispiel konnte gezeigt werden, dass der Blutdruck über den Tagesverlauf stark variiert als Folge von situationsbedingten physischen und psychologischen Veränderungen (Frederikson et al., 1989; Mussgay, Niegott & Rüddel, 2001).
Trotz all der Vorteile, die das ambulatorische Monitoring bietet, hat es auch Nachteile:
Der Aufwand der Datensammlung ist sehr hoch. Die Probanden werden zumindest in ihrem natürlichen Ablauf eingeschränkt, wenn nicht gar gestört. Hinzu kommt, dass meist gerade die situativen und emotionalen Faktoren,

welche von Interesse sind – zum Bsp. Copingverhalten in Stress-Situationen, nur mit sehr hoher Motivation und Compliance zu erhalten sind, da gerade in sehr stressigen Situationen die Eingabe in das Palmtop als extrem störend empfunden wird und mit hoher Wahrscheinlichkeit dann nicht ausgeführt wird. Die erhaltenen Daten sind somit auf andere Art und Weise verzerrt – die Personen, die trotz der hohen Belastung die Protokollierung durchführten, sind eventuell besonders motiviert oder besitzen andere Eigenschaften, welche die Repräsentativität der Stichprobe beeinflussen.
Zum anderen ist die Analyse der vielfältigen und komplexen Daten für den Forscher aufwendig, da hier neue und andere Wege der Auswertung beschritten werden müssen, um die gestellten Fragen zu beantworten und all die Möglichkeiten der komplexen Daten auch ausschöpfen zu können (s. auch Datenanalyse).
Die häufig technisch sehr aufwendige Datensammlung ist recht kostenintensiv in der Anschaffung. Zusammenfassend bietet das ambulatorische Monitoring aber mehr Vor- als Nachteile:

a) Verglichen mit anderen Arten der Selbstbeobachtung ist das ambulatorische Monitoring (EMA) weniger anfällig für Fehler und Verzerrungen durch Erinnerungs- und Gedächtnisprozesse
b) Hohe ökologische Validität durch Aufzeichnung im natürlichen Setting, v.a. gegenüber laborexperimentellen Designs
c) Dynamische Beziehungen können besser erfasst werden

Die laborexperimentellen Studien sind durch die Künstlichkeit des Settings eher eingeschränkt, da vor allem die Menge, die im Labor als Überessen bezeichnet wird, meist einem „natürlichen“ Essanfall nicht entspricht. Es ist daher wichtig, diese Abläufe im natürlichen Setting zu untersuchen.

4.2 Beobachtete Auslösebedingungen von Essanfällen im ambulanten Monitoring

Befunde aus früheren Selbstbeobachtungsprotokollen mit Papier- und Bleistift-Verfahren (Davies, Freeman & Garner, 1988; Johnson & Larson, 1982; Rebert, Stanton & Schwartz, 1991) haben gezeigt, dass negative Stimmung wie Ärger, Angst und Depression einem Essanfall vorangingen. Rebert, Stanton & Schwartz (1991) konnten durch Korrelationsanalysen von Ernährungs- und Situations-protokollen zeigen, dass „schlechte Stimmung“ mit kurz vorher stattgefundener Nahrungsaufnahme einhergeht und „alleine sein“ einen Essanfall vorhersagen konnte. Starke Hungergefühle, andere anwesende

Personen und gute Stimmung dagegen mit dem Behalten der Nahrung hoch korrelierte.
Nur wenige Studien arbeiteten dabei mit direkten Erhebungsmethoden wie Verhaltensbeobachtungen. Abraham & Beumont (1982), Cooper et al., (1988) und Steinberg, Tobin & Johnson (1990) zum Beispiel erfragten die Daten retrospektiv. Ein relativ konsistenter Befund dieser Studien ist die Verbesserung der Stimmung am Ende des Ess-Brech-Zyklus. Aber diese Daten stehen im Gegensatz zu direkten Erhebungsmethoden. So beschrieb Kaye et al. (1986) bei einer Feldbeobachtung stationärer bulimischer Patientinnen, welche in einem Raum alleine soviel Essen konnten wie sie wollten, direkt vor dem Essanfall eher negative Stimmung (Angst, Depression) und weniger Hunger, nach dem Essanfall aber nur eine Reduktion der Angst. Die stündlichen Aufzeichnung von Johnson und Larson (1982) wie auch Davis, Freeman und Solyom (1985) sollen zwar einen Überblick über Schwankungen im Tagesverlauf geben. Die Ergebnisse sind allerdings nur mit Vorsicht zu betrachten, da die Stimmung vor einem Essanfall nicht erfasst wird und somit Auslösebedingungen und Stimmungsänderungen unklar bleiben.
Einige wenige Studien verglichen im Rahmen von Protokollen Auslösebedingungen von Mahlzeiten und Essanfällen. Die Ergebnisse wiesen einheitlich darauf hin, dass einem Essanfall negativere Stimmung vorangeht (Arnow, Kennardy & Agras, 1992; Crowther, Lingswiler & Stevens, 1984, 1987, 1989; de Zwaan, Nutzinger & Schönbeck, 1992; Grilo, Shiffman & Carter-Campell, 1994; Johnson et al., 1995)
Steiger et al. (1999) untersuchten das Essverhalten von bulimischen, remittierten bulimischen und nicht-essgestörten Frauen im Tagesverlauf und ließen zusätzlich Stimmung, Selbstkonzept und soziale Interaktion erfassen. Ziel der Studie sollte es sein, Zusammenhänge zwischen negativer sozialer Interaktion, schlechter Stimmung und Essverhalten herzustellen. Die Autoren vermuten, dass durch übermäßige Kontrolle des Essverhaltens und pathologische Einstellungen zum Essen, das Risiko eines Essanfalles erhöht ist. Dem Essanfall direkt vorangestellt sei aber negativer Affekt oder Gedanken über das Essen selbst z.B. bei Regelverletzung. Die Probanden wurden angewiesen, sofort nach jeder sozialen Interaktion, die länger als 10 min dauerte, die Ratings zum Essen (wenn es zwischen den Interaktionen eine Mahlzeit gab) sowie den Ton der sozialen Interaktion, der Selbstwahrnehmung und der eigenen Stimmung einzutragen. Die Probanden führten die Aufzeichnungen über 22 Tage aus.
Die Ergebnisse zeigen, dass Essanfälle häufiger nach einer gegenüber dem Durchschnitt schlechteren sozialen Interaktion oder Stimmung stattfanden. Auch in der Postbewertung war die Stimmung noch wesentlich schlechter als vor dem Essanfall, was auf die Beeinflussung durch Schuld- und Schamgefühle

zurückgeführt werden könnte. Die Autoren sehen in der schlechteren Stimmung nach dem Essanfall einen möglichen Faktor zur Aufrechterhaltung der Störung, da die von den Personen erlebte Verfehlung zur weiteren Verschlechterung des Selbstbildes beiträgt und damit zum Weiterbestehen der schlechten Stimmung führt.

In einer ambulatorischen Untersuchung der Stimmung im Verlauf zweier Tage konnten diese Befunde von Alpers und Tuschen-Caffier (2000) bestätigt werden. Die Frauen gaben insgesamt schlechtere Stimmung an, insbesondere in der Stunde vor einem Essanfall wurden die am stärksten ausgeprägten negativen Gefühle berichtet. Greeno, Wing und Shiffman (2000) setzten zur Überprüfung von Auslösebedingungen bei einer Feldüberprüfung Palmtops ein. Die Probandinnen (Frauen mit diagnostizierter BED) gaben über sechs Tage Ratings zu Stimmung, Appetit und Situationsbeschreibungen aller Ess-Situationen („event-contigent-sampling“) und vergleichbaren nicht-essensbezogenen Situationen („signal-contingent-sampling“) ab. Konsistent zu früheren Befunden konnte gezeigt werden, dass schlechte Stimmung, Kontrollverlust über Essen, alleine und zu Hause sein sich als gute Prädiktoren für einen Essanfall erwiesen. Die Frauen mit einer Binge Eating Disorder berichteten wie die Probandinnen der Alpers und Tuschen-Caffier (2000) Studie von insgesamt schlechterer Stimmung über den gesamten Tag mit dem Höhepunkt vor einem Essanfall. Ebenfalls gaben sie an, insgesamt weniger Hunger zu haben, dafür aber häufiger Verlangen und Kontrollverluste zu erleiden. Insgesamt scheint sich also der Trend aus den Laborstudien zu bestätigen, dass einem Essanfall ein negativer Affekt vorangeht.

Neben der Überprüfung der Auslösebedingungen sind zudem Informationen auf deskriptiver Ebene sowohl für therapeutische Interventionen als auch zur Überprüfung und Verbesserung theoretischer Modelle wichtig. Guertin (1999) gibt in einer zusammenfassenden Darstellung von Labor- und Feldstudien einen Überblick über verzehrte Kalorienanzahl, Häufigkeit von Essattacken, Dauer des Essanfalles, Umgebungsmerkmale und Nährwertgehalt der verzehrten Nahrungsmittel. Schlussfolgernd fasst sie zusammen, dass die Kalorienanzahl während eines Essanfalles deutlich über einer durchschnittlichen Mahlzeit von Kontrollpersonen liegt, während normale Mahlzeiten von Frauen mit einer Ess-Störung deutlich kontrolliert und restriktiv sind, wenn sie nicht erbrechen können. Die Essgeschwindigkeit bleibt unverändert schnell bei BN, während bei Kontrollpersonen die Essgeschwindigkeit im Verlauf der Mahlzeit abnimmt. Zudem unterscheidet sich die Zusammensetzung von Mahlzeiten von der eines Essanfalles. Ein Essanfall dauert zeitlich länger (30 bis 60 min) als eine normale Mahlzeit. Interessant ist auch, dass Frauen mit einer Ess-Störung mehr Snacks essen als richtige Mahlzeiten wenn sie keinen Essanfall haben.

Umgebungsbeschreibungen beinhalteten vorwiegend alleine sein, zu Hause, unstrukturierte Zeit vor allem nachmittags und abends.
Hinsichtlich kardiovaskulärer Reaktivität vor einem Essanfall gibt es nur wenige Studien. Die Verwendung von tragbaren Blutdruckgeräten ist in der Medizin schon länger Gang und gebe, um Hypertoniediagnostik zu betreiben (Mussgay & Rüddel, 1996; Rüddel, 2001; Mussgay, Niegott & Rüddel, 2001). Die meisten Untersuchungen aus dem Bereich der physiologischen Reaktivität betreffen Bluthochdruckstudien oder die Auswirkung von Stress auf den Blutdruck bei koronaren Herzerkrankungen (Rüddel & Schächinger, 2000; Schächinger, Langewitz, Rüddel & Schulte, 1992; Rüddel, Langewitz, Schächinger, Schmieder & Schulte, 1988).
Die in der Freiburger Arbeitsgruppe durchgeführten ambulatorischen Blutdruckmessungen weisen bei kontrollierter Aktivität einen signifikanten Zusammenhang zwischen systolischem Blutdruck und anstrengenden/belastenden Reaktionen, körperlicher Anspannung sowie wahrgenommenem Stress für den vergangenen Zeitraum hin (Käppler, 1994; Fahrenberg, 2001). Negative Korrelationen fanden sich zwischen systolischem Druck und gewohnten/typischen Situationen, mentaler Belastung und Situationen unter Kontrolle sowie zwischen dem diastolischen Blutdruck und Situationen unter Kontrolle.
Ähnliche Ergebnisse kommen aus dem englischen Sprachraum. Hier konnte nachgewiesen werden, dass auch im natürlichen Umfeld Blutdruck und Herzrate bei emotionaler Erregung (negativer Affekt oder Aufregung) erhöht sind. Ein niedrigerer diastolischer Blutdruck fiel bei hoher Situationskontrolle auf, die Herzrate war niedriger, wenn die Aufgabenanforderung bei hoher Kontrollierbarkeit niedriger war. Es gibt allerdings größere individuelle Differenzen.
Allerdings ist die Erfassung zusätzlicher psychischer Aspekte nur in wenigen Publikationen zu finden (Käppler, 1994). Da aber Menschen sich vorwiegend in ihrer Person x Situation Interaktion unterscheiden, scheint gerade dies bei der Untersuchung von aufrechterhaltenden Mechanismen von Wichtigkeit zu sein. Allgemeiner Konsens ist, dass psychologische Determinanten offensichtlich einen großen Einfluss auf die kardiovaskuläre Reaktivität haben (Kamarck, Shiffman, Smithline, Goodie, Paty, Gnys & Jong, 1998). Wie wichtig eine Überprüfung physiologischer Reaktivität bei klinischen Populationen sein kann, um näheres über die Phänomenologie der verschiedenen Störungen zu erfassen, ist am Beispiel von Angststörungen zu sehen. Margraf et al. (1987) führten zum Beispiel ein sechstägiges ambulatorisches Monitoring an Panikpatienten durch und konnten darüber Licht in kontrovers diskutierte Bereiche wie die Spontanität von Panikattacken und deren Klassifikationen bringen. In Bezug auf

Ess-Störungen ist gerade vor dem Konditionierungsmodell eine Überprüfung der physiologischen Reaktivität im natürlichen Setting von Wichtigkeit.
Zur umfassenden Beschreibung und Überprüfung laborexperimenteller Befunde erscheint somit eine Verbindung von physiologischen Vorgängen (kardiovaskulärer Reaktivität, endokrinologischer Parameter und cephalischen Reaktionen) und dem Essanfall in der realen Lebenssituation als sinnvoll.

4.3 Methoden

4.3.1 Physiologische Variablen

Blutdruck und Herzfrequenz
Die ambulatorische Blutdruckmessung (ABM) erfolgte mit dem Gerät TONOPORT „Langzeitblutdruck-System" der Firma PPG Hellige, Freiburg. Das Gerät arbeitet mit einem Akku, welcher aufgeladen ca. 24 Std. Aufzeichnung des Blutdruckes ermöglicht. Mit Akku wiegt das Gerät 700 gr und hat die Ausmaße 37x111x148mm. Es ist bequem in einer kleinen Umhängetasche zu tragen. Der Blutdruck wird mit einer Armmanschette gemessen, welche durch einen Druckschlauch Manschette und Tonoport verbindet. Die Manschette wurde am non-dominanten Arm oberhalb des Ellebogens angelegt. Der Druckschlauch wurde so angelegt, dass er möglichst wenig behindert oder Bewegungen einschränkt. Die Daten, werden im Gerät gespeichert. Nach Aufzeichnungsende wird das Gerät direkt über eine serielle Schnittstelle mit dem Computer verbunden und die Daten übertragen. Mit der entsprechenden Software werden die Daten ausgelesen und per Computer ausgewertet.
Die Blutdruckmessung erfolgt askultatorisch oder oszillometrisch. Da in dieser Studie die Zeitdauer der ambulatorischen Messung an einem Tag 7 Stunden (von 16 – 23 Uhr) und am zweiten 13 Stunden (von 9 – 22 Uhr), also insgesamt 20 Stunden betrug und über Nacht abgelegt werden konnte, wurde von einer Messung mit Mikrofon abgesehen. Es wäre schwierig gewesen, das Gerät dann selbst anzulegen Da zudem keine gleichzeitige Messung der Aktivität vorgesehen war, wurde aufgrund der hohen Störanfälligkeit mit der askultatorischen Methode auf das oszillatorische Messen zurückgegriffen (Yamakoshi, 1991).
Die Probandin kann sich mit dem Tonoport frei bewegen. Während einer Messung allerdings ist es notwendig, um Artefakte zu vermeiden, den Arm angewinkelt und ruhig zu halten. Die Manschette pumpt sich 3 x die Stunde (in festgelegten 20 min Intervallen) von selbst auf. Zusätzlich besteht die

Möglichkeit über eine Start/Stop Taste am Gerät selbst eine Blutdruckmessung per Hand auszulösen. Ist eine Messung aufgrund ungenügender Signale oder Bewegungsartefakten nicht einwandfrei möglich, wird die Messung pro Messzeitpunkt bis zu 3 mal wiederholt.

Speichel und Cortisol

Die Probandinnen wurden mit 24 vorbereiteten (abgewogenen und beschrifteten) Salivetten ausgestattet. Die Laborröhrchen enthielten 3 Watteröllchen (CELLURON, Gr. 1, Bestellnr. 4302046, Fa. Hartmann, München, Deutschland), welche bei jeder Speichelmessung von der Probandin selbst für eine Minute im Mund (rechte und linke Backentasche, unter der Zunge) plaziert wurde. Nach der Speichelmessung wurde das Laborröhrchen mit Datum und Uhrzeit beschriftet, um eine Zuordnung zu Tonoport-/ Palmtopdaten zu ermöglichen. Aufgabe war es, zu jeder 3. Messung sowie vor jeder Mahlzeit/Essanfall eine Speichelmessung durchzuführen. Nach Abgabe der Geräte wurden die Laborröhrchen gewogen (Feinwaage Scout SC2020, MFD, Ohaus Corp., Florham Park, N.J.) und zur Analyse der endokrinen Parameter tiefgefroren. Die Analyse wurde vom Trierer Labor vorgenommen (zur Methode vgl. Cortisol, Methodenteil Laborstudie).

4.3.2 Psychologische Variablen

Zur Erfassung der Stimmung wurde gemäss den Angaben in der Literatur kein Papier- und Bleistift-Protokoll, sondern eine Erhebung mit einem Kleincomputer vorgezogen. Es wurden dabei situative Merkmale wie Ort, Art der Handlung, anwesende Personen, Körperlage, Bewegungsgrad wie auch affektive Veränderungen (Anstrengung, Ängstlichkeit, Unsicherheit, Traurigkeit, Ärger, Anspannung, Hunger, Verlangen zu essen, Scham) erfasst. Die erfragten psychologischen Parameter sind in der Abbildung 4.1 zusammengefasst.

Palmtop

Als Pocketcomputer wurde das Modell HP 200LX Palmtop verwendet. Es ist batteriebetrieben und hat geschlossen die Maße 160x250x850 mm. Es wiegt ca. 300g und ist ohne weiteres in der Tragetasche des Tonoport mit zu transportieren. Das Palmtop hat einen LCD-Bildschirm mit 80x45 Zeichen. Textgröße kann manuell eingestellt werden. Die Tastatur gleicht einem Computerkeyboard mit Buchstaben – und Ziffertasten sowie einigen speziellen Tasten zur Menübedienung des Palmtops.

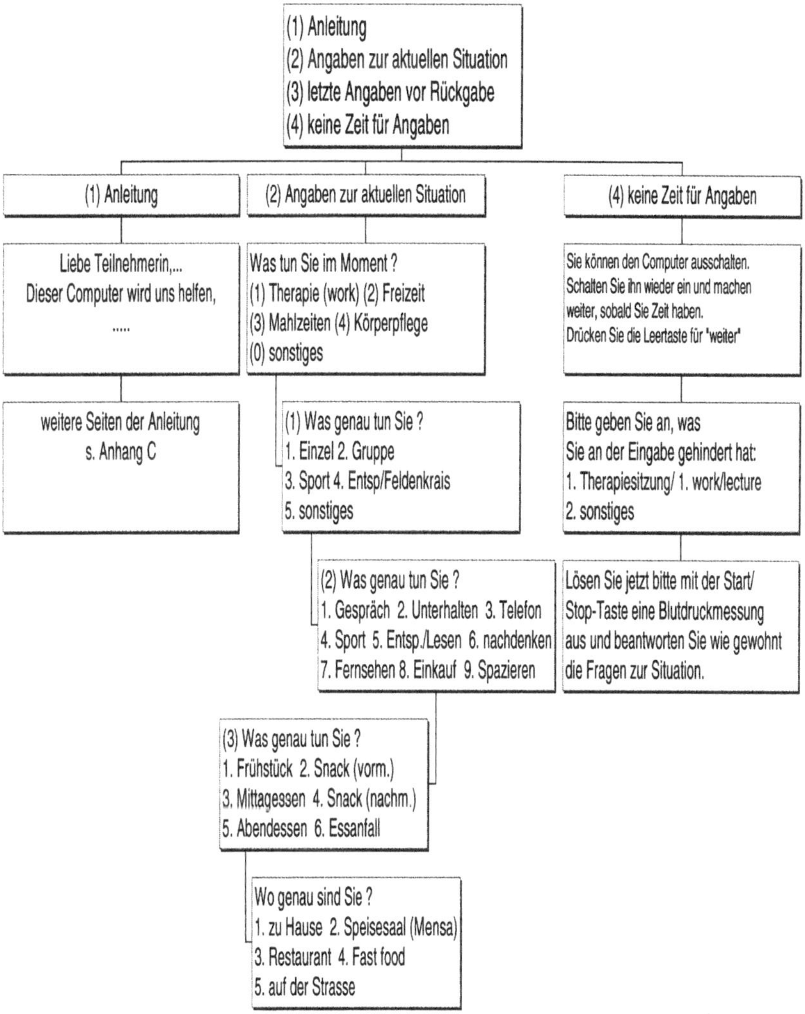

Abbildung 4.1: Übersicht über die Items zur Erfassung der subjektiven Befindlichkeit während einer Blutdruck- und Speichelmessung. Aus Platzgründen sind nur die ersten drei Ratings einzeln dargestellt, die übrigen sind im untersten Kasten aufgezählt.

Für den Datentransfer wurde die serielle Schnittstelle mit einem für dieses Modell kompatiblen DOS-Kabel verwendet und mit einer dafür geeigneten Software auf dem Laborcomputer eingelesen. Die Daten wurden auf den

Steckkarten gespeichert und von Laufwerk A: dann auf den Laborcomputer überspielt.
Für die Untersuchung wurde ein von F. Niegott & L. Mussgay speziell entwickeltes Programm (unveröffentl.) modifiziert. Es ist interaktiv und enthält vier Unterprogramme mit den Titeln „Anleitung“, „Angaben zur aktuellen Situation“, „letzte Angaben vor Rückgabe“ und „keine Zeit für Angaben“. (Das Programm ist im Anhang C einzusehen).
Nach Öffnen des Palmtops wird es mit der Ein-Taste aktiviert. Die Startseite mit den vier Unterprogrammen erscheint und der Proband wählt über die Zifferntasten das entsprechende aus. Die ausgewählte Antwort wird dann hervorgehoben. Zur Bestätigung muss die Leertaste gedrückt werden, um den nächsten Pfad aufzurufen. Der Proband hat damit die Option die gegebene Antwort mit der „z“-Taste noch einmal zu ändern, wenn er nicht die Leertaste drückt. Erfolgt die Bestätigung, erscheint die nächste Frage des entsprechenden Pfades. Hat man alle Fragen beantwortet, egal in welchem Unterprogramm man sich befand, kehrte man automatisch auf die Startseite zurück. Dort angelangt, war der Computer bis zur nächsten Messung mit der „Ein-Taste“ auszuschalten.

Unterprogramme:

1. Anleitung
   Die Anleitung führt in die Benutzung des Computers ein – der Proband erhält Gelegenheit, durch Ausprobieren die Tastatur und Funktion des Computers kennenzulernen und sich damit vertraut zu machen. (Text der Anleitung im Anhang C).

2. Angaben zur aktuellen Situation:
   Dieses Unterprogramm ist das eigentlich wichtige zur Erfassung von Situationsmerkmalen und Emotionen im Tagesverlauf. Nach Aufrufen des Programms wird zunächst die Zeit gespeichert. Dann folgen Fragen und Eingaben und bei Beendigung der Eingabe wird noch einmal die Zeit gespeichert, um die Eingabedauer zu überprüfen. Das Programm enthält für die englische und deutsche Stichprobe bis auf die Obergruppe Therapie (in England: work/study) gleiche Kategorien: Therapie (work)/Freizeit/Mahlzeiten/ Körperpflege. Diese Oberkategorien boten dann als Unterpfad verschiedene Auswahlmöglichkeiten an.

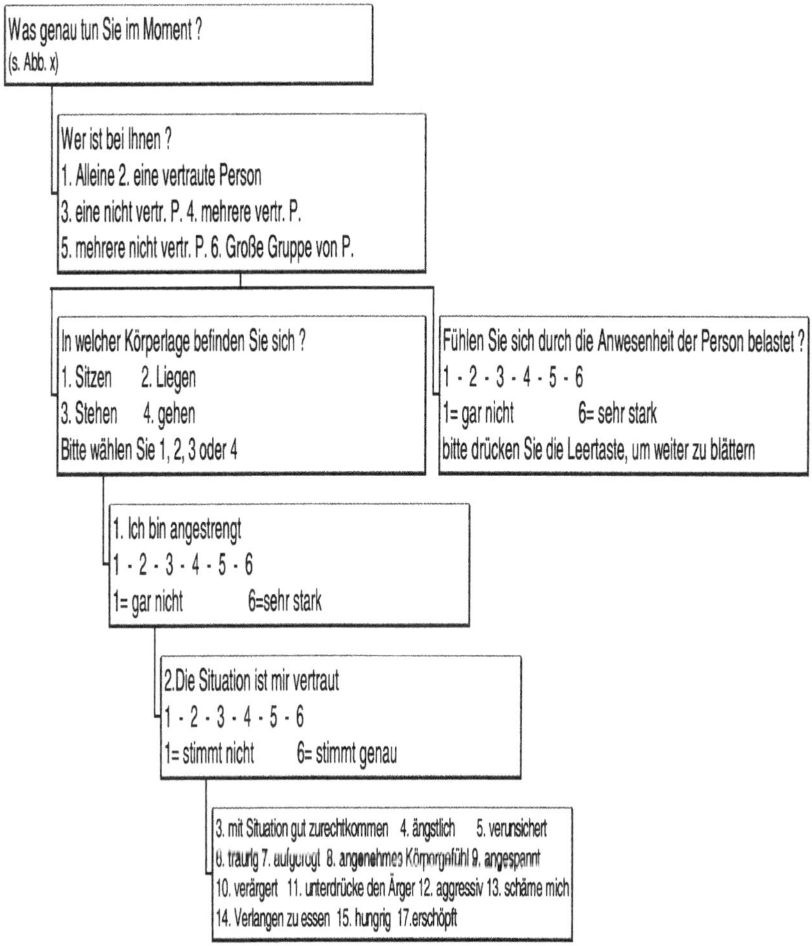

Abbildung 4.2: Flussdiagramm zur Übersicht über die Pfade des Palmtop-Protokolls.

3. Letzte Angaben zur Rückgabe
   Diese Option geht auf das Originalprogramm zurück. Die Informationen aus diesem Unterprogramm bezogen sich größtenteils auf evaluative Fragen des Programms – d.h. Nachtschlaf, Standardsituationen, Handhabbarkeit. u.ä. . Da die Probandinnen dieser Studie das Gerät weder nachts tragen mussten, noch eine Standardsituation durchgeführt wurde, wurde dieser Pfad nicht verwendet. Aus praktischen Gründen (parallel wurde das Palmtop zur

Überwachung stationärer Hypertoniepatienten eingesetzt) konnte er nicht aus dem Programm gelöscht werden.

4. Keine Zeit
   Diese Funktion dient dazu, dass der Proband die Möglichkeit hat, in zeitlich engen oder unpassenden Situationen die Eingabe ausfallen zu lassen. Durch die Eingabe der Funktion „keine Zeit“ wird so die zugehörige Blutdruckmessung gekennzeichnet. Der Proband erhält die Anweisung, sobald Zeit ist, eine Blutdruckmessung auszulösen und die Eingaben zur aktuellen Situation zu machen. Der Vorteil ist, dass die Zeit gespeichert wird und eventuell nachträglich Schlüsse über den Blutdruck zu dieser Situation gezogen werden können.

4.3.3 Hypothesen

Vor dem Hintergrund dieser Ausführungen sollen verschiedene Teilbereiche überprüft werden:

Essanfall

Verglichen werden bezogen auf verschiedene Parameter intrapersonelle und interpersonelle Unterschiede, und zwar intrapersonell innerhalb der Experimentalgruppe Charakteristika eines Essanfalles mit einer Mahlzeit ohne Essanfall („normale Mahlzeit“) sowie interpersonell zwischen den Charakteristika eines Essanfalles der Experimentalgruppe mit einer „normalen Mahlzeit“ der Kontrollgruppe.

Hypothese 1

Prä-Post Vergleich von Essanfall und Mahlzeit

a) Frauen mit einer Ess-Störung weisen vor einem Essanfall negativere Stimmung auf als vor einer normalen Mahlzeit
b) Frauen mit einer Ess-Störung weisen vor einem Essanfall negativere Stimmung als Frauen der Kontrollgruppe vor einer Mahlzeit
c) Die Stimmung nach der Mahlzeit ist in der Kontrollgruppe unverändert, während bei einem Essanfall in der Experimentalgruppe eine Stimmungsbesserung nach dem Essen eintritt.

Hypothese 2

Intrapersoneller Vergleich des subjektiven Hungergefühls sowie Verlangens zu essen in der Experimentalgruppe

a) Frauen mit einer Ess-Störung haben vor einem Essanfall weniger Hunger als vor einer normalen Mahlzeit
b) Frauen mit einer Ess-Störung geben ein höheres Verlangen zu essen vor einem Essanfall an als vor einer normalen Mahlzeit

Hypothese 3
Speichelreaktivität als cephalische Reaktion bei Essanfall und „normaler Mahlzeit"
a) Die Menge des sezernierten Speichels ist bei den Frauen mit einer Ess-Störung vor einem Essanfall höher als bei einer normalen Mahlzeit.
b) Die Menge des sezernierten Speichels ist bei den Frauen mit einer Ess-Störung vor einem Essanfall höher als in der Kontrollgruppe

Hypothese 4
Vergleich der kardiovaskulären Reaktivität auf intrapersoneller wie auch interpersoneller Ebene
a) Frauen mit einer Ess-Störung haben vor dem Essanfall ein höheres physiologisches Aktivitätsniveau (Herzrate, Blutdruck) als vor einer normalen Mahlzeit
b) Frauen mit einer Ess-Störung haben vor dem Essanfall ein höheres physiologisches Aktivitätsniveau (Herzrate, Blutdruck) als Frauen der Kontrollgruppe vor einer Mahlzeit

Hypothese 5
Situative Charakteristika eines Essanfalles
a) Die Essanfälle finden prozentual häufiger zu Hause statt als an anderen Orten
b) Die Essanfälle finden prozentual häufiger alleine statt als in der Anwesenheit anderer Personen

Tagesablauf
Um generelle Charakteristiken im Tagesablauf zu überprüfen, welche zur Auslösung eines Essanfalles beitragen könnten, werden Stimmung im Mittel sowie die Verteilung der Aktivitäten zwischen den Gruppen verglichen.

Hypothese 6
a) Frauen mit einer Ess-Störung weisen im gesamten Tagesverlauf eine negativere Stimmung auf als die Frauen der Kontrollgruppe
b) Die Stimmung ist in den Abendstunden in der Experimentalgruppe im Mittel schlechter als in der Kontrollgruppe

Hypothese 7

Frauen mit einer Ess-Störung verbringen mehr Zeit alleine als Frauen der Kontrollgruppe

Hypothese 8

a) Frauen mit Ess-Störung essen weniger Hauptmahlzeiten als Frauen der KG
b) Abstände zwischen Mahlzeiten sind in ED-Gruppe größer als in KG
c) Das subjektiv berichete Hungergefühl unterscheidet sich zwischen den Gruppen. Frauen der ED-Gruppe berichten in den Abendstunden stärkere Hungergefühle als die Frauen der KG.

Hypothese 9

Die Menge des sezernierten Speichels nimmt im Verlauf des Tages in der Experimentalgruppe zu und erreicht ihren Höhepunkt in den Abendstunden

Hypothese 10

Frauen der Ess-Störungsgruppe haben im Tagesverlauf niedrigere Blutdruckwerte und Herzrate als die Frauen der Kontrollgruppe

4.3.4 Untersuchungsablauf

Die Teilnehmerinnen der ambulatorischen Studie kamen am ersten Aufzeichnungstag nachmittags zur Abholung der Aufzeichnungsgeräte (ca. 16 Uhr). Ihnen wurde das Blutdruckgerät angelegt und die Funktion erklärt. Danach wurde eine Probemessung durchgeführt. Im Anschluss wurden sie mit der Handhabung des Palmtop Computers vertraut gemacht. Dazu wurde nach der Blutdruckmessung ein Beispieldurchgang mit ihnen durchgeführt. Waren alle Fragen bezüglich der technischen Instrumente geklärt, erhielten sie 24 Salivetten zur Durchführung der Speichelmessung. Sie wurden angewiesen, die Speichelmessung bei jeder 3. Blutdruckmessung durchzuführen, um einen Tagesverlauf zu erhalten sowie vor jeder Mahlzeit bzw. jedem Essanfall eine Speichelmessung zu machen. Das Vorgehen entsprach dem während der Laborsitzung (3 Watteröllchen für 1 min im Mund behalten ohne zu kauen). Danach sollten sie die Speichelproben mit Datum und Uhrzeit beschriften, um eine Zuordnung zu der entsprechenden Blutdruckmessung zu ermöglichen. Zudem wurden sie angehalten, vor jeder Mahlzeit bzw. Essanfall Stimmung und Situation im Palmtop zu protokollieren und an der Start/Stop Taste des Tonoports eine Blutdruckmessung auszulösen. Sie erhielten die Aufgabe, dies am selben Tag bis zum Schlafen gehen zu tun und am nächsten Tag mit der Blutdruckmessung/Palmtopprotokollierung nach dem Aufstehen anzufangen. Die Speichelmessungen sollten am nächsten Tag erst vor dem Mittagessen (ab 12 Uhr) erfolgen. Es wurden 1,5 Tage aufgezeichnet, um nach Möglichkeit einen Essanfall mit aufzeichnen zu können. Zusätzlich wurden alle Mahlzeiten von den Probanden protokolliert, um eine Zuordnung zu Snack/Mahlzeit/subj. vs obj. Essanfall zu ermöglichen. Die Probanden wurden angewiesen, die Speichelproben im Kühlschrank zu lagern und die Geräte am Tag nach Aufzeichnungsende morgens abzugeben. Die Probanden wurden nach Auffälligkeiten bzw. Schwierigkeiten bei der Gerätehandhabung befragt und erhielten das Versuchspersonengeld in Höhe von 30DM bzw. £10.

4.3.5 Stichprobe

Kontrollgruppe

Die Kontrollgruppe bestand aus 16 Frauen im Alter von 17-31 Jahren, bei denen eine klinische Störung aktuell ausgeschlossen werden konnte. Es waren sieben Frauen aus der deutschen Stichprobe und neun Frauen aus der englischen Stichprobe.

Charakteristiken beider Stichproben sind Tabelle 4.1 zu entnehmen.

Tabelle 4.1: Mittelwerte und Standardabweichung (sd) der Stichprobenmerkmale von Gruppe der Frauen mit diagnostizierter Ess-Störung (ED) und Kontrollgruppe (KG) mit zugehörigen T-Werten, Freiheitsgraden und Wahrscheinlichkeiten. * Kennzeichnet Stichprobencharakteristik mit heterogenen Varianzen (sign. F-Test).

	ALTER*	GRÖSSE	GEWICHT	BMI
ED	25,52	167,91	64,09	22,95
(n=20)	(6,49)	(7,33)	(9,03)	(3,57)
KG	24,06	168,38	64,61	22,78
(n=16)	(3,79)	(7,23)	(7,92)	(2,74)
T-WERT	0,858	-0,191	-0,183	0,153
df	33,069	35	35	35
p	0,397	0,849	0,856	0,879

Experimentalgruppe

Die Stichprobe setzt sich aus denjenigen Teilnehmerinnen beider Experimentalgruppen aus Deutschland und England zusammen. Insgesamt sind es 20 Frauen mit einer diagnostizierten Ess-Störung im Alter von 18-41 Jahren.

Davon haben 11 Frauen die Diagnose einer Bulimia nervosa purging type, sieben die Diagnose einer Bulimia nervosa non-purging type und zwei Frauen mit einer Binge eating Disorder. Die Diagnosen wurden nach den Kriterien des DSM-IV vergeben und mit dem Mini-Dips erhoben. Sieben der Frauen mit der Diagnose Bulimia nervosa purging type kamen aus der deutschen Stichprobe, die restlichen gehörten der englischen Population an.

4.3.6 Statistische Auswertung

Zunächst wurden die Auftretenswahrscheinlichkeiten der verschiedenen Mahlzeiten, deren Verteilung über den Tag, situative Merkmale wie „alleine sein" mit dem Chi²-Test auf signifikante Unterschiede zwischen den Gruppen überprüft.

Die hohe Anzahl der Items pro Messzeitpunkt birgt aufgrund der kleinen Stichprobe die Gefahr der α-Inflation. Es wurde daher für die Zeitpunkte Essanfall sowie über alle anderen Ereignisse eine Clusteranalyse gerechnet, um Ähnlichkeit der Items darzustellen. Die Anwendung der Faktoranalyse war aufgrund zu hoher Interkorrelationen der Items nicht möglich. Die aus der Clusteranalyse hervorgegangenen Itemcluster wurden über Mittelwertbildung zu fünf Skalen zusammengefasst. Diese wurden zunächst bei der Berechnung der Varianzanalysen wie auch bei der Durchführung der Regressionsrechnungen eingesetzt. Aus heuristischen Gründen wurde trotz der statistischen Schwäche eine varianzanalytische Überprüfung der Einzelitems vorgenommen, um genaueres über die Auslöser von Essanfällen zu erfahren.

Zur Testung der Hypothesen bzgl. der Charakteristiken eines Essanfalles sowie zur Überprüfung der Tagesstruktur wurden Varianzanalysen gerechnet. Die Mehrfachdaten pro Versuchsperson erschwerten die statistische Auswertung. Um den Anforderungen gerecht zu werden, wurden für die Daten einer Versuchsperson, welche zu gleichen Ereignissen stattfanden, ein Mittelwert für diese gebildet und aus diesen Mittelwerten ein Gruppenvergleich für den Vergleich der Zeitpunkte Prä- und Post Essanfall für die erste Hypothese gebildet. Dadurch war die Durchführung eines gruppenanalytischen Vergleiches im Rahmen einer Varianzanalyse möglich. Für das Ereignis Essanfall lagen nur von zwei Versuchspersonen mehrere Ereignisse vor. Diese wurden zunächst als Mittelwert in die Varianzanalyse einbezogen, danach als einzelne Ereignisse bewertet, um Unterschiede zu überprüfen und möglichst wenige Informationen zu verlieren. Für die Ereignisse Mahlzeit lagen für alle Probandinnen mehrfache Ereignisse vor, so dass hier wieder ein Mittelwert über die Ereignisse gebildet wurde und diese zum Vergleich herangezogen wurden. Danach wurde ebenfalls mit allen Ereignissen eine ANOVA über die Messwiederholungsstufen gerechnet. Als letzte Überprüfung wurde zusätzlich eine ANOVA mit nur einem Ereignis pro Person gerechnet. Bzgl. der Überprüfung der Tagesstruktur waren die Vorraussetzung für die Durchführung varianzanalytischer Verfahren erfüllt. Um Zusammenhänge zwischen vermuteten Auslösebedingungen zu errechnen, wurde daher eine hierarchische Regressionsanalyse nach dem Modell der „multi level analysis“ (Stone & Shiffmann, 1999) berechnet. Um ein vorhersagekräftiges Modell zu entwickeln, wurden hier ebenfalls die Skalen der Clusteranalyse verwendet. Der Vorteil der Multilevel analysis ist die Verwendung von Personen als auch Variablen (physiologische Parameter und subjektive Berichte) als „Random-factors“. Dadurch können eventuelle Interkorrelationen der Daten durch die Mehrfachberichte pro Proband berücksichtigt werden. Die Beobachtungen pro Proband wurden auf 2 Stufen unterteilt (Versuchsperson und Tag) und für die verschiedenen Modellannahmen getestet. Versuchspersonen und Tag waren dabei „Random-factors“ („variations in intercepts and/or slopes unexplained by available predictors“), „negativer Affekt“, „Anwesenheit“ und „Gruppe“ wurden als „fixed-factors (constant intercepts and/or slopes across persons)“ behandelt. Die Daten wurden mit dem Programm MLn (MultiLevel Models Project, Institute of Education, University of London, 1998) ausgewertet. Level 1 Variablen repräsentiert dabei eine Quelle für within-cluster Variabilität. Level 2 Modelle repräsentieren eine Quelle für between-cluster Differenzen. Die Gleichungen dafür lauten:

$Yij=\beta 0j + \beta 1jXij + rij$ (level 1 model; z.B. negativer Affekt)

$\beta 0j=\gamma 00 + \gamma 01Wj + \mu 0j$ (level 2 model; z.B. Personen)

dabei ist Yij das Ereignis, welches zu dem Zeitpunkt i für den Teilnehmer j eintrat. $\beta 0j$ und $\beta 1j$ präsentieren dabei Level 1 Koeffizienten, die entweder „fixed-factors“ oder „random-factors“ darstellen können. Der Term rij steht für Level 1 „random-effects“ und $\gamma 00$ und $\gamma 01$ repräsentieren Level 2 Koeffizienten, welche „fixed-factors“ sind. $\mu 0j$ steht für Level 2 „random-effects“. Als Modell wurde ein Likelihood-Verfahren (binominal) verwand. Die vorherzusagende Variable war „Essanfall (binge)“ und sollte durch die Person x Situation Interaktion „negativer Affekt x Anwesenheit“ und Gruppenzugehörigkeit vorhergesagt werden. Die dazugehörige Formel ist unter 4.4.1.3 post hoc Ergebnisse dargestellt.

4.4 Ergebnisse

4.4.1 Clusteranalyse

Alle Items zur Erfassung der subjektiven Befindlichkeit wurden als Grundlage der Analyse verwendet. Die Rohdaten wurden in euklidische Distanzen umgerechnet und mittels der Ward Methode auf Ähnlichkeit überprüft. Es ergaben sich fünf Itemcluster, welche in der folgenden Tabellenübersicht dargestellt sind:

Tabelle 4.2: Übersicht der Itemverteilung auf die fünf verschiedenen Skalen durch die Clusteranalyse

1 negativer Affekt	2 Wohlbefinden	3 Hungergefühl	4 Erschöpfung	5 Coping
Angestrengt; ängstlich; unsicher; traurig; aufgeregt; angespannt; ärgerlich; Ärgerunterdrückung; Aggression; Belastung; Schamgefühle	Körperliches Wohlbefinden	Hunger Verlangen zu essen	Erschöpfung	Vertrautheit der Situation, zurechtkom men

Da das erste Cluster sich aus 11 der 17 Items zusammensetzt und so eine detaillierte Analyse des negativen Affektes nicht möglich ist, wurde eine zweite Clusteranalyse nur mit diesem Cluster durchgeführt. Es ergaben sich drei Cluster, wobei die Items ängstlich, unsicher, traurig, aufgeregt und Scham ein Cluster bilden, die Items Ärger, Ärgerunterdrückung und Aggression das zweite Cluster bilden. Das Item Anspannung steht alleine. Im folgenden werden die varianzanalytischen Berechnungen zunächst mit den gebildeten Skalen, dann aus heuristischen Gründen in einer Übersicht für die Einzelitems dargestellt.

4.4.2 ANOVA zur Charakteristik eines Essanfalles

Hypothese 1

Zur Überprüfung des Affektes vor einem Essanfall wurde zunächst die Skala „negativer Affekt“ mit den Einzelitems Anstrengung, Unsicherheit, Ängstlichkeit, Aufregung, Scham und Anspannung sowie Traurigkeit gebildet.

Eine zweite Skala „positiv-aggressiv" ergaben die Items Ärger, Ärgerunterdrückung und Aggression. Ermüdung blieb als Einzelitem erhalten.

Tabelle 4.3: Gruppenmittelwerte und Standardabweichung (sd) der Skala „negativer Affekt" zu den drei Messzeitpunkten (20 min vor dem Ereignis; direkt vor dem Ereignis; 20 min nach dem Ereignis) getrennt nach Experimental (ED)- und Kontrollgruppe (KG) sowie Ereignis (EA= Essanfall; Mahl= Hauptmahlzeit). Die Skalenwerte entsprechen den Summenmittelwerten der Einzelitems angegeben auf einer Likertskala von 1= gar nicht bis 6= sehr stark.

	Ausprägung „Skala" negativer Affekt		
	20 min vor Ereignis	direkt vor Ereignis	20 min nach Ereignis
2 EA	1,5 (0,5)	2,3 (1,4)	1,8 (1,5)
M_ED	0,9 (1)	1,1 (1,1)	0,9 (1)
M_KG	0,4 (0,5)	0,4 (0,5)	0,4 (0,5)

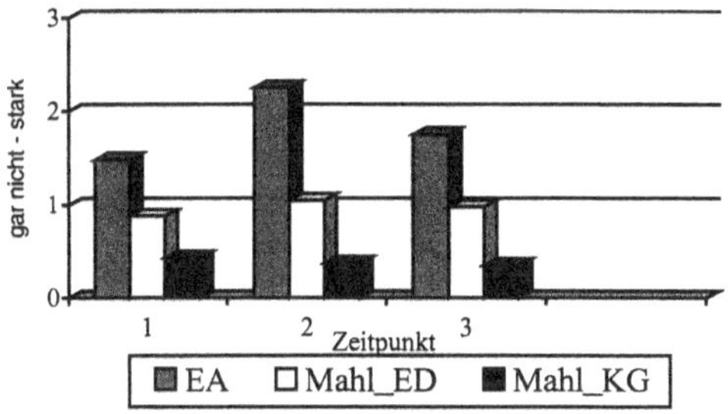

Abbildung 4.3: Ausprägung der Skala „negativer Affekt" zu den drei Messzeitpunkten (1=20 min vor dem Ereignis; 2= direkt vor dem Ereignis; 3= 20 min nach dem Ereignis) getrennt nach Experimental (ED)- und Kontrollgruppe (KG) sowie Ereignis (EA= Essanfall; Mahl= Hauptmahlzeit).

Es wurde eine Varianzanalyse mit Messwiederholung gerechnet, wobei die Messwiederholungsstufen (die drei Zeitpunkte) den „within-subject" Faktor und die drei Mahlzeitenarten den „between-subject" Faktor darstellten. Um alle drei Bedingungen miteinander vergleichen zu können, wurden Kontraste für die Bedingung sowie für die Interaktion „Zeit x Bedingung" gerechnet. Zunächst wird ein Vergleich des Faktors negativer Affekt über die Messwiederholungsgruppen gerechnet. Es ergab sich ein signifikanter Hauptfaktor „Zeitpunkt" (F(2,132)=4.792;p=.01) sowie eine bedeutsame Interaktion „Bedingung x Zeitpunkt" (F(4,132)=2.537;p=.043) und eine signifikante gruppenspezifische Reaktion (F(2,66)=14.114; p>.001). Bei der Überprüfung der Kontraste zeigten sich zu allen Zeitpunkten bedeutsame Unterschiede zwischen allen drei Bedingungen.

Aus heuristischen Gründen wurden die Einzelitems ebenfalls varianzanalytisch überprüft. Im Anhang findet sich eine Übersicht über Signifikanzniveau, F-Werte der ANOVAS, der Kontraste und des multiplen Vergleichs mit dem Scheffé-Test sowie Mittelwerte und Standardabweichungen der Einzelitems. Für alle Einzelitems ergab sich ein bedeutsamer Haupteffekt „Bedingung" sowie „Verlauf". Ein Interaktionseffekt war nur für die Items „Scham" und „Ärger" bedeutsam.

Tabelle 4.4: Gruppenmittelwerte der Einzelitems aufgeregt, anspannt, ängstlich, unsicher, Scham zu den drei Messzeitpunkten (1=20 min vor dem Ereignis; 2=direkt vor dem Ereignis; 3=20 min nach dem Ereignis) getrennt nach Experimental (ED)- und Kontrollgruppe (KG) und Ereignis (EA= Essanfall). Die Skalenwerte wurden auf einer Likertskala von 1= gar nicht bis 6= sehr stark bewertet.

Item	1-EA	2-EA	3-EA	1-ED	2-ED	3-ED	1-KG	2-KG	3-KG
ängstlich	1,33	1,89	1,11	0,7	0,93	0,78	0,02	0,02	0,02
unsicher	1,44	2,33	2	0,7	0,93	0,7	0,12	0,21	0,27
aufgeregt	1,56	2	1,44	0,78	0,85	1,07	0,48	0,27	0,48
traurig	1,33	2,22	1,44	0,52	1,07	0,67	0,48	0,51	0,36
angespannt	1,56	2,78	2,11	1,59	1,74	1,63	0,82	0,79	0,82
Scham	1	2,33	1,33	0,15	0,67	0,33	0,12	0,21	0,12

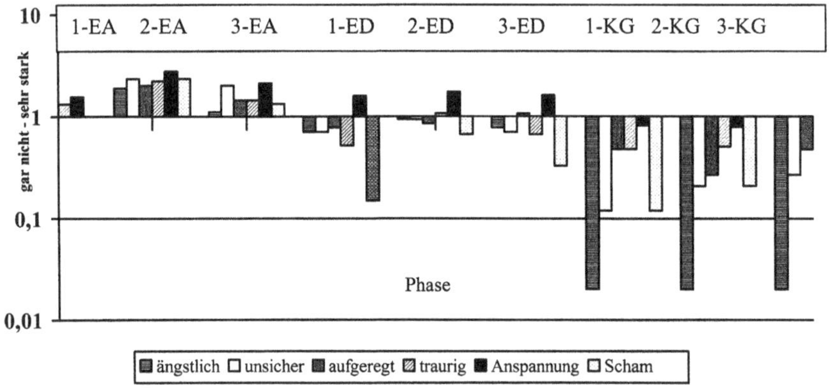

Abbildung 4.4: Überblick über Ausprägung der Einzelitems Anspannung, Ängstlichkeit, Unsicherheit, Scham, Traurigkeit für Bedingung Essanfall=EA; „normale Mahlzeit" Experimentalgruppe=ED; „Mahlzeit"-Kontrollgruppe=KG zu den Zeitpunkten 1=20 min vor, 2=direkt vor, 3=nach Nahrungsaufnahme. Ratings auf Likertskala (0=gar nicht bis 6=sehr stark). Aufgrund der geringen Ausprägung der Items wurde eine logarithmierte Darstellung gewählt.

Wie in der Abbildung 4.4 zu sehen ist, ist in der Bedingung „Essanfall“ über alle Items eine stärkere emotionale Erregung vorhanden, welche bei einer Hauptmahlzeit in der ED-Gruppe niedriger ausgeprägt ist und in der Kontrollgruppe am geringsten. Auffällig ist dabei das Item „Anspannung“, welches direkt vor einem Essanfall die stärkste Ausprägung hat, bei einer Hauptmahlzeit in der ED-Gruppe aber stabil auf einem gegenüber der KG erhöhten Niveau bleibt. Während die Frauen der KG so gut wie keine Unsicherheit berichten, ist diese vor einem Essanfall und danach mittel- bis hoch ausgeprägt und damit auch stärker gegenüber der Unsicherheit von Frauen der ED vor einer Hauptmahlzeit. Schamgefühle treten scheinbar nur im Zusammenhang mit einem Essanfall auf und sind in der KG so gut wie gar nicht vorhanden. Anspannung, Unsicherheit, Aufregung, Ängstlichkeit und Traurigkeit sinken nach einem Essanfall, während bei einer Hauptmahlzeit alle berichteten Affekte relativ stabil auf einem niedrigen Niveau bleiben. Ängstlichkeit wie auch Unsicherheit werden in der KG ebenfalls nur in Ansätzen berichtet. Insgesamt scheint ein stärkerer negativer Affekt schon 20 min vor einem Essanfall zu bestehen, welcher sich noch verstärkt bis direkt vor dem Essanfall und 20 min danach dann langsam wieder absinkt.

Die zweite Skala bestehend aus Ärger, Ärgerunterdrückung und Aggression erwies sich varianzanalytisch für den Hauptfaktor „Verlauf“ ($F(1,132)=7{,}527$; $p>.001$) und „gruppenspezifische Reaktion“ ($F(2,66)=6{,}171$; $p=.003$) signifikant. Zudem ist die Interaktion „Bedingung x Verlauf“ signifikant ($F(3,132)=4{,}207$; $p=.003$).

Tabelle 4.5: Gruppenmittelwerte und Standardabweichung (sd) der Skala „positiv-aggressiver Affekt“ zu drei Messzeitpunkten getrennt nach Experimental (ED)- und Kontrollgruppe (KG) sowie Ereignis (EA= Essanfall; Mahl= Hauptmahlzeit). Die Skalenwerte entsprechen den Summenmittelwerten der Einzelitems angegeben auf einer Likertskala von 1= gar nicht bis 6= sehr stark.

	Ausprägung der Skala "positiv-aggressiv"		
	20 min vor Ereignis	direkt vor Ereignis	20 min nach Ereignis
3 EA	0,4 (0,8)	1,7 (2,3)	1,1 (1)
M_ED	0,1 (0,3)	0,5 (1)	0,3 (0,8)
M_KG	0,4 (0,9)	0,3 (0,7)	0,1 (0,3)

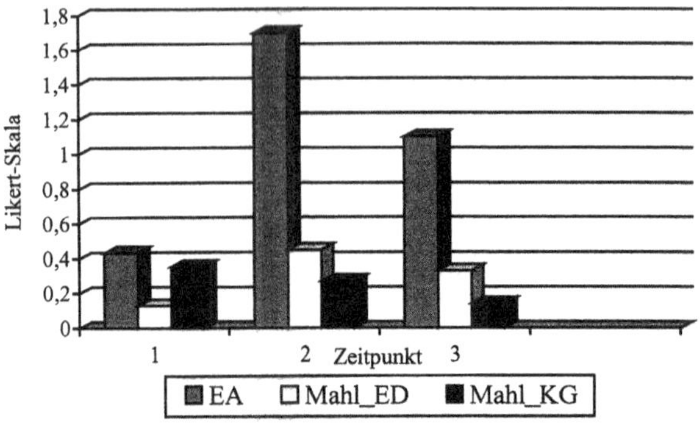

Abbildung 4.5: Vergleichende Übersicht zur Ausprägung der Skala II „positiv-aggressiver Affekt" zu den drei Messzeitpunkten 1=20 min vor, 2= direkt vor und 3= 20 min nach dem Ereignis getrennt nach Bedingungen (EA= Essanfall; Mahl_ED= Hauptmahlzeit Experimentalgruppe; Mahl_KG= Hauptmahlzeit Kontrollgruppe). Der Ausprägungswert wurde aus dem Mittelwert der Einzelratings gebildet und als Likertskala (0=gar nicht; 6=sehr stark) abgebildet.

Überprüfung der Unterschiede zwischen den Gruppen mit dem Scheffé-Test ergab eine bedeutsame Differenz zwischen EA und ED (I-J=,774; p=.008) und EA und KG (I-J=,822; p=.003). Die Überprüfung von Kontrasten ergab nur für Zeitpunkt 2 (F(2,66)=6,185; p=.003) und 3 (F(2,66)=8,007; p=.001) signifikante F-Testungen (Bonferoni).

Hypothese 2

Die dritte Skala „Hungergefühle" bestehend aus Hunger und Verlangen zu essen erwies sich varianzanalytisch für den Hauptfaktor „Verlauf" (F(2,132)=21,662; p>.001) und „Bedingung" (F(2,66)=9,646; p>.001) als auf dem 5% Niveau bedeutsam. Zudem ist die Interaktion „Bedingung x Verlauf" signifikant (F(4,132)=2,664; p=.035).

Überprüfung der Unterschiede zwischen den Gruppen mit dem Scheffé-Test ergab eine bedeutsame Differenz zwischen EA und ED (I-J=1,614; p>.001) und EA und KG (I-J=1,5045; p=.001). Die Überprüfung von Kontrasten zu den Zeitpunkten ergab für Zeitpunkt 2 (F(2,66)=9,429; p>.001) und 3 (F(2,66)=10,105; p>.001) signifikante F-Testungen (Bonferoni).

Im folgenden werden zusätzlich beide Einzelratings vorgestellt:

Tabelle 4.6: Übersicht über die Mittelwerte und Standardabweichung (sd) von Hungerratings (H) und berichteten subjektivem Verlangen (V) zu einer Mahlzeit der Kontrollgruppe (M_KG), einer „normalen Mahlzeit der Ess-Störungsgruppe (M_ED) und einem Essanfall der ED-Gruppe (EA). Zu den Zeitpunkten 1=20 min vor dem Ereignis, 2=direkt vor dem Ereignis; 3=20min nach dem Ereignis.

	H1	H2	H3	V1	V2	V3
M_ED	1,77	2,19	0,5 (0,9)	1,22	1,7 (1,7)	0,52
	(2,2)	(2,1)		(1,8)		(0,8)
M_KG	3,03	2,28	0,13	1,3 (1,9)	1,06	0,12
	(1,9)	(1,9)	(0,3)		(1,8)	(0,8)
EA	2,22	2,78	2,33	2,67	4,67	2,33
	(1,9)	(1,1)	(2,1)	(1,8)	(1,3)	(2,1)

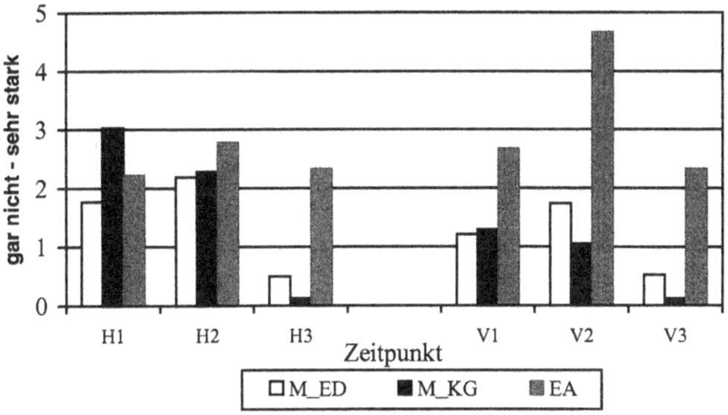

Abbildung 4.6: Darstellung von Hungerratings und Rating des Verlangens zu essen zu den Zeitpunkten 20 min vor (1), direkt vor (2) und 20 min nach (3) dem Ereignis. Darstelleung auf Likert-Skala 0=gar nicht bis 6=sehr stark. Die Balken stellen die unterschiedlichen Bedingungen dar (M_ED= Mahlzeit Experimentalgruppe; M_KG=Kontroll-gruppe; EA=Essanfall).

Es gingen 26 Eingaben zum Hunger vor einer Mahlzeit ohne Essanfall in der Experimentalgruppe sowie 9 Angaben vor einem Essanfall ein. Aus der Kontrollgruppe stehen Eingaben zum Hungergefühl vor einer Mahlzeit zu 32 Zeitpunkten zur Verfügung. Es wurde eine ANOVA über die Zeitpunkte 20 min vor, direkt vor und 20 min nach einem Essanfall bzw. einer Mahlzeit gerechnet (within-subject factor) und auf Unterschiede zwischen den Bedingungen (between-subject factor) hin untersucht (3x3 Design).

Es ergab sich eine signifikante Veränderung über die Zeit ($F(2,128)=14,317$; $p>.001$) sowie eine auf dem 5 % Niveau bedeutsame Interaktion ($F(4,128)=4,595$; $p=.002$). Die Bedingungen (M_ED, M_KG und EA) unterscheiden sich nur tendenziell (F(2,64)=2,193; p=.120). Bei der Überprüfung der Zeitpunkte zeigte sich ein tendenziell signifikant-er Unterschied zum Zeitpunkt 20 min vor dem Essen (F(2,64)=2,672; p=.077) sowie auf dem 5% Niveau 20 min nach dem Essen (F(2,64)=19,684; p>.001). Der Scheffé-Test ist für den Vergleich ED_EA tendenziell signifikant (p=.077). Das Verlangen zu essen ist bezüglich der beiden Haupteffekte (F(2,132)=15,971; p>.001; F(2,66)=14,571; p>.001) wie auch der Interaktion (F(4,132)=2,686; p=.034) auf dem 5% Niveau signifikant. Die Kontraste sind für die Zeitpunkte 2 (F(2,66)=13,625; p>.001) und 3 (F(2,66)=20,356; p>.001) bedeutsam. Der Scheffe-Test erwies sich als nicht signifikant.

In Abbildung 4.6 ist zu sehen, dass Frauen der Experimentalgruppe vor einer normalen Mahlzeit weniger Hunger angeben als vor einem Essanfall und insgesamt weniger Hunger empfinden als die Frauen der Kontrollgruppe vor einer Mahlzeit 20 min vor dem Beginn der Nahrungsaufnahme. Direkt vor dem Beginn des Essanfalles ist der Hunger in der Ess-Störungsgruppe dann größer als vor einer normalen Mahlzeit sowohl in der Experimentalgruppe als auch in der Kontrollgruppe. Auffallend ist, dass nach einem Essanfall das Hungergefühl gegenüber einer normalen Mahlzeit nicht absinkt, sondern auf dem gleichen Niveau bleibt.

Hypothese 3

Da für die Analyse der Speichelreaktivität nicht ausreichend vollständige Daten über die drei Messzeitpunkte vorlagen (20 min vor, direkt vor und 20 min nach einem Essanfall), wurde eine Varianzanalyse für den Parameter Speichelreaktivität für das Ereignis Essanfall nur für den Zeitpunkt 2 (direkt vor dem Essanfall) auf Unterschiede zwischen den Kategorien (Mahl_ED, Mahl_KG und Essanfall) untersucht. Dazu wurde eine univariate Varianzanalyse mit den Kategorien Mahl_ED, Mahl_KG und Essanfall als between-subject-factor und Speichelreaktivität als within-subject-factor gerechnet.

Es konnte kein bedeutsamer Unterschied der Speichelreaktivität weder zwischen Mahl_ED und Essanfall noch zwischen Essanfall und Mahl_KG gefunden werden. Weder die univariaten Kontraste noch der multiple Scheffé-Test erwiesen sich als signifikant. Insgesamt ist die sezernierte Menge an Speichel in der ED-Gruppe höher (im Mittel 1,72mg/min) als in der KG-Gruppe (1,27mg/min). Diese Beobachtung konnte bei der Analyse der Speichelreaktivität beim Vergleich der Mahlzeiten (KG vs. ED) bestätigt werden. Es fand sich auch hier kein signifikanter Gruppenunterschied.

Tabelle 4.7: Übersicht one-way ANOVAS (2x3 und 2x2) für Speichelsekretion vor dem Ereignis Essanfall (EA) im Vergleich mit einer normalen Mahlzeit für Kontrollgruppe (M_KG) und Experimentalgruppe (M_ED) und Vergleich nur für normale Mahlzeit für Experimentalgruppe (M_ED) und Kontrollgruppe (M_KG).

		M_KG (n=31)	**M_ED (n=27)**	**EA (n=14)**
Vergleich Essanfall vs. Mahlzeit (n=72)	Speichelmenge (g/min)	1,27	1,73	1,72
	Standardabweichung	1,11	.95	1,42
		F-Wert	df; error	p
	One-way ANOVA	1,478	2;69	.235
		M_KG (n=31)	**M_ED (n=28)**	
Vergleich Mahlzeit (n=59)	Speichelmenge (g/min)	1,27	1,68	
	Standardabweichung	1,11	0,96	
		F-Wert	df; error	p
	One-way ANOVA	2,370	1,58	.129

Hypothese 4

Bei der varianzanalytischen Überprüfung der kardiovaskulären Reaktionen 20 min vor, direkt vor und 20 min nach einem Essanfall im Vergleich zu einer geregelten Mahlzeit in der ED-Gruppe wie auch mit einer geregelten Mahlzeit in der KG zeigten sich signifikante Veränderungen nur für den systolischen Blutdruck (F(2,94)=3.03; p=.053) und der Herzrate (F(1,83)=3.38; p=.044). Keiner der Parameter weist einen bedeutsamen Gruppen- oder Interaktionseffekt auf.

Vom Verlauf her ist der bedeutsame Haupteffekt „Zeit" auf den Anstieg des systolischen Blutdruckes direkt vor dem Ereignis „Essanfall" zurückzuführen. Der Verlauf des diastolischen Blutdruckes ist für alle drei Kategorien (Essanfall, Mahlzeit_ED, Mahlzeit_KG) ähnlich stabil über die drei Messzeitpunkte. Bei der Herzrate zeigt sich zum Zeitpunkt 1 ein tendenziell bedeutsamer Unterschied zwischen den Bedingungen Essanfall der ED-Gruppe und Mahlzeit der KG-Gruppe (F(2;47)=2.680; p=.079).

Die Herzrate vor einem Essanfall steigt zum Zeitpunkt 2 auf das Niveau der beiden anderen Ereignisse an und verliert damit an Bedeutsamkeit. Für die Ereignisse Mahlzeit_KG und Mahlzeit_ED gibt es keine Änderungen der Herzrate über die Zeit. Der bedeutsame Haupteffekt „Zeit" ist für die Herzrate demnach auf den Anstieg der Herzrate vor einem Essanfall von Zeitpunkt 1 auf Zeitpunkt 2 zurückzuführen. Die Herzrate bleibt auch 20 min nach dem Essanfall auf einem erhöhten Niveau. Insgesamt weist die kardiovaskuläre Reaktivität nur beim systolischen Blutdruck für das Ereignis Essanfall einen gruppenspezifischen Verlauf auf.

Der Verlauf für alle drei Gruppen ist zusammen mit den Parametern diastolischer Blutdruck und Herzrate in der Abbildung 4.7 dargestellt.

Tabelle 4.8: Übersicht über die Mittelwerte und Standardabweichung (sd) von systolischem (SBD) und diastolischem Blutdruck (DBD) und Herzrate (HR) zu einer Mahlzeit der Kontrollgruppe (M_KG), einer „normalen Mahlzeit der Ess-Störungsgruppe (M_ED) und einem Essanfall der ED-Gruppe (EA). Zu den Zeitpunkten 1=20 min vor dem Ereignis, 2=direkt vor dem Ereignis; 3=20min nach dem Ereignis.

	SBD			*DBD*			*HR*		
	1	2	3	1	2	3	1	2	3
EA	112 (14,8)	131 (50,6)	114 (11,4)	73 (12,6)	81 (19,7)	79 (5,4)	71 (14)	92 (21,7)	86 (19,8)
M_ED	115 (15,4)	120 (14,6)	115 (14,5)	76 (7,7)	79 (10,9)	76 (11,2)	84 (19,1)	83 (13,5)	90 (16,2)
M_KG	115 (18,6)	118 (14,8)	115 (18,6)	77 (10,3)	82 (10,3)	78 (14,1)	88 (14,8)	88 (13,7)	92 (18,2)

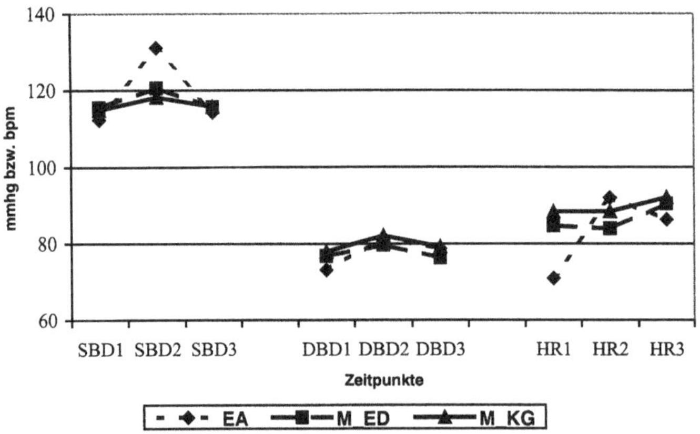

Abbildung 4.7: Vergleich der Verläufe kardiovaskulären Parameter über die Zeitpunkte 1 (20 min vor dem Ereignis), 2 (direkt vor dem Ereignis) und 3 (20 min nach dem Ereignis) getrennt nach Gruppen (EA=Essanfall; M_ED=Mahlzeit Ess-Störungsgruppe; M_KG=Mahlzeit Kontrollgruppe).

Hypothese 5

Zusätzlich wurde zur Überprüfung der Hypothese 5 eine genauere Analyse der situativen Merkmale nur für das Ereignis Essanfall durchgeführt. Dabei ergab sich, dass 78,6% (11) der Essanfälle zu Hause bzw. im eigenen Zimmer stattfinden und 7,1% (1) in einem Lokal. Für 2 der Essanfälle wurde sonstiges angegeben. Es waren in 64,3% (9) keine anderen Personen anwesend, in 2 Fällen (14,3%), eine vertraute Person in einem Fall (7,1%) eine nicht vertraute Person und in einem Fall (7,1%) mehrere nicht vertraute Personen anwesend.

Betrachtet man die zeitliche Verteilung der Essanfälle, so zeigt sich eine Spannbreite von dem frühest berichteten Anfall in der Mittagszeit um 12:55 Uhr und der am spätesten berichteten Zeit von 22.56 Uhr. Teilt man die Zeiträume in Intervalle ein (11-15 Uhr Mittagszeit; 16-19 Uhr Abendzeit; 20-23 Uhr Nachtzeit), so finden 21% der Essanfälle in der Mittagszeit (3), 55,3% in der Abendzeit (8) und 27,7% in der Nachtzeit (4) statt. Dies entspricht in etwa der aus der Literatur bekannten zeitlichen Verteilung. Bis auf eine Probandin hatten alle Frauen vor dem Essanfall schon mindestens eine Mahlzeit eingenommen.

4.4.3 Überprüfung der Tagesstruktur

Hypothese 6

Es soll überprüft werden, inwiefern sich die Stimmung im Tagesverlauf zwischen den Gruppen unterscheidet. Dazu wurde zunächst die Skala „negativer Affekt“ varianzanalytisch über beide Tage überprüft. Für Tag 1 ergab sich dabei eine bedeutsame Veränderung über die Zeit (F(2,916;61,242)=6,512; p=.001) sowie einen tendenziell bedeutsamen Unterschied zwischen den Gruppen (F(1;21)=3,182; p=.089). Der Unterschied ist dabei auf die Zeitpunkte in den Abendstunden (20 – 22 Uhr) zurückzuführen.

Wie aus der Abbildung ersichtlich, ist in der ED-Gruppe der negative Affekt am Nachmittag (16-18 Uhr) stärker ausgeprägt als am Abend, wobei es zu einem Absinken gegen 19 Uhr kommt. In der KG liegt der Gipfel bei 17 Uhr. Die Stimmung bessert sich dann sukzessiv bis zum späteren Abend.

Am zweiten Tag ist die Aufzeichnungsdauer länger (10 Uhr bis 22 Uhr). Hier zeigt sich ebenfalls eine bedeutsame Veränderung des negativen Affektes im Verlauf (F(5,681;159,06)=2,608; p=.022) und ein bedeutsamer Gruppenunterschied in der Reaktivität des Affektes (F(1;28)=5,097; p=.032). Die Unterschiede sind auf die Zeitpunkte 13 und 14 Uhr sowie 16-20 Uhr zurückzuführen.

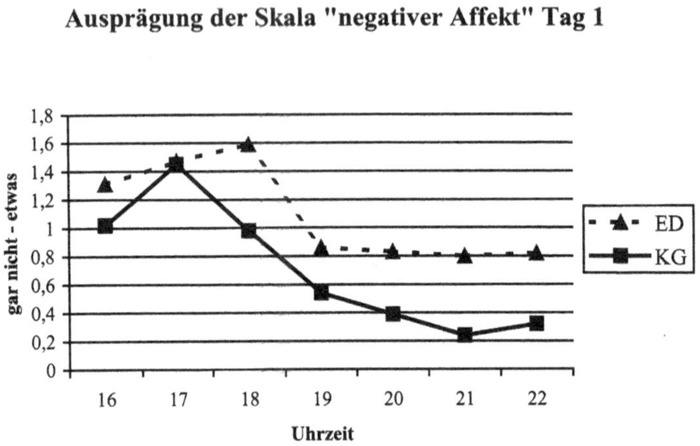

Abbildung 4.8: Stundenmittelwerte der Skala „negativer Affekt“ (0=gar nicht; 6= sehr stark) getrennt nach Gruppen (ED=Ess-Störung (n=15)

Aus der Abbildung 4.9 wird ersichtlich, dass der Gipfel in der ED-Gruppe bei 13 Uhr liegt, während er in der KG bei 11 Uhr ist. Über den Nachmittag ist in der ED-Gruppe ein leicht stärkerer negativer Affekt vorhanden, während er in der KG nachmittags und abends kaum berichtet wird.

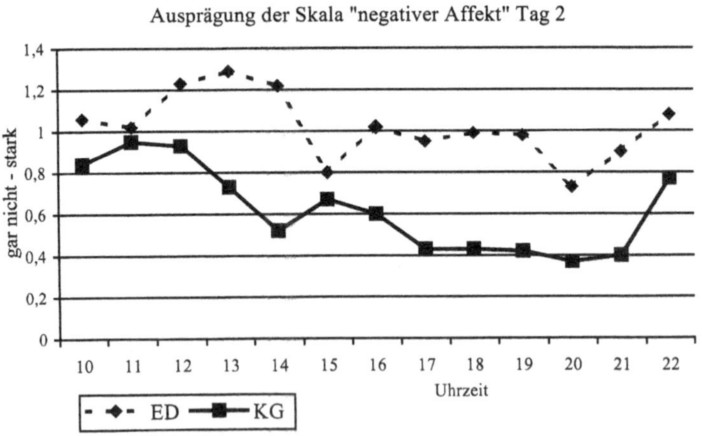

Abbildung 4.9: Stundenmittelwerte (0=gar nicht; 6= sehr stark) der Skala „negativer Affekt“ im Verlauf des zweiten Tages getrennt nach Gruppen (ED=Ess-Störung (n=15) ; KG=Kontrollgruppe (n=15)).

Zusätzlich wurde noch die zweite Skala „positiv-aggressiv" überprüft. Es ergaben sich an beiden Tagen tendenziell bedeutsame Veränderungen im Verlauf (Tag 1: F(6;168)=2,134; p=.052; Tag 2: F(3,853;107,885)=2,148; p=.084), allerdings konnte eine am ersten Tag auftretende bedeutsame gruppenspezifische Reaktion (F(1;28)=7,641; p=.010) am zweiten Tag nicht nachgewiesen werden. Dafür zeigte sich am zweiten Tag ein bedeutsamer Interaktionseffekt (F(3,853;107,885)=3,566; p=.010). Bei der Überprüfung der univariaten Kontraste zeigte sich, dass die Unterschiede am ersten Tag auf die Zeitpunkte 18, 20 und 22 Uhr am zweiten auf 18 und 22 Uhr zurückzuführen sind.

Tabelle 4.9: Mittelwerte und Standardabweichung des subjektiven Befindens auf der Skala „positiv-aggressiv" getrennt nach Gruppen (ED= Ess-Störungsgruppe; KG= Kontrollgruppe). Auf dem 5% Niveau bedeutsame Unterschiede zu den Zeitpunkten sind mit einem Stern gekennzeichnet.

	TAG 1						
	16 Uhr	17 Uhr	18 Uhr *	19 Uhr	20 Uhr *	21 Uhr	22 Uhr*
ED (n=15)	0,4 (0,6)	0,7 (0,9)	0,8 (0,8)	0,7 (0,9)	0,5 (0,8)	0,3 (0,8)	0,9 (1,1)
KG (n=15)	0,1 (0,3)	0,5 (0,6)	0,4 (0,3)	0,3 (0,3)	0,2 (0,3)	0,1 (0,3)	0,1 (0,3)

	TAG 2												
Uhr	10	11	12	13	14	15	16	17	18*	19	20	21	22*
ED (n=15)	0,2 (0,4)	0,1 (0,2)	0,6 (0,6)	0,7 (0,6)	0,6 (0,8)	0,3 (0,5)	0,2 (0,4)	0,5 (0,8)	0,5 (0,6)	0,4 (0,5)	0,4 (0,8)	1 (1,5)	1,3 (0,7)
KG (n=15)	0,5 (1,1)	0,3 (0,9)	0,5 (1,2)	0,6 (0,9)	0,5 (0,8)	0,3 (0,4)	0,4 (0,6)	0,5 (0,9)	0,1 (0,3)	0,3 (0,7)	0,4 (0,8)	0,4 (1)	0,1 (0,1)

Hypothese 7

Es wurde die Häufigkeitsverteilung der ausgeführten Tätigkeiten überprüft. Dabei ergab sich ein bedeutsamer Unterschied in der Verteilung der Tätigkeiten zwischen den Gruppen:

Tabelle 4.10: Verteilung der Aktivitäten im Laufe des ambulatorischen Monitorings getrennt nach Experimental- (ED) und Kontrollgruppe (KG)

	Arbeit	Freizeit	Mahlzeit	Hygiene	sonstiges	Total
ED (n=20)	37	286	86	14	59	482
KG(n=16)	108	263	52	7	76	506
Gesamt	145	549	138	21	135	988

Schlüsselt man die einzelnen Handlungen weiter auf, so ergeben sich für das Item Arbeit folgende Verteilung für die Unterpfade:
In der ED-Gruppe wurden 13 mal (34,2%) sonstige Tätigkeiten angegeben, 4 mal (10,5%) Besprechungen, 3 mal (7,9%) Vorlesung, 8 mal (21,1%) PC – Arbeit und 8 mal (21,1%) Lesearbeiten. In der Kontrollgruppe dagegen wurden 22 mal (20%) sonstige Tätigkeiten beschrieben, 16 mal (14,5%) Besprechungen, 3 mal (2,7%) Vorlesungen, 36 mal (32,7%) PC-Arbeiten, 31 mal (28,2%) Lesearbeiten. Die Gruppen unterschieden sich dabei nur tendenziell signifikant voneinander (Chi^2=12.930; df=7; p=.074).
Auch für die Art der Verteilung der Freizeit wurde eine Chi^2-Testung durchgeführt. Es zeigte sich, dass auch bei der Freizeitgestaltung bedeutsame Unterschiede zwischen den Gruppen finden. So führten 11, 6% der Frauen der ED und 9,3% der KG Gespräche. Sportlich aktiv waren nur 12,6% der ED im Tagesverlauf, aber 22,1% der KG. 8,1 % der Freizeitaktivitäten waren in der ED Telefongespräche, in der KG allerdings nur 3,9%. Ausgehen gaben nur 1,1% der ED aber 7,4% der KG an. Lesen und Entspannen gaben 25,6% der ED-Frauen an, aber nur 19,8% der KG. Nachdenken hatte in der ED-Gruppe einen Anteil von 10,2%, in der KG 7%. Fernsehen gaben 20.4% in der ED und 16,7% der KG an. Einkaufen war mit 3,2% in der ED häufiger vertreten als in der KG mit 0,8% und Spazieren gehen hatte in der ED einen Anteil von 7%, in der Kontrollgruppe dagegen von 13,2%.

Tabelle 4.11: Häufigkeitsverteilung der Ereignisse in der Kategorie Freizeitaktivitäten im Verlauf des gesamten ambulatorischen Monitorings getrennt nach Gruppen (ED=Experimental-gruppe, KG=Kontrollgruppe).

	ED (n=20)	KG (n=16)	Gesamt
Gespräche	33	24	57
Sport	36	57	93
Telefonieren	23	10	33
Ausgehen (Club, Pub)	3	19	22
Lesen, Entspannen	73	51	124
Nachdenken	29	18	47
TV, Radio	58	43	101
Einkaufen	9	2	11
Spazierengehen	20	34	54
Gesamt	284	258	542

Insgesamt erscheint die Kontrollgruppe so aktiver und kommunikativer, die ED dagegen eher zurückgezogen und passiver. Die Verteilung unterschied sich bedeutsam zwischen den Gruppen mit einer Irrtumswahrscheinlichkeit von weniger als 1% (Pearson-Chi^2=39,465; df=9).

Hypothese 8

Insgesamt konnten 102 Mahlzeiten in den 20 Aufzeichnungsstunden erfasst werden. Davon waren 75 normale Mahlzeiten, 27 Snacks sowie 14 Essanfälle. Aufgrund der zweitätigen Aufzeichnung sind mehrere Mahlzeiten pro Person enthalten.

Die Verteilung wurde auf signifikante Unterschiede zwischen den Gruppen überprüft. Die Chi^2-Testung unterschied sich in der Auftretensverteilung der Mahlzeiten zwischen den Gruppen (Pearson-Chi^2=18.979; df=4; p=.001) signifikant. Die Frauen der ED aßen sowohl mehr normale Mahlzeiten als auch mehr Snacks zusätzlich zu 14 aufgezeichneten Essanfällen.

Die Gruppenverteilung stellt sich dabei wie folgt dar:

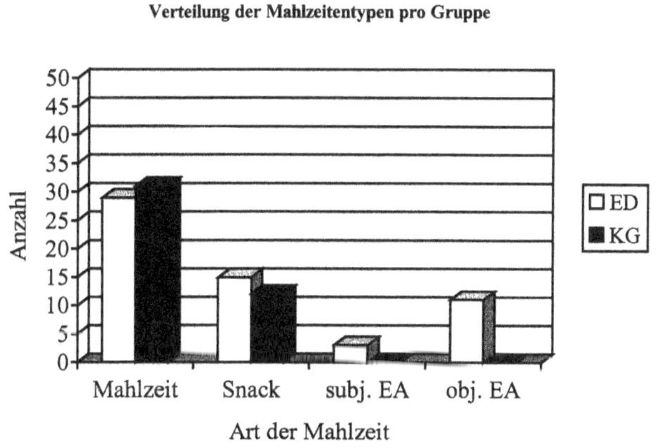

Abbildung 4.10: Absolute Häufigkeit der Art der Mahlzeiten getrennt nach Experimental- (ED) und Kontrollgruppe (KG). Kategorie „Mahlzeiten" beinhaltet Frühstück, Mittag- und Abendessen, die Kategorie „Snack" kleinere Mahlzeiten und süße Sachen zwischendurch. Die Kategorie „Essanfälle" beinhaltet objektive und subjektive Essanfälle, welche anhand der Angaben aus den Essprotokollen aufgeteilt wurden.

Schlüsselt man die einzelnen Mahlzeiten auf, ergibt sich folgende Verteilung:

Tabelle 4.12: Verteilung in absoluter sowie in Klammern prozentualer Häufigkeit eines Mahlzeitentyps in Ess-Störungs- und Kontrollgruppe.

Gruppe	Frühstück	2. Frühstück	Mittagessen	Snack	Abendessen	Ess-anfall
ES (n=20)	4 (6,9%)	3 (5,2%)	7 (12,1%)	11 (19%)	18 (31,0%)	15 (25,9%)
KG (n=16)	2 (4,7%)	3 (7,0%)	13 (30,2%)	10 (23,3%)	15 (34,9%)	0

Bei der Überprüfung der situativen Merkmale ergab sich für die Wahl der Orte ebenfalls eine bedeutsam unterschiedliche Auftretenshäufigkeit (Pearson-Chi^2=48,025; df=4; p>.001). In der folgenden Übersicht ist die Verteilung der Orte dargestellt:

Tabelle 4.13: Übersicht der Verteilung der Orte, an denen Mahlzeiten eingenommen wurden getrennt nach Gruppen (Experimentalgruppe=ED; Kontrollgruppe=KG).

	Zu Hause	Mensa Kantine	Restaurant	Imbiss-Stube unterwegs	Insgesamt
ED (n=20)	55	28	2	0	85
KG (n=16)	28	11	7	5	51
Gesamt	83	39	9	5	136

Es wurde zudem der Verlauf der subjektiv empfundenen Hungergefühle (Skala „Hungergefühle" bestehend aus Verlangen zu essen und Hunger) auf Unterschiede zwischen den Gruppen varianzanalytisch überprüft.

An beiden Tagen verändert sich das wahrgenommene Hungergefühl über den Tag bedeutsam (Tag 1: F(3,95)=10,99; p>.001; Tag 2: F(5,164)=3,88; p=.042). Für den ersten Tag ist allerdings weder die Interaktion noch die gruppenspezifische Reaktion bedeutsam. Am zweiten Tag tritt dann sowohl bei der Interaktion (F(5,164)=2,3; p=.042) wie auch dem Gruppenfaktor (F(1,30)=6,49; p=.016) ein bedeutsamer Unterschied auf. Bei der Überprüfung der univariaten Kontraste zeigte sich, dass vor allem in den späten Abendstunden (20-22 Uhr) auf dem 5% Niveau bedeutsame Unterschiede zwischen den Gruppen vorliegen. Tendenziell bedeutsam unterscheiden sich die Gruppen zu den Zeitpunkten 13 und 15 Uhr (p=.089). Wie aus der Abbildung ersichtlich, liegt das Hungergefühl in der ED-Gruppe zu den herkömmlichen Mahlzeitenpunkten (13 Uhr) sowie zu den Nachmittags- und späten Abendstunden insgesamt höher als in der KG.

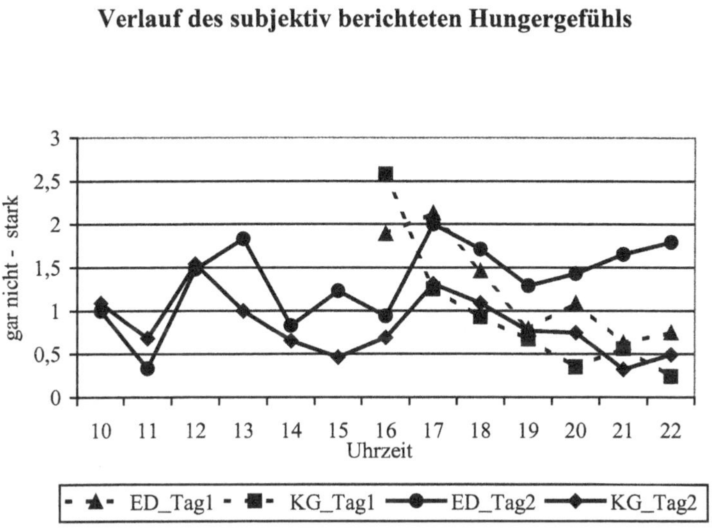

Abbildung 4.11: Verlauf der subjektiv berichteten Hungergefühle (Skala Hungergefühl") Tag 1 und 2 des ambulatorischen Monitorings getrennt nach Gruppen (ED=Ess-Störungsgruppe; KG=Kontrollgruppe) für Tag 1 und Tag 2.

Hypothese 9

Da die Aufzeichnungen der Speichelsekretion über 1,5 Tage gingen, werden im folgenden beide Tage getrennt ausgewertet. In der nachfolgenden Darstellung ist dann der Verlauf der Speichelsekretion vergleichend für beide Tage in einer Tabelle getrennt nach Gruppen aufgezeigt.

Das Zeitfenster für die Beobachtung und Messung der Speichelsekretion am ersten Tag lag zwischen 16 Uhr und 22 Uhr. Insgesamt gingen 35 Personen (KG=15; ED=20) in die Analyse ein. Es wurde eine ANOVA der stündlichen Messzeitpunkte mit Messwiederholung (siebenstufig) und Gruppenfaktor (Ess-Störungs- und Kontrollgruppe) durchgeführt. wobei die stündlichen Messungen die sieben Messwiederholungsstufen darstellen.

Betrachtet man die Abbildung, so ist zu sehen, dass das Sekretionsniveau in der ED-Gruppe über beide Tage insgesamt leicht über dem der Kontrollgruppe liegt und stärkeren Schwankungen unterliegt. Das Niveau ist in den Nachmittagsstunden am niedrigsten, über die Abendstunden liegt an beiden Tagen das höchste Niveau vor. Ebenfalls ist in der Abbildung zu sehen, dass in der KG an Tag 2 Anstiege in der Speichelreaktion vornehmlich zu den traditionellen Essenszeiten (10 Uhr Frühstück; 13 Uhr Mittag; 19 Uhr Abendessen) vorliegen. Es wurde daher eine Varianzanalyse mit dem Faktor „Mahlzeiten" als Kovariate gerechnet, um eventuelle Konfundierungen zu überprüfen.

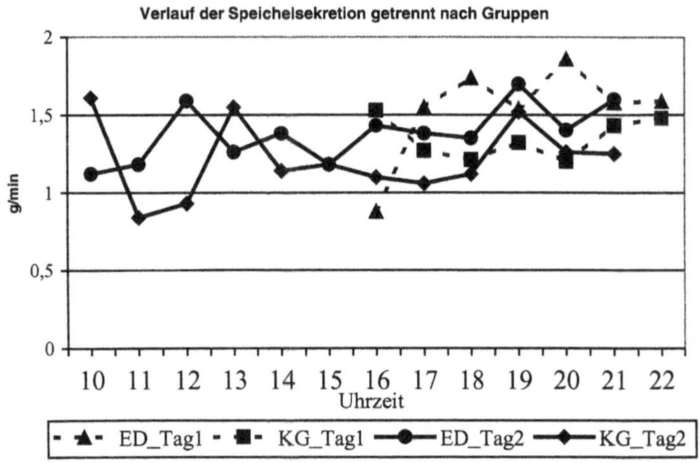

Abbildung 4.12: Verlauf der Speichelsekretion in g/min über Tag 1 von 16-22 Uhr und Tag 2 von 10 bis 21 Uhr getrennt nach Gruppen (ED= Ess-Störungsgruppe; KG=Kontrollgruppe)

Es ergab sich am ersten Tag ein bedeutsamer Interaktionseffekt (F(6,198)=4,316; p>.001), aber kein Zeit- oder Gruppeneffekt. Bei der Überprüfung der Kontraste zeigte sich nur ein tendenziell bedeutsamer Unterschied bei Beginn der Messungen (F(1,33)=3,731; p=.062).

Die Varianzanalyse des zweiten Tages erwies sich zum einen bei der Prüfung der Spherität (Mauchley's Test) als signifikant. Es wurde daher die Greenhouse–Geisser Korrektur vorgenommen. Es ergab sich sowohl eine bedeutsame Änderung über den Verlauf (F(4,149)=5,108; p=.006) als auch für die Interaktion „Gruppe x Uhrzeit" (F(4,149)=7,535; p=.024). Es gab allerdings keine gruppenspezifisch bedeutsame Reaktion. Der Interaktionseffekt ist dabei auf die Zeitpunkte 2 (11 Uhr; F(1,34)=4,13; p=.05) und 3 (12 Uhr;

F(1,34)=5,866; p=.021) zurückzuführen. Die übrigen Kontraste unterscheiden sich nicht bedeutsam.

Cortisol

Es konnten nicht alle vorhandenen Speichelproben in die Cortisolauswertung einbezogen werden, da diese teilweise zu wenig Sekret enthielten. Zur Analyse standen deshalb nur von 35 Versuchspersonen (ED=19, KG=16) Cortisolwerte über 1,5 Tage Monitoring zur Verfügung. Für den ersten Aufzeichnungstag ergab sich nur für den Verlauf ein bedeutsamer Effekt (F(3,107)=17,24; p>.001), weder der Gruppenfaktor noch die Wechselwirkung zwischen Messwiederholung und Gruppenfaktor waren statistisch signifikant. Auffällig im Verlauf ist ein Anstieg in der KG um ca. 19 Uhr, der auf Nahrungsaufnahme zurückgeführt werden könnte. Auch in der ED Gruppe findet ein Anstieg um diese Uhrzeit statt, allerdings nicht so ausgeprägt, dafür aber über eine längere Zeit (bis 21 Uhr). In beiden Gruppen sinkt die Sekretionsrate im Verlauf der Aufzeichnung ab, was der aus der Literatur bekannten circadianen Rhythmik entspricht.

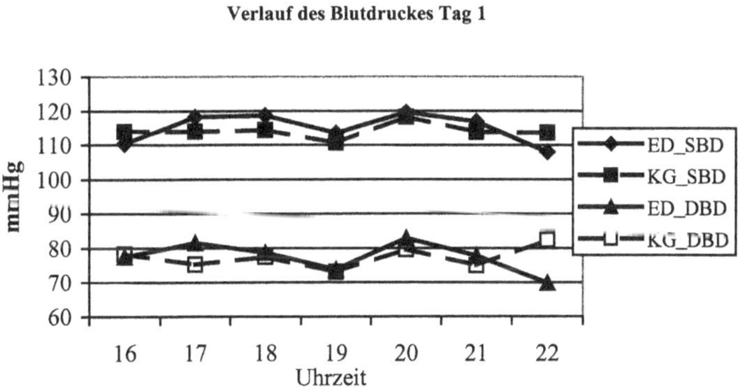

Abbildung 4.13: Verlauf des Blutdruckes (Stundenmittelwerte getrennt für systolischen und diastolischen Blutdruck)) über den Tag 1 des ambulatorischen Monitorings getrennt nach Gruppen (KG=Kontrollgruppe; ED=Ess-Störungsgruppe)

Am zweiten Tag ist sowohl der Faktor „Verlauf" als auch der Faktor „Gruppe" statistisch signifikant. In beiden Gruppen verringert sich die Sekretionsmenge bis zum Abend entsprechend der circadianen Rhythmik ähnlich Tag 1,

allerdings sind keine ausgewiesenen Spitzen während der Essenszeiten zu finden. Das Sekretionsniveau unterscheidet sich zwischen den Gruppen darin, dass die KG trotz anfangs gleich hoher Sekretionsmenge im Tagesverlauf höhere Konzentrationsraten aufweist. Bei der Überprüfung der Kontraste konnte zum Zeitpunkt 15 und 16 Uhr ein bedeutsamer Unterschied nachgewiesen werden, welcher auf einen leichten Anstieg in der KG bei stetigem Absinken in der ED zurückzuführen ist.
Insgesamt können die Vermutungen über einen erhöhten Cortisolspiegel in der ED im Tagesverlauf sowie erhöhte Konzentrationen zu den Essenszeiten nicht nachgewiesen werden.

Hypothese 10
Die kardiovaskuläre Aktivität wurde mittels ANOVA über den Tagesverlauf auf Unterschiede zwischen den Gruppen überprüft. Dazu wurde zunächst eine ANOVA mit den Daten aus dem ersten Tag (Stundenmittelwerte) für systolischen und diastolischen Blutdruck gerechnet. Im Anschluss daran wurde der Verlauf der kardiovaskulären Parameter für den zweiten Tag analysiert.

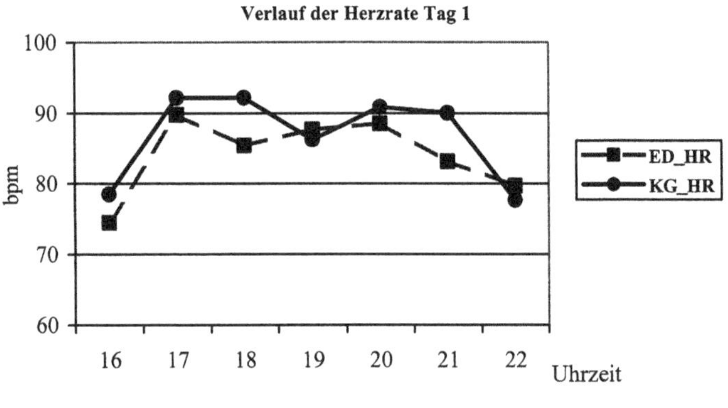

Abbildung 4.14: Verlauf der kardiovaskulären Aktivität (Stundenmittelwerte) über den Tag 1 des ambulatorischen Monitorings getrennt nach Gruppen (KG=Kontrollgruppe; ED=Ess-Störungsgruppe)

Wie in Abbildung 4.12 und 4.13 ersichtlich, variiert der Verlauf der kardiovaskulären Aktivität über den Nachmittag und Abend des ersten Tages nur leicht. Das Niveau in den beiden Gruppen ist in etwa gleich, wobei die Kontrollgruppe im Schnitt etwas niedrigere Werte aufweist. Die Veränderungen im Verlauf sind für alle drei Parameter statistisch bedeutsam (SBD: F(3,100)=3,74; p=.009; DBD: F(4,119)=5,529; p>.001; HR: F(3,105)=10,599; p>.001). Ein Interaktionseffekt zeigt sich einzig bei der Herzrate (F(3,105)=10,599; p>.001), der Effekt ist auf Unterschiede in der Zeit vor dem Abendessen (17 Uhr) und am späten Abend (22 Uhr) zurückzuführen. Weder Herzrate noch diastolischer oder systolischer Blutdruck weisen gruppenspezifische Unterschiede auf.

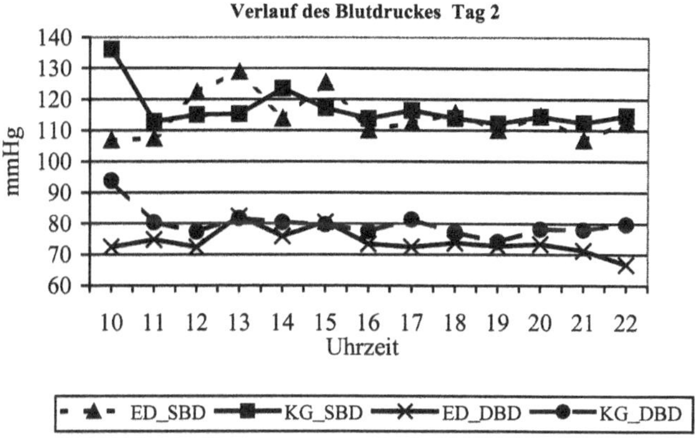

Abbildung 4.15: Darstellung der kardiovaskulären Reaktivität über den 2. Tag des ambulatorischen Monitorings getrennt nach Gruppen (ED=Ess-Störungsgruppe; KG=Kontrollgruppe)

Für den zweiten Tag sieht der Verlauf etwas anders aus: bzgl. der Blutdruckreaktivität zeigt sich für beide Blutdruckparameter wie auch die Herzrate bedeutsame Veränderungen über den Verlauf (SBD: F(4,134)=3,135; p=.011; DBD: F(5,157)=4,493; p>.001; HR: F(6,191)=4,518; p>.001) wie auch signifikante Interaktionen (SBD: F(4,134)=4,324; p=.001; DBD: F(5,157)=4,049; p=.001). Die Veränderungen im Verlauf des DBD sind zudem statistisch bedeutsam (F(1,28)=13,958; p=.001). Der SBD unterscheidet sich vor allem am Vormittag ähnlich dem DBD: Die Unterschiede sind beim DBD insbesondere auf einen höheren diastolischen Blutdruck der KG am Vormittag sowie am frühen Abend zurückzuführen. Zur Mittagszeit steigt auch der diastolische Blutdruck in der ED-Gruppe an und sinkt erst zum Nachmittag hin wieder ab. Die Herzrate weist nur tendenziell signifikante Unterschiede in der Interaktion (F(6,191)=2,016; p=.057) wie auch der gruppenspezifischen

Reaktion auf (F(1,28)=3,683; p=.065). Die Unterschiede liegen vor allem in den Abendstunden.

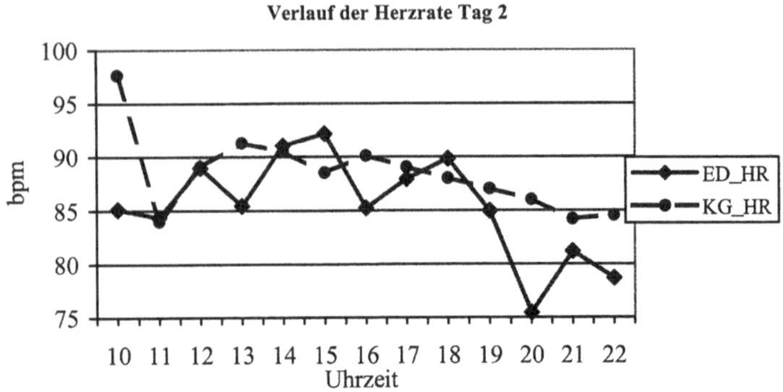

Abbildung 4.16: Darstellung der kardiovaskulären Reaktivität über den 2. Tag des ambulatorischen Monitorings getrennt nach Gruppen (ED=Ess-Störungsgruppe; KG=Kontrollgruppe)

Die Abbildung zeigt, dass sich die Unterschiede in der kardiovaskulären Reaktivität vor allem punktuell zeigen. Der Blutdruck unterscheidet sich dabei vor allem in den Vormittagsstunden mit höherer Reaktivität des SBD und niedrigerem DBD in der ED. Die Herzrate unterscheidet sich eher in den späteren Abendstunden, wobei die ED eher eine niedrigere Herzrate im gesamten Tagesverlauf aufweisen (Abb. 4.16).

4.4.4 Post Hoc Analysen

Es wurden anhand des Analyseprogramms MLn eine binominale Regressionsschätzung zur Überprüfung der Vorhersagekraft der Hypothese, dass ein Essanfall aus einer Person x Situationsinteraktion besteht – und zwar, dass die intrapersonale Komponente „negativer Affekt“ mit der Situation „alleine“ zusammen die Entstehung eines Essanfalles vorhersagt. Es wurde dabei nur die Messzeitpunkte des Episodentyps „Mahlzeit“ eingesetzt. Dabei ergaben sich 120 Messzeitpunkte. Der Faktor „Gruppenzugehörigkeit“ (ED vs. KG) wurde als „fixed factor“ behandelt. Das Ereignis „Binge“ wurde als abhängige Variable in Form eines „fixed factors“ auf zwei Stufen „Tag und Versuchsperson“ eingesetzt, wobei „Versuchsperson“ (VPN) das Level 1 mit den meisten

Datenpunkten darstellte und „Tag“ als nächste Stufe das Level 2 ergab, welches dem Level 1 übergeordnet war – die Daten des Levels 2 „nisten“ in den Daten des Levels 1. Die beiden Terme, welche zur Vorhersage herangezogen wurden, waren „negativer Affekt“ (NA), und zwar die Daten, welche den Eingaben des Zeitpunktes direkt vor dem Essanfall entsprachen und die Situationsvariable „anwesende Personen“ (anwesend). Diese beiden Terme wurden als „random factors“ behandelt. Zusätzlich wurde eine Konstante für beide „random factors“ geschaffen. Die Schätzlogarithmen basierten auf einer „maximum likelihood“ Schätzung. Signifikanz für das Schätzmodell wurde dann erreicht, wenn der Standardmessfehler (in der Klammer) höchstens die Hälfte der Streuung betrug. Wie aus der Gleichung ersichtlich, ist der Standardmessfehler für alle drei gewählten Vorhersageterms mehr als um die Hälfte kleiner als die Streuung, so dass alle drei Terme bedeutsam zur Vorhersage eines Essanfalles beitragen.

Binge tag, vpn ~ **Binomial** (**denom**tag,vpn’ πtag,vpn)
Binge tag,vpn = πtag,vpn + **e**0tag,vpn **u_cons***
probit(πtag,vpn) = β1vpn**cons** + ***0,5722(0,162)na***tag,vpn + -***0,489(0,149)anwesend***tag,vpn + ***-2,015(0,771)gruppe***tag,vpn
β1vpn =**1,360 (0,824)** + μ1vpn
[μ1vpn] ~ **N[0, Ω]** : **Ωμ** = **[0,013 (0,013)]**
u_cons* = u_cons [(πtag,vpn (1- (πtag,vpn)/denomtag,vpn]^{0,5}
[e0tag,vpn] ~ **(0, Ωe)** : **Ωe** = [**1,000(0,000)**]

Abbildung 4.17: Formelübersicht des Multilevel Modells für die Vorhersage eines Essanfalles durch die fixed-factors „na“ (negativer Affekt), „anwesend“ (Anzahl der anwesenden Personen) und Gruppenzugehörigkeit (ED vs KG). Die Zahlen geben die Varianz an.

4.5 Diskussion

Die vorliegende Teilstudie diente zur Überprüfung von Antezedentien von Essattacken bei Frauen mit diagnostizierter Ess-Störung. Dabei wurden neben der Aufzeichnung von subjektiven Berichten und situativen Merkmalen auch physiologische Parameter erfasst. Neben der Aufzeichnung von Essanfällen und Mahlzeiten wurden über „signal-sampling“ Vergleichssituationen ohne Mahlzeit aufgezeichnet. Dies erlaubte die Überprüfung der Tagesstruktur hinsichtlich der erhobenen Parameter und damit einen Vergleich der Beschäftigungsstruktur und affektiven Schwankungen im Tagesverlauf. Ziel war es, Auslösebedingungen zu identifizieren und ein gruppenspezifisches Muster hinsichtlich der Antezedentien von Essanfällen herauszuarbeiten.

Zunächst werden die Ergebnisse zum Ereignis Essanfall diskutiert und im weiteren dann Vergleiche in der Tätigkeitenstruktur dargestellt.

4.5.1 Charakteristik eines Essanfalles

In vorangehenden Studien konnte gezeigt werden, dass trotz vereinzelt gegenteiliger Befunde, vor einem Essanfall meist negative Stimmungen wie Ärger, Gefühle innerer Leere (Stickney, Miltenberger & Wolff, 1999; Davies, Freeman & Garner, 1988), Stress, Gedanken an Essen (Hawkins & Clement, 1984; Lingswiler, Crowther & Stevens, 1989) sowie erhöhtes subjektives Verlangen (Laberg et al., 1990) auftreten.

Die Ergebnisse des Prä-Post-Vergleichs der vorliegenden Studie bestätigen diese Vorbefunde. Es zeigte sich für die Skala „negativer Affekt", dass 20 Minuten vor dem Essanfall der negative Affekt weniger ausgeprägt war als direkt vor dem Essanfall. Der berichtete negative Affekt schwankte zudem für das Ereignis „Essanfall" stärker. Im Gegensatz dazu war der berichtete negative Affekt vor einer normalen Mahlzeit geringer und veränderte sich weniger über die drei Messzeitpunkte. Ähnlich stabil, auf dem geringsten Niveau lag der von der Kontrollgruppe berichtete negative Affekt.

Die in den früheren Studien inkonsistenten Ergebnisse könnten auf unterschiedlich formulierte Fragen zum negativen Affekt oder einer unterschiedlichen Erfassung von Ausprägungen dieses Affektes (Depression, Ängstlichkeit, Unsicherheit, usw.) zurückzuführen sein. Daher wurde trotz der Gefahr einer Alpha-Inflation durch zu häufiges Testen, eine varianzanalytische Untersuchung der Einzelitems vorgenommen, um eine genauere Analyse der affektiven Schwankungen im Verlauf des Essanfalles zu erhalten.

Es zeigte sich, dass für das Ereignis „Essanfall" wiederum die stärkste Ausprägung auf allen Einzelitems vorkam. Das Gefühl von Anspannung war dabei am stärksten ausgeprägt. Es steigerte sich im Verlauf und fiel nach dem Essanfall nicht auf das ursprüngliche Niveau zurück. Entgegen der Annahmen findet während des hier durchgeführten ambulatorischen Monitorings also nur eine geringe Spannungsreduktion durch den Essanfall statt. Tuschen-Caffier (1997) fand dagegen eine Reduktion der Anspannung, während ein diffuser Angstzustand bestehen blieb. Dies fand sich bei dieser Untersuchung nicht. Am zweitstärksten war für das Ereignis „Essanfall" die berichtete Unsicherheit ausgeprägt. Entgegen der Anspannung findet aber eine Reduktion der Unsicherheit im Verlauf des Essanfalles statt. Ähnlich verhalten sich die subjektiv berichtete Ängstlichkeit, Traurigkeit, Aufgeregtheit und Scham. Die Reduktion der Ängstlichkeit findet sich ebenfalls in der Studie von Kaye et al. (1986). Zudem wird dort eine Reduktion von Depressivität berichtet, welche hier den Items Unsicherheit und Traurigkeit gleichgesetzt werden könnte. Das Sinken des Schamgefühles im Verlauf ist ein Ergebnis, welches eher nicht zu erwarten gewesen wäre, da in den meisten Studien (Steiger et al., 1999; Arnow, Kenardy & Agras, 1992; Johnson & Larson, 1982) ein Anstieg des Schamgefühles im Verlauf des Ess-Brechzyklus beschrieben wurde. In der vorliegenden Arbeit tritt eine Reduktion im Verlauf ein, wobei der Grad des Schamgefühles nach dem Essanfall zwar niedriger ist, allerdings gegenüber dem Zeitpunkt 1 (20 min vor dem Essanfall) erhöht bleibt.

In der Studie von Arnow, Kenardy und Agras (1992) zeigte sich bei retrospektiven Berichten, dass eine Stimmungsverschlechterung eintritt, was allerdings auf Gefühle von Ärger und Schuld zurückgeführt wird und nicht wie hier berichtet auf Anspannung und Unsicherheit.

Für die Kontrollbedingung „Mahlzeit_ED" und „Mahlzeit_KG" sind im Verlauf keine bedeutsamen Veränderungen zu erkennen. Zwar ist das Anspannungsniveau in der ED gegenüber der KG vor und während einer Mahlzeit höher, es bleibt aber auf dem gleichen Niveau. Durch die Nahrungsaufnahme findet also bei einer Mahlzeit keine Stimmungsveränderung in der ED-Gruppe statt, auch in der KG wird die Stimmung durch die Nahrungsaufnahme nicht bedeutsam verändert. Die Gruppenunterschiede sind für alle drei Bedingungen auf dem 5% Niveau bedeutsam.

Hinsichtlich des negativen Affektes ist somit zu sagen, dass es bei einem Essanfall zu einer Stimmungsveränderung durch die Nahrungsaufnahme kommt. Ein schon vor dem Essanfall stärker bestehender negativer Affekt erreicht direkt vor dem Essanfall den Höhepunkt und sinkt bis 20 min nach dem Essanfall nicht wieder auf das Ausgangsniveau ab. Es findet also eine Stimmungsverschlechterung, wie schon von Arnow, Kenardy und Agras (1992) berichtet statt. Insbesondere das Gefühl der Anspannung und Unsicherheit scheint dafür verantwortlich zu sein. Konsistent mit den berichteten Studien findet eine Reduktion der Ängstlichkeit und Traurigkeit statt.

Das schon in früheren Studien berichtete Gefühl von Ärger wurde getrennt vom negativen Affekt überprüft. Es wird berichtet, dass Ärger sowohl als Auslöser (Stickney, Miltenberger & Wolff, 1999) als auch zur Stimmungsverschlechterung nach dem Essanfall in Form von Ärger über sich selbst (Arnow, Kenardy & Agras, 1992) beiträgt. In der vorliegenden Studie konnten die Befunde hinsichtlich der Hypothese einer Stimmungsverschlechterung bestätigt werden. In allen drei Bedingungen ist zunächst kaum Ärger vorhanden, direkt vor einem Essanfall steigt dieser auf das dreifache an und sinkt danach nur geringfügig ab.

Als dritter Komplex bei der Betrachtung subjektiven Erlebens ist das Verlangen zu essen bzw. Hungergefühl zu sehen. Es wurde eine Skala „Hungergefühle"

gebildet. Hier zeigte sich, dass sich die Bedingungen EA-ED und EA-KG bedeutsam unterschieden, wobei in der Bedingung „Essanfall“ die Hungergefühle am stärksten waren.
Da davon ausgegangen wird, dass ein Unterschied zwischen dem subjektiven Hungergefühl und dem empfundenen Verlangen besteht, wurden beide Items getrennt ausgewertet. Es zeigte sich, dass die KG 20 min vor dem Essen den stärksten Hunger berichteten, nach der Mahlzeit aber nicht mehr hungrig sind. Die Frauen der ED-Gruppe machen für die Bedingung „Mahlzeit“ ähnliche Angaben, aber bei dem Ereignis „Essanfall“ bleibt der Hunger auf einem mittelgradig ausgeprägtem Niveau, ohne dass es zu einer Abnahme kommt. Wenige Studien überprüften die Hungerratings vor und nach einem Essanfall. Bei Kaye et al. (1986) wurde von nur geringem Hunger vor einem Essanfall berichtet, was bei verschiedenen anderen Autoren bestätigt wurde (Arnow, Kenard & Agras, 1992).
Das in den meisten Studien berichtete „beschäftigt sein mit Essen“ (Johnson & Larson, 1982; Laberg et al., 1990; Lingswiler, Crowther & Stephens, 1989) bzw. das Verlangen zu essen (Tuschen-Caffier, 1997) ist selten systematisch im Verlauf eines Ess-Brechzyklus untersucht worden. Das subjektiv berichtete Verlangen unterscheidet sich in dieser Studie bedeutsam zwischen den Gruppen und Bedingungen. Während vor einer normalen Mahlzeit in beiden Gruppen das Verlangen deutlich niedriger als das Hungergefühl ist, ist das Verlangen zu essen direkt vor einem Essanfall extrem stark ausgeprägt. In verschiedenen Studien wurden hohe Korrelationen zwischen Anspannung, Hunger und Verlangen zu essen (Tuschen-Caffier, 1997) bzw. zwischen erlebten Belastungsgrad und Verlangen zu essen berichtet (Laberg et al., 1991). Dies konnte in der vorliegenden Studie ebenfalls gezeigt werden: direkt vor dem Essanfall ist Verlangen zu essen, Anspannung und Unsicherheit am stärksten ausgeprägt.
Insgesamt ist festzuhalten, dass das Verlangen zu essen als bester Prädiktor für die Auslösung eines Essanfalles zu sehen ist, Anspannung und Belastung im Sinne eines negativen Affektes scheinen vom Verlauf her eine weniger große Rolle zu spielen. Zurückzuführen sein könnte dieser Befund auf die häufig eher weniger gut ausgeprägte Fähigkeit, Stimmungen und Gefühle wahrzunehmen und zu benennen. So könnte es sein, dass schwierige soziale Interaktionen oder andere mit den Protokollen nicht erfasste situationale Faktoren zur Auslösung des Verlangens beitragen, also das negative Gefühl weniger auf eine subjektiv schlechtere Stimmung als auf ein gesteigertes Verlangen zu essen umschlägt. Um diese Vermutung zu überprüfen, wurden die erfassten situativen Parameter mit in die Überlegungen einbezogen:

Aus der Patientenberichten und Protokollen ist bekannt, dass Essanfälle meist alleine und zu Hause stattfinden (Johnson & Larson, 1982; Grilo, Shiffman & Carter-Campell, 1994; Meyer, Waller & Walters, 1998). Diese Befunde konnten bestätigt werden. Über die Hälfte der Essanfälle fanden zu Hause und alleine statt und mehr als 2/3 in der Zeit ab 16 Uhr. Es scheint also ein Muster bestehend aus Tageszeit, Ort und Anwesenheit anderer Personen als Gelegenheitsbieter zu fungieren.
Die Überprüfung der kardiovaskulären Parameter wie auch der cephalischen Reaktionen (Speichelreaktivität) und Cortisolsekretion erwies sich als nicht bedeutsam bei der Vorhersage zur Auslösung eines Essanfalles. Zudem zeigte sich im Verlauf des Ess-Brechzyklus zwar eine Veränderung der kardiovaskulären Aktivität, allerdings konnte keine gruppenspezifischen Unterschiede nachgewiesen werden. Es wird daher angenommen, dass das Verlangen zu essen nicht primär von körperlichen Veränderungen sondern eher auf der kognitiven Ebene ausgelöst wird. Einschränkend ist anzumerken, dass es bislang kaum Studien gibt, welche die physiologischen Reaktionen vor einem Essanfall überprüft haben, deshalb ist aufgrund der geringen Stichprobenzahl keine eindeutige Aussage möglich. Tendenziell scheint eine stärkere Erregung direkt vor dem Essanfall vorhanden zu sein. Die einzige Studie, welche die Herzrate im Tagesverlauf überprüfte (Vögele, unveröffentl.) konnte ebenfalls keine gruppenspezifische Reaktion nachweisen. Vielmehr zeigte sich, dass das Muster individuell sehr stark variiert.
Zusammenfassend ist zu sagen, dass einem Essanfall direkt ein negativer Affekt, insbesondere Anspannung und Unsicherheit wie auch ein extrem starkes Verlangen zu essen bei eher niedrig ausgeprägtem Hungergefühl vorangeht, wobei bestimmte Situationen (alleine, zu Hause und abends) als Gelegenheitsbieter fungieren. Physiologisch konnten keine Besonderheiten nachgewiesen werden.

4.5.2 Charakteristik der Tagesstruktur

Um die Entstehung des Verlangens besser zu verstehen, wurde die Tagesstruktur (Beschäftigungen, affektive Schwankungen, Hungergefühl und Mahlzeitenstruktur) überprüft.
Es zeigte sich, dass die ED-Gruppe insgesamt negativere Stimmung berichtete, vor allem zu den Zeitpunkten der Mahlzeiten (Mittags- und Abendzeit) traten deutliche Unterschiede zwischen den Gruppen auf. Der Unterschied tritt deutlicher am zweiten Tag gegenüber dem ersten auf. Die subjektiv berichteten Gefühle positiv-aggressiver Art (Ärger, Aggression) decken sich in etwa mit dem berichteten negativen Affekt, allerdings liegt der Schwerpunkt in der ED-

Gruppe erst in den Abendstunden. Es scheint, dass die positiv-aggressive Komponente sich erst im Laufe des Tages aufbaut und zusätzlich zu bestimmten Anlässen wie z.B. einem Essanfall auftritt. Befunde zur positiv-aggressiven Komponente des negativen Affektes werden kaum berichtet. Ärgergefühle werden vornehmlich im Zusammenhang mit Essanfällen berichtet (vgl. Rebert, Stanton & Schwarz, 1991).

Die wenigen ambulatorischen Studien weisen ähnliche Befunde hinsichtlich des negativen Affektes auf. In der ambulatorischen Studie von Alpers und Tuschen-Caffier (2000) konnte durch Einzelvergleiche ebenfalls negativere Stimmung in den Abendstunden nachgewiesen werden. Die Autoren berichten von gleichzeitig stärkeren Hungergefühlen in den Abendstunden. Eine frühere Studie von Tuschen-Caffier (1997), welche Stimmungsveränderungen im Rahmen von Protokollen erfasste, konnte im gesamten Tagesverlauf negativere Stimmung (Anspannung, Ängstlichkeit, Unsicherheit, Reizbarkeit) nachweisen. Weitere Indizien sind die Befunde, dass Essattacken häufig bei Frauen mit depressiven Verstimmungen auftreten. Die Befunde, dass negativere Stimmung mit verstärkten Hungergefühlen einhergeht, wird von Studien aus der Stressforschung untermauert. Sowohl häufigeres Auftreten von Stress-Situationen wie auch deren schlechtere Bewältigung konnte mit dem Auftreten von Essattacken in Zusammenhang gebracht werden (Crowther et al., 2001; Wardle et al., 2000). Zudem liegen die Spitzen des berichteten negativen Affektes in den bevorzugten „Essanfalls-Zeiten", und zwar in den Abendstunden (vgl. Alpers & Tuschen-Caffier, 2000). Auch die Befunde der Regressionsanalysen sprechen dafür, dass der negative Affekt unter Einbezug der Situation („alleine sein") die Entstehung eines Essanfalles aufklärt. Ähnliche Vorhersagemodelle wurden auch in der Studie von Greeno, Shiffman und Wing (2000) gefunden: schlechte Stimmung, alleine und zu Hause sowie Kontrollverlust zeigten sich als bedeutsame Prädiktoren für das Ereignis „Essanfall".

Eine Überprüfung der Situationsmerkmale zeigte, dass die ED-Gruppe insgesamt weniger aktive und kommunikative Aktivitäten im Laufe des Tages unterhielt als die Frauen der Kontrollgruppe. Die Frauen der ED-Gruppe gaben an, häufiger als die Teilnehmerinnen der KG fernzusehen, nachzudenken oder zu lesen, während Personen der KG häufiger abends ausgingen, Sport machten oder Spazieren gingen. Bislang wurde die Tagesstrukturierung nicht derart systematisch untersucht. Viele Studien weisen darauf hin, dass Essanfälle vorwiegend in Situationen wie Langeweile, unstrukturierter Zeit u.ä. auftreten. Die Überprüfung der Tagesstruktur beweist, dass durch das beschriebene Tätigkeitsmuster genügend zufällige Möglichkeiten vorhanden sind. So werden häufig Essanfälle vor dem Fernseher oder während des Lesens genannt (vgl.

Studie III). Ein wichtiger Hinweis ist auch das Ergebnis, dass mehr als die Hälfte der Mahlzeiten in der ED-Gruppe zu Hause eingenommen werden. Während in der KG die Wahl der Orte stärker variiert. Im Sinne des Konditionierungsmodells von Jansen (1995) würde diese eher einseitige Tagesgestaltung und stärkere Bindung für Mahlzeiten an bestimmte Orte für eine leichtere Konditionierbarkeit von Verlangen sprechen. Wichtig ist dabei die Annahme der gelernten Assoziation von Verlangen und Hunger mit negativer Stimmung (vgl. Alpers & Tuschen-Caffier, 2000). Bei passender Gelegenheit könnte es so schneller und leichter zu einem Essanfall kommen.

Um Zusammenhänge zwischen Hunger und negativer Stimmung zu überprüfen, wurden in der vorliegenden Arbeit daher neben der Stimmung auch die Hungergefühle im Verlauf überprüft. Bedeutsame Unterschiede zwischen den Gruppen fanden sich in dieser Studie nur am zweiten Tag. Dabei waren in der ED-Gruppe höhere Hungerratings in den Abendstunden (20-22 Uhr) sowie tendenziell signifikant auch um die Mittagszeit (13 und 15 Uhr) zu finden. Dies entspricht in etwa der Verteilung des negativen Affektes sowie dem berichteten positiv-aggressiven Gefühl. Regressionsanalytisch erwiesen sich keine signifikanten Zusammenhänge zwischen den Parametern Hunger, negativer Affekt und Essanfall.

Im Sinne der „Restraint Eating" Theorie wäre Nahrungsdeprivation ein weiterer Vulnerabilitätsfaktor, welcher zu erhöhter Reaktivität gegenüber Nahrungsreizen führen könnte. Um dies zu überprüfen, wurde die Mahlzeitenstruktur in der ED-Gruppe mit der der KG verglichen. Es zeigte sich, dass die Frauen der ED-Gruppe entgegen der Annahme mehr Hauptmahlzeiten als auch Snacks aßen als die KG. Insgesamt aber belegte das Muster, dass in der ED-Gruppe im Vergleich weniger Hauptmahlzeiten und mehr Snacks als in der KG gegessen wurden. Die Signifikanztestung mit dem Chi^2-Test wies trotz der ungleichen Stichprobengrößen einen bedeutsamen Effekt auf. Frühere Befunde bestätigen dieses Ergebnis (vgl. Guertin, 1999).

Die Verteilung der Mahlzeiten zeigte, dass die Verteilung von Frühstück, Mittag- und Abendessen in der KG etwa gleichmäßig ist, die Abstände also geringer sind, während in der ED-Gruppe über die Hälfte der Mahlzeiten erst nach 16 Uhr (Snacks und Abendessen + Essanfälle) eingenommen werden. Dies würde darauf hinweisen, dass Nahrungsdeprivation als Vulnerabilitätsfaktor im Sinne erhöhter Reaktionsbereitschaft auf Nahrungsreize nicht außer Acht gelassen werden sollte. Hinsichtlich des Verlaufs der cephalischen Reaktionen ist dann auch tatsächlich ein erhöhtes Speichelsekretionsvolumen in den Abendstunden zu finden. Dies galt allerdings für beide Gruppen, so dass nicht von einer gruppenspezifischen Reaktion auszugehen ist. Allerdings tritt ein Interaktionseffekt an beiden Tagen auf, welcher auf Unterschiede zur

Mittagszeit (12 Uhr) und Abendzeit (20 Uhr) zurückzuführen ist. Das Niveau in der ED-Gruppe ist insgesamt trotz niedrigerer Anfangsrate stets über dem der KG, schwankt im Verlauf auch wesentlich stärker. In der Literatur wird das Maximum des Speichels um 16 Uhr liegend für gesunde Versuchspersonen angegeben (Schmidt, 1987), das Minimum liegt in den frühen Morgenstunden. Das Maximum in der KG liegt am zweiten Tag morgens 10 Uhr, am ersten Tag bei 16 Uhr (Start der Messung). Dies entspricht also nicht ganz dem vorbeschriebenen Verlauf, wobei davon auszugehen ist, dass die Messung um 10 Uhr nicht nüchtern stattfand, sondern nach dem Frühstück lag. Für die ED-Gruppe liegt der Gipfel am ersten Tag bei 20 Uhr, am zweiten Tag bei 12 und 19 Uhr, entspricht also an beiden Tagen keineswegs dem bekannten Verlauf. Es scheint durch die Erkrankung also eine Verschiebung der Sekretion stattzufinden. Es wäre zu vermuten, dass entweder tatsächlich eine Art konditionierte Speichelreaktion stattfindet und in den Abendstunden die Sekretionsrate aufgrund häufiger abendlicher Mahlzeiten und Essanfälle antizipatorisch höher ist als im Tagesverlauf oder es durch die tatsächlich abends stattfindende Nahrungsaufnahme zu einer über mehrere Stunden dauernde Erhöhung der Speichelrate kommt. Hinsichtlich der kardiovaskulären Aktivität sind keine Unterschiede zwischen den Gruppen festzustellen. Der Blutdruck verändert sich über den Tagesverlauf bedeutsam, wobei am ersten Tag nur die Herzrate einen Interaktionseffekt aufweist, welcher auf die Zeitpunkte 17 und 22 Uhr zurückzuführen ist. Am zweiten Tag ist für beide Blutdrücke das Niveau in der ED-Gruppe niedriger, es kommt aber zu einem Interaktionseffekt aufgrund einer stärkeren systolischen Blutdruckreaktion am Vormittag (11 und 12 Uhr). Ein tendenziell bedeutsamer Gruppenunterschied bzgl. der Herzrate ist auf eine höhere Herzrate der ED am Abend gegenüber dem Tagesverlauf innerhalb der Gruppe und dem Verlauf am Abend gegenüber der KG zurückzuführen. Insgesamt ist die physiologische Reaktivität über den Tag vom Muster her ähnlich den subjektiven Parametern mit Veränderungen zu den Mittags- und Abendstunden. Die Veränderungen sind jedoch nicht gruppenspezifisch und es lassen sich keine Zusammenhänge mit Stimmungsveränderungen nachweisen. Inwiefern die kardiovaskulären Veränderungen durch Nahrungsaufnahme entstanden sind oder als antizipatorische Effekte ähnlich einer „Angstreaktion" bei Panikpatienten (Margraf et al., 1987) fungieren, bleibt weiter unklar. Die Annahme einer motivationsspezifischen Reaktion – also kardiovaskuläre Reaktivität als Person x Situation Interaktion einhergehend mit bestimmten Bewertungen (Schandry, 1996) war in dieser Studie nicht nachzuweisen.

Zusammenfassend ist festzuhalten, dass sich im Tagesverlauf deutliche Stimmungsveränderungen zu den Zeitpunkten zeigen, in denen typischerweise

Essanfälle auftreten bzw. Mahlzeiten stattfinden. Mit der negativen Stimmung einher geht ebenfalls ein gesteigertes Verlangen. Die Beschäftigungsstruktur unterscheidet sich in beiden Gruppen bedeutsam, wobei die Frauen der ED eher passive und weniger kommunikative Aktivitäten anführen. Auch konnte bei der Verteilung der Mahlzeiten die Hypothese bestätigt werden, dass Frauen mit einer diagnostizierten Ess-Störung insgesamt mehr Snacks als Hauptmahlzeiten essen und diese auch eher ab dem Nachmittag zu sich nehmen. Auf physiologischer Ebene konnten keine eindeutigen Veränderungen im Tagesverlauf nachgewiesen werden, allerdings zeichnete sich die Tendenz ab, dass auch die kardiovaskulären Parameter, insbesondere die Herzrate zu den Mahlzeiten ansteigt. Eine antizipatorische Speichelreaktion konnte nicht nachgewiesen werden, allerdings zeigte sich in der ED-Gruppe insgesamt eine tendenziell höhere Speichelsekretionsrate.

4.5.3 Therapeutische Implikationen und Ausblick

Insgesamt deuten diese Ergebnisse darauf hin, dass unabhängig davon, ob man von klassisch oder operant konditionierten Entstehungsmodellen ausgeht, der subjektiven Bewertung von Situationen, der Gelegenheit, einen Essanfall zu haben wie alleine sein, Verfügbarkeit von Essen und dem Gefühl des Verlangens zu essen entscheidende Bedeutung zukommt.

Das ambulatorische Monitoring, welches in dieser Arbeit durchgeführt wurde, konnte keine kausalen Zusammenhänge verdeutlichen, allerdings lassen die Ähnlichkeiten im Verlauf wie auch das signifikante Regressionsmodell darauf schließen, dass gerade der negative Affekt und die situativen Merkmale deutlich an der Auslösung eines Essanfalles beteiligt sind. Dies bestätigt Vermutungen, dass Probleme in Beziehungen, Gefühle und Gedanken einen stärkeren Einfluss auf die Auslösung eines Essanfalles haben als physiologische Faktoren (Eldrege, Locke & Horowitz, 1996). Klassische Konditionierungsmodelle wie aus der Suchtforschung bekannt scheinen damit weniger initiale Bedeutung zu haben.

Für die therapeutische Arbeit bedeutet dies, dass bei einem besseren Verstehen der auslösenden Kognitionen und Bewertungen, welche zu dem Verlangen zu essen führen, auch bessere Behandlungserfolge erzielt werden können. Im Sinne kognitiv-behavioraler Ansätze würde dies nicht nur die Modifikation des Essverhaltens beinhalten, sondern darauf hinweisen, dass vermehrt der Fokus auf dysfunktionale Kognitionen gelenkt werden sollte. Zum einen sollte dabei dem Selbstkonzept vermehrt Aufmerksamkeit gewidmet werden. Wie im Kapitel „Die Rolle des Selbstkonzept bei Ess-Störungen“ (Abschnitt 2.5.1; S. 26) beschrieben, setzt sich das Selbstkonzept aus Einstellungen zur eigenen Person in Bereichen von Leistung, soziale Beziehungen und allgemeiner

Wertschätzung zusammen. Weicht das Idealkonzept vom Realkonzept in diesen wichtigen Bereichen stark ab, kann dies im Vergleich mit anderen in zentralen Punkten wie zum Beispiel dem Aussehen oder dem Erfolg (häufig werden Frauen mit einer Ess-Störung als perfektionistisch und extrem Leistungsorientiert beschrieben) zu negativen Bewertungen und infolge zu negativen Gefühlen führen. Die handlungsanleitende Funktion des Selbstkonzeptes sollte daher in Therapiemanualen einbezogen werden. Wissenschaftlich bedürfen diese Überlegungen weiterer Erforschung. So sollten ambulatorische Studien Aufzeichnungen von Gedankeninventaren über mehrere Tage beinhalten, insbesondere Valenz, Inhalt und Häufigkeit von Kognitionen vor einem Essanfall sollten dabei von Interesse sein, um bessere Aussagen über essanfallsauslösende Qualität von Kognitionen machen zu können.

Das handlungstheoretische Partialmodell der Persönlichkeit bietet dafür einen guten Ansatzpunkt, da es davon ausgeht, dass eine Handlung aufgrund subjektiver Bewertungen von Handlungsergebnissen oder –zielen (Valenzen) und subjektiven Erwartungen darüber, dass einer bestimmten Handlung ein Ergebnis/Ziel folgt. Bzgl. der Ess-Störungsrelevanten Handlungen müsste demnach eine kognitive Struktur und Erwartung für das Ereignis „Essanfall“ vorhanden sein. Die Studie zeigte, dass die Erwartung, durch einen Essanfall eine positivere Stimmung zu induzieren, nicht eintrat, sondern bzgl. des vorhanden negativen Affektes nur eine Verschiebung in der Qualität stattfand. Handlungsleitend könnte demnach nicht die Manipulation des Affektes im Sinne einer Besserung, sondern die mögliche Ablenkung von den negativen Gefühlen sein. Dafür sprechen Befunde aus der Stress-Forschung, welche belegen, dass Frauen mit einer Bulimiediagnose eher zur Vermeidung und emotionszentriertem Bewältigungsstil neigen (Shartford & Evans, 1996). Es sollten daher im Rahmen der Therapie Ressourcen zur Bewältigung negativer Gefühle oder Gedanken vermittelt werden. Erste Ansätze sind mit der Adaption des dialektischen Therapieansatzes von Linehan für Borderlinestörungen schon gemacht. Eine Evaluation dieser Programme, insbesondere der Einsatz von Skill-Training steht noch aus.

Ergebnisse bisheriger Therapieforschung weisen jedoch darauf hin, dass durch Verbesserung des Interaktionsstiles, der Konflikt- und Problemlösefähigkeiten langfristig eine Verbesserung auch der Ess-Störungssymptomatik einsetzt (vgl. Fairburn, James, Peveler, Hope, O’Connpor, 1993). Anzumerken ist allerdings, dass die kognitiv-behaviorale Therapie sich als schneller wirksam zeigte (Agras, Walsh, Fairburn, Wilson & Kraemer, 2000). Es konnte aber auch gezeigt werden, dass diejenigen, die schneller auf die kognitiv-behaviorale Therapie (CBT) reagierten, auch bessere Selbstkontrollfähigkeiten besaßen (Bulik, Sullivan, Carter, McIntosh & Joyce, 1999). Neuere Therapieansätze versuchten zudem, Komponenten aus beiden Richtungen (CBT und IPT) zu vereinen. Die Resultate waren durchweg positiv, längere Katamnesestudien stehen noch aus (Nevonen, Broberg, Lindström & Levin, 1999).

4.5.4 Einschränkungen der Studie

Die größte Einschränkung der vorliegenden Studie betrifft die trotz ausreichender Power geringe Stichprobengröße. Wichtig wäre daher eine Replikation des ambulatorischen Monitorings an einer größeren Gruppe von Frauen mit Ess-Störungen, wobei die Trennung Diagnosen-spezifisch erfolgen sollte. Zwar wurde davon ausgegangen, dass die Abläufe vor einem Essanfall sowohl bei Bulimikerinnen als auch Frauen mit einer Binge Eating Störung gleich sind, doch sollte dies anhand einer getrennten Analyse dieser Gruppen bestätigt werden. Zudem ist nicht außer Acht zu lassen, dass trotz der sehr kleinen Zellen bei den Post hoc Testungen der Laborstudie Hinweise darauf zu finden waren, dass sehr wohl unterschiedliche Reaktionen v.a. in den physiologischen Parametern wie Speichelsekretion und kardiovaskuläre Reaktivität vorhanden sind. Dies könnte an dem unterschiedlichen Schweregrad der Erkrankung liegen, und zwar scheint durch das Erbrechen bei den Bulimikerinnen vom „purging type" abnorme Reaktionen in allen Bereichen am stärksten ausgeprägt zu sein gegenüber den Bulimikerinnen vom „non-purging type". Es folgen die Frauen mit einer Binge eating Disorder. Da im Rahmen des ambulatorischen Monitoring die Stichproben zudem aus einer deutschen wie auch einer englischen Population bestanden, fließen hier unter Umständen unterschiedliche kulturelle Effekte hinsichtlich Nahrungsmittelzusammenstellung, Alkoholkonsum u.ä. ein. Die deutsche Stichprobe bestand zudem aus stationären Patienten, während die englische Stichprobe einem studentischen Pool entsprang. Unterschiede im Schweregrad der Ausprägung und Dauer der Erkrankung könnten zu Verzerrungen in den Ergebnissen führen. Aufgrund der sehr geringen Zellenbesetzung wurden diese Effekte vernachlässigt und nicht überprüft.

Auch die Dauer von nur 1,5 Tagen engt die mögliche Generalisierung sowohl der gefundenen Beschäftigungsstruktur als auch des Essverhaltens, ein. Sinnvoll wäre daher eine längere Dauer oder mehrere Intervalle von 2 Tagen, um bessere und sicherere Aussagen über Verhaltensmuster machen zu können.

Eine weitere Einschränkung ist mit Sicherheit die Vernachlässigung der Bewegungsartefakte bei der physiologischen Messung. Die Verwendung eines EMG um Artefakte durch stärkere Bewegung zu erfassen sollte bei Folgeuntersuchungen beachtet werden.

Zudem sollten die Bewältigungsstrategien, soziale Interaktionen und dysfunktionale Kognitionen zusätzlich zur Stimmung abgefragt werden, um einen besseren Überblick über deren Funktion bei der Entstehung von Verlangen zu essen zu bekommen.

5 Inhaltsanalyse retrospektiver Berichte zur Auslösung von Essanfällen

5.1 Einleitung

Bisherige Studien konzentrierten sich vorwiegend auf die Affektlage bei der Erklärung von Essanfällen. So gelten aus der Alkoholforschung vor allem Affekte als beste Prädiktoren für die Vorhersage eines Rückfalles. Labor- und Feldstudien aus der Ess-Störungsforschung weisen ebenfalls in diese Richtung. Klassische und operante Modelle erklären somit die Entstehung eines Essanfalles über Spannungsreduktion oder gelernte Assoziationen. Über die Mediatoren dieser Prozesse ist wenig bekannt. In den letzten Jahren wird dabei immer wieder auf Defizite im Copingverhalten als Vermittler eingegangen. In einer Studie mit studentischer Stichprobe fand man beispielsweise positive Korrelationen von vermeidenden und emotionalen Copingstrategien und gestörtem Essverhalten sowie negative zwischen gestörtem Essverhalten und problem- und aufgabenorientiertem Lösen (Jansen, Kelly & Sakloske, 1992). Einige wenige Studien untersuchten in diesem Zusammenhang Bewertung von sozialen Interaktionen und Copingverhalten anhand retrospektiver Berichte (Troop, Holrey & Treasure, 1998). Die Autoren fanden, dass Frauen mit einer Bulimia nervosa deutlich stärkeres Gedankenkreisen und kognitive Vermeidung aufwiesen, dagegen aber weniger in der Lage waren, die Probleme herunterzuspielen (Bagatellisieren). Zudem attribuierten die Frauen mit Ess-Störung häufiger die Schuld auf sich (Selbstbeschuldigung) und suchten weniger soziale Unterstützung. Andere Studien (Troop, 1996; Neckowitz & Morrison, 1991) konnten eine negativere Bewertung der Interaktion (Bedrohung) wie auch häufigeres Vermeiden oder Rückzug aus der Situation (Flucht) nachweisen.

Aus dem Bereich der Kognitionsforschung werden selektive Aufmerksamkeitsprozesse, dysfunktionale Attributionen und Kognitionen als Vermittler geprüft. Untersuchungen aus diesem Bereich finden dabei vorwiegend im Labor statt. Die Ergebnisse sind uneinheitlich, konsistent wird jedoch ein Aufmerksamkeitsbias hinsichtlich Nahrungsmittel und Körper aus den Stroop-Testungen berichtet (Ben-Tovim et al., 1989; Cooper et al., 1991; Cooper, Anastasiades & Fairburn, 1992; Lovell, Williams & Hill, 1997). Verschiedene Fragebogenstudien konnten zusätzlich stärkere dysfunktionale Muster im Zusammenhang mit essstörungsrelevanten Reizen (Nahrung, Körper) nachweisen (Jansen et al., 1998; Cooper, 1997; Dritschel, Williams & Cooper).

Bei einer der wenigen Feldstudien in diesem Bereich wurden unstrukturiert essstörungsrelevante Kognitionen über zwei Tage protokollarisch erfasst (Zotter & Crowther, 1991).

Die Autoren wiesen dabei häufiger und intensivere negative Gedanken sowie nahrungs- und gewichtsbezogene Kognitionen im Tagesverlauf bei Frauen mit einer Ess-Störung nach. Diese waren häufiger dysfunktional (dichotom). In einer späteren Studie der selben Autoren (Zotter-Bonifazi & Crowther, 1996) wurde bei ähnlichem Vorgehen mit einem standardisierten Gedankeninventar gearbeitet. Auch hier konnten vermehrt negative als auch stärker dysfunktionale Kognitionen bei Frauen mit einer Ess-Störung nachgewiesen werden. Beide Studien überprüften weder einen Zusammenhang zwischen Auftreten der negativen und dichotomen Kognitionen und einem Essanfall, noch wurde ein Zusammenhang zwischen negativen Kognitionen und Stimmungsverschlechterung überprüft. Cooper (1997) führte dazu eine Studie durch. Über die Bewertung von verschiedenen Standardsituationen zeigte sich, dass Frauen mit einer Ess-Störung negative und selbstbezogene Situationen eher gewichts- und figurbezogen interpretieren und danach in schlechterer Stimmung gewesen seien. Lingswiler, Crowther und Stevens (1989) konnten zeigen, dass direkt vor einem Essanfall neben einer schlechteren Stimmung auch vermehrt dichotome Gedanken berichtet werden. In einer retrospektiven Studie wurden Gedanken an die Verletzung von Diätregeln als einer der Hauptauslöser beschrieben (Arnow, Kenardy & Agras, 1992). Einen neuen Erklärungsansatz bietet zudem die Theorie des ironischen Denkens, welche von einem verstärkten Auftreten einer zu unterdrückenden Kognition und deren handlungsleitender Relevanz ausgeht (Harnden et al., 1997; Johnston, Bulik & Anstiss, 1999; Oliver & Huon, 2001). Die aufgeführten Studien berichteten dabei von einem vermehrten Auftreten nahrungsbezogener Kognitionen unter verschiedenen Versuchsbedingungen bei der Instruktion, nicht an Essen zu denken. Die einzige Feldstudie, die sich dieses Prinzip zunutze machte, konnten einen Anstieg der Kognitionen an die verbotene Speise nachweisen. Auch hier wiederum wurde der Zusammenhang von Anstieg nahrungsbezogener Kognitionen und Auslösung eines Essanfalles nicht überprüft (Mann & Ward, 2001).

Diese Befunde bieten die Grundlage weiterer Arbeiten, um den Einfluss von Kognitionen bei der Entstehung von Essanfällen zu untersuchen. Grundlage dafür ist die kognitive Überinvolvierung, welche durch die selektiven Aufmerksamkeitsprozesse insbesondere auf Nahrungsmittel zu einer erhöhten Bereitschaft, auf diese Reize zu reagieren, führen könnte. Im Rahmen der Alkohol- und Suchtforschung wird davon ausgegangen, dass automatisch ablaufende Prozesse dazu führen, dass die Personen sich unbewusst in Situationen bewegen, in denen sie dem Reiz der Droge (oder Essen) ausgesetzt sind (Green, Rogers & Elliman, 2000). Die verlängerten Latenzzeiten in den modifizierten Strooptests scheinen auf diese unbewusste Aufmerksamkeitsverarbeitung hinzuweisen. Im Rahmen des Konzeptes der Reizreaktivität (vgl. 2.6, S. 50) wird ein Modell beschrieben, in welchem davon ausgegangen wird, dass physiologische Erregung, welche zu Verlangen und Suchtverhalten führt, durch automatisch ablaufende kognitive Prozesse vermittelt werden (Tiffany, 1995). Es wird argumentiert, dass jede Handlung, die oft genug ausgeführt wird, von mal zu mal immer weniger Aufmerksamkeit und Anstrengung braucht und schließlich von der bewussten Ebene zum automatisch ablaufenden Prozess wird – z.B. wie beim Autofahren. Die automatisierten Prozesse gehen ins Langzeitgedächtnis über und werden als Handlungsschemata abgespeichert, welche dann durch bestimmte Auslösereize aktiviert werden und zur Handlung führen. Übertragen könnte man annehmen, dass durch häufiges Ausführen eines Essanfalles nach Konflikten, bei Langeweile oder in negativer Stimmung der Prozess automatisiert wird. Ähnliche Vorgänge auf physiologischer Basis postuliert das CBE - Conditional Model of Binge eating (Jansen, 1995). Zahlreiche Untersuchungsergebnisse können zur Unterstützung der Thesen des Konditionierungsmodells herangezogen werden, doch ist die Extinktion der konditionierten physiologischen Reaktionen und deren Verbindung zu den Essanfällen noch nicht hinreichend untersucht. Zwar wird mit den Ergebnissen bisheriger Forschung schon in den Expositionstherapien - Konfrontation mit verbotenen Nahrungsmitteln (CS) und Vermeidung nachfolgenden Essens - gearbeitet, doch fehlt weitergehende Grundlagenforschung, da gerade hier in den wenigen Arbeiten unterschiedliche Ergebnisse aufgetreten sind (Jansen et al., 1989; Jansen et al., 1992b; Rosen & Leitenberg, 1982; Schmidt & Marks, 1988).

Die meisten der durchgeführten Arbeiten legen den Schwerpunkt zur Überprüfung des Modells auf die im Mittelpunkt des CBE stehenden physiologischen Reaktionen und Veränderungen, die einem Essanfall vorangehen. Dem wurde im Rahmen der Feld- und Laborstudie dieses Dissertationsvorhabens Rechnung getragen. In dieser inhaltsanalytischen Betrachtung soll daher systematisch auf situationale Reize, Kognitionen und Verhaltensweisen im Sinne des Bewältigungsverhaltens eingegangen werden.

5.2 Methoden

5.2.1 Inhaltsanalyse

Die Inhaltsanalyse setzt an einem geradezu trivial klingenden Sachverhalt an – in dem, was Menschen sprechen und schreiben, drücken sich ihre Absichten, Einstellungen, Situationsdeutungen, ihr Wissen und ihre stillschweigenden Annahmen über ihre Umwelt aus. Damit erlaubt sie, objektiv und systematisch Rückschlüsse von sprachlichem Material auf nichtsprachliche Phänomene zu ziehen (Vitousek & Hollon, 1990). Im wissenschaftlichen Kontext wird bei inhaltsanalytischem Vorgehen Material wie Zeitungsberichte, Dokumentationen, Interviews verwertet, das emotionale und kognitive Befindlichkeit, Verhaltensweisen oder Handlungen repräsentiert . Bei der Auswertung unterscheidet man manifeste oder latente Kommunikationsinhalte. In der vorliegenden Arbeit wird dabei nur auf das manifeste Material, nicht aber interpretierend auf latente Inhalte eingegangen. In der Psychologie wird die Inhaltsanalyse vor allem seit der kognitiven Wende eingesetzt und dient vorwiegend zur Erfassung und Messung psychischer Befindlichkeiten. Es gibt zwei Arten von Inhaltsanalysen, welche auf unsere Art von Dokumenten angewandt werden kann:

Die quantitative Inhaltsanalyse oder auch **Intensitätsanalyse**, welche sich darauf beschränkt, bestimmte Elemente eines Textes auszuzählen und in ihrer Häufigkeit mit dem Auftreten anderer Elemente dann zu vergleichen. Die zu zählende Einheit wird dabei durch ein Kategorienschema festgelegt. Das Kategorienschema erhält der Forscher durch alltagsweltliche oder wissenschaftstheoretische Vorüberlegungen. Zusätzlich werden die zu erfassenden Merkmale auf einer Kategorie zur Erfassung der Ausprägung des Merkmals eingestuft (positiv vs negativ vs neutral).

Die andere Möglichkeit wäre eine qualitative Auswertung, welche **qualitativ-reduktiv** durch Streichung überflüssigen Materials Kernaussagen aus dem Text herausextrahiert und diese dann ebenfalls durch Gruppenbildung nach Häufigkeiten vergleicht. Dabei wird heuristisch vorgegangen, es werden keine wissenschaftlichen Vorbefunde zur Hypothesenbildung herangezogen. Auch ist die Prüfung der Valenz schwieriger.

Für die Auswertung der narrativen Interviews wurde die Methode der Intensitätsanalyse verwendet, um die Daten auf Hypothesenkonformität überprüfen zu können. Im Folgenden wird das dafür zugehörige Kategoriensystem vorgestellt.

5.2.2 Kategoriensystem

Aus den oben beschriebenen Modellen wurden folgende Kategorien als Interpretationshilfe herangezogen. Die Kodiervariablen sind in den Kategorien im Einzelnen beschrieben. Kodiert wurden alle Einheiten, die für sich stehend einen Sinn ergaben – also ganze Sätze oder einzelne Satzteile, die einen inhaltlich abgrenzbaren Aspekt enthielten. Füllwörter oder unvollständige Sätze wurden ausgeschlossen.

Selbstwertbezogene Kognitionen
beinhalten folgende Aspekte:

1) Kognitionen, Auffassungen, Überlegungen, Beurteilungen, Bewertungen, Gefühle und auch Handlungen der Person, die den **Bereich der eigenen Leistungsfähigkeit** betreffen – z.B. Aussagen dazu, dass man „etwas taugt", „immer nur Misserfolge erlebt", „Angst hat, zu versagen", „ein Versager ist"

2) Aussagen zur eigenen **Fähigkeit, Probleme oder Schwierigkeiten des** Alltages selbständig zu regeln und Bewertung des Durchhaltevermögens und zur Sicherheit der Entscheidungen – z.B. „ich werde das nie schaffen", „ich schaffe es einfach nicht, meine Probleme in den Griff zu bekommen" oder „ich bin mir unsicher, ob das richtig war"

3) Aussagen zum eigenen **Selbstwertgefühl**, zur Selbstachtung, Gefühle der Zufriedenheit mit sich selbst und Ansichten über den allgemeinen Wert wie „ich bin ein Niemand" oder „manchmal glaube ich, dass ich zu nichts gut bin" oder „ich bin ganz zufrieden mit mir"

4) Aussagen zur **Wertschätzung durch andere und Gefühle und Beziehung zu anderen**, , sowie soziale Kontakt- und Umgangsfähigkeit – z.B. „ich kann anderen meine Meinung nicht sagen", „ich richte mich nach den Erwartungen anderer", „ich bin ziemlich unsicher im Umgang mit anderen", „ich glaube, dass ich für andere nicht interessant genug bin", „ich habe oft den Eindruck, von anderen kritisch betrachtet zu werden" „es ist mir wichtig, dass andere gut von mir denken" oder „ich kann niemandem trauen"

Nahrungsbezogene Kognitionen
beinhalten alle Äußerungen, die sich mit Essen wollen, Verboten von Speisen, Menge und Art von Nahrungsmitteln oder Gedanken über Essanfall beschäftigen – z.B. „ich könnte ja was essen", „ich habe heute schon so viel gegessen, dass ich eigentlich nichts mehr darf", „hm das schmeckt gut", „ich freue mich auf's Abendessen"

Körperbezogene Kognitionen
beinhalten alle Kognitionen, in denen es um Bewertung von oder Einstellungen zu Figur, Aussehen und Gewicht geht – wie z.B. „früher sah ich viel besser aus", „ich bin zu dick", „ich muss unbedingt abnehmen".

Körpergefühle
beinhalten Aussagen zum körperlichen Befinden – z.B. „ich habe Hunger", mir ist kalt" , „ich fühle mich angespannt",

Bewältigungsversuche
Aussagen oder Verhaltensweisen, die dazu beitragen, die Situation zu bewältigen und folgende Aspekte beinhalten:

1. **Bagatellisierung** (Stärke, Dauer oder Gewichtung einer Belastung werden abgewertet – z.B. ..sage ich mir, dass alles nur halb so schlimm ist", „es ist alles nicht so wichtig")
2. **Ersatzbefriedigung** (Zuwendung zu positiven Aktivitäten oder anderen Situationen) – wie z.B. „tue ich mir selbst etwas Gutes", „esse ich was")
3. **Situationskontrollversuche** (Analysieren der Situation, Handlung zur Problemlösung/Kontrolle ausführen wie z.B. „ich versuche, den eine Verlängerung für die Abgabe der Arbeit zu bekommen", „ich versuche das Problem zu verstehen und dann eine Lösung zu finden")
4. **Bedürfnis nach sozialer Unterstützung** (Aussprache, um Hilfe bitten z.B. „ich rufe meine Freundin an, um sie um Rat zu fragen",)
5. **Soziale Abkapselung**, (Rückzug von anderen z.B. Aussagen wie „ich will niemanden sehen", „will am liebsten alleine sein")
6. **Gedankliche Weiterbeschäftigung** (sich gedanklich nicht lösen können, grübeln z.B. Aussagen wie „ich spiele die Situation immer wieder durch", „ich kann an gar nichts anderes mehr denken")
7. **Resignation** (Aufgeben, Gefühle von Hilflosigkeit, Hoffnungslosigkeit z.B. „ich finde alles sinnlos", „ich will gar nicht an die Zukunft denken")
8. **Selbstbeschuldigung** (Belastung wird eigener Fehlhandlung zugeschrieben z.B. „immer mache ich alles falsch", „es war mein Fehler")
9. **Pharmakaeinnahme oder andere Substanzen** (z.B. „ich muss mich jetzt betrinken", „erst mal eine rauchen", etc.)

Kognitive Verzerrungen
beinhalten nach den von Beck beschriebenen automatischen Gedanken Aussagen , welche **dichotome Gedanken** („jetzt ist eh alles egal"), **selektive Wahrnehmung** („ich werde das Studium nie schaffen, das hat man ja an der verhaue-

nen Arbeit gesehen") oder **voreilige Schlussfolgerungen** („er ruft mich nicht an, weil er mich nicht leiden kann") beinhalten.

Valenz der Affekte
Unterscheidung der Qualität aller Kognitionen, Handlungen oder Emotionen in negativ oder abwertend (z.B. „ich bin viel zu dick" oder „ich bin ein Versager") und positiv, zustimmend oder akzeptierend („ ich habe das gut gemacht", „meine Figur gefällt mir", „ich fühle mich wohl"). Die neutrale Valenz wurde zur Erfassung aller nicht eindeutig zuordbaren Tätigkeiten und Kognitionen pro Kategorie genutzt (z.B. „ich schaue mich im Spiegel an", „ich könnte mir ja was zu essen kaufen").
Die Kategorien Bagatellisierung, Selbstbeschuldigung, Resignation sowie dichotomes Denken, selektive Wahrnehmung und voreilige Schlussfolgerung enthielten per Definition nur negative Aussagen. Für alle übrigen Kategorien wurden Aussagen in allen drei Valenzformen bewertet.

5.2.3 Hypothesen

Vor dem Hintergrund der vielfältigen theoretischen Überlegungen zur Aufrechterhaltung von Essanfällen, entstand das Vorhaben, die von den Probandinnen geschilderten typischen Auslösesituationen auf das Auftreten der verschiedenen Merkmale zu untersuchen und deren Valenz zu erfassen. Zum Vergleich wurden idiosynkratische Belastungssituationen einer Kontrollgruppe erfragt und inhaltsanalytisch nach denselben Kriterien bewertet.

Die inhaltsanalytische Auswertung dieser Aspekte der Situationen soll helfen, das Zusammenspiel der verschiedenen Faktoren besser zu verstehen und vor dem Hintergrund der Ergebnisse der Labor- und Feldstudie die vorgestellten theoretischen Modelle in ihrer Komplexität diskutieren zu können.

Folgende Hypothesen wurden aufgestellt:

Situationsmerkmale
Hypothese1
Frauen mit einer Ess-Störung berichten häufiger negativen Affekt als Frauen der Kontrollgruppe
Hypothese2
Die Art der Beschäftigung und der Ort an dem diese stattfindet unterscheidet sich nicht zwischen den Gruppen

Oberkategorie Ess-Störungsbezogene Kognitionen

Hypothese 3

a) Frauen der Ess-Störungsgruppe äußern häufiger nahrungsbezogene Kognitionen

b) die Valenz der nahrungsbezogenen Kognitionen ist in der Experimentalgruppe häufiger negativ als in der Kontrollgruppe

Hypothese 4

a) Frauen mit einer diagnostizierten Ess-Störung äußern häufiger körperbezogene Kognitionen als die Frauen der Kontrollgruppe

b) die Valenz der körperbezogenen Kognitionen ist in der Experimentalgruppe häufiger negativ als in der Kontrollgruppe

Hypothese 5

Die Frauen der Experimentalgruppe weisen mehr negative Körpergefühle auf als die Frauen der Kontrollgruppe

Oberkategorie dysfunktionale Kognitionen

Hypothese 6

Frauen mit einer diagnostizierten Ess-Störung berichten häufiger dysfunktionale Kognitionen in den Situationsbeschreibungen als die Frauen der Kontrollgruppe

Oberkategorie Bewältigungsstrategien

Hypothese 7

Frauen mit einer Ess-Störung weisen häufiger emotionales Coping im Sinne von Ersatzbefriedigung, Substanzmissbrauch und Bagatellisierung als die Frauen der Kontrollgruppe auf

Hypothese 8

a) Frauen der Ess-Störungsgruppe berichten weniger soziale Unterstützung als Frauen der Kontrollgruppe

b) Frauen der Ess-Störungsgruppe ziehen sich häufiger zurück als Frauen der Kontrollgruppe

c) Frauen mit einer Ess-Störung berichten mehr Resignation als Frauen der Kontrollgruppe

Hypothese 9

Frauen mit einer Ess-Störung berichten mehr Selbstbeschuldigung als Frauen der Kontrollgruppe

Hypothese 10

a) Frauen mit einer Ess-Störung berichten häufiger von gedanklicher Weiterbeschäftigung als die Kontrollgruppe

b) die Valenz der gedanklichen Weiterbeschäftigung ist in der Gruppe der Frauen mit Ess-Störungen häufiger negativ als in der Kontrollgruppe

Hypothese 11

a) Frauen der Kontrollgruppe berichten häufiger von Versuchen, die Situation zu kontrollieren und zu lösen

b) Frauen der Ess-Störungsgruppe erleben Kontrollversuche negativer als Frauen der Kontrollgruppe

Oberkategorie Selbstkonzept

Hypothese12

Frauen mit einer diagnostizierten Ess-Störung weisen stärkere negative selbstbezogene Äußerungen gegenüber Frauen der Kontrollgruppe auf

Hypothese13

a) Die Frauen der Experimentalgruppe berichten von weniger Wertschätzung durch andere als die Kontrollgruppe

b) Die Frauen der Experimentalgruppe nehmen die Beziehung zu anderen negativer wahr als die Kontrollgruppe

Hypothese14

Frauen mit einer Ess-Störung berichten vermehrt negative Leistungsfähigkeit gegenüber der Kontrollgruppe

Hypothese15

a) Frauen mit einer Ess-Störung berichten weniger von aktiven Problemlösefähigkeiten

b) Die Valenz ist in der Experimentalgruppe negativer als in der Kontrollgruppe

5.2.4 Stichprobe

Die Stichprobe setzt sich aus allen Probandinnen einer Vorstudie (Legenbauer et al., in press) sowie allen Probandinnen des Dissertationsprojektes zusammen. Frauen mit einer Ess-Störung bilden die Experimentalgruppe, Frauen ohne klinische Diagnose die Kontrollgruppe.

Experimentalgruppe

Die Gruppe der Frauen mit einer diagnostizierten Ess-Störung setzt sich damit aus drei verschiedenen Diagnosegruppen (Bulimia nervosa purging type (BN-PT), Bulimia nervosa non-purging type (BN-NPT) und Binge eating disorder (BED) sowie zwei Nationalitäten (deutsch/britisch) zusammen. Die Verteilung ist wie folgt:

Einundzwanzig Frauen britischer Nationalität, davon hatten acht Frauen die Diagnose Bulimia nervosa, non-purging, sechs eine Bulimia nervosa, „purging type" (BN-PT) und sieben eine Binge eating Disorder (BED). In der deutschen Stichprobe sind 13 Frauen mit einer diagnostizierten Bulimia nervosa, „purging type". Die Gruppe der Frauen mit einer Ess-Störung setzt sich damit insgesamt aus 34 Frauen zusammen (19 BN-PT, acht BN-NP und sieben BED).

Kontrollgruppe

Die Kontrollgruppe setzt sich aus 20 englischen und neun deutschen Frauen ohne klinische Diagnose zusammen.

In Tabelle 5.1 sind die Stichprobencharakteristiken dargestellt. Wie zu erwarten, gibt es keine signifikanten Unterschiede bzgl. des Gewichtes, Alter und Größe, da in beiden Untersuchungen (Vorstudie und Hauptstudie) die Kontrollgruppe nach Alter, Gewicht und Größe stratifiziert wurde.

Tabelle 5.1: Alter, Größe und Gewicht nach Stichprobe getrennt aufgeführt mit Angabe des t-Wertes, Freiheitsgrades und Signifikanzniveaus zu Unterschieden zwischen den Gruppen. Die mit * gekennzeichneten Werte weisen einen bedeutsam unterschiedlichen Varianzgrad auf und wurden deshalb in den Freiheitsgraden korrigiert.

	Alter (Jahr)	**Größe (cm)**	**Gewicht (kg)**	**BMI (kg/m²)**
ED (n=34)	25,2 (6,4)	168,1 (6,9)	65,7 (10,8)	23,42 (4,06)
KG (n=29)	25,6 (7,1)	168,9 (7,9)	65,2 (7,1)	22,86 (2,5)
t-Wert	-.262	-.454	.229	.679
df	61	61	57.503	55.795
p	.79	.65	.82	.50

Es wurden zur Überprüfung der ess-störungsspezifischen Merkmale in der deutschen Stichprobe das deutschsprachige Eating Disorder Inventory (EDI) sowie die deutsche Version der Restraint Scale als auch der Fragebogen zum Essverhalten (FEV) verwand.

Tabelle 5.2: Übersicht von Mittelwerten, Standardabweichung und t-Test der verschiedenen Fragebögen getrennt nach Gruppen (ED=Ess-Störungsgruppe; KG=Kontrollgruppe). Der EDI ist in deutsche (D; ED=12; KG=9) und englische (E; ED=18; KG=18) Stichprobe unterteilt, wobei für die deutsche Stichprobe die Angabe in T-Werten erfolgt, für die englische Stichprobe in Rohwerten. ADS-K enthält 11=ED und 9=KG, der BDI 18=ED und 18=KG.

	ED (n=30)		KG (n=27)		t-Test		df		p>	
	D	E	D	E	D	E	D	E	D	E
EDI; Bulimie	91 (20)	8.4 (4.7)	45 (6.5)	7 (1.1)	6.6	6.7	19	34	.000	.001
EDI; Körperzufriedenh.	58 (15)	15 (8.8)	48 (10)	6.4 (7.1)	1.6	3.5	19	34	.000	.001
EDI; Schlankheitsdrang	65 (12)	9.1 (6.5)	41 (7.8)	1.4 (3.1)	4.9	4.5	19	34	.110	.001
TFEQ; Kogn. Kontrolle	10.9 (5.1)		2.5 (2.5)		7.342		55		.001	
TFEQ; Störung d. Ess.	12.2 (2.1)		4 (2.8)		12.572		55		.001	
TFEQ; Hunger	9.4 (2.7)		4.48 (2.69)		6.599		55		.001	
RS	21.5 (4.7)		7.9 (5.2)		10.329		55		.001	
ADS-K	64.5 (8.5)		43.6 (4.2)		6.372		17		.001	
SCL; Somatisierung	60.9 (12)		43.7 (7.81)		5.957		51		.001	
SCL; Zwanghaftigkeit	66.1 (11.3)		47.2 (7.9)		6.876		51		.001	
SCL; Soziale Unsicherh.	66.2 (11.2)		47.3 (9)		6.585		51		.001	
SCL; Depressivität	65.3 (9)		48.3 (8)		7.156		51		.001	
SCL; Ängstlichkeit	60.4 (12.9)		46 (7.)		4.702		51		.001	
SCL; Aggressivität	59.8 (16.8)		46.5 (7.6)		3.047		51		.004	
SCL; Phobische Angst	56.2 (16.7)		46.3 (6.6)		2.764		51		.001	
SCL; Paranoides Denk.	61 (16.9)		46.7 (8.3)		3.762		51		.001	
SCL; Psychotizismus	61.1 (12.2)		45 (8)		5.313		51		.001	
BDI	8.1 (5.8)		2.3 (2.6)		3.803		34		.001	

In der englischen Stichprobe kam das EDI, die RS und der Three Factor Eating Questionnaire (TFEQ) zum Einsatz. Die Kontrollgruppe unterschied sich dabei von der Experimentalgruppe auf allen Skalen des FEV bzw. TFEQ und der RS sowie auf den Skalen des EDI. Zur Ausprägung der Merkmale sind die Messinstrumente mit Ergebnissen und Gruppenunterschieden in Tabelle 5.2 aufgeführt. Dabei wurden die Ergebnisse für EDI für deutsche und englische Stichprobe getrennt ausgewertet, da hier unterschiedliche Auswertungsweisen (computerisiert vs manuellem auszählen) angewendet wurden. Die übrigen Messinstrumente sind für die Gruppen zusammengefasst.

Um Vergleiche über die allgemein klinische Symptomatik zu erhalten, wurde die Symptom-Checklist von Derogatis (SCL-R-90) in beiden Stichproben vorgegeben.
Zudem wurde zusätzlich Depressivität über die ADS-K (deutsch) und den BDI (englisch) erfasst. Die Gruppen unterschieden sich dabei auf allen Skalen des SCL-R-90 signifikant. Auch hinsichtlich des ADS-K (deutsche Stichprobe) wie auch des BDI (englische Stichprobe) unterschieden sich die Gruppen bedeutsam. Die Experimentalgruppe erreichte dabei auf allen Skalen der genannten Instrumente höhere Werte im Mittel gegenüber der Kontrollgruppe.

5.2.5 Untersuchungsmaterial

Die aus den Interviewsitzungen gewonnenen Transkripte zur Konfrontation insensu der idiosynkratischen Stress-Situationen wurde zur inhaltsanalytischen Auswertung herangezogen. Die Transkripte wurden anonymisiert (Namen im Text, Codenummer, etc. wurden entfernt) und in randomisierter Reihenfolge durchnummeriert. Das anonymisierte Transkript wurde zwei unabhängigen Ratern vorgelegt. Dieses wurde dann auf Auftretenshäufigkeit (vorhanden vs nicht vorhanden) und Intensität (negativ vs. neutral vs. positiv) der Ausprägung der Variablen hin bewertet.
Die Bewertungen wurden dann auf ihre Interratervariabilität hin überprüft. Dazu wurde Cohen's Kappa herangezogen. Die Übereinstimmungen sind für die verschiedenen Skalen unterschiedlich gut, im Mittel liegt die Übereinstimmung bei kappa = 0.7.
Die Skalen mit der niedrigsten Übereinstimmung (Situationskontrolle positiv und negativ, Problemlösefähigkeit positiv) wiesen auf dem 5% Niveau bedeutsame Korrelationen auf, was darauf hindeutete, dass hier Überschneidungen in der Konzeption der Kategorien vorlagen und ein eindeutiges Einordnen nicht möglich war. Eine Zusammenfassung beider Skalen erwies sich als wenig brauchbar, da sich dadurch die Interraterreliablität weiter verschlechterte. Daher wurden die genannten Subkategorien von der weiteren statistischen Auswertung ausgeschlossen.

Tabelle 5.3: Interraterreliabilität angegeben pro Subkategorie als Kappakoeffizient. Die kursiv geschriebenen Skalen korrelieren signifikant miteinander (*=.134; p=.041; **r=.152;p=.021; ***r=.147;p=.025).

Oberkategorie	**Subkategorie**	**Valenz der Kategorie**		
		positiv	neutral	negativ
Ess-störungsspezifische Kognitionen	nahrungsbezogene Kogn.	.741	.740	.821
	körperbezogene Kogn.	.535	.752	.694
	Körpergefühl	.549	.683	.649
Dysfunktionalität der Kognitionen	dichotome Kognitionen			.658
	selektive Wahrnehmung			.522***
	voreilige Schlussfolgerung			.644***
Selbstkonzept	Leistungsfähigkeit	.788		.688**
	Problemlösefähigkeit	.411*	.554	.709
	Selbstwertschätzung	.764		.565
	Wertschätzung anderer	.694		.555
Copingstrategien	Bagatellisierung			.741
	Ersatzbefriedigung	.809	.740	.689
	Situationskontrolle	.215*	.732	.374**
	Wunsch n. sozialer Unterstützung	.709	.768	.668
	Abkapselung		.612	.509
	gedankliche Weiterbeschäftigung		.682	.788
	Resignation			.616
	Selbstbeschuldigung			.865
	Substanzmissbrauch			.939

5.2.6 Statistische Auswertung

Unterschiede zwischen den Gruppen in den Kontrollvariablen und Stichprobencharakteristik wurden mit t-Tests für unabhängige Stichproben berechnet.
Zunächst wurde die Auftretenshäufigkeit über die Rater gemittelt und aufgrund der kategorialen Daten und der Bindung der Daten (Mehrfachbeschreibungen von Auslösesituationen pro Person) auf Unterschiede zwischen den Gruppen mit dem Mann-Whitney Test überprüft.
Zudem wurden die Beschreibungen neben dem Kategoriensystem nach Ort, Art der Tätigkeit (Arbeit vs. Freizeit in Anlehnung an das Ratingsystem der ambulatorischen Studie) und Anwesenheit anderer Personen überprüft und der negative Affekt pro Situation anhand angegebener negativer Gefühle („ich bin traurig“, „ich ärgere mich“) beurteilt. Die Überprüfung auf Gruppenunterschiede für die

situationalen Merkmale wurden über Kreuztabellen mit dem Chi²-Test (Pearson-Koeffizient) berechnet und in prozentualer als auch absoluter Häufigkeit dargestellt.

5.3 Ergebnisse

Zunächst werden die einzelnen Subkategorien pro Oberkategorie mit dem Mann-Whitney Test auf Unterschiede zwischen den Gruppen überprüft.

Hypothese 1

Es finden sich keine Unterschiede hinsichtlich der Art der Tätigkeit zwischen den Gruppen. 66,1% der Frauen mit Ess-Störung geben an, nicht zu arbeiten. Die übrigen 33,9% der Frauen mit Ess-Störung berichten, in der Zeit vor dem Essanfall zu arbeiten. Diese Arbeiten verteilen sich wie folgt: Meeting 4,2%, Vorlesung 5,9%, Arbeit am PC 14,4%, lernen 5,9% und sonstiges 3,4%. In der Kontrollgruppe geben 67% an, nicht zu arbeiten. Die übrigen 33% der Frauen berichten von belastenden Situationen während oder nach der Arbeit. Die Art der Arbeit verteilt sich dabei wie folgt: Meeting 9,6%, Vorlesung 2,6%, Arbeit am PC 7%, lernen 7% und sonstiges 7%. Die Überprüfung mit dem Chi²-Test ergab keinen bedeutsamen Unterschied zwischen den Gruppen (Chi^2=8.459, df=5;p=.123).

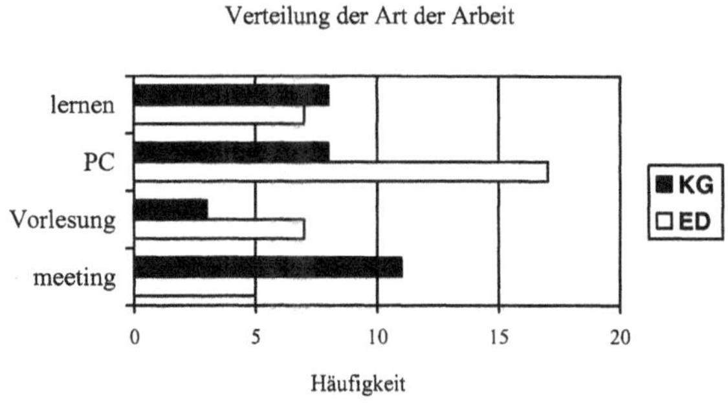

Abbildung 5.1: Übersicht der Häufigkeitsverteilung verschiedener Tätigkeiten im Bereich Arbeit getrennt nach Gruppen (ED= Ess-Störungsgruppe; KG=Kontrollgruppe).

Hinsichtlich der Freizeitgestaltung ergibt sich mit dem Chi²-Test wiederum kein Unterschied zwischen den Gruppen (Chi^2=8.459, df=5;p=.123). Circa 70% beider Gruppen geben an, eine Freizeittätigkeit zu verrichten. Dabei gaben die

Frauen mit Ess-Störung an, in 10,2% der Fälle Gespräche (Streit) geführt zu haben, 1,7% Sport, in 5,1% telefonieren, 4,2% unterwegs (ausgehen, Club), in 8% der Fälle lasen sie, zu 23,7% dachten sie vor dem Essanfall nach, in 15,3% der beschriebenen Fälle sahen sie fern und in 3,4% der Fälle waren sie einkaufen.
Die Verteilung der Tätigkeiten für die beschriebenen idiosynkratischen Situationen in der Kontrollgruppe stellt sich wie folgt dar: 21,7% Gespräche (Streit), 4,3% telefonieren, 5,2% ausgehen, 4,3% lesen, 15,7% nachdenken, 12,2% fernsehen und 6,1% einkaufen.
Auffällig ist die unterschiedliche Verteilung nur hinsichtlich eines höheren Anteils kommunikativer Tätigkeiten in belastenden Situationen (Gespräche) in der Kontrollgruppe gegenüber des Nachdenkens in der Experimentalgruppe.

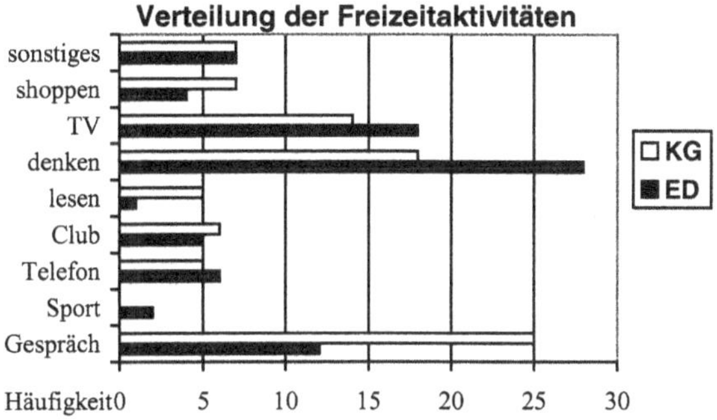

Abbildung 5.2: Übersicht über Häufigkeitsverteilung verschiedener Freizeitaktivitäten getrennt nach Gruppen (ED=Ess-Störungsgruppe; KG=Kontrollgruppe).

In 16,9% der Fälle gaben die Frauen der Experimentalgruppe an, vor einem Essanfall eine Mahlzeit (10,2% Abendessen, 1,7% Mittagessen, 4,2% Snack) eingenommen zu haben. In 13,9% der Fälle wurde die Einnahme einer Mahlzeit (6,1% Abendessen, 1,7% Mittagessen, 5,2% Snack) vor der idiosynkratischen Belastung von Frauen der Kontrollgruppe berichtet. Die Gruppen unterschieden sich für dieses Ereignis nicht bedeutsam.
Die Örtlichkeiten unterschieden sich zwischen den Gruppen ebenfalls nicht bedeutsam: in beiden Gruppen gaben die Frauen in 63% der Fälle an, zu Hause gewesen zu sein, 5,9% der Essanfälle fanden in einem Restaurant statt, 12,7% unterwegs und 17,8% am Arbeitsplatz. Ähnlich sieht die Verteilung der Orte in der Kontrollgruppe aus: 1,7% Ereignisse in der Mensa, 2,6% in einem Restaurant, 13,9% unterwegs, 19,% am Arbeitsplatz/Uni.

Ein bedeutsamer Unterschied fand sich lediglich hinsichtlich der anwesenden Personen (Chi^2=14,456; df=5; p=.013). In der Ess-Störungsgruppe waren die Frauen in 55,9% der Fälle vor einem Essanfall alleine, in 16,1% war eine vertraute Person anwesend, in 4,2% der Fälle eine nicht vertraute Person, in 10,2% der Fälle mehr als eine vertraute Person und in 12,7% der Fälle eine große Gruppe. Die Frauen der Kontrollgruppe waren vor Eintreten eines belastenden Ereignisses in 58,3% der Fälle alleine, in 15,7% war eine vertraute Person anwesend, in 6,1% eine nicht nahestehende Person, in 4,3% der Fälle mehr als eine vertraute Person, in 9,6% mehrere nicht vertraute Personen und in 6,1% der Fälle eine große Gruppe.

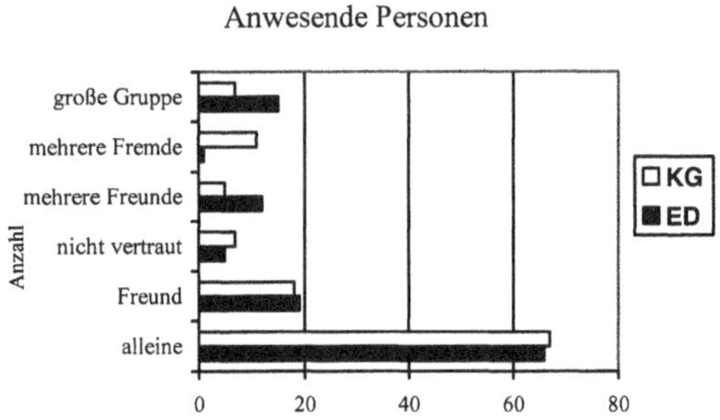

Abbildung 5.3: Anzahl der anwesenden Personen in der Situation vor dem Essanfall getrennt nach Gruppen (ED=Ess-Störung; KG=Kontrollgruppe).

Auch die Quantität von Aussagen zu einem negative Affekt (in Anlehnung an Studie I und II „traurig", „ärgerlich", „wütend", „enttäuscht", „innere Leere") ist in beiden Gruppen zu gleichen teilen vorhanden. Die statistische Überprüfung konnte keine Unterschiede nachweisen.

Zusammenfassend ist zu sagen, dass sich die Gruppen in den berichteten Situationsmerkmalen wie Art der Tätigkeit und Ort des Geschehens nicht bedeutsam unterscheiden. Ein Unterschied bestand darin, dass die Frauen mit der Ess-Störung sich eher mit Freunden umgeben, wohingegen die Frauen der Kontrollgruppe häufiger von Interaktionen mit einer oder mehrerer nicht vertrauten Personen berichten.

Insgesamt ist also davon auszugehen, dass die beschriebenen idiosynkratischen Stress-Situationen zwischen den Gruppen in der Bewältigung und emotionalen Reaktion durchaus vergleichbar sind.

Hypothese 3

Im Mittel äußern Frauen mit einer Ess-Störung in der Zeit vor dem Essanfall häufiger nahrungsbezogene Kognitionen als Frauen der Kontrollgruppe. Neutrale Gedanken treten in Situationsbeschreibungen beider Gruppen auf (82% ED vs. 20% KG), wobei die Anzahl in der Ess-Störungsgruppe deutlich überwiegt. Auch eine hohe Anzahl positiver nahrungsbezogener Kognitionen konnte bei den Frauen mit Ess-Störung nachgewiesen werden (53% ED vs. 8.7% KG). Allerdings treten in der Kontrollgruppe so gut wie nie negative nahrungsbezogene Kognitionen auf, während in der Experimentalgruppe am häufigsten negative Gedanken geäußert wurden (92% vs. 1.7%). Beide Hypothesen können daher angenommen werden.

Tabelle 5.4: Signifikanzniveau, Z- und U-Werte für die Oberkategorie Ess-Störungsrelevante Kognitionen getrennt für Subkategorien und Valenzen. Zusätzlich wird die Auftretenshäufigkeit gemittelt über alle Situationsbeschreibungen (Ess-Störungsgruppe (ED)=31; 118 Situationen; Kontrollgruppe (KG)=29; 115 Situationsbeschreibungen) und als prozentuale Häufigkeit angegeben.

Subkategorie	Valenz	ED (n=118)			KG (n=115)			Mann-Whitney	Z-Wert	p
		M	sd	%	M	sd	%			
Nahrungsbezogene Kognition	positiv	.69	.5	53	.13	.24	8.7	3766.5	-7.15	.000
	neutral	1.81	1.69	82	.26	.78	20	2123.5	-9.66	.000
	negativ	1.57	1.59	93	.007	.29	1.7	6320.5	-2.19	.000
körperbezogene Kognition	positiv	.004	.009	4.5	0	0	0	6496.5	-1.68	.093
	neutral	.008	.16	8.4	.017	.005	2.3	6320.5	-2.19	.028
	negativ	.43	.006	28	.61	.14	6	5211.5	-4.61	.000
Körpergefühl	positiv	.12	.18	16	.14	.23	14	6602.5	-.57	.568
	neutral	.25	.35	24	.006	.19	5	5431.0	-4.34	.000
	negativ	1.36	.84	73	1.02	.66	62	5631.0	-2.30	.021

Hypothese 4

Körperbezogene Kognitionen treten insgesamt deutlich seltener auf als nahrungsbezogene Kognitionen, wobei eindeutig in der Gruppe der Frauen mit einer Ess-Störung die höhere Auftretenswahrscheinlichkeit liegt. Am häufigsten treten dabei negative körperbezogene Kognitionen auf (28% ED vs. 6% KG). Beide Hypothesen können daher angenommen werden.

Hypothese 5
Die Gruppen unterscheiden sich signifikant in der Häufigkeit berichteter negativer Körpergefühle. Frauen der Ess-Störungsgruppe berichten in der Situation vor einem Essanfall häufiger von negativen Körpergefühlen als Frauen der Kontrollgruppe in einer ähnlichen Situation.

Oberkategorie dysfunktionale Kognitionen

Hypothese 6
Bei der Überprüfung der dysfunktionalen Kognitionen zeigte sich, dass in Verbindung mit einem Essanfall vorwiegend dichotome Gedanken im Sinne des „alles-oder-nichts Denkens“ auftreten. Hier findet sich ein bedeutsamer Unterschied zwischen den Gruppen (U-Test: U=5197; Z=-3.838; p=.000), und zwar treten deutlich häufiger in Situationen vor einem Essanfall dichotome Gedanken (39,8% der Situationen; Range 1- 6x) auf als in den idiosynkratischen Belastungssituationen der Kontrollgruppe (in 19,1% der Situation enthalten; Range:1-3x). Die beiden anderen Subkategorien weisen keine unterschiedlichen Häufigkeiten zwischen den Gruppen auf. Voreilige Schlussfolgerungen und selektive Wahrnehmung werden deutlich seltener als dichotome Kognitionen in beiden Gruppen beschrieben.

Oberkategorie Bewältigungsstrategien

Hypothese 7
Es zeigte sich, dass hinsichtlich emotionalen Copings für die Subkategorien Ersatzbefriedigung, Substanzmissbrauch und Bagatellisierung nur für die Kategorie Ersatzbefriedigung ein deutlicher Unterschied zwischen den Gruppen zu finden war.
Im Sinne positiver Ersatzbefriedigung gab es einen tendenziell bedeutsamen Unterschied – Frauen mit einer Ess-Störung berichten in den Situationsbeschreibungen prozentual häufiger von positiver Ersatzbefriedigung (14%) als die Frauen der Kontrollgruppe (8%). Am häufigsten handelt es sich dabei um neutrale Aussagen wie „ich muss mir jetzt etwas gutes tun“. Aussagen zu neutraler Ersatzbefriedigung treten in den Beschreibungen der Ess-Störungsgruppe mit 55% Häufigkeit auf, in den Kontrollbeschreibungen der gesunden Frauen nur mit 21%. Trotz eines bedeutsamen statistischen Gruppenunterschiedes ist die Auftretenswahrscheinlichkeit von Aussagen negativer Ersatzbefriedigung („ich muss was essen, um meine innere Leere zu füllen“) in beiden Gruppen sehr ge-

ring. In den Beschreibungen der Ess-Störungsgruppe treten diese Gedanken in 18% auf, in den Kontrollgruppenbeschreibungen zu 4%. Insgesamt scheint also ein passiveres, emotionaleres Coping in der Ess-Störungsgruppe vorzuliegen, wobei es sich vorwiegend um Ablenkungsstrategien handelt.

Tabelle 5.5: Übersicht der Ergebnisse des U-Tests für die Oberkategorie „Bewältigungsstrategien" getrennt nach Unterkategorien und Valenzen. Die Darstellung erfolgt für die Gruppen (ED=Ess-Störung; KG=Kontrollgruppe) getrennt. Zusätzlich sind gemittelte Häufigkeiten und Standardabweichung sowie die prozentuale Auftretenshäu figkeit für die jeweilige Kategorie abgebildet.

Subkategorie	Valenz	ED (n=118)			KG (n=115)			Mann-Whitney	Z-Wert	p
		M	sd	%	M	sd	%			
Bagatellisierung	negativ	.102	.34	10	.1	.28	12	6871	-.014	.989
	positiv	.14	.39	14	.006	.24	8	6242.5	-1.84	.066
Ersatzbefriedigung	neutral	.58	.67	55	.24	.57	21	4470	-5.15	.000
	negativ	.16	.37	18	.003	.15	4	5806	-3.42	.001
Situationskontrolle	neutral	.33	.60	32	.057	.77	49	5438	-2.93	.003
soziale Unterstützung	positiv	.004	.18	6	.19	.41	21	5816	-3.15	.002
	neutral	.005	.21	6	.57	.48	24	5591.5	-3.69	.000
	negativ	.11	.43	11	.009	.40	16	6468.5	-1.01	.31
Abkapselung	neutral	.003	.17	5	.003	.15	4	6733.5	-.252	.801
	negativ	.008	.27	11	.005	.21	8	6570	-.824	.410
gedankliche Weiterbeschäftigung	neutral	.009	.35	10	.005	.11	3	6267	-2.36	.018
	negativ	.44	.68	38	.17	.43	16	5275.5	-3.74	.000
Resignation	negativ	.32	.52	34	.12	.30	16	5507	-3.26	.001
Selbstbeschuldigung	negativ	.45	.63	39	.26	.49	25	5754.5	-2.43	.015
Substanzmissbrauch	negativ	.005	.26	5	.002	.16	2	6505	-1.48	.139

Hypothese 8

Die Gruppen unterschieden sich in der Unterkategorie „soziale Unterstützung" für alle drei Valenzen. In den Beschreibungen finden sich statistisch bedeutsam höhere Anteile positiver Unterstützung in den Kontrollgruppenbeschreibungen, während in den Essanfallsbeschreibungen ein deutlicher Überhang an negativer sozialer Unterstützung zu finden ist. Auch im neutralen Sinne wird in der Kontrollgruppe deutlich öfter von sozialer Unterstützung gesprochen. Die Hypothese, dass die Frauen der Ess-Störungsgruppe insgesamt weniger soziale Unterstützung berichten kann also angenommen werden. Zudem wird die Unterstützung meist negativ wahrgenommen.

Allerdings muss die Annahme verstärkten sozialen Rückzugs der Ess-Störungsgruppe verworfen werden. Beide Gruppen berichten selten von sozialem Rückzug und unterscheiden sich in der Häufigkeit nicht statistisch bedeutsam.

Hypothese 9

Hinsichtlich Selbstbeschuldigungskognitionen findet sich ein bedeutsamer Gruppenunterschied. Aussagen wie „das lag nur an mir“ traten in den Beschreibungen der Ess-Störungsgruppe deutlich häufiger auf (34%) als in der Kontrollgruppe (21%). Ebenfalls gab es einen statistisch bedeutsamen Effekt für die Kategorie Resignation. In den Berichten der Frauen mit Ess-Störung finden sich prozentual häufiger resignative Aussagen („es hat alles keinen Sinn“; 34%), wohingegen in den Beschreibungen der Kontrollgruppe Resignation nur zu 16% beschrieben wird.

Hypothese 10

Die Gruppen unterscheiden sich statistisch bedeutsam in der Kategorie „gedankliche Weiterbeschäftigung“. In den Berichten der Frauen mit Ess-Störungen finden sich deutlich häufiger Aussagen hinsichtlich gedanklicher Weiterbeschäftigung wie „meine Gedanken kreisten ständig um x“ oder „ich kann einfach nicht abschalten“. Der statistische Unterschied tritt sowohl für neutrale Aussagen als auch Aussagen negativer Valenz auf, wobei die Aussagen mit negativer Valenz in den Beschreibungen der Ess-Störungsgruppe deutlich überwiegen (neutral 10% vs. 38% negativ). In den Kontrollgruppenbeschreibungen liegt die Auftretenshäufigkeit für neutrale Weiterbeschäftigung bei 3%, für negative bei 10% und damit insgesamt deutlich unter dem Niveau der Ess-Störungsgruppe. Die Hypothese über das häufigere und negativere Auftreten von gedanklicher Weiterbeschäftigung bei Frauen mit Ess-Störungen kann daher angenommen werden.

Hypothese 11

Aufgrund der geringen Übereinstimmung in den Subkategorien positive und negative Situationskontrolle wurde von der Auswertung dieser Kategorien abgesehen. Aussagen der Rater zufolge konnten Aussagen in diesen Kategorien häufig auch unter Problembewältigungsverhalten positiver Valenz oder Leistungsfähigkeit negativer Valenz eingeordnet werden. Bei einer Überprüfung der Interskalenkorrelation konnte nachgewiesen werden, dass zwischen den Skalen hohe

Interkorrelationen bestanden. Es wurde daher von der Auswertung der Subkategorie Situationskontrolle für positive und negative Valenz abgesehen. Neutrale Situationskontrollversuche dagegen wiesen eine mittel bis gute Interrater-Reliabilität auf und wurden deshalb untersucht: Es zeigte sich ein statistisch bedeutsamer Unterschied in der Auftretenshäufigkeit von Situationskontrollverhalten zwischen den Gruppen, und zwar berichtet die Kontrollgruppe deutlich häufiger von Situationskontrollversuchen (neutrale Valenz).
Die Hypothese konnte nicht überprüft werden, tendenziell ergeben sich aber Hinweise auf besser ausgeprägte Kontrollüberzeugungen in der Kontrollgruppe.

Oberkategorie Selbstkonzept

Hypothese 12
Hinsichtlich der Subkategorie „selbstwertbezogene Äußerungen" konnte nur ein tendenziell bedeutsamer Gruppenunterschied nachgewiesen werden, dies gilt sowohl für positive als auch negative Valenz der Äußerungen. Dabei weisen die Beschreibungen der Ess-Störungsgruppe prozentual weniger positive (1%) aber öfter negative (22%) selbstwertbezogene Äußerungen auf, wohingegen die Kontrollgruppe etwas häufiger positive selbstwertbezogene Äußerungen aufweist (6%) und gegenüber der Ess-Störungsgruppe weniger negative (13%). Die Hypothese konnte nicht statistisch bedeutsam nachgewiesen werden. Es gibt aber Hinweise darauf, dass in Situationen vor einem Essanfall gegenüber vergleichbaren Situationen der Kontrollgruppe negativere selbstwertbezogene Aussagen häufiger auftreten.

Hypothese 13
Insgesamt treten in den Berichten der Ess-Störungsgruppe weniger Angaben über die Wertschätzung anderer auf. Hinsichtlich der positiven Valenz der Äußerung ist der Unterschied zwischen den Gruppen statistisch bedeutsam und zwar mit deutlich häufigerem Auftreten positiver Beziehungen oder wertschätzenden Äußerungen anderer in der Kontrollgruppe. Entgegen der Hypothese 13 b ist allerdings die höhere Auftretenswahrscheinlichkeit von negativer Wertschätzung durch andere in den Berichten der Kontrollgruppe, signifikant. Es finden in der Kontrollgruppe zwar deutlich mehr Aussagen über die Beziehung zu anderen Eingang, doch sind diese häufiger negativ als positiv.

Tabelle 5.6: Übersicht der Ergebnisse des U-Tests für die Oberkategorie „Selbstkonzept" getrennt nach Unterkategorien und Valenzen. Die Darstellung erfolgt für die Gruppen (ED=Ess-Störung; KG=Kontrollgruppe) getrennt. Zusätzlich sind gemittelte Häufigkeiten und Standardabweichung sowie die prozentuale Auftretenshäufigkeit für die jeweilige Kategorie abgebildet.

Subkategorie	Valenz	ED (n=118)			KG (n=115)			Mann-Whitney	Z-Wert	p
		M	sd	%	M	sd	%			
Leistungsfähigkeit	positiv	.005	.25	6	.008	.26	10	6425.5	-1.43	.150
	negativ	.25	.56	23	.13	.33	16	6360.5	-1.17	.238
Problemlösefähigkeit	neutral	.003	.26	5	.005	.21	8	6301	-1.78	.074
	negativ	.41	.62	39	.24	.49	26	5749	-2.43	.015
Selbstwert	positiv	.008	.16	1	.006	.26	6	6487.5	-1.73	.083
	negativ	.23	.009	22	.009	.26	13	6163	-1.77	.076
Beziehung andere	positiv	.006	.51	5	.1	.30	12	6136	-2.43	.015
	negativ	.40	.30	35	.55	.85	44	5958.5	-1.81	.070

Hypothese 14

Es fanden sich keine statistisch bedeutsamen Unterschiede hinsichtlich der Subkategorie „Leistungsfähigkeit". Auch unter Berücksichtigung der Valenz zeigte sich keine Gruppenspezifität. Die Hypothese über vermehrt negative wahrgenommene Leistungsfähigkeit in der Ess-Störungsgruppe muss daher verworfen werden.

Hypothese 15

Aufgrund der nur mäßigen Interraterreliabilität bzgl. der Problembewältigungsfähigkeit positiver Valenz und nachgewiesen signifikanter Korrelation mit der Subkategorie positive Situationskontrolle kann die Kategorie hinsichtlich der positiven Valenz nicht ausgewertet werden. Neutrale Aussagen zur Problembewältigungsfähigkeit unterschieden sich in ihrer Auftretenshäufigkeit zwischen den Gruppen nur tendenziell bedeutsam. Allerdings konnte ein deutlich statistisch bedeutsamer Effekt für Äußerungen zu negativem Problembewältigungsfähigkeiten nachgewiesen werden. Dabei weisen die Berichte der Frauen mit Ess-Störung deutlich höheren Anteil an negativen Problembewältigungsfähigkeiten auf als neutrale und als die Kontrollberichte der gesunden Frauen. Die Hypothese kann daher angenommen werden.

5.4 Diskussion der Ergebnisse

Situationsmerkmale

Es ergaben sich keine Gruppenunterschiede hinsichtlich der beschriebenen idiosynkratischen Belastungssituationen zwischen den Gruppen. Anteilsmäßig beschreiben die Frauen der Ess-Störungsgruppe über alle Situationen hinweg häufigere „Arbeiten am Computer". Die Freizeitgestaltung ist zudem weniger aktiv und besteht anteilsmäßig zumeist aus eher passiven, zurückgezogenen Aktivitäten wie nachdenken oder fernsehen. Trotz fehlender statistisch bedeutsamer Unterschiede ist hier zu sehen, dass die Tätigkeiten in der Ess-Störungsgruppe deutlich passiver und weniger kommunikativ sind. Es bestand kein Unterschied zwischen den Gruppen in der Anzahl der anwesenden Personen, was darauf hindeuten könnte, dass Frauen der Ess-Störungsgruppe Zeit, die sie alleine verbringen müssen, nicht befriedigend selbständig und aktiv gestalten können. Zumeist wird diese Zeit mit passiven Aktivitäten wie Fernsehen und Nachdenken und wenig kommunikativen Arbeiten wie Lernen oder am PC verbracht. Die Frauen der Kontrollgruppe geben nicht statistisch bedeutsam weniger fernsehen und lesen an, weisen dafür aber ein größeres Spektrum an Aktivitäten auf, welche Kontaktaufnahme und aktive Gestaltung der Situation beinhalten (Gespräche, Telefonieren, Einkaufen).

Die Ergebnisse der inhaltlichen Analyse der Situationsmerkmale weisen somit deutliche Parallelen zu ambulatorischen Studien und retrospektiv erfragten Berichten auf.

So wird in vielen Studien „alleine sein" (Abraham & Beumont, 1982; Johnson & Larson, 1982; Davies, Freeman & Solyom, 1985; Schlundt et al., 1985; Grilo, Shiffman & Carter-Campell, 1994; Greeno, Wing & Shiffman, 2000) als auch eine vorab eingenommene Mahlzeit (Davies, Freeman & Solyom, 1985; Wöll et al., 1989) bzw. geringe Kontrolle über das Essen (Greeno, Wing & Shiffman, 2000) vor dem Auftreten von Essanfällen berichtet. Bislang gab es jedoch keine Studien, welche detaillierte Tätigkeiten vor einem Essanfall erfasste.

Ess-Störungsbezogene Kognitionen

Vor dem Hintergrund des vorgestellten Modells von Orleans & Barnett (1984; vgl. Kapitel 2.2, S. 13) wird aufgrund von Stress, schlechter Stimmung und rigidem Diätverhalten eine übermäßige Beschäftigung mit Essen erwartet, was dann zu vermehrter Nahrungsaufnahme und durch „alles-oder-nichts Denken" zu einem Essanfall führt. Auch die „forbidden fruit" – Hypothese sieht einen Zusammenhang zwischen Essanfall, rigiden Diätregeln und dysfunktionalen Kognitionen (Guertin, 1999). Es gibt allerdings kaum Studien, welche Art und Inhalt

der Kognitionen vor einem Essanfall erfassen.
In zwei in-vivo thought-sampling Studien (Zotter & Crowther, 1991; Zotter-Bonifazi & Crowther, 1996) konnten für Bulimikerinnen insgesamt häufigere und negativere Gedanken an Essen, Gewicht, Körper wie auch niedrige Selbstwirksamkeit nachgewiesen werden. Auch vor den Mahlzeiten traten deutlich häufiger gestörte und negative Gedanken in den Bereichen Figur, Gewicht und Essen auf. Nahrungsbezogene Gedanken waren insgesamt stärker an Auslösereize gebunden als Gedanken an Figur und Gewicht (Zotter & Crowther, 1991). Mitchell et al. (1999) fanden vor einem Essanfall hauptsächlich Gedanken und Sorgen darüber, einen Essanfall zu haben als auch Sorgen um andere Dinge. Dies stimmt mit den Vorhersagen des Modells von Orleans & Barnett (1984) überein. Auch Lingswilder, Crowther & Stevens (1989) wiesen vor einem Essanfall deutlich häufiger nahrungsbezogene Kognitionen nach als eine Kontrollgruppe vor einer normalen Mahlzeit. Kenardy, Arnow & Agras (1992) beschreiben vor allem Gedanken mit der Intention, einen Essanfall zu haben oder nahrungsbezogene Kognitionen im Sinne von Ersatzbefriedigung. Dies bedeutet, dass vor einem Essanfall ab einem bestimmten Zeitpunkt Gedanken an Essen bzw. Angst vor einem Essanfall vorhanden sind. Dies wird durch die Analyse der retrospektiven Berichte in der vorliegenden Arbeit durch ein deutlich häufigeres Auftreten von nahrungsbezogenen Kognitionen bei Frauen mit einer Ess-Störung vor einem Essanfall gegenüber den Beschreibungen der idiosynkratischen Situationen der Kontrollgruppe bestätigt. Die Gedanken waren dabei nicht nur negativ besetzt, sondern wiesen zu fast gleich großem Teil neutrale Valenzen auf. Obwohl in den Beschreibungen deutlich weniger häufig körperbezogene als nahrungsbezogene Kognitionen auftraten, war dies statistisch bedeutsam häufiger der Fall bei den Frauen mit einer Ess-Störung.
Die Aussagen zum Körper waren häufiger negativ als neutral oder positiv. Die Ergebnisse zu nahrungs- und körperbezogenen Kognitionen entsprechen Ergebnissen früherer Laborstudien (Cooper & Fairburn, 1992). Die Situationen in der Studie von Cooper und Fairburn (1992) waren dabei alle mit essstörungsrelevanten Reizen besetzt (Wiegen, Essen und Spiegelkonfrontation), was unter Umständen einen Bias in Richtung der gewünschten Kognitionen hervorgerufen haben könnte. Die Ergebnisse zeigten deutlich stärkere Negativität der Gedanken. Die positiven Gedanken unterschieden sich nicht zwischen den Frauen mit Ess-Störung und den Frauen der Kontrollgruppe.
Eine weitere Studie zur Überprüfung körperbezogener Inhalte bei Figurkonfrontation belegte die häufigere und negativere Äußerung körperbezogener Gedanken für Bulimikerinnen gegenüber einer Kontrollgruppe. Sie gewinnen Ausschließlichkeit und gehen mit einer erhöhten und anhaltenden Negativität einher (Hilbert, 2000). Auch hier handelte es sich um direkte Auslösereize, die kogniti-

ve Schemata aktivieren könnten und somit keinen Aufschluss auf eine Verbindung von negativer Stimmung, figur- gewichts und nahrungsbezogenen Kognitionen und der Auslösung eines Essanfalles zulassen.
Man könnte vermuten, dass die geringere Auftretenshäufigkeit von figur- und gewichtsbezogenen gegenüber den nahrungsbezogenen Kognitionen in den Beschreibungen vor einem Essanfall ein Hinweis auf die Dominanz der nahrungsbezogenen Kognitionen in Belastungssituationen sein könnte. Dies würde bedeuten, dass eine starke Verbindung von negativen Gefühlen und nahrungsbezogenen Kognitionen bestehen würde. In einigen der berichteten Studien wird allerdings eine höhere Auftretenshäufigkeit von figur- und gewichtsbezogenen Gedanken unabhängig von der Situation beschrieben (Zotter & Crowther, 1991; Zotter-Bonifazi & Crowther, 1996). Es könnte also sein, dass gerade in belastenden Situationen Gedanken an Essen vermehrt auftreten, in unspezifischen Situationen hingegen jedoch vermehrt Gedanken über Figur und Gewicht vorherrschen. Eine Studie mit gezügelt essenden Frauen jedoch fand, dass ohne Vorgabe von Auslösereizen das Auftreten von nahrungsbezogenen und körperbezogenen Kognitionen in etwa gleich ist (King, Herman & Polivy, 1991). Die Autoren konnten zeigen, dass bei restraint eatern häufiger gewichts- und nahrungsbezogene Kognitionen auftreten, wenn sie sich, andere oder Freizeitaktivitäten frei beschrieben. Man könnte vermuten, dass gezügelt essende Frauen noch keine so eindeutigen Verbindungen zwischen negativer Stimmung und Gedanken an Essen aufgebaut haben und dadurch beide Konstrukte gleich bedeutend sind.
Die Auftretenshäufigkeit negativer Körpergefühle unterschied sich deutlich. Die Frauen der Ess-Störungsgruppe berichteten häufiger negative Körpergefühle wie „Anspannung", „Unruhe" oder „mein Magen schnürt sich zusammen". Aus der Literatur wird selten eine Unterscheidung zwischen negativem Affekt und negativem Körpergefühl gemacht, da davon ausgegangen wird, dass das negative Körpergefühl ein Korrelat des negativen Affektes ist. Es scheint möglich, dass ähnlich dem Ablauf bei Angstpatienten auch bei Ess-Störungspatienten kognitive Prozesse physiologisch/motorische Veränderungen im Sinne von Anspannung, innerer Unruhe oder Magenschmerzen moderieren. In einer Studie zu kognitiven Prozessen (Cooper, 1997) konnte gezeigt werden, dass bei der Interpretation von ausgewählten Situationsbeschreibungen („Zwei Frauen lachen als Sie vorbeigehen, was denken Sie ?") negative selbstbezogene Figur- und Gewichtserklärungen deutlich häufiger verwandt werden und diese für die Patientinnen sehr aufregend waren. Auch bei der Betrachtung von visuellen Nahrungsmittelstimuli konnte sowohl eine negative Bewertung der Dias als auch stärkere physiologische Erregung nachgewiesen werden (Müller et al., 2000).

Dysfunktionale Kognitionen

Aus der Depressionsforschung ist bekannt, dass die Wahrnehmung depressiver Patienten durch bestimmte kognitive Fehler verzerrt ist. Auch für Ess-Störungspatienten werden Fehler in den kognitiven Abläufen erwartet. So wird zum Beispiel ein Bias hinsichtlich Figur und Gewicht in mehrdeutigen Situationen beschrieben (Vitousek & Hollon, 1990). Es wird vermutet, dass durch diesen Bias die schlussfolgernde Bewertung der Situation beeinträchtigt wird. Beispielsweise wird die Abweisung durch den Freund auf Figur und Gewicht attribuiert, anstatt auf seine Beschäftigung mit Problemen im Job. Es scheint dabei ein Prozessfehler in der Bewertung des Selbst vorzuliegen (Cooper, 1997). Es wird vermutet, dass Verfügbarkeit und Repräsentativität wie auch selbstbezogene Einstellungen und Überzeugungen im Zusammenhang mit assoziativem Bewerten zu einer Überbewertung irrelevanter Informationen führen und damit eine dysfunktionale Bewertung der Situation zur Folge haben. Im Rahmen einer ambulatorischen Studie konnte anhand der Protokolle vor einem Essanfall bei Bulimikerinnen als auch Frauen mit einer Binge Eating Disorder signifikant häufigeres Auftreten von dichotomen Kognitionen („alles-oder-nichts Denken") nachgewiesen werden als vor den Mahlzeiten einer Kontrollgruppe (Lingswiler, Crowther & Stevens, 1989). Die Analyse der Situationsbeschreibungen konnte in dieser Studie zeigen, dass deutliche Unterschiede nur hinsichtlich alles-oder-nichts Denkens auftraten, wobei nicht erfasst wurde, welchen Inhalt diese dichotomen Kognitionen hatten. Ein bedeutsamer Unterschied zwischen früheren Studien und der vorliegenden ist der Vergleich von Belastungssituationen zwischen Frauen mit bzw. ohne Ess-Störung. Eine der wenigen Studien, die nicht-personenspezifische und nicht nahrungsbezogene Situationen und deren Bewertung zwischen Frauen mit und ohne Ess-Störung verglichen, wies widersprüchliche Befunde auf (Dritschel, Williams & Cooper, 1992): Frauen mit Essanfällen wiesen bei der Interpretation von Situationsbeschreibungen vermehrt Personalisierungstendenzen, Katastrophisierung, Übergeneralisierung und selektive Abstraktion auf. Zusammenhänge bestanden zwischen den spezifischen Kognitionen und Körperschema, Diätstil und Stimmungsänderungen (Dritschel, Williams & Cooper, 1992).

Schlussfolgernd ist zu sagen, dass in der Analyse der retrospektiven Berichte zwar dichotome Gedanken identifiziert werden konnten, doch diese anteilig in weniger als der Hälfte der Situationen auftraten. Die Diskrepanz zwischen den Befunden könnte zum einen auf das hier ausgewählte Kategoriensystem zurückzuführen sein, zum anderen an der Einordnung in die Kategorien durch die Rater liegen.

Man könnte zudem vermuten, dass abhängig von der Ausprägung der Ess-Störung dichotome Gedanken auftreten, diese aber keine auslösende Kraft erhalten, sondern eher im Zusammenhang über depressive Stimmung indirekt vermittelnd wirken.

Bewältigungsstrategien

Aus der Literatur und dem klinischen Alltag ist bekannt, dass Frauen mit einer Ess-Störung über schlechtere Stress-Bewältigungsstrategien verfügen als Frauen ohne klinische Störung. Vermutet wird, dass dieses Defizit zu negativer Stimmungslage führt, welche über das gestörte Essverhalten gelöst wird. Als Hauptstrategien werden für Frauen mit Ess-Störung meist Vermeidungsverhalten, suchen nach Ersatzbefriedigung und Bagatellisierung genannt (Bauer & Heinrich, 2000; Soukup et al., 1990). Auch Theorien wie die Fluchttheorie von Heatherton & Baumeister (1991) basieren auf der Annahme von Defiziten in der Bewältigung von selbstwertbedrohenden und interpersonalen Stressoren (Tanosky-Kraff, Wilfey & Spurell, 2000). Verschiedenste Studien konnten Befunde in dieser Hinsicht bestätigen: so reagieren Bulimikerinnen auf interpersonale Stressmanipulation mit höherer Belastung (Hansel & Wittrock, 1997), erleben soziale Interaktionen negativer (Cattanach & Rodin, 1988; Steiger et al., 1999). Zudem beschreiben sie schlechte soziale Anpassung, Schwierigkeiten in interpersonalen Beziehungen und fehlende soziale Unterstützung (Troop, Holbrey & Treasure, 1998).

Bei einer retrospektiven Befragung gaben Frauen mit einer Ess-Störung an, stärkere kognitive Vermeidung und häufigeres Gedankenkreisen zu zeigen als Frauen der Kontrollgruppe. Zudem wiesen sie häufiger die Schuld sich selbst zu und hatten weniger Vertrauenspersonen (Troop, Holbrey & Treasure, 1998). Dies wird im Rahmen der vorliegenden Arbeit bestätigt: Frauen mit einer Ess-Störung berichten von häufigerem Gedankenkreisen. Auch kommt es zu signifikant häufigeren Selbstbeschuldigungen. Dies könnte auf die schon früher berichtete kognitive Überinvolvierung hindeuten und mit einer erhöhten physiologischen Erregung und einer Störung des emotionalen Prozesses durch diese Kognitionen einhergehen (Rachman, 1980).

Ergebnisse der vorliegenden Arbeit zum Copingverhalten entsprechen insgesamt gut früheren Befunden: Frauen der Ess-Störungsgruppe weisen deutlich häufiger emotionales und vermeidendes Copingverhalten im Sinne von Substanzmissbrauch und Ersatzbefriedigung und Resignation auf. Auffällig ist, dass die Frauen mit der Ess-Störung von Essen auch im Sinne eines Trösters bzw. positiver Ersatzbefriedigung sprechen („I'll feel better if I eat this"). Hier könnten also durch die positive Erwartung im Sinne einer operanten Konditionierung ein aufrechterhaltender Faktor liegen. Die häufigere Verwendung von Bagatellisierung

ist in der Literatur inkonsistent (Bauer & Heinrich, 2000; Troop, Holbrey & Treasure, 1998), in der vorliegenden Studie konnte kein Unterschied zwischen den Gruppen hinsichtlich einer Bagatellisierung der Vorkommnisse gefunden werden.
Die Hypothese, dass Frauen mit einer Ess-Störung deutlich weniger soziale Unterstützung berichten oder wahrnehmen konnte anhand der Situationsbeschreibungen bestätigt werden und steht im Einklang mit früheren Befunden (Troop, Holbrey & Treasure, 1998).
Trotz fehlender Möglichkeiten zur Überprüfung der Hypothese, weist das Ergebnis auf ein besseres Kontrollerleben in der Ess-Störungsgruppe hin. Dies steht mit Befunden aus der Literatur in Einklang (Greeno, Wing & Shiffman, 2000).
Insgesamt bestätigen sich die Annahmen eines schlechter ausgebildeten Copingverhaltens. Die Hypothese, dass das gestörte Essverhalten eine Funktion zur Lösung der berichteten belastenden Situationen hat, liegt demnach nahe.

Selbstkonzept

Vor dem Hintergrund der Überlegungen zum handlungstheoretischen Partialmodell der Persönlichkeit (Krampen, 1987, Kapitel 2.2.3.1, S.26) und den Befunden zum gering ausgeprägten Selbstkonzept (Jacobi, 2000; Steiger et al., 1999; Silverstone, 1991) wurde erwartet, dass sich die Gruppen in den Subskalen zum Selbstkonzept bedeutsam unterschieden. Und zwar in der Richtung, dass Frauen mit einer Ess-Störung sich als weniger leistungsfähig, weniger qualifiziert, Probleme und Schwierigkeiten zu lösen, erleben, mehr Aussagen zu einem geringen Selbstwertgefühl machen und sich weniger durch andere wertgeschätzt fühlen. Die Skalen beruhten auf den von Deusinger (1987) entwickelten Bereichen des Selbstkonzeptes, was unter Umständen zu einer zu ungenauen Beschreibung und damit schwierigen Bewertung der Auftretenshäufigkeit geführt haben mag. Unterschiede in den Beschreibungen finden sich zwischen den Gruppen nur tendenziell. So treten in beiden Gruppen so gut wie keine positiven selbstwertbezogenen Aussagen auf, negative Aussagen sind nur in circa einem Drittel der Situationen zu finden, in den Beschreibungen der Ess-Störungsgruppe nur knapp 10% häufiger als in Beschreibungen der Kontrollgruppe. Im Zusammenhang mit den beschriebenen Situationen scheint also entweder die Auswahl der Kategorien nicht eindeutig genug gewesen zu sein, oder aber selbstwertbezogene Kognitionen und Aussagen haben keine hohe Bedeutung in Situationen vor der Auslösung eines Essanfalles. Auch hinsichtlich der Wertschätzung durch andere widersprechen die Befunde den Erwartungen. So weisen Frauen der Kontrollgruppe sowohl häufiger positive als auch negative

Aussagen und Kognitionen zur Wertschätzung durch andere und Beziehung zu anderen auf. Dies könnte bedeuten, dass Frauen der Kontrollgruppe entweder stärker durch die Überprüfung der Beziehung zu anderen problem- und lösungsorientiert denken oder aber eher external attribuieren und Frauen der Ess-Störungsgruppe eher internal attribuieren, was mit Befunden aus früheren Studien zu Kontrollüberzeugungen übereinstimmt (Jacobi, 1999).
Unterschiede hinsichtlich der Leistungsfähigkeit wurden nicht gefunden, in Übereinstimmung mit Befunden aus der Literatur (Soukup, Beiler & Terell, 1990; Hahn & Smith, 1999) erlebten Frauen mit einer Ess-Störung sich allerdings als weniger geschickt, Probleme und Schwierigkeiten zu lösen. Es traten deutlich mehr negative Aussagen zur Problemlösefähigkeit in der Gruppe der Frauen mit einer Ess-Störung auf als in der Kontrollgruppe.
Insgesamt könnte dies bedeuten, dass in den Situationsbeschreibungen zwar ein zugrundeliegendes niedrigeres Selbstwertgefühl in den verschiedenen Subkategorien zum Ausdruck kommt, dieses aber nicht direkt erfasst wird und letztendlich auch nur indirekte handlungsleitende Wirkung bekommt, und zwar in der Hinsicht, dass Frauen mit einer Ess-Störung sich selbst weniger kompetent bei der Lösung von Problemen einschätzen.

5.5 Abschließende Bewertung und Ausblick

Zusammenfassend kann man feststellen, dass sich eine Dominanz von nahrungsbezogenen Kognitionen als eines der eindeutigsten Merkmale der Situationsbeschreibungen der Frauen mit einer Ess-Störung zur Unterscheidung zwischen den Gruppen herausgestellt hat. Die Oberkategorie ess-störungsbezogene Kognitionen konnte die Gruppen insgesamt am besten trennen. Weitere deutliche Unterscheidungsmerkmale zeigten sich gut für die Subkategorien des Copingstils, und zwar beschrieben die Frauen mit Ess-Störung insgesamt passivere und dysfunktionale Bewältigungsstrategien als Frauen der Kontrollgruppe. Zudem bewerteten sich die Frauen der Ess-Störungsgruppe als weniger kompetent bei der Lösung der Probleme. Weniger eindeutig waren die Befunde zum Selbstwert und kognitiven Fehlern. Dies entsprach nicht den Annahmen und den aus der Literatur bekannten Vorbefunden.
Hinsichtlich der Situationsmerkmale konnten keine weitreichenden Unterschiede zwischen den idiosynkratischen Belastungssituationen gefunden werden. Das heißt, dass sowohl in der Kontrollgruppe belastende Situationen in ähnlichen Kontexten auftreten, die Situationsmerkmale selbst also nicht spezifisch für einen Essanfall sind. Was also könnte das Auftreten eines Essanfalles mit bedingen?
Eine Möglichkeit wäre, dass die unstrukturierte Zeit alleine die Möglichkeit bie-

tet, sich vermehrt mit Ereignissen der letzten Tage/Stunden auseinander zu setzen. Ein Hinweis darauf ist die vermehrte Angabe von „Nachdenken“ in der Ess-Störungsgruppe. Zudem könnte auch während den eher passiven Aktivitäten wie Fernsehen und Lesen vermehrt spezifische Kognitionen auftreten, welche auslösende Funktion haben.
Ein Hinweis auf diese Art der Überlegung kommt aus der Feldforschung an Panikpatienten. Hier konnte nachgewiesen werden, dass spontane Panikattacken vorwiegend zu Hause, vor allem dann, wenn die Probanden alleine waren und versuchten zu schlafen oder während bzw. nach einem Streitgespräch mit dem Partner auftraten (Margraf et al., 1987). Auch hier gibt es also Hinweise, dass die Störung eine Funktion bei der Bewältigung bestimmter Situationen haben könnte (Streitgespräch) oder aber ein Defizit in der Gestaltung von alleine sein vorliegt.
Insgesamt könnte man annehmen, dass durch die passiven Aktivitäten es zu einer vermehrten Auftretenshäufigkeit negativer Kognitionen kommt, welche zu einem erhöhten psychovegetativen Anspannungsniveau führen und es zur Auslösung der Panikattacke kommt. Dafür spräche der Befund, dass schon 15 min vor Auftreten der Panikattacke eine erhöhte physiologische Anspannung vorlag. Befunde zu vermehrt negativen und selbstkritischen Kognitionen bei Frauen mit Ess-Störung gibt es bereits (Steiger et al., 1999), so dass tatsächlich durch eine negative soziale Interaktion ausgelöst, es zu negativen selbstbezogenen Kognitionen und schlechterer Stimmung kommen könnte und aufgrund von fehlenden Möglichkeiten, diese zu bewältigen, Gedanken an Essen entstehen.
Eine Kopplung physiologischer Korrelate zu negativen Kognitionen und Stimmungen gelang bislang im Sinne eines Konditionierungsmodells nicht. Allerdings gelang es in einer Laborstudie indirekte Korrelationen von Blutdruck und Verlangen zu essen und Nahrungsaufnahme nachzuweisen (Nederkoorn, Smulders & Jansen, 2000). Weder negativer Affekt noch BMI waren dabei als Moderatoren herauszupartialisieren. Es könnten daher Kognitionen im Sinne von „alles-oder-nichts Denken“ oder inhaltlich relevanter Art (Selbstwert, nahrungsbezogen, u.ä.) als Vermittler wirken.
So könnte im Sinne des von Orleans & Barnett (1984) vorgeschlagenen Kreislaufes die Wahrnehmung von psychologischem oder sozialem Stress zu einem physiologischen Erregungszustand führen, welcher zu vermehrten Gedanken an Essen führt. Diese Gedanken sind im Sinne einer Ersatzbefriedigung anscheinend positiv besetzt (Essen wird mir gut tun), führen aber zu einer kognitiven Überinvolvierung nahrungsbezogener Gedanken. Diese erhalten aufgrund der hohen Repräsentativität, Priorität gegenüber den selbstwertbedrohenden und belastenden Gedanken und erhöhen durch die positiven Erwartungen die Wahrscheinlichkeit eines Essanfalles. Dies würden auch Untersuchungen aus der Al-

kohol-cue-Reaktivitätsforschung belegen: positive Erwartung und der Wunsch zu trinken sagen die Reaktionen auf die Alkoholkonfrontation voraus (Schulze & Jones, 2000). Hier wäre also im Sinne von assoziativem Lernen von einer Verhaltenskette von Stress über Gedanken an Essen, Wunsch zu essen und positiver Erwartung bis zum Essanfall auszugehen.
Eine weitere Möglichkeit wäre, dass durch die störenden dysfunktionalen Kognitionen der emotionale Prozess gestört wird (Rachman, 1980) und es so zu einem Aufstauen der negativen Emotionen kommt, welche nur durch den Essanfall bewältigt werden können.
Interessant ist auch die Bestätigung des Befundes, dass ein Teil der Essanfälle nach einer normalen Mahlzeit beschrieben wird, was mit Angaben aus der Literatur übereinstimmt. Zu vermuten wäre, dass durch die Nahrungsaufnahme negative Gedanken und dysfunktionale Attributionen ausgelöst werden. Möglich wäre, dass unter Annahme des ironischen Denkens der einmal entstandene Gedanke „ich brauche jetzt was zu essen" aufgrund der Diätregeln unterdrückt wird, aber dadurch verstärkt auftritt und im Zusammenspiel mit dem verstärkten negativen Affekt schließlich zum Bruch der Diätregeln führt.
Insgesamt wird die Vermutung von defizitärem Bewältigungsstil einhergehend mit verstärktem Auftreten nahrungsbezogener Kognitionen bestätigt. Welche Mechanismen genau die Entstehung der nahrungsbezogenen Gedanken im Rahmen belastender Situationen bedingen, bleibt unklar. Vermutet werden können dabei gelernte Assoziationen, automatisierte kognitive Prozesse und bewusste Kontroll- und Erwartungsüberzeugungen. Diese Aspekte scheinen in einem komplexen Zusammenspiel eine Spirale in Gang zu setzen, an deren Ende die kurzfristige Bewältigung der Situation durch Essen steht.
Weiterführende Untersuchungen sollten daher weiter an der Erfassung kognitiver Produkte im Zeitraum vor einem Essanfall arbeiten. Die Kombination aus den zur Verfügung stehenden Mitteln wie Gedankeninventaren oder freiem „Thought sampling" wie auch die Überprüfung physiologischer Vorgänge und detaillierter Beschreibungen sozialer Interaktionen und situationaler Faktoren mögen helfen, ein klareres Muster erkennen zu lassen und die Erkenntnisse in die Gestaltung von Therapien mit einfließen zu lassen. So wären mehrere mögliche Konsequenzen je nach Anteil bei der Auslösung von Essanfällen denkbar: wären die dysfunktionalen Überzeugungen ausschlaggebend für die Bewertung von Problemlösefähigkeit, so könnte ein einfaches Problemlösetraining durch die Kombination mit kognitiven Umstrukturierungstechniken in seiner Wirkung verbessert werden, wenn die Patienten lernten, sich für fähig zu halten, die erarbeitete Alternativstrategie auch anzuwenden. Ähnliches gilt für die Bereiche Selbstsicherheitstraining und Gestaltung interpersoneller Beziehungen. So wäre es wenig sinnvoll, mit den Patienten Selbstsicherheit zu üben und andere um

Hilfe zu bitten, wenn die Patientin die Überzeugung hat, immer stark sein zu müssen und nicht um Hilfe fragen zu dürfen.
Um die vorhandenen Therapiemanuale zu verbessern, bedarf es also genauerer Kenntnisse über zugrundeliegenden Überzeugungen, Kontroll- und Handlungskompetenzen und Erwartungen.

5.6 Einschränkungen der Studie

Zum Kategoriensystem sind folgende Punkte kritisch zu bemerken: Hinsichtlich der gewählten Kategorien zeigte sich eine befriedigende Übereinstimmung in den meisten Kategorien. Höhere Grade der Raterübereinstimmung fanden sich in den gut definierbaren Kategorien der ess-störungsbezogenen Kognitionen und in den Subkategorien „Wunsch nach sozialer Unterstützung", „Ersatzbefriedigung", „Selbstbeschuldigung" und „Substanzmissbrauch". Die übrigen Subkategorien überschneiden sich in ihren Inhalten zum Teil, so dass aufgrund der Skaleninterkorrelationen die niedrigeren Kappa-Koeffizienten zu erklären sind. Die Subskalen zum Copingverhalten sind sehr spezifisch in Anlehnung an reliable und valide Messinstrumente aus der Stress – und Copingforschung gewählt (SVF, Janke, Ehrmann & Kallus, 1989). Dies mag die Zuordnung der nicht immer eindeutigen Aussagen eingeschränkt haben. Vermeidung als eine der Hauptstrategien ist zudem explizit nicht enthalten. Dies wurde so gewählt, da einige der Subskalen implizit Vermeidungsverhalten beschreiben. Um Zuordnungsschwierigkeiten zwischen Vermeidungsverhalten allgemein und den spezifischen Subskalen zu vermeiden, wurden nur die Subkategorien verwendet.
Eine weitere Schwierigkeit durch die Überschneidung und nicht mögliche Mehrfacheinordnung einiger Aussagen ist der Verlust von Informationen. So ist die Aussage „keiner liebt mich" nur im Kontext des gesamten Textes eindeutig einzuordnen. Zudem könnte sie im Kontext genommen nicht nur eine negative Selbstbewertung, sondern auch eine dysfunktionale Kognition im Sinne von „alles-oder-nichts Denken" oder „voreiliger Schlussfolgerung" sein (z.B. Sonntag morgen 10 Uhr, bis jetzt hat keiner angerufen "keiner liebt mich"). Es könnte auch eine Aussage zu negativer Wertschätzung durch andere sein. Ähnliches gilt für nahrungsbezogene Kognitionen („ich habe schon zuviel gegessen, da kann ich auch weiteressen" oder „Essen ist mein einziger Trost"), die deutliche dysfunktionale Anteile aufweisen. Es obliegt also dem jeweiligen Rater, die Aussage einmalig einer Kategorie zuzuordnen.
Berücksichtigt man diese Schwierigkeiten bei der Kodierung, geben die Kategorien bei insgesamt mittel bis hoher Übereinstimmung einen guten Überblick über die verschiedenen Aspekte, welche durch die Inhaltsanalyse beleuchtet werden sollten.

Kritisch ist sicher die retrospektive Erfassung der Situationsbeschreibungen zu sehen. Besser wäre eine Erfassung kognitiver Produkte mit der Methode des „Lauten Denkens" oder Gedankeninventaren im Rahmen der ambulatorischen Studie gewesen, um Gedächtnisfehler ausschließen zu können. Des weiteren besteht die Stichprobe nur aus 35 Frauen mit Ess-Störung und 30 Frauen ohne klinische Störung, welche jeweils vier Situationsbeschreibungen abgegeben haben. Dadurch könnte eine Verzerrung in den Ergebnissen eingetreten sein. Zudem unterscheiden sich die Frauen in ihrer Introspektionsfähigkeit, was zu unterschiedlich qualitativ guten Beschreibungen geführt haben mag. So treten Gefühle und Kognitionen in unterschiedlicher Häufigkeit in den Situationen auf. Ein weiteres Problem mag der Vergleich mit Beschreibungen der Kontrollgruppe sein. Die Beschreibungen der Kontrollgruppe, da nicht nahrungs – sondern belastungsbezogen enthalten meist mehr situationale Details und längere Beschreibungen der Vorgänge, während die eigentliche Problemsituation dann im Vergleich zu den Frauen mit Ess-Störung kürzer beschrieben ist und häufig auch weniger Kognitionen und Emotionen enthalten sind, da schneller zur Lösung des Problems übergegangen wurde. Eine zusätzliche Vergleichsmöglichkeit einer Essenssituation wäre sicher von Vorteil gewesen, um Unterschiede in den Kognitionen durch nahrungsbezogene Reize besser abbilden zu können.

6 Zusammenfassende Bewertung und Diskussion

6.1 Zusammenfassende Darstellung der Ergebnisse aus den drei Studien

Studie 1 untersuchte den Einfluss spezifischer Auslöser auf das Essverhalten. Die Studie wurde als Laborexperiment konzipiert, um physiologische als auch psychologische Faktoren exakt erfassen zu können. Dafür wurden idiosynkratische Auslösesituationen in einem Interview erfasst und transkribiert, um die Beschreibungen zur Durchführung einer geführten Imagination zu nutzen. Um die Auswirkung der entstandenen Gefühle auf das Essverhalten zu erfassen, hatten die Probandinnen die Möglichkeit, unter Beobachtung von ihrem bevorzugten „Binge food" zu essen. Anders als erwartet, ergaben sich keine Unterschiede zwischen den Gruppen hinsichtlich der physiologischen Reaktionen. Zwar zeigte sich deutlich eine Veränderung im Verlauf der Untersuchung, doch scheinen die physiologischen Reaktionen nicht störungsspezifisch zu sein. Einzig die Speichelreaktion im Sinne des Konditionierungsmodells von Jansen wies einen Gruppeneffekt auf, und zwar reagierten Frauen mit einer Ess-Störung mit stärkerer Sekretion auf die direkte Darbietung der Nahrungsreize als auch mit einer langsameren Adaption im Verlauf nach dem Essen. Am trennschärfsten zwischen den Gruppen erwies sich die subjektive Bewertung der Untersuchungsphasen. Deutlich hervor trat dabei ein gesteigertes Verlangen bei den Frauen mit einer Ess-Störung, welches sich sukzessiv über die Vorstellungsübung bis hin zum Essen steigert und im weiteren Verlauf deutlich erhöht bleibt. Zudem ist die subjektive Befindlichkeit der Frauen mit Ess-Störung deutlich schlechter im gesamten Verlauf. Die stärksten Reaktionen traten auf die Darbietung der Nahrungsmittel auf. Aus der Laborstudie konnte so zum einen geschlossen werden, dass die Vorstellung der Auslösesituationen deutlich schlechtere Stimmung nach sich zog. Diese Stimmungsänderung allein beeinflusste das Essverhalten allerdings nicht im erwarteten Sinne. Es wurde daher angenommen, dass die negative Stimmung alleine nicht ausreichend war, sondern im Labor nicht herzustellende vermittelnde Faktoren zur Auslösung eines Essanfalles vonnöten sind. Im Zusammenhang mit den Situationsbeschreibungen werden kognitive Faktoren und das Selbstbild als Mediatoren vermutet.

Studie II sollte gegenüber Studie I Aufschluss über Auslösebedingungen im natürlichen Umfeld geben und die bestehenden Vermutungen hinsichtlich Situationsspezifität belegen. Dazu wurden sowohl Kontrollpersonen als auch Frauen mit einer Ess-Störung gebeten, über 1,5 Tage ein tragbares Blutdruckgerät und einen Palmtopcomputer zu tragen. Messungen erfolgten alle 20 min und beinhalteten die Beantwortung von Fragen zu Situation, Emotion und Verhalten zusätzlich zur Blutdruckmessung. Damit konnte ein Tagesprofil sowohl über die

Affektlage als auch über Tätigkeiten erstellt und verglichen werden. Es zeigte sich, dass deutliche Unterschiede in der Gestaltung der Tagesabläufe zwischen den Gruppen zu finden waren. Insbesondere verbrachten die Frauen mit einer Ess-Störung ihre Zeit passiver und meist alleine. Auch die Verteilung der Mahlzeiten entsprach dem aus der Literatur bekannten Muster, und zwar lag der Schwerpunkt abends. Anders als erwartet, aßen die Frauen der Ess-Störungsgruppe insgesamt häufiger und auch tagsüber. Auch zeigte sich trotz nur niedrigerer Ausprägung ein deutlicher Unterschied im subjektiv berichteten Affekt, und zwar mit deutlich schlechterer Affektlage in der Ess-Störungsgruppe und das vor allem um die Mittags- und Abendzeit. Der Vergleich der nahrungsbezogenen Situationen zeigte einen deutlichen Unterschied zwischen einer normalen Mahlzeit und einem Essanfall bei Frauen mit Ess-Störung sowie im Vergleich mit einer Mahlzeit der Frauen der Kontrollgruppe, und zwar war schon 20 min vor dem Beginn des Essanfalles ein mittlerer negativer Affekt von den Frauen der Ess-Störungsgruppe berichtet worden. Dieser wurde im Verlauf schlechter, während in beiden Kontrollbedingungen (Mahlzeit Kontrollgruppe und normale Mahlzeit Ess-Störungsgruppe) eine stabile Affektlage scheinbar unabhängig vom Essen vorhanden war. Am stärksten ausgeprägt waren dabei Anspannung, Unsicherheit und Scham, und zwar sowohl vor als auch nach dem Essanfall. Eine Spannungsreduktion im Sinne einer negativen Verstärkung scheint demnach nicht stattzufinden. Zudem ist der positiv-aggressive Affekt im Sinne von Aggression und Ärger nach dem Essanfall deutlich höher als vor dem Essanfall. Als ein wichtiges Ergebnis scheint zudem der unterschiedliche Verlauf von Hunger und Verlangen zu essen zu sein. So gaben die Frauen mit Ess-Störung vor einer normalen Mahlzeit in etwa gleich viel Hunger und Verlangen zu essen an, vor einem Essanfall allerdings nur deutlich erhöhtes Verlangen zu essen. Bei einer post hoc durchgeführten hierarchischen Regressionsanalyse zeigte sich, dass sowohl negativer Affekt als auch das „alleine sein" signifikant das Ereignis „Essanfall" voraussagen konnten. Der Verlauf der physiologischen Variablen war meist in beiden Gruppen ähnlich, so dass von einer kausalen Beteiligung im Sinne des Konditionierungsmodells nicht ausgegangen wird.

Studie III befasste sich vorwiegend mit der Überprüfung der vermittelnden Faktoren im Rahmen der retrospektiv erfassten Selbstberichte. Diese wurden von zwei unabhängigen Ratern nach einem Kategoriensystem bewertet. Die Kategorien beinhalteten dabei die Bereiche Selbstkonzept, dysfunktionale Kognitionen, Bewältigungsstil und ess-störungsrelevante Aussagen zu Nahrung und Körper. Zudem wurden die einzelnen Aussagen in positive, neutrale und negative Valenz unterschieden, so dass jede Unterkategorie noch einmal in drei Sparten un-

terteilt war. Es wurden nicht alle Kategorien in die Auswertung mit einbezogen. Die Übereinstimmung zwischen den Ratern war mittel bis gut.
Die Gruppen unterschieden sich nicht in der Art der beschriebenen Situationen. Es zeigte sich deutlich, dass meist negative Interaktionen, Einsamkeit und Langeweile oder Leistungsstress dem Essanfall vorangingen. Die von der Kontrollgruppe beschriebenen Belastungssituationen handelten ebenfalls meist von negativen sozialen Interaktionen, Leistungssituationen oder Einsamkeit. Auffällig war, dass die Frauen der Ess-Störungsgruppe deutlich häufiger „nachdenken" angaben als Frauen der Kontrollgruppe. Die beschriebenen Gedanken unterschieden sich in der Qualität nur hinsichtlich der Kategorie „Dichotomisierung". Zudem waren diese nur in ca. einem Drittel der Beschreibungen von Frauen mit Ess-Störungen zu finden. Deutlicher unterschieden sich die angewandten Bewältigungsstrategien zwischen den Gruppen. Frauen mit einer Ess-Störung beschrieben eher passives, emotionales Copingverhalten, während Frauen der Kontrollgruppe eher aktive, problemorientierte Bewältigungsstile anwandten. Die verwandten Kategorien zum Selbstkonzept konnten keine bedeutsamen Unterschiede der Aussagen zum Selbstwert innerhalb der Beschreibungen nachweisen. Einzig die Bewertung der Problemlösefähigkeit fiel in der Gruppe der Frauen mit Ess-Störung schlechter aus als in der Kontrollgruppe. Entgegen der Erwartungen traten zudem in der Kontrollgruppe deutlich häufigere negative Aussagen zur Wertschätzung durch andere bzw. Beziehung zu anderen auf. Am deutlichsten waren die Unterschiede für das Auftreten von nahrungsbezogenen Kognitionen sowohl neutraler als auch negativer Art: Frauen mit einer Ess-Störung dachten häufiger an Essen. Zudem wiesen sie häufiger negative Aussagen zum eigenen Körper auf. Die quantitative Inhaltsanalyse konnte so Unterschiede vor allem hinsichtlich nahrungs- und körperbezogener Kognitionen sowie dysfunktionalere Copingstrategien für die Frauen mit einer Ess-Störung nachweisen. Vermutet wird, dass die Überrepräsentativität an nahrungsbezogenen Kognitionen zu einer erhöhten Erregung sowie Ablenkung vom eigentlichen Problem im Sinne der Fluchttheorie führt und damit auslösende Funktion in der Entstehung eines Essanfalles hat. Unklar bleibt weiterhin, warum nahrungsbezogene Kognitionen in den Belastungssituationen überhaupt auftreten. Mechanismen wie bereits in der Kindheit gelernte Assoziationen von schlechter Stimmung und Essen könnten hier als Erklärung herangezogen werden.
Die Befunde aus den drei Studien werden nachfolgend mit den in der Gesamtfragestellung beschriebenen Hypothesen in Bezug gesetzt und diskutiert.

6.2 Diskussion der studienübergreifenden Fragestellungen

Die erste Hypothese zielte auf die Spezifität von Auslösesituationen. Dabei wurde postuliert, dass es bestimmte Auslösesituationen gibt, welche sich vor allem auf die Verfügbarkeit von Nahrungsmitteln und die Möglichkeit eines Essanfalles bezogen. Überprüft wurde diese Hypothese zum einen anhand der retrospektiven Beschreibungen für die idiosynkratischen Belastungssituationen, zum anderen anhand der Daten aus den Tagesprotokollen des ambulatorischen Monitorings. Mit beiden Untersuchungsansätzen konnte gezeigt werden, dass zumindest die Situationsvariable „alleine sein" einen deutlichen Anteil an der Auslösung eines Essanfalles hat. In der Feldstudie zeigte sich, dass mehr als 80% der berichteten Essanfälle stattfanden, wenn die Frauen alleine waren. Bei der post-hoc durchgeführten Regressionsrechnung erwies sich die Variable „alleine sein" als signifikanter Prädiktor für das Ereignis „Essanfall". Auch in den retrospektiv berichteten Beschreibungen gaben mehr als die Hälfte der Frauen der Ess-Störungsgruppe an, alleine zu sein. Diese Befunde entsprechen den bekannten restrospektiven Analysen aus der Literatur (Grilo, Shiffmann & Carter-Campell, 1994; Lee & Miltenberger, 1997; Meyer, Waller & Walters, 1998). Hinsichtlich der Verfügbarkeit von Speisen ergab sich aus diesen beiden Studien kein Hinweis darauf, dass Speisen vor einem Essanfall verfügbar sein müssen. Im Gegenteil schilderten einige Frauen, dass sie absichtlich einkaufen gingen mit der Idee, einen Essanfall haben zu wollen oder, trotz nicht vorhandener verbotener bzw. bevorzugter Speisen, alles was zu haben war, wahllos durcheinander aßen. Einige schilderten vorangehendes Essen oder einen Überfluss an Nahrungsmitteln vor einem Essanfall. Insgesamt scheint allerdings nicht die Verfügbarkeit der Nahrungsmittel als solche, sondern eher die Gedanken an die Nahrungsmittel einen wichtigen Beitrag bei der Auslösung eines Essanfalles zu leisten. Dies steht im Gegensatz zu Ergebnissen von Stickney, Miltenberger und Wolff (1999). Einen weiteren Hinweis auf den bedeutsamen Anteil kognitiver Prozesse bei der Auslösung eines Essanfalles lieferte die Betrachtung der retrospektiven Berichte: Es traten deutlich mehr nahrungsbezogene Kognitionen in den idiosynkratischen Berichten der Frauen mit einer Ess-Störung auf als bei den Frauen der Kontrollgruppe. Aus der Kognitionsforschung gibt es Hinweise darauf, dass lerngeschichtlich angelegte kognitive Strukturen bei Frauen mit Ess-Störung stärker ausgeprägt und damit leichter zu aktivieren sind. Es könnte also vermutet werden, dass die Situationsvariable „alleine sein" nur insofern auslösende Funktion erhält, als dass sie die Wahrscheinlichkeit des Nachdenkens erhöht und im Sinne des paradoxen Effektes vor dem Hintergrund des gezügelten Essverhaltens bzw. der Mangelernährung (vgl. Stice & Agras, 1998) zu einem gehäuften Auftreten nahrungsbezogener Kognitionen führt, sobald sich die Gelegenheit bietet. Diese Beschreibungen stimmen mit dem von Hawkins

und Clement (1984) postulierten Modell überein. Die Vermutung, dass Bewertungsvorgänge neben personalen Einflüssen durchaus auch situationalen Einflüssen unterliegen (Tiggemann, 2001), würde sich damit bestätigen.
Zum anderen könnte es im Sinne des „urge to act“ Gesetzes zu einer Aufmerksamkeitsfokussierung auf nahrungsrelevante Reize kommen (Jansen, Overduin & Mejenborn, 1995). Befunde aus den Untersuchungen mit dem Stroop-Test weisen zumindest auf eine erhöhte Aufmerksamkeit auf nahrungsbezogene Reize hin (Cooper et al., 1991; Cooper, Anastasiades & Fairburn, 1992; Lovell, Williams & Hill, 1997). Das heißt auch, dass zum Beispiel bei direkter Darbietung von Nahrung, deren Reizqualität zu einer kognitiven Fixierung auf die Nahrung führen könnte, es zu einer Aktivierung von Erwartungen hinsichtlich von Essen kommt, welche handlungsleitende Relevanz erhalten und schließlich einen Essanfall zur Folge haben. Einen Hinweis auf eine stärkere Aktivierung durch direkte Darbietung von Nahrung bietet die starke emotionale als auch physiologische Erregung der Frauen mit einer Ess-Störung im Rahmen der Laborstudie.
Die Hypothese, dass es spezifische Auslösesituationen gibt, welche vor allem durch alleine sein und Vorhandensein von Nahrung gekennzeichnet sind, kann in diesem Sinne nicht angenommen werden. Es ergaben sich deutliche Hinweise darauf, dass nicht die Situation selbst, sondern eher die Bewertung der Situation als auch die auftretenden Kognitionen ess-störungsspezifisch sind und auslösende Funktion für die Entstehung eines Essanfalles haben. Dies könnte auch erklären, warum die Vorstellung der idiosynkratischen Stressoren während der Laborsitzung keine Handlungskonsequenz hatte, und zwar weil durch die Konzentration auf die Vorstellung die normalerweise ablaufenden gedanklichen Prozesse behindert wurden und diese so keine Handlungsrelevanz erhielten.

Die Relevanz kognitiver Prozesse wurde innerhalb der zweiten Hypothese untersucht: *„Frauen mit einer Ess-Störung weisen signifikant häufiger negative Kognitionen über sich selbst und ihre Erlebnisse auf“*. Überprüft wurde diese Hypothese nur anhand der retrospektiven Berichte zu den Auslösesituationen. Anhand dieser Daten zeigte sich, dass Frauen mit einer Ess-Störung häufiger negative Aussagen zur Fähigkeit, Probleme zu lösen machten und zahlreicher Selbstbeschuldigungen beschrieben im Vergleich zu den Frauen der Kontrollgruppe. Zudem traten beständiger negative, körperbezogene Gedanken vor einem Essanfall auf. Dies bestätigt Befunde aus ambulatorischen Studien, welche mit Gedankeninventaren und Gedankenlisten das Auftreten ess-störungsspezifischer Kognitionen überprüften und ähnlich hohe Auftretenshäufigkeiten für körperbezogene Kognitionen negativer Valenz nachweisen konnten (Zotter & Crowther, 1991; Zotter-Bonifazi & Crowther, 1996). Ebenso wiesen

King, Polivy und Herman (1991) eine Überbeschäftigung mit nahrungsbezogenen und figurbezogenen Faktoren bei freien Selbstbeschreibungen nach. Green, Rogers & Elliman (2000) postulierten, dass ähnlich wie bei Suchtkranken der Diätstatus kognitive Prozesse und Gedächtnis beeinflusst. In einer Vorstellungsstudie konnten sie nachweisen, dass bei der Vorstellung von Lieblingsspeisen bzw. bevorzugten Essanfall-Speisen es zu einer Verzögerung in den Reaktionszeiten bei einem Tastenanschlag – und Vigilanztest kam. Zudem konnte eine signifikante Korrelation von Nahrungsimagination und Verlangen zu essen nachgewiesen werden. Auch verschiedene Laborstudien konnten während Spiegelkonfrontation und Essen deutlich negativere Valenz und vermehrten Körperbezug bei Frauen mit einer Ess-Störung im Vergleich zur Kontrollgruppe feststellen (Fairburn & Cooper, 1992; Cooper, 1997). Dies deutet alles darauf hin, dass eine Ess-Störung zu stärkerer Aktivierung und Repräsentativität nahrungs- und körperbezogener Kognitionen in verschiedensten Situationen führt.
Eine weitere Möglichkeit wäre, dass Frauen mit einer Ess-Störung beim Nachdenken über die vorangehenden Ereignisse durch Gedächtnisfehler vor allem negative Ereignisse oder Aussagen anderer erinnern und zu schlechterer Stimmung und Beschäftigung mit Körper und Nahrungsmitteln führt. Frühere Studien (Herman & Polivy, 1999) weisen zumindest auf einen Erinnerungsbias hinsichtlich ess-störungsspezifischer Wörter hin. Eine Möglichkeit unterschiedliche Ergebnisse von Aufmerksamkeitsprozessen zu erklären, ist das Konzept der "private self-consciousness". Dabei wird davon ausgegangen, dass eine Person ihre Aufmerksamkeit besonders stark auf innere Reize lenken kann und dadurch besonders sensibel auf Veränderungen im Affekt reagiert (Bradizza et al., 1999). Dies könnte auch die geringe Frustrationstoleranz und die Unfähigkeit zum Umgang mit negativen Affektzuständen erklären (Esplen, Garfinkel & Gallop, 2000), welche im Sinne der Fluchttheorie die Funktion des Essanfalles erklären könnte.
Des weiteren könnte die Bewertung der Ereignisse eine vermittelnde Rolle spielen: Das deutlich häufigere Auftreten von Selbstbeschuldigungen und Resignation mag ein Hinweis darauf sein. Die Hypothese, dass Frauen mit einer Ess-Störung häufiger negative Aussagen über sich selbst machen, kann daher als bestätigt angenommen werden und steht in Einklang mit Befunden der Persönlichkeitsforschung zum Selbstkonzept bei Ess-Störungen (Silverstone, 1991; Jacobi, 1999, 2000). Die deutlich vermehrte Auftretenshäufigkeit sowohl negativer als auch dysfunktionaler Kognitionen, insbesondere in ess-störungsspezifischen Kategorien weist auf einen deutlichen Anteil kognitiver Prozesse sowohl an der Auslösung eines Essanfalles als auch deren Aufrechterhaltung hin.

Hinsichtlich der körperlichen Komponente wurde ähnlich dem Ablauf bei Angst-Panik-Patienten eine höhere physiologische Erregung vor einem Essanfall als auch auf die belastende Situation selbst vermutet. Die Hypothese wurde laborexperimentell als auch im Rahmen der Feldstudie überprüft. Dabei zeigte sich vor einem Essanfall nur für den systolischen Blutdruck ein deutlicher Anstieg gegenüber einer Kontrollmahlzeit für beide Gruppen. Weder die Herzrate noch der diastolische Blutdruck (Laberg et al., 1991; Vögele & Florin, 1997), welche sich in Laborstudien als gruppenspezifisch während Nahrungsexposition zeigten, wiesen signifikante Effekte auf. Anders als bei Panikpatienten konnte also im Rahmen des ambulatorischen Monitorings keine erhöhte physiologische Erregung 20 min vor dem Essanfall festgestellt werden.
Im Tagesverlauf zeigten sich niedrigere Blutdruckwerte für die Ess-Störungsgruppe im gesamten Profil, was auf die in der Literatur beschriebenen erniedrigte Stoffwechsellage zurückzuführen sein könnte. Am ersten Tag waren die Unterschiede zwischen den Gruppen zwar unbedeutend, doch am zweiten Aufzeichnungstag konnte für den systolischen Blutdruck ein Interaktionseffekt nachgewiesen werden, und zwar stieg der systolische Blutdruck in der Ess-Störungsgruppe um 12, 13 und 15 Uhr über den systolischen Blutdruck der Kontrollgruppe an. Einen ähnlichen Verlauf weist der diastolische Blutdruck auf. Dies könnte bedeuten, dass die Einnahme von Mahlzeiten mit einem erhöhten Erregungsniveau einhergeht. Die Herzrate wies in der Kontrollgruppe einen einigermaßen stabilen Verlauf auf, während sie in der Ess-Störungsgruppe stark schwankte. Die Unterschiede waren allerdings nur tendenziell statistisch bedeutsam.
Auch die Laborstudie weist bezüglich der Herzrate keine statistisch bedeutsamen Unterschiede auf. Die Gruppen unterscheiden sich in keinem der kardiovaskulären Parameter eindeutig voneinander während der Vorstellung der idiosynkratischen Belastungssituationen. Ein Anstieg findet nur während der Phase des erlaubten Essens statt, wobei auch hier kein Unterschied zwischen den Gruppen zu finden ist. Die fehlende Reaktivität auf den idiosynkratischen Stressor deckt sich mit den Befunden von Both-Orthman (1994) und Cattanach, Malley & Rodin (1988). Im Ganzen sind die Ergebnisse physiologischer Reiz-Reaktivitätsforschung uneindeutig, da im Rahmen von Laborstudien sowohl Gruppenunterschiede oder Zusammenhänge von Verlangen und kardiovaskulären Parametern (Vögele & Florin, 1997) als auch keine gruppenspezifischen Reaktionen berichtet werden.
Der neutrale Stressor erzeugte in beiden Gruppen eine verstärkte kardiovaskuläre Reaktion, doch war scheinbar die Vorstellung der idiosynkratischen Belastungssituationen nicht emotional stark genug, um ausreichende physiologische Aktivierung zur Folge zu haben. Zwar konnte auf psychologischer Ebene eine

Veränderung im Affekt nachgewiesen werden, doch scheint diese nicht ausreichend stark genug gewesen zu sein (Ewart, Jorgensen & Kolodner, 1998). Insgesamt muss also die Annahme einer durch Stress und Nahrungsmittel ausgelösten verstärkten kardiovaskulären Reaktivität bei Frauen mit einer Ess-Störung verworfen werden. Es scheint, dass wie aus Vorstudien bekannt (Dietzemann, 2001), keine Dysregulation hinsichtlich der Blutdruckreaktivität auf subjektive und objektive Stressoren besteht und damit auch keine kardiovaskulären gruppenspezifischen Reaktionen im Zusammenhang mit Nahrungsreizen zu erwarten sind. Die Befunde aus beiden Studien werden daher als Hinweis auf komplexere Modelle als einfache konditionierte Reiz-Reaktionsverbindungen bei der Auslösung von Essanfällen gewertet. Es scheint, dass zwar Erhöhungen im Blutdruckbereich möglich sind, diese aber eher auf kognitive Prozesse oder konfundierende Faktoren wie Bewegung oder Nahrungsaufnahme zurückgeführt werden müssen.

Ebenfalls im Zusammenhang mit Reiz-Reaktionsverbindungen wurden auf der Grundlage des Konditionierungsmodells von Jansen (1998) zur Entstehung von Essanfällen erhöhte cephalische Reaktionen, insbesondere Speichelreaktivität, auf Nahrungsreize untersucht. Diese Annahme wurde anhand der Laborstudie als auch der Feldstudie überprüft. Im Laborexperiment zeigten sich keine gruppenspezifischen Speichelreaktionen. Dies könnte darauf zurückgeführt werden, dass im natürlichen Umfeld ablaufende kognitive Prozesse durch die Konzentration auf die Vorstellung der Belastungssituation verhindert wurden und damit auch nicht im Sinne des Konditionierungsmodells cephalische Reaktionen ausgelöst werden konnten. Andererseits hätte während der Antizipation des Essens eine Erhöhung der Speichelsekretion eintreten müssen, da hier Essen erwartet wurde und ohne störende Instruktion kognitive Prozesse individuell ablaufen konnten. Starke Kontrollversuche mögen hier gegenregulierend wirksam gewesen sein, und zwar im Sinne der „restraint theory" die kognitive Kontrolle. Der starke Anstieg während der Phase des erlaubten Essens mag dann auf das Probieren der Nahrung und die damit verbundene Aktivierung der Speichelsekretion zurückzuführen sein. Allerdings stieg die Speichelsekretion trotz Nahrungsaufnahme in der Kontrollgruppe nur minimal an, obwohl sich die Patienten in der Menge der gegessenen Nahrung nicht von der Kontrollgruppe unterschieden, wiesen sie vermehrte Speichelsekretion auf, was auf fehlende Adaptionsprozesse bei Frauen mit einer Ess-Störung schließen ließe. Die fehlende Habituation der Speichelsekretion wurde bereits in einem Konditionierungsexperiment nachgewiesen (Wiesniewski et al., 1997). Auch Legenbauer, Vögele & Rüddel (2002a) konnte eine steigende Speichelsekretion im Verlauf einer zwanzigminütigen Nahrungsexposition bei Bulimikerinnen im Vergleich zu Frauen ohne Ess-

Störung zeigen. Insgesamt sind Befunde zur Speichelreaktivität aus früheren Laboruntersuchungen inkonsistent, je nach Instruktion und Aufbau des Versuchsdesigns, konnten erhöhte Sekretionsraten durch Nahrungsexposition hervorgerufen werden.
Aus der Feldstudie gibt es Hinweise darauf, dass eine konditionierte Reaktion der Speichelsekretion vorliegen könnte: Die Speichelsekretion ist in der Gruppe der Frauen mit einer Ess-Störung insgesamt höher, weist Anstiege um die „normalen Nahrungsaufnahmezeiten" wie Mittag- und Abendessen auf und steigt am Abend im Vergleich zur Kontrollgruppe noch einmal an. Man könnte daher annehmen, dass die steigende Speichelsekretion am Abend als auch die fehlende Adaption im Labor einen Hinweis darauf geben, dass nicht eine prä-absorbtive Konditionierung der Speichelsekretion, sondern eine post-absorbtive Konditionierung stattfand: Häufig kommt es nach einer normalen Mahlzeiten bzw. einem Snack zum Kontrollverlust und nachfolgend zu einem Essanfall. Die nach dem Essen angestiegene Speichelsekretion könnte daher so erklärt werden, dass sich der Körper auf die Fortsetzung der Nahrungsaufnahme vorbereitet. Auch die inkonsistenten Befunde aus Laborstudien könnten dadurch erklärt werden. Durch verschiedene Instruktionen (nur riechen oder auch lecken) könnten unterschiedliche Prozesse in Gang gebracht werden. Auch zu geringe Expositionszeiten oder zu schwache Reize durch nicht-individualisierte Nahrungsmittelauswahl mag für fehlende Gruppenunterschiede verantwortlich sein. Eine andere Möglichkeit wäre, dass ähnlich dem „salivation-responder" bei Alkoholabhängigen (Coffey et al., 1999) nicht alle Frauen mit einer Ess-Störung konditionierte Speichelreaktionen aufweisen. Ein Hinweis darauf könnte die größere Standardabweichung in der Höhe der Speichelsekretion vor einem Essanfall sein, welche deutlich größer ist als vor einer Kontrollmahlzeit.
Im Ganzen konnte die Annahme, dass Frauen mit einer Ess-Störung vor einem Essanfall höhere Speichelsekretion aufweisen, nicht bestätigt werden. Es zeigte sich aber, dass gegenüber der Kontrollgruppe veränderte Prozesse stattfinden, allerdings lassen diese sich nicht mit einer konditionierten cephalischen Reaktion erklären.

Der fünften Hypothese zufolge, weisen Frauen mit einer Ess-Störung insgesamt einen negativeren Affekt aufweisen und dies insbesondere vor einem Essanfall. Die Hypothese wurde anhand aller drei Studien überprüft. Dabei zeigte sich bei der quantitativen Inhaltsanalyse in den retrospektiven Beschreibungen zwischen den Gruppen kein Unterschied. Beide Gruppen erlebten die Belastungssituationen ähnlich negativ. Vor allem Ärger, Frustration, Langeweile und Traurigkeit wurden häufig genannt. Auf der körperlichen Ebene beschrieben die Frauen mit einer Ess-Störung allerdings deutlicher neutrale (Hunger) oder negative Körpergefühle wie Anspannung, Unruhe oder Schmerzen. Bislang wurde keine Unterscheidung zwischen körperlich spürbaren Gefühlszuständen und rein emotionalen wie Ärger gemacht. Die meisten Studien fassten Anspannung auch als Unruhe, Nervosität unter dem Begriff „negativer Affekt" zusammen, so dass durch die unterschiedliche Konzeptualisierung die unterschiedlichen Befunde erklärt werden könnten. Da sich die Beschreibungen der Gruppen hinsichtlich der rein emotionalen Faktoren nicht unterscheiden, allerdings ein Unterschied bei Betrachtung der Affekte mit starkem körperlichen Korrelat festzustellen war, könnte man vermuten, dass hier geringe Fähigkeiten, zu entspannen, sich selbst zu beruhigen oder überhaupt diese negativen Gefühlszustände auszuhalten, vorhanden sind (Esplen, Garfinkel & Gallop, 2000). Vergleicht man das Ergebnis mit Befunden der Feld- und Laborstudie, so konnten in beiden Studien deutliche Unterschiede in der Affektlage zwischen den Gruppen gezeigt werden. Im Rahmen der Laborstudie konnte dabei ein unterschiedlicher Verlauf von aktivem (Ärger, Traurigkeit, Aggressivität und Schamgefühl) und passivem (Anspannung, Aufregung, Nervosität) negativem Affekt gezeigt werden. Der passiv-negative Affekt ähnelt dabei der Kategorie „negatives Körpergefühl" der Inhaltsanalyse. Die Items Traurigkeit und Ärger waren dabei für den idiosynkratischen Stressor am trennschärfsten, für den Lärm-Rechentest die subjektiv berichtete Anspannung. In der Phase des erlaubten Essens sind in der Ess-Störungsgruppe beide Skalen hoch ausgeprägt, wobei der passiv-negative Affekt den aktiv-negativen Affekt überwiegt. Ein wichtiges Ergebnis der Laborstudie ist damit, dass der aus der Literatur als diffus beschriebene Angstzustand (Tuschen et al., 1995) deutlich eingrenzbar ist und sich je nach Stressorart auch unterscheidet. So scheint es im Zusammenhang mit dem individualisierten Stressor eher zu aktiv-negativem Affekt zu kommen wie Ärger, Traurigkeit, Schamgefühle. Nahrungsaufnahme und Leistungsstress scheinen dagegen eher mit Anspannung zusammenzuhängen. Hier könnte also ein Hinweis auf Defizite in der Affektregulation liegen, wie schon von anderen Autoren vermutet (Esplen, Garfinkel & Gallop, 2000; Heatherton & Baumeister, 1991; Lässle, 1994; Pudel & Westenhöfer, 1998). Aus der Literatur ist bekannt, dass die Verwendung von Vorstellungsübungen zur Auslösung von Gefühlen, die mit diesen Situationen verbunden sind, die Potenz zur Auslösung der damit verbundenen Gefühle haben (Sintra, Capatano & O'Malley, 1999). Es ist also davon auszugehen, dass die subjektiv berichteten Stimmungen ein differenziertes Abbild der emotionalen Schwankungen unter interpersonellem Stress, Nahrungsaufnahme und Leistungsdruck sind. Laborstudie und Inhaltsanalyse unterstützen sich also insofern, dass beide Studien im Zusammenhang mit den geschilderten Belastungssituationen einen negativen Affekt mit starkem körperlichen Korrelat beschreiben. Ein auffälliger Unterschied zwischen Feld- und Laborstudie betrifft die unterschiedliche Clusterbildung der

emotionalen Ratings. Es ergab sich eine dreidimensionale Lösung, wobei das erste Cluster 11 Items enthielt, welche in zwei Subcluster aufgeteilt werden konnten: das erste Cluster blieb der negative Affekt mit den Items Anstrengung, Unsicherheit, Ängstlichkeit, Aufregung, Scham, Anspannung und Traurigkeit, das zweite Cluster wurde positiv-aggressiv genannt und setzte sich aus den Items Ärger, Ärgerunterdrückung und Aggression zusammen. Zwar blieb die Skala „negativer Affekt" die Skala, welche die Items mit stärkeren physiologischen Reaktionen enthielt, doch beinhaltete sie auch Traurigkeit. Insgesamt ist in der Feldstudie die Trennung von rein psychologischem Affekt und Affekt mit starker körperlicher Erregung nicht eindeutig. Am deutlichsten gekennzeichnet ist die Phase vor einem Essanfall durch Anspannung, Unsicherheit sowie Traurigkeit. Eine Kontrollmahlzeit bei Frauen mit Ess-Störung dagegen nur durch Anspannung. Hier bestätigt sich also die Annahme, dass Mahlzeiten bei Frauen mit einer Ess-Störung generell mit stärkerer Anspannung einhergehen als bei Frauen mit einer Kontrollgruppe und dass das Befinden vor einem Essanfall durch verschiedene Nuancen eines negativen Affektes gekennzeichnet ist, wobei vor allem Emotionen, welche mit stärkerer körperlicher Anspannung einhergehen, zu finden sind. Deutlich wird zudem, dass die Ärgerkomponente vor allem direkt vor und nach dem Essanfall offensichtlich wird. Die Befunde aller drei Studien bestätigen damit frühere Ergebnisse aus Fragebogenuntersuchungen, retrospektiven Berichten und Laborexperimenten (Arnow, Kenardy & Agras, 1992; Rebert, Stanton & Schwarz, 1991; Steinberg, Tobin & Johson, 1990; Both-Ortmann, 1994; Tuschen-Caffier, 1997; Stichney, Miltenberger & Wolff, 1999; Alpers & Tuschen-Caffier, 2000).
Ein Zusammenhang zwischen Verlangen und negativem Affekt wird dabei von verschiedenen Autoren beschrieben (z.B. Tuschen-Caffier, 1997). Im Rahmen der Laborstudie stieg das subjektiv berichtete Verlangen im Verlauf des idiosynkratischen Stressors sukzessiv an und erreichte seinen Höhepunkt während der Phase des erlaubten Essens. Das Verlangen verhielt sich damit wie erwartet, nämlich bei den Frauen mit einer Ess-Störung durch interpersonalen Stress angeregt. Am stärksten ist das Verlangen aber angesichts der Nahrungsmittel. Das heißt, Verlangen kann durch negative Gefühle verstärkt werden, deutlich stärker wirkt sich aber die Exposition selbst aus. Die Verstärkung von Verlangen durch negativen Affekt wurde bislang eher sekundär im Sinne des dualen Pfadmodells von Stice & Agras (1995) betrachtet. Ein direkter Zusammenhang zwischen negativem Affekt und Verlangen konnte nicht nachgewiesen werden. Es scheint daher möglich, dass der negative Affekt als Moderatorvariable auftritt. Auch in der Feldstudie ist kein direkter Zusammenhang nachweisbar. Zwar geben die Frauen mit einer Ess-Störung vor allem um die Mittagszeit (12-14 Uhr) und Abendzeit (17+18 Uhr) sowie am ersten Tag auch spätabends (21 Uhr) stärkere

Hungergefühle und Verlangen an, was zeitlich auch mit dem Verlauf des berichteten negativen Affektes übereinstimmt, so bleibt weiter unklar, ob zuerst der negative Affekt oder erst das Verlangen bzw. Gedanken an Essen vorhanden waren. Die meisten Vorbefunde zum Verlauf von Verlangen bei Frauen mit Ess-Störung unter Stress stammen aus Laborstudien. Diese weisen zumeist ein erhöhtes Verlangen abhängig von der Art der experimentellen Manipulation nach. So konnten Vögele & Tuschen-Caffier (1999) während eines Leistungsstressors kaum Verlangen nachweisen, allerdings trat in der Ruhephase nach dem Stressor ein deutliches Verlangen auf. Dagegen war bei der Durchführung eines idiosynkratischen Stressors ein deutlicher Anstieg im Verlangen zu sehen. Es wurde vermutet, dass kognitive Prozesse bei Stress vermittelnd wirken, je nach Art des Stressors.
Die deutlichen Gruppenunterschiede in Labor- und Feldstudie bezüglich des negativen Affektes belegen eindeutig die Annahme, dass Frauen mit einer Ess-Störung sowohl insgesamt eine schlechtere Stimmung aufweisen, als auch vor einem Essanfall deutlich schlechter gestimmt sind. Die Studien ergänzen sich dabei in ihren Ergebnissen. So scheint Stress schlechtere Stimmung auszulösen, welche sich auf das Verlangen zu essen auszuwirken scheint. Aus der Inhaltsanalyse als auch aus der Clusterverteilung der Labor- und Feldstudie geht dabei hervor, dass scheinbar die fehlende Fähigkeit, den negativen Affekt bzw. das negative körperliche Befinden auszuhalten, eine Komponente bei der Auslösung eines Essanfalles ist.

Hypothese 6 beinhaltete dazu die Annahme, dass Frauen mit einer Ess-Störung sich weniger kompetent bei der Bewältigung von Stress erleben. Aufschluss über Hypothese 6 gelang nur im Rahmen der Inhaltsanalyse der retrospektiv berichteten idiosynkratischen Situationen. Dabei zeigte sich, dass wie vorbeschrieben, Frauen mit einer Ess-Störung gegenüber der nicht-essgestörten Kontrollgruppe deutlich passivere und emotionalere Copingstrategien benutzen und sich selbst als wenig effektiv bei der Bewältigung erlebten. Dieser Befund deckt sich mit früheren Ergebnissen (Lehman & Rodin, 1986; Katzman & Wolchik, 1984; Soukup, Beiler & Terell, 1990; Shartford & Evans, 1994; Brät & van Strien, 1997; Hahn & Smith, 1999; Marco et al., 1999). Da das direkte Copingverhalten nur im Rahmen der Studie III überprüft wurde, soll an dieser Stelle auf die ausführliche Diskussion des Bewältigungsverhaltens in Kapitel 5 hingewiesen werden. Zusammenfassend kann man feststellen, dass die angeführten Studien sich mit den Befunden der Inhaltsanalyse decken. Im Sinne der Fluchttheorie könnte also ein Essanfall tatsächlich ein maladaptiver Bewältigungsversuch sein, sich von aversiven Gefühlen, Erlebnissen oder Gedanken abzulenken (Heatherton & Baumeister, 1991).

Zusammenfassend ist zu sagen, dass sich die Befunde aller Teilstudien insgesamt gut gegenseitig stützen. Durch die Verwendung der unterschiedlichen methodischen Verfahren (Labor, Feldstudie und Inhaltsanalyse) ist es gelungen, die Auslösung von Essanfällen aus verschiedenen Perspektiven zu beleuchten und ein komplexes Modell der vermittelnden und auslösenden Faktoren zu entwickeln. Dabei wurde deutlich, dass weder physiologische Reaktionen noch ein starker negativer Affekt alleine einen Essanfall auslösen können, sondern dass es eines Zusammenspiels dysfunktionaler Bewertungen, situativer Einflüsse, affektiver Zustände und fehlender Möglichkeiten der Bewältigung bedarf.

6.3 Ausblick und therapeutische Implikationen

Die bisherigen Modelle, welche sich mit der Ursache und Auslösung von Essanfällen beschäftigen, kommen zum einen aus unterschiedlichen Bereichen wie der Kognitionspsychologie oder haben einen eher psychophysiologischen Hintergrund. Anleihen aus anderen Störungsfeldern wie der Depression konnten des weiteren nur kleine Beiträge zur Erhellung der auslösenden Prozesse leisten. Der Trend der letzten Jahre, immer spezifischer zu forschen und kleinste Mechanismen und Einheiten zu betrachten, führte dazu, dass viele kleine Mosaikstücke entstanden, welche alle einen Beitrag zur Erklärung liefern, allerdings wenig zur Auflösung des Gesamtbildes beitrugen. Diese Arbeit sollte einen Beitrag dazu liefern, die spezifischen Bereiche zu integrieren und die Auslösung eines Essanfalles als Gesamtbild der verschiedenen Bereiche zu betrachten.
Bereits in den 80iger Jahren entstanden Modelle, welche eine Mischung aus Selbstwertvariablen und übermäßige Beschäftigung mit Figur und Gewicht als auch chronisches Diätverhalten zu einem Entstehungsmodell für Bulimia Nervosa zusammenfassten (Hawkins & Clement, 1984; Fairburn, Cooper & Cooper, 1986). Auf diesem Konzept basiert die von Fairburn entwickelte kognitiv-behaviorale Therapie (1985), welche davon ausgeht, dass sich die Symptome bessern müssten, wenn die rigiden Regeln und die übermäßige Beschäftigung mit Gewicht und Figur verändert werden können. Trotz der vielfachen Therapiestudien, welche alle die gute Effektivität der kognitiv-behavioralen Therapie (CBT) und deren Überlegenheit gegenüber anderen Therapieformen nachweisen (Fairburn et al., 1991; Fairburn et al., 1993), gibt es bislang wenig Ansätze dafür, inwiefern das Modell als Ganzes gilt. In einer pfadanalytischen Studie wurden deshalb die Pfade des von Fairburn vorgeschlagenen Modells überprüft, um den Einfluss der verschiedenen Variablen auf das Essverhalten zu untersuchen (Byrne & McLean, 2002). Sie konnten zeigen, dass niedriges Selbstwertgefühl, Drang, dünn zu sein, Unzufriedenheit mit dem Körper und restriktives Essverhalten zusammen 97% des Ess-Brechverhaltens erklären. Als wichtigster Faktor

galt dabei der Drang, dünn zu sein, nicht aber Unzufriedenheit mit dem Körper. Die Autoren vermuten, dass der Drang, dünn zu sein, das Brechverhalten aufrechterhält, da dieses erlaubt, zu essen ohne dick zu werden. Dies führt dann nach Fairburn (1985, Fairburn et al., 1986) zu einem Teufelskreis. Zudem wird der enge Zusammenhang mit einem niedrigen Selbstwertgefühl bestätigt, wobei dieser keinen starken direkten Einfluss auf das Essverhalten hat. Entgegen der Erwartungen gab es allerdings keinen starken Einfluss des restriktiven Essverhaltens auf das Auftreten von Essanfällen. Die Studie basierte nur auf Fragebogendaten und konnte keine weiteren Hinweise auf kognitive Prozesse, welche in der akuten Situation einen Essanfall auslösen, bieten. Insgesamt werden aber die Ergebnisse der vorliegenden Studie gestützt. Auf der Basis der Ergebnisse der Studie könnte man daher folgendes integratives Modell vorzuschlagen:

Zunächst scheint aus der Erforschung der Risikostudien hervorzugehen, dass es bestimmte prädispositionelle Faktoren allgemeiner Art (affektive Störungen, Substanzmissbrauch, Übergewicht, Lebensereignisse in der Vorgeschichte wie sexueller Missbrauch oder physische Gewalt, verschiedene Persönlichkeitszüge wie Perfektionismus, Überangepasstheit oder niedriges Selbstwertgefühl) und spezifischer Art (kritische Bemerkungen über Figur, Gewicht und Essverhalten in der Familie, Übergewicht in der Kindheit und Übergewicht der Eltern) für die Entwicklung von Ess-Störungen gibt (Fairburn, et al., 1997). Schmitz (1987) gelang es gut, die angenommenen Risikofaktoren in seinem integrativem Modell zur Erklärung der Ätiologie von Ess-Störungen zu verbinden. Die aufrechterhaltenden Faktoren und die situational auslösenden Faktoren sind dabei nur ansatzweise integriert. Das Modell von Hawkins & Clement (1984) beschreibt den Vorgang des Ess-Brechzyklus schon deutlicher als Zyklus, geht dabei allerdings nicht detailliert auf möglich modulierende Abläufe ein.

Aber gerade ein detailliertes Wissen über die Abläufe im Ess-Brechzyklus, das heißt auslösende Bedingungen, vermittelnde Faktoren und aufrechterhaltende Kräfte sind für ein gutes und effektives therapeutisches Arbeiten von Wichtigkeit.

Auf der Basis der Ergebnisse des Dissertationsprojektes wurde deshalb ein dreistufiges Prozessmodell entwickelt, welches die Ideen des integrativen Modells von Schmitz (1987) aufgreift und auf einer ersten Stufe ätiologische Prozesse zur Entwicklung einer Ess-Störung beschreibt. Der Schwerpunkt allerdings soll auf der zweiten Stufe liegen. Hier wird der vermutete Ablauf des Ess-Brech-Zyklus dargestellt, wobei die Befunde aus allen drei Studien miteinander integriert und mit den bestehenden Modellen zur Auslösung von Essanfällen verbunden werden. Dabei wird davon ausgegangen, dass sich bei bestehender Ess-Störung automatisierte Verhaltensmuster entwickelt haben. Ereignet sich ein kritischer Vorfall/Ereignis wie zum Beispiel eine negative Interaktion, Leistungsstress oder ähnliches, so wird eine emotionale Reaktion ausgelöst, welche die automatisierten Verhaltensmuster durch die Aktivierung bestimmter Gedächtnisstrukturen auslöst. Dies könnte zu einer erhöhten Selbstaufmerksamkeit ähnlich der Aufmerksamkeitslenkung von Schmerzpatienten oder Depressiven führen. So belegen neuere Studien vor allem Ähnlichkeiten kognitiver Strukturen zwischen Depression und Ess-Störung (Troop, Serpell & Treasure, 2001). Die erhöhte Selbstaufmerksamkeit könnte so zu einem aversivem Selbsterleben aufgrund internaler und globaler dysfunktionaler Interpretationen führen (Göbel, Spalthoff, Schulze & Florin, 1989; Heatherton & Baumeister, 1991; 1992). Von Panikpatienten wie auch Zwangspatienten ist bekannt, dass eine derartige kognitive Stimulation zu emotionaler Aktivierung wie Anspannung, Unruhe, Nervosität mit physiologischen Korrelaten führt (Lakatos & Reinecker, 1999; Margraf, 1987). Anhand der Analysen der retrospektiven Befundberichte scheinen hier Gedanken an Essen das erste Mal aufzutreten. Es wäre nun zu vermuten, dass ähnlich wie bei Zwangspatienten der Gedanke wahrgenommen wird und ähnlich der Überreaktion bei Zwängen auch überbewertet wird. Dies könnte zu einer Aktivierung kognitiver Strukturen führen und so zu einem immer häufigeren Auftreten von Gedanken an Essen. Vor allem ein Zusammenhang zu den Ergebnissen des paradoxen Effektes bei Frauen mit Ess-Störungen (Harnden et al., 1997; Johnston, Bulik & Anstiss, 1999; Oliver & Huon, 2001; Mann & Ward, 2001) weisen auf solch einen Vorgang hin. Die Beschäftigung mit dem Essen könnte auch durch eine positive Erwartung (tröstende Funktion) im Sinne des Handlungsmodells nach Krampen (1991) in das Zentrum der Aufmerksamkeit rücken. Ein Beleg dafür wären die häufigen Äußerungen der Frauen mit Ess-Störung in den retrospektiven Beschreibungen („ich brauch jetzt was zu essen", „ich muß meine innere Leere füllen", u.ä.). Vor diesem Hintergrund entsteht damit eine Erwartungshaltung und eine Ablenkung von den aversiven Gedanken oder vorangehenden Ereignissen, ganz im Sinne der Fluchttheorie (Heatherton & Baumeister, 1991).

Diese Erwartungshaltung impliziert nun wiederum eine bestimmte emotionale Reaktion, welche individuell verschieden sein kann, meinst aber in einer Verstärkung des negativen Affektes mündet, da Frauen mit einer Ess-Störung ja nicht essen wollen. Gleichzeitig steigt das Verlangen zu essen an. Hier würde also eine gelernte Assoziation von schlechter Stimmung und Essen zugrunde liegen (Tuschen-Caffier, 1997; Vögele & Tuschen-Caffier, 1999; Alpers & Tuschen-Caffier, 2000).

An diesem Punkt angelangt, scheint die Entscheidung Essanfall ja oder nein zu fallen und ein impliziter Handlungsbedarf entsteht. In Abb. 6.1 ist eine Übersicht über den beschriebenen Ablauf zu sehen.

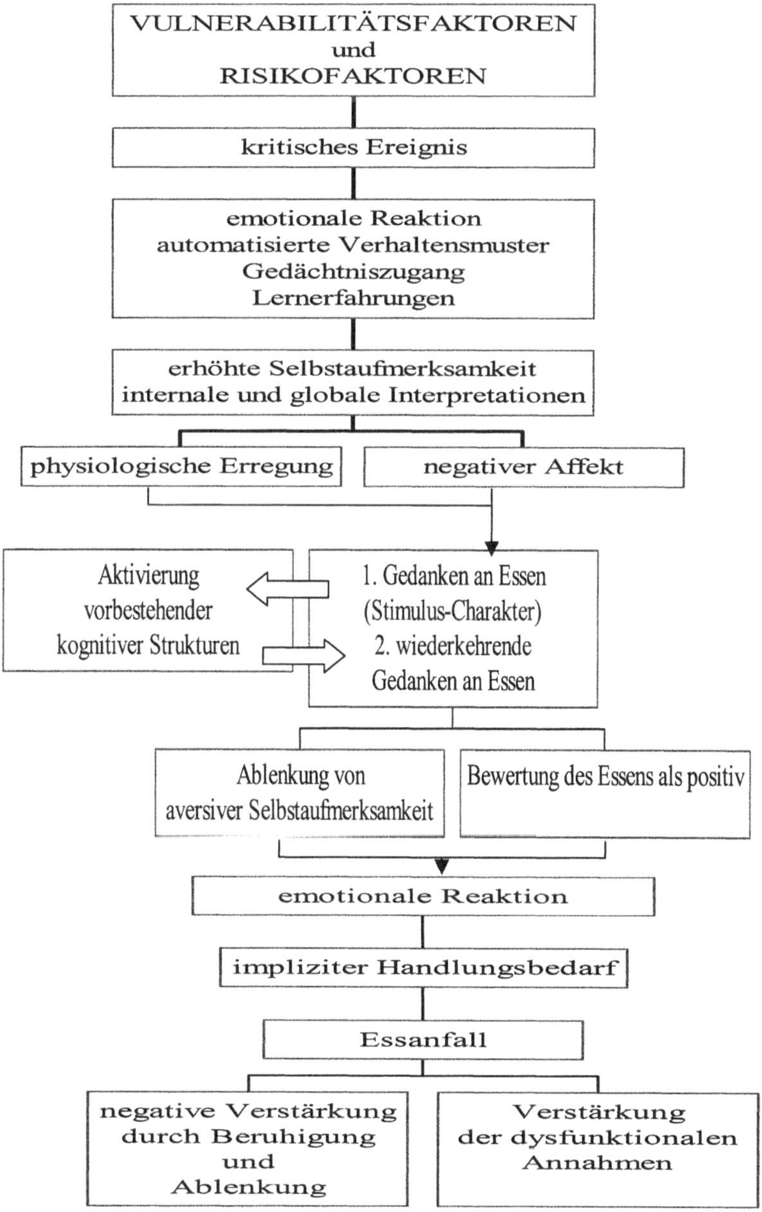

Abbildung 6.1: Entwurf eines drei-stufigen integrativen Modells kognitiver, emotionaler und situativer Faktoren zur Auslösung eines Essanfalles.

Die dritte Stufe im Prozess stellt dann die aufrechterhaltenden Komponenten dar. Zum einen wird dabei eine operante Konditionierung im Sinne einer Beruhigung und Ablenkung vom ursprünglich negativen Ereignis angenommen. Dies steht im Gegensatz zu der häufig beschriebenen Spannungsregulation (Lässle, 1994; Pudel & Westenhöfer, 1998). Im Rahmen der drei Studien zeigte sich aber deutlich, dass durch Nahrungsaufnahme als auch Gedanken an Nahrung eher eine Verschiebung in der Qualität des Affektes stattfand als eine Spannungsreduktion. Ein weiterer aufrechterhaltender Faktor wäre zusätzlich die Verstärkung der dysfunktionalen Annahmen – auch hier ähnlich bei einer Zwangsstörung ist davon auszugehen, dass durch die Ablenkung vom auslösenden Ereignis der Essanfall eine Funktion erfüllt, welche auf dysfunktionalen Annahmen beruht. Diese werden durch den kurzfristigen positiven Effekt bestätigt, was zu einer Verfestigung der kognitiven Strukturen führen könnte.

Für die Behandlung von Ess-Störungen würde die Annahme dieses Prozessmodells bedeuten, in der Behandlung alle drei Stufen zu berücksichtigen. Das hieße zum einen, sowohl die ätiologischen Risikofaktoren wie Internalisierung des Schlankheitsideals, niedriges Selbstwertgefühl und Defizite im Copingverhalten zu berücksichtigen, als auch im Rahmen der zweiten Prozessstufe dysfunktionale Annahmen zu identifizieren und über kognitive Techniken umzustrukturieren. Eventuell könnten hier Techniken aus der Behandlung der post-traumatische Belastungs-Störung (PTSD) hilfreich sein, da bei der Behandlung dieser Störung davon ausgegangen wird, dass dysfunktional angelegte Furchtstrukturen durch emotionales Bewältigen in der Therapie sich zurückbilden und dadurch der Aufbau eines gesunden Verhaltens möglich ist.

Ein Ansatz wäre beispielsweise das Beschreiben der Situationen im Rahmen von Verhaltensanalysen und deren Bearbeitung im Rahmen der Therapiesitzung, wobei im Mittelpunkt die dysfunktionalen Bewertungen und deren Auswirkungen stehen sollten.

Eine weitere Ansatzmöglichkeit wäre die Bewältigung der emotionalen Reaktionen zu verbessern. Hier könnten Anleihen aus der dialektisch-behavioralen Therapie (DBT) nach Linehan zur Behandlung von Frauen mit einer Borderline-Persönlichkeitsstörung gemacht werden. Gerade durch die angenommene starke emotionale Aktivierung mag es sein, dass die Patientin alleine nicht die Kraft entwickelt, dem Drang zu essen zu widerstehen oder zunächst nicht in der Lage ist, den automatisierten Prozess überhaupt bewusst zu machen. Häufig wird von Patienten ja ein plötzliches Verlangen beschrieben, welches sie auf keine spezifischen Auslöser zurückführen können. Ein Training der Gefühlswahrnehmung, der Frustrationstoleranz und dem Ausdruck von Gefühlen wäre ein wichtiger Punkt bei der Bewältigung der Ess-Störung. Erste Ansätze zur Adaption solcher Therapiebausteine gibt es bereits (Safer, Welch & Agras, 2001).

Da wie beschrieben, das restriktive Ess-Verhalten nur wenig im Vordergrund steht und nur indirekten Einfluss auf die Entstehung eines Essanfalles hat, sollte zwar das bisherige Einsetzen von Ernährungsberatung, Überwachung durch Protokolle und Besserung der Ess-Struktur nicht vernachlässigt werden, dies aber nicht einseitig gehandhabt werden. Eventuell könnte gerade hier eine ergänzende Reiz-Konfrontationstherapie zusätzlich zum normalen Behandlungsablauf ähnlich der Behandlung von Alkoholpatienten hilfreich sein, um die Kontroll- und Kompetenzerwartungen zu verbessern und damit indirekt auch das Selbstwertgefühl der Patientin zu steigern. Therapeutische Ansätze zum Beispiel aus der Alkoholforschung konnten zeigen, dass ein Training von sozialen und Problemlösefähigkeiten in Kombination mit einer Reiz-Konfrontationstherapie zusätzlich zu herkömmlicher stationärer Suchttherapie in der Katamnese deutlich bessere Resultate brachte (Monti et al., 1993).
Für weitere Studien ist es insgesamt wichtig, die verschiedenen Ansatzpunkte des vorgestellten Modells zu überprüfen. Ein wichtiges Anliegen wäre dabei die Entwicklung von Möglichkeiten zur Überprüfung kognitiver Prozesse, welche auch im natürlichen Umfeld angewandt werden könnten, um auch unbewusst automatisch ablaufende Prozesse aufdecken zu können. Ein erster Ansatz könnte dabei die Verwendung von einem „thought sampling" über den Tag sein. Unter Einbezug situationaler Faktoren könnte im Rahmen solcher ambulatorischen Studien eventuell auch mehr über aktivierende Reize in Erfahrung gebracht werden. Auch die weitere Überprüfung von Reizreaktionsverbindungen im Sinne klassischer und operanter Konditionierung ist sicher von Bedeutung, um eventuell bestehende Kontingenzverbindungen im Rahmen von Expositionstherapien besser aufbrechen zu können.
Wichtig erscheint auch ein individualisiertes Vorgehen. Verschiedene Autoren konnten nachweisen, dass es Subgruppen von Patienten mit einer Bulimie gibt. So gelang Stice und anderen (1998, 1999) eine Unterteilung nach Diätstil und gemischt restriktiv essenden und depressiven Frauen mit Ess-Störung. Andere Autoren konnten eine Gruppe von Frauen mit Bulimie und ausgeprägten Borderline-Symptomen wie Selbstverletzungen, starke Impulsivität ausmachen (Lledo & Waller, 2001). Auch Verwandtschaft zu Zwangserkrankungen wurde bereits überprüft, wobei für Frauen mit einer Bulimia stärkere zwanghafte Merkmale gefunden wurden als für Frauen mit einer Binge Eating Disorder. Diese wiesen höhere Impulsivität auf (Raymond et al., 1999).
Eine ganz andere Möglichkeit wäre zudem ähnlich der mehr biologisch orientierten Forschung aus dem Bereich der Zwangsstörungen und neuerdings auch PTSD die Aktivierung verschiedener Hirnareale zu überprüfen, um einen Eindruck über die kognitiven Prozesse zu erhalten und damit auch Wirksamkeit therapeutischer Einsätze zu überprüfen.

7 Literaturverzeichnis

Abraham, S.F. & Beumont, P.J.V. (1982). How patients describe bulimia or binge eating. *Psychosomatic Medicine,* 12, 625-635.

Affleck, G., Zauntra, A., Tennen. H. & Armeli, S. (1999). Multilevel daily process designs for consulting and clinical psychology: a preface for the perplexed. *Journal of Consulting and Clinical Psychology*, 67, 764-754.

Agras, W.S, Walsh, T., Fairburn, C.G., Wilson, C.T. & Kraemer, H.C. (2000). A multi-center comparison of cognitive behavioral therapy and interpersonal psychotherapy for BN. *Archives of general psychiatry*, 57, 459-466.

Agras, W.S. & Telch, C. (1998). Effect of caloric deprivations and negative affect of binge eating in obese binge eating disordered women. *Behavior Therapy*, 29, 491-503.

Allison, D.B. (1995). *Handbook of assessment methods for eating behaviors and weight related problems: measures, theory and research.* Thousand Oaks, SALE Publications.

Alpers, G. & Tuschen-Caffier, B. (2000). Negative feelings and the desire to eat in BN: a comparative study in the natural setting. Paper, 26th Congress of the European association of behavior and cognitive therapy, Budapest; Ungarn.

American Psychiatric Association (1994). *Diagnostic and statistical manual of mental disorders (4th ed.).* Washington, DC: American Psychiatric Association.

Arnow, B., Kenardy, J. & Agras, W.S. (1992). Binge eating among the obese: a descriptive study. *Journal of Behavioral Medicine*, 15, 155-170.

Bandelow, B., Wedekind, D., Pauls, J., Broocks, A., Hajak, G. & Ruether, E. (2000). Salivary cortisol in panic attacks. *American Journal of Psychiatry*, 157, 454-456.

Bargou, C. (1992). *Chronisch diätende Frauen: Risikogruppe für Ess-Störungen*. Theorie und Forschung, Bd. 1, 208: Regensburg.

Barsky, A.J. (1988). *Worried sick: Our troubled quest for wellness.* Boston: Little Brown.

Bastine, R. & Tuschen, B. (1996). Klinisch-psychologische Diagnostik. In A. Ehlers & K. Hahlweg (Eds.). *Grundlagen der klinischen Psychologie* (S. 195-268). Enzyklopädie der Psychologie, Themenbereich D, Serie 2, Band 1, Göttingen: Hogrefe.

Bauer, M. & Heinrich, R. (2000). Selbstkonzept, Persönlichkeitsmerkmale und Stressverarbeitung bei essgestörten Patienten in stationärer Therapie. Posterveröffentlichung, 42. Kongress der deutschen Gesellschaft für Psychologie, Jena, Deutschland.

Beck, A.T., Steer, R.A. & Brown, G.K. (1996). *Manual for the Beck depression Inventory II.* San Anotnio, TX: Psychological Corporation.

Bennet, D. & Cooper, C. (1999). Eating disturbance as a manifestation of the stress process: a review of the literature. *Stress Medicine*, 15, 167-182.

Ben-Tovim, D.I., Walker, M.K., Fok, D. & Yap, E. (1989). An adaption of the Stroop Test for measuring shape and food concerns in eating disorders: a quantative measure of psychopathology. *International Journal of Eating Disorders*, 8, 681-687.

Bents, H. & Cerkovsky, A. (1995). Psychologische Intensivbehandlung der Bulimia nervosa. *Praxis Ergotherapie,* 8, 367-373.

Black, C.M.D., Wilson, G.T., Labouvie, E. & Hefferman, K. (1997). Selective processing of eating disorders relevant stimuli: Does the Stroop test provide an objective measure of bulimia nervosa. *International Journal of Eating Disorders*, 22, 329-333.

Blouin, A.G., Blouin, J.H., Braaten, J.T., Sarwar, G., Bushnik, T. & Walker, J. (1991). Physiological and psychological response to a glucose challenge in BN. *International Journal of Eating Disorders*, 10, 285-296.

Bonifazi, D., Crowther, J. & Mizes, S. (2000). Validity of questionaires for assessing dysfunctional cognitions in BN. *International Journal of Eating Disorders*, 27, 464-470.

Boon, B., Vogelzang, L. & Jansen, A. (2000). Do restrained eaters show attention toward or away from food and shape. *European Eating Disorders Review,* 8, 51-58.

Bosch, X. (2000). Please don't pass the paella: Eating disorders upset Spain. *Journal of the American Medical Association*, 283, 1405-1410.

Both-Orthmann, B. (1994). *Psychoendokrinologische Auslöser von Essanfällen bei Bulimia nervosa*. Dissertation, Philipps-Universität, Marburg.

Bradizza, C., Gulliver, S., Stasiewicz, P., Torrisi, R., Rohsenow, D. & Monti, P. M. (1999). Alcohol cue reactivity and private self-consciousness among male alcoholics. *Addictive-Behaviors*, 24, 543-549.

Braet, C. & van Strien, T. (1997). Assessment of emotional, externally induced and restrained eating behaviour in nine to twelve year old obese and non-obese children. *Behavior Research and Therapy*, 35, 863-873.

Brownell, K.D. (1991). Dieting and the search for the perfect body: where physiology and culture collide. *Behavior Therapy*, 22, 1-12.

Bruce, B. & Agras, A. (1992). Binge eating, a population-based investigation. *International Journal of Eating Disorders*, 12, 365-373.

Brummer, A. & Pudel, V.E. (1981). An attempt to demonstrate reliable salivary increases in the hungry state. *Appetite: Journal for Intake Research*, 2, 376-379.

Bulik, C., Lawson, R. & Carter, F. (1996). Salivary reactivity in restraint and unrestrained eaters and women with Bulimia nervosa. *Appetite*, 27, 15-24.

Bulik, C., Sullivan, P.F., Carter, F.C., McIntosh, V.V. & Joyce, P.R. (1999). Predictors of rapid and sustained response to cognitive behavior therapy for BN. *International Journal of Eating Disorders*, 26, 137-144.

Bulik, C., Sullivan, P., Epstein, L., McKee, M., Kaye, W., Dahl, R. & Weltzin, T. (1992). Drug use in women with anorexia and bulimia nervosa. *International Journal of Eating Disorders*, 11, 213-25.

Bulik, C., Sullivan, P., Joyce, P.R., Carter, F. & McIntosh, V. (1998). Predictors of 1-year treatment outcome in bulimia nervosa. *Comprehensive Psychiatry*, 39, 206-214.

Bulik, C., Sullivan, P.-F., Carter, F.A., McIntosh, V.V. & Joyce, P.R. (1998). The role of exposure with response prevention in the cognitive-behavioural therapy for bulimia nervosa. *Psychological Medicine,* 28, 611-623.

Button, E.J. & Whitehouse, A. (1981). Subclinical anorexia nervosa. *Psychological Medicine,* 11, 509-516.

Byrne, S.M. & McLean, N.J. (2002). The cognitive-behavioral model of bulimia nervosa: a direct evaluation. *International Journal of Eating Disorders,* 31, 17-31.

Carter, F.A., Bulik, C.M., McIntosh, V.V. & Joyce, P.R. (2001). Changes in cue reactivity following treatment for bulimia nervosa. *International Journal of Eating Disorders*, 29, 336- 344.

Cash, T.F. & Brown, T.A. (1989). Gender and body images: Stereotypes and realities. *Sex and Roles*, 21, 361-373.

Cash, T.F., Winstead, B.A. & Janda, L.H. (1985). Your Body, yourself: A reader survey. *Psychology Today*, 19, 22-26.

Catania , A.C. (1991). Glossary. In: J.H. Iversen & K.A. Lattal (Eds.). *Experimental Analysis of Behavior* (Vol. 2). Amsterdam.

Cattanach, L. & Rodin, J. (1988). Psychosocial components of the stress process in bulimia. *International Journal of Eating Disorders*, 7, 75-88.

Cattanach, L., Malley, R. & Rodin, J. (1988). Psychological and physiologic reactivity to stressor in eating disordered individuals. *Psychosomatic medicine*, 50, 591-599.

Christensen, C. & Navrazesh, M. (1984). Anticipatory salivary flow to the sight of different foods. *Appetite*, 5, 307-315.

Coffey, S., Saladin, M., Libet, J., Drobes, D. & Dansky, B. (1999). Differential urge and salivary responsivity to alcohol cues in alcohol-dependent patients: A comparison of traditional and stringent classification approaches. *Experimental and Clinical Psychopharmacology*, 7, 464-472.

Constanzo, P.R., Musante, G.J., Friedman, K.E., Kern, L.S. & Tomlinson, K. (1999). The gender specifity of emotional, situational and behavioral indicators of binge eating in a diet-seeking obese population. *International Journal of Eating Disorders*, 26, 205-210.

Cools, J. & Schotte, D., McNally, R. (1992). Emotional arousal and overeating in restrained eaters. *Journal of Abnormal Psychology*, 101, 348-351.

Cooper, J.L, Morrison, T.L., Bigman, O.L., Abrahamowitz, S.I., Levon, S. & Krener, P. (1988). Mood changes and affective disorder in the bulimic binge-purge cycle. *International Journal of Eating Disorders*, 7, 469-474.

Cooper, M. (1997). Bias in interpretation of ambiguous scenarios in eating disorders. *Behavior Research and Therapy*, 35, 619-626.

Cooper, M.J. & Fairburn, C.G. (1992). Thoughts about eating, weight and shape in anorexia nervosa and bulimia nervosa. *Behavior Research and Therapy*, 30, 501-511.

Cooper, M.J., Anastadiades, P. & Fairburn, C.G. (1992). Selective processing of eating, shape and weight related words in persons with bulimia nervosa. *Journal of Abnormal Psychology*, 101, 352-355.

Cooper, P.J. & Fairburn, C.G. (1987). The eating disoder examination: A semistructured interview for the assessment of the specific psychopathology of eating disorders. *International Journal of Eating Disorders,* 6, 1-8.

Craighead, L.W. & Allen, H.N. (1995). Appetite awareness training: a cognitive behavioural intervention for binge eating. *Cognitive and Behavioural Practice*, 2, 249-270.

Crowther, J.H., Lingswiler, V.M. & Stevens, M.A.P. (1984). The topography of binge eating. *Addictive Behaviors,* 9, 299-303.

Crowther, J.H., Sanftner, J., Bonifazi, D. & Shepherd, K. (2001). The role of daily hassles in binge eating. *International Journal of Eating Disorders,* 29, 449-454.

Davies, R., Freeman, R.J. & Garner, D.M. (1988). A naturalistic investigation of eating behavior in bulimia nervosa. *Journal of Consulting and Clinical Psychology*, 56, 273-279.

Davies, R., Freeman, R.J. & Solyom, L. (1985). Mood and food: An analysis of bulimic episodes. *Journal of Psychiatric Research,* 19, 331-335.

DeJong, W. & Kleck, R. (1986). The social psychological effects of overweight. In C.P. Herman, M.P. Zanna & E.T. Higgins (Eds.). *Physical Appearance, stigma and social behavior: The Ontario symposium,* 3, 65-87. Hillsdale, NJ: Erlbaum.

Derogatis, L.R. (1977). SCL-90. Administration, scoring and procedures. *Manual-I for the revised version and other instruments of the Psychopathology Rating scale series.* John Hopkins University School Medicine.

Deusinger, I.M. (1986). *Die Frankfurter Selbstkonzeptskalen.* Handanweisung. Verlag für Psychologie. Hogrefe: Göttingen.

Deutsch, R. (1974). Conditioned hypoglycemia: a mechanism for saccharin induced sensitivity to insulin in the rat. *Journal of Comparative and Physiological Psychology,* 86,2, 350-358.

DeZwaan, M., Nutzinger, D.O. & Schönbeck, G. (1992). Binge eating in overweight women. *Comprehensive Psychiatry,* 33, 256-261.

Dietzemann, A. (2001). *Psychobiologische Besonderheiten bei Anorexia und Bulimia nervosa.* Unveröffentlichte Dissertation, Universität Trier.

Doerr, P., Fichter, M., Pirke, K.M. & Lund, R. (1980). Relationship between weight gain and hypothalamic pituary adrenal function in patients with anorexia nervosa. *Journal of Steroid-Biochem.-Mol.Biology,* 13, 529-537.

Dressendörfer, R.A., Kirschbaum, C., Rode, W., Stahl, F. & Strasburger, C.J. (1992). Synthesis of a cortisol-biotin conjugate and evaluation as tracer in an immunoassay for salivary cortisol measurements. *Journal of Steroid-Biochem.-Mol.-Biology*, 43, 683-692.

Dritschel, B.H., Williams, K. & Cooper, P.J. (1991). Cognitive distortions amongst women experiencing bulimic episodes. *International Journal of Eating Disorders*, 10, 547-555.

Drobes, D. & Thomas, S. (1999). Assessing craving for alcohol. *Alcohol Research and Health,* 23, 179-186.

Durrant, M. (1981). Salivation: a useful research tool ? *Appetite: Journal for Intake Research*, 2, 362-365.

Eldredge, K.L., Locke, K.D. & Horowitz, L.M. (1998). Patterns of interpersonal problems associated with Binge Eating Disorder. *International Journal of EatingDisorders, 23*, 383-389.

Elmore, D.K., deCastro, J.M. (1990). Self-related moods and hunger in relation to spontaneous eating behavior in bulimics, recovered bulimics and normals. *International Journal of Eating Disorders*, 9, 179-190.

Esplen, M., Garfinkel, P. & Gallop, R. (2000). Relationsship between self-soothing, aloneness and evocative memory in BN. *International Journal of Eating Disorders*, 27, 96-100.

Ewart, C.K., Jorgensen, R.S. & Kolodner, K.B. (1998). Sociotropic cognition moderates blood pressure in response to interpersonal stress in high risk adolescent girls. *International Journal of Physiology*, 28, 131-142.

Fahrenberg, J. & Myrtek, M. (1996). *Ambulatory assessment. Computer assisted psychological and psychophysiological methods in monitoring and field studies.* Hogrefe & Huber, Seattle.

Fahrenberg, J. (1994). Ambulantes Assessment: computergestützte Datenerfassung unter Alltagsbedingungen. *Diagnostic,* 40, 195-216.

Fairburn, C.G. & Cooper, P.J., Anastasiades, P. & McKenna, F.P. (1991). Selective information processing in bulimia nervosa. *International Journal of Eating Disorders*, 10, 415-422.

Fairburn, C.G. (1985). Cognitive-behavioral treatment for bulimia. In: D.M. Garner & P.E. Garfinkel (Eds.): *Handbook of psychotherapy for anorexia nervosa and bulimia* (pp 160-192). New York: Guilford Press.

Fairburn, C.G., Cooper, Z., Doll, H.A., Norman, P. & O'Connor, M. (2000). Natural course of bulimia nervosa and binge eating disorder in young women. *Archives of General Psychiatry*, 57, 659-665.

Fairburn, C.G., Doll, H.A., Welch, S.L., Hay, P.J., Davies, B.A. & O'Connor, M.E. (1998). Risk factors for binge eating disorder. *Archives of General Psychiatry*, 55, 425-432.

Fairburn, C.G., Jones, R., Peveler, R.C., Hope, R.A. & O'Connor, M. (1993). Psychotherapy and bulimia nervosa: the longterm effect of interpersonal psychotherapy, behaviour therapy and cognitive behaviour therapy. *Archives of General Psychiatry,* 52, 304-312.

Fairburn, C.G., Peveler, R.C., Jones, R., Hope, R.A. & Doll, H.A. (1993). Predictors of 12-month outcome in bulimia nervosa and the influence of attitudes to shape and weight. *Journal of Consulting and Clinical Psychology,* 61, 696-698.

Fairburn, C.G., Welch, S.L., Doll, H.A., Davies, B.A. & O'Connor, M.E. (1997). Risk factors for bulimia nervosa: a community-based case control study. *Archives of General Psychiatry*, 54, 509-517.

Fairburn, C.G., Welch, S.L., Norman, P.A., O'Connor, M.E. & Doll, H.A. (1996). Bias and bulimia nervosa: how typical are clinic cases. *American Journal of Psychiatry*, 153, 386-391.

Fairnburn, C.G., Cooper, Z. & Cooper, P.J. (1986). The clinical features and maintanence of bulimia nervosa. In K.D. Brownell & J.P. Foreyt (Eds.). *Handbook of Eating Disorders: Physiology, psychology and treatment of obesity, anorexia and bulimia* (pp 389-404). New York: Basic Books.

Feldman, S.I., Downey, G. & Schaffer-Neitz, R. (1999). Pain, negative mood and perceived support in chronic pain patients: A daily diary study of people with reflex sympathetic dystrophy syndrome. *Journal of Consulting and Clinical Psychology,* 67, 776-785.

Feodoroff, I.C., Polivy, J. & Herman, P. (1997). The effect of Pre-exposure to food cues on the eating behavior of restrained and unrestrained eaters. *Appetite,* 28, 33-47.

Fichter, M.M, Quadflieg, N. & Brandl, B. (1993). An empirical comparison of binge eating disorder, bulimia nervosa and obesity. *International Journal of Eating Disorders*, 14, 1-16.

Foa, E.B. & Kozak, M.J. (1986). Emotional processing of fear: Exposure to corrective information. *Psychological Bulletin*, 99, 20-35.

Formea, G.M. & Burns, G.L. (1996). Selective processing of food, weight, and body shape words in nonpatient women with bulimia nervosa: interference of the Stroop task. *Journal of Psychopathology and Behavioral Assessment*, 18, 105-18.

Förster, F. & Walschburger (1983). *Psychophysiologische Reaktionsmuster.* München: Minvera.

Franchina, J. & Slank, K. (1988). Effects of deprivation on salivary flow in the apparent absence of food stimuli. *Appetite*, 10, 143-147.

Frankenhäuser, M. (1982). Challenge-control interaction as reflected in sympathetic adrenal and pituitary-adrenal activity: comparison between sexes. *Scandinavian Journal of Psychology,* Suppl. 1, 158-164.

Franzen, S. & Florin, I. (1995). Familiale Transmission von gezügeltem Essverhalten. *Zeitschrift für Klinische Psychologie*, 24, 65-69.

Fredrikson, M., Blumenthal, J., Evans, D., Sherwood, A. & Light, K. (1989). Cardiovascular responses in the laboratory and in the natural environment: is blood pressure reactivity to laboratory-induced mentral stress related to ambulatory blood pressure during every day life? *Journal of Psychosomatic Research*, 33, 753-762.

Garner, D.M., Olmsted, M.P. & Polivy, J. (1983). The Eating Disorder Inventory: a measure of cognitive behavioural dimensions of anorexia and bulimia. In P.L. Darby, P.E. Garfinkel & D.M. Garner (Eds.). *Anorexia nervosa: Recent Development Research* (Pp 173-184). New York: Alan R. Liss.

Geissner, E. & Schary, K. (2001). Familiäre und soziokulturelle Einflussfaktoren beim Auftreten von Ess-Störungssymptomen. Vortrag, 8. Kongress der DGVM, Kiel.

Gendall, K., Joyce, P., Sullivan, P. & Bulik, C. (1998). Food cravers: characteristics of those who binge. *International Journal of Eating Disorders*, 23, 353-360.

Gerin, W., Rosofsky, M., Pieper, C. & Pickering, T. (1994). A test of generalizability of cardiovascular reactivity using a controlled ambulatory procedure. *Psychosomatic Medicine*, 56, 360 – 368.

Glass, C.R. & Arnkoff, D.B. (1997). Questionnaire methods of cognitive self-statement asessment. *Journal of Consulting and Clinical Psychology*, 65, 911-927.

Glassner, B. (1988). *Bodies: Why we look the way we do and how we feel about it.* New York: Putnam.

Göbel, M. Spalthoff, G., Schulze, C. & Florin, I. (1989). Dysfunctional cognitions, attributional style and depression in bulimia. *Journal of Psychosomatic Research*, 33, 747-752.

Gragona, M. & Vella, G. (1998). Psychopathological considerations on the relationsship between bulimia and obsessive-compulsive disorders. *Psychopathology,* 31, 197-205.

Green, M.W., Rogers, P.J. & Elliman, N.A. (2000). Dietary restraint and addictive behaviors. The generalizability of Tiffany's cue reactivity model. *International Journal of Eating Disorders*, 27, 419-427.

Greeno, C.G. & Wing, R.R. (1994). Stress-induced eating. *Psychological Bulletin*, 115, 444-464.

Greeno, G., Wing, R. & Shiffman, S. (2000). Binge antecedents in obese women with and without eating disorder. *Journal of Consulting and Clinical Psychology*, 68, 95-102.

Grilo, C.M., Shiffman, S. & Carter-Campell, J.T. (1994). Binge eating antecedents in normal-weight no-purging females: is there consistency ? *International Journal of Eating Disorders*, 16, 239-249.

Guertin, T. & Conger, A. (1999). Mood and forbidden foods influence on perceptions of binge eating. *Addictive Behaviors*, 24, 75-193.

Guertin, T. (1999). Eating behavior of bulimics, self-identified binge eaters and non-eating disordered individuals: what differenciates these populations. *Clinical Psychology Review*, 19, 1 –23.

Guy-Grand, B. & Goda, H. (1981). Conditioned salivation in obese subjects with different weight kinetics. *Appetite: Journal for Intake Research*, 2, 351-355.

Hahn, S. & Smith, C. (1999). Daily hassles and chronic stressors: conceptual and measurement issues. *Stress Medicine*, 15, 89-101.

Haiman, C. & Devlin, M. (1999). Binge eating before the onset of dieting: a distinct subgroup of bulimia. *International Journal of Eating Disorder*, 25, 151-157.

Haimovitz, D., Lansky, L.M. & O'Reilley, P. (1993). Fluctuations in body satisfaction across situations. *International Journal of Eating Disorders*, 13, 77-84.

Hansel, S. & Wittrock, D. (1997). Appraisal and coping strategies in stressful situations: a comparison of individuals who binge eat and controls. *International Journal of Eating Disorders*, 21, 89-93.

Harnden, J.L., McNally, R.J. & Jimerson, D.C. (1997). Effects of suppressing thoughts about body weight: A comparison of dieters and nondieters. *International Journal of Eating Disorders*, 22, 285-290.

Hartley, P. (1998). Eating disorders and health education. Psychology. *Health and Medicine*, 3, 133-140.

Hawkins, R.C. II & Clement, P.E. (1984). Binge Eating: Measurement problems and a conceptual model. In R.C. Hawkins II and P.F. Clement (Eds.): *The binge-purge syndrome*. New York: Springer-Verlag.

Heatherton, T. & Baumeister, R. (1991). Binge eating as escape from self-awareness. *Psychological Bulletin*, 110, 86-108.

Heatherton, T. , Herman, C. & Polivy, J. (1991). Effects of physical threats and ego threat on eating behavior. *Journal of Personality Social Psychology*, 60, 138-143.

Heatherton, T., Stripe, M. et al. (1998). Emotional distress and disinhibited eating : the role of the self. *Personality and social Psychology Bulletin*, 24, 301-312.

Heatherton, T.F., Mahamedi, F., Striepe, M. Filed, A.E & Keel, P. (1997). A 10-year longitudinal study of body weight, dieting and eating disorders. *Journal of Abnormal Psychology*, 106, 117-125.

Heatherton, T.F., Polivy, J. (1992). Chronic dieting and eating disorders: a spiral model. In Crowther, J.H., Tennenbaum, T.L., Hobfoll, S.E.., Stepens, M.A.P. (Eds.): *The etiology of Bulimia nervosa: The individual and familial context* (pp. 133-155). Washington, Hemnisphere Publishing.

Hepbrun, D.A. (1993). Symptoms of hypoglycemia. In: B.M. Frier & B.M. Fisher (Eds.). Hypoglycemia and Diabetes: Clinical and Physiological Aspects, 93-103. London etc.: Edward Arnold.

Herman, C.P. & Polivy, J. (1980). Restraint eating. In: Stunkard A.J. (Ed.). *Obesity*. Philadelphia: Saunders.

Herman, C.P. & Polivy, J. (1984). A boundary model for the regulation of eating. In: A.B. Stunkard & E. Stellar (Eds.). *Eating and its disorders* (pp. 141-156). New York, Raven press.

Herman, C.P. & Polivy, J. (1988). Restraint and excess in dieters and bulimics. In K.M. Pirke, D. Ploog & W. Vandereycken (Eds.), *The psychobiology of anorexia nervosa* (pp. 33-41). Heidelberg: Springer.

Herman, C.P. & Polivy, J. (1993). Mental control of eating: excitatory and inhibitory food thoughts. In: D.M. Wegner & J.M. Pennebaker (Eds.). *Handbook of mental control* (pp. 491-505). Englewood Cliffs, NJ: Prentice Hall.

Herman, C.P., Polivy, J. Klajner, F. & Esses, V. (1981) Salivation in dieters and non-dieters. *Appetite: Journal for Intake Research*, 2, 356-361.

Herzer, D. (1998). Stimmungen und Nahrungsbedürfnis bei Bulimikerinnen. Unveröffentlichte Diplomarbeit, Philips-Universität, Marburg.

Hodgson, R. & Greene, J. (1979). The saliva priming effect, eating speed and the measurement of hunger. *Behaviour, Research and Therapy*, 18, 243-247.

Hollon, S.D. & Kriss, M.R. (1984). Cognitive factors in clinical research and practise. *Clinical Psychology Review*, 4, 38-78.

Howard, C.E. & Porzelius, L.K. (1999). The role of dieting in binge eating disorder: Etiology and treatment implications. *Clinical Psychology Review,* 19, 25-44.

Huon, G. (1997). Loss of control in bulimia nervosa. *European Eating Disorder Review*, 5, 208-213.

Hurlburt, R.T. (1997). Randomly sampling thinking in the natural environment. *Journal of Consulting an Clinical Psychology*, 65, 941-949.

Imfeld, T. (1984). Oligosoalie und Xerostomie: Grundlagen, Epidemiologie, Ätiologie, Pathologie. *Acta Paradontologica,* 13, 81-110.

Imholz, B.P., Settels, J.J., van der Meiracher, A.H., Wesseling, K.H. & Wieling, W. (1990). Non-invasive continuous finger blood pressure measurement during orthostatic stress compared to intra-arterial pressure. *Cardiovasculaire Research*, 24, 214-221.

Jacobi, C. (1999). *Zur Spezifität und Veränderbarkeit von Beeinträchtigungen des Selbstkonzeptes bei Ess-Störungen.* Regensburg: S. Roederer.

Jacobi, C. (2000). Beeinträchtigungen des Selbstkonzeptes bei Ess-Störungen. *Zeitschrift für klinische Psychologie und Psychotherapie,* 2000/2.

Jacobi, C., Agras, S. & Hammer, L. (2000). Do parents eating disturbances predict children's eating disturbances ? Differential influences and emerging gender differences at 8 years. Paper, Annual meeting of the Eating Disorder Resarch Society, Prien; Germany.

Janke, W., Erdmann, G. & Kallus, W. (1995). *Der Stressverarbeitungsfragebogen (SVF)*. Göttingen: Hogrefe.

Jansen, A. & van den Hout, M. (1991), On being led into temptation: counterregulation of dieters after smelling a preload . *Addictive Behaviors,* 16, 247-253.

Jansen, A. (1998). A learning model of binge eating: cue reactivity and cue exposure. *Behavior Research and Therapy*, 36, 257-277.

Jansen, A., Boon, B., Nauta, H. & van den Hout, M.A. (1992). Salivation discordant with hunger. *Behaviour Research and Therapy*, 30, 163-166.

Jansen, A., Broekmate, J. & Heymans, M. (1992). Cue exposure vs self-control in the treatment of binge eating: a pilot study. *Behavior Research and Therapy*, 30, 235-241.

Jansen, A., Huygens, K. & Tenney, N. (1998). Evidence for a selective processing of subliminally presented body words in restrained eaters. *International Journal of Eating Disorders*, 24, 435-438.

Jansen, A., Merckelbach, H., Oosterlaan, J., Tuiten, A. & van den Hout, M.A. (1988). Cognitions and self talk during food intake of restrained and unrestrained eaters. *Behaviour Research and Therapy,* 26, 393-398.

Jansen, A., Osterlaan, J., Tuiten, A. & Van den Hout, M.A. (1988). Cognitions and self-talk during food intake of restrained and unrestrainedeaters. *Behaviour Research and Therapy*, 26, 393-398.

Jansen, A., Overduin, J. & Meijenborn, A. (1995). Controlled and automatic cognitive processes in eating disorders. In: Tuschen, B. & Florin, I. (1995). *Current Research in Eating Disorders.* Münster: Verlag für Psychotherapie.

Jansen, A., van den Hout, M., de Loof, C. Zandbergen, J. & Griez, E. (1989). A case of bulimia succesfully treated by cue exposure. *Journal of Behavior Therapy and Experimental Psychiatry*, 20 (4), 327-332.

Jansen, A., Louwerse, E., Leemans, N. & Schouten, E. (1998). Self-esteem as a better predictor of restrained eaters' food intake than attributional style and disinhibition tendency. *European Journal of Personality*, 12, 43-56

Johnson, C. & Larson, R. (1982). Bulimia: an analysis of mood and behavior. *Psychosomatic Medicine*, 44, 341-351.

Johnson, W.G., Boutelle, K.N., Torgrud, L., Davig, J.P. & Turner, S. (2000). What is a binge? The influence of amount, duration and loss of control criteria on judgement of binge eating. *International Journal of Eating disorders*, 27, 471-479.

Johnson, W.G., Carr-Nangle R.E., Nangle, D.W., Antony, M.M. & Zafert, C. (1997). What is a binge ? A Comparison of binge eater, peer and professional judgements of eating episodes. *Addictive Behaviors*, 22, 631-635.

Johnson, W.G., Schlundt, D.G., Barclay, D.R., Carr-Nangle, R.E. & Engler, L.B. (1995). A naturalistic functional analysis of binge eating. *Behavior Therapy,* 26, 101-118.

Johnston, L., Bulik, C. & Anstiss, V. (1999). Supressing thoughts about chocolate. *International Journal of Eating Disorders*, 26, 21-27.

Joiner, T.E. (1999). Self-verification and bulimic symptoms: do bulimic women play a role in perpetuating their own dissatisfaction and symptoms. *International Journal of Eating Disorders*, 26, 145-151.

Kaluza, G., Vögele, C. & Voigt, K.H. (1997). Stress und Stressbewältigung. In N. Birbaumer, H. Flor & K. Hahlweg (Eds.). *Enzyklopädie der Psychologie, Bd 3: Verhaltensmedizin: Grundlagen und Interventionen.* Göttingen: Hogrefe.

Kamarck, T.W., Shiffman, S.M., Smithline, L., Goodie, J.L., Paty, J.A., Gnys, M. & Jong, J.Y. (1998). Effects of task strain, social conflict and emotional activation on ambulatory cardiovascular activity: daily life consequences of recurring stress in multi-ethnic adult sample. *Health Psychology*, 17, 17-29.

Käppler, C. (1994). *Psychophysiologische Bedingungsanalyse von Blutdruckveränderungen im alltäglichen Lebenskontext.* P. Lang Verlag, Frankfurt.

Karhunen, L., Lappalainen, R., Tammela, L., Turpeinen, A. & Uusitupa, M. (1997). Subjective and physiological cephalic phase responses to food in obese binge eating women. *International Journal of Eating Disorders*, 21, 321-328.

Katzman, M.A. & Wolchik, S.A. (1984). Bulimia nervosa and binge eating in college women: A comparison of personality and behavioral characteristics. *Journal of Consulting and Clinical Psychology,* 52, 423-428.

Kaye, W.H., Gwirtsman, H.E., George, D.T. & Weiss, S.R. (1986). Relationship of mood alteration to binging behavior in bulimics. *British Journal of Psychiatry*, 149, 479-485.

Keel, P.K., Mayer, S.A. & Harnden-Fischer, J.H. (2001). Importance of size in defining binge eating episodes in bulimia nervosa. *International Journal of Eating Disorders,* 29, 294-301.

King, G.A., Polivy, J. & Herman, C.P. (1991). Cognitive aspects of dietary restraint: effects on person memory. *International Journal of Eating Disorders*, 10, 313-321.

Kirschbaum, C. & Hellhammer, D.H. (1989). Salivary cortisol in psychobiological research: an overview. *Neuropsychobiology*, 22, 150-169.

Kirschbaum, C. (1991). Cortisolmessung im Speichel eine Methode d. biolog. Psychologie. Verlag Hans Huber; Göttingen.

Klajner, F., Herman, C.P., Polivy, J. & Chabra, R. (1981). Human obesity, dieting and anticipatory salivation to food. *Physiology & Behavior*, 27, 195-198.

Krampen, G. (1987). Entwicklung von Kontrollüberzeugungen: Thesen zu Forschungsstand und Perspektiven. *Zeitschrift für Entwicklungspsychologie und Pädagogische Psychologie,* 19, 195-227.

Laberg, JC., Wilson, GT., Eldregde, K. & Nordby, H. (1991). Effects of mood on heart rate reactivity in BN. *International Journal of Eating Disorders*, 10, 169-178.

Lacey, J.H., Coker, S. & Birtchnell, S.A. (1986). Bulimia: Factors associated with its etiology and maintenance. *International Journal of Eating Disorders,* 5, 475-487.

Laessle, R. (1993) *Psychologische Determinanten und Modifikationen des bulimischen Essverhaltens.* Habilitationsschrift, Uni Trier

Laessle, R., Beumont, P., Butow, P., Lennerts, W., O'Connor, M., Pirke, K.M., Touyz, S. & Waadt, S. (1991). A comparison of nutritional management of Bulimia Nervosa. *British Jorunal of Psychiatry*, 159, 250-261.

Laessle, R.G. (2001) Elterliche Einflüsse auf die Mirkostruktur des Essverhaltens. Vortrag auf dem 8. Kongress der DGVM, Kiel.

Lafay, L., Thomas, F., Mennen, L., Charles, M., Eschwege, E., Borys, J.M. & Basedevant, A. (2001). Gender differences in the relation between food cravings and mood in a adult community: results from the Fleurbaix Laventie Ville Santé Study. *International Journal of Eating Disorders*, 29, 195-204.

Lakatos, A. & Reinecker, H. (1999). *Kognitive Verhaltenstherapie bei Zwangsstörungen: ein Therapiemanual.* Göttingen: Hogrefe.

Lamnek, S. (1998). *Qualitative Sozialforschung. Bd 2. Methoden und Techniken.* München: Psychologie Verlags Union.

Lazarus, R. & Folkman, S. (1984). *Stress, Appraisal and Coping.* Springer. New York.

Lazarus, R. & Launier, R. (1978). Stress-related transactions between person and environment. In L. Pervin & M. Lewis (Eds.): *Perspectives in Interactional Psychology* (pp. 287-327). New York, Plenum.

Lee, F. & Peterson, C. (1997). Content analysis of archival data. Journal of Consulting and *Clinical Psychology*, 65, 959-969.

Lee, M. & Miltenberger, R. (1997). Functional assessment and binge eating: a review of the literative suggestions for future research. *Behaviormodification*, 21, 159-171.

Legenbauer, T. (1998). *Psychische und physiologische Reaktionen auf Nahrungsmittelkonfrontation: Eine experimentelle Studie an Bulimikerinnen.* Diplomarbeit, unveröffentl., Philipps-Universität, Marburg.

Legenbauer, T., Vögele, C. & Rüddel, H. (2002a). Anticipatory cephalic phase responses to food cues: an experimental study with bulimic women. (submitted)

Legenbauer, T., Vögele, C. & Rüddel, H. (2002b). Der Einfluss idiosynkratischer Belastung auf das Essverhalten: eine laborexperimentelle Untersuchung an Frauen mit Bulimia nervosa. (submitted)

LeGoff, D. & Spigelman, M.N. (1987). Salivary response to olfactory food stimuli as a function of dietary restraint and body weight. *Appetite*, 8, 29-35.

LeGoff, D., Leichner, P. & Spigelman, M. (1988). Salivary response to olfactory food stimuli in anorexics and bulimics. *Appetite*, 11, 15-25.

Lehmann, A.K. & Rodin, J. (1989). Styles of self-nurturance and disordered eating. *Journal of Consulting and Clinical Psychology*, 57, 117-122.

Leon, G.R., Keel, P.K., Klump, K.L. & Fulkerson, J.A. (1997). The future of risk factor research in understanding the etiology of eating disorders. *Psychopharmacological Bulletin*, 33, 405-411.

Levine, M.D. & Marcus, M.D. (1997). Eating beavior following stress in women with and without bulimic symptoms. *Annuals of Behavioral Medicine*, 19, 132-138,

Lingswiler, V.M., Crowther, J.H. & Stephens, M.A. (1987). Emotional reactivity and eating in binge eating and obesity. *Journal of Behavioral Medicine,* 10, 287-298.

Lingswiler, V.M., Crowther, J.H. & Stephens, M.A. (1989). Affective and cognitive antecedents to eating episodes in bulimia nervosa and binge eating. *International Journal of Eating Disorders,* 8, 533-539.

Litt, M.D., Cooney, N. L. & Morse, P. (2000). Reactivity to alcohol-related stimuli in the laboratory and in the field: predictors of craving in treated alcoholics. *Addiction,* 95, 889-900.

Lledo, E.P. & Waller, G. (2001). Bulimic psychopathology and impulsive behaviors among nonclinical women. *International Journal of Eating Disorders,* 29, 71-75.

Lovell, C.G., Hinton, C. & Gillespie, N.K. (1994). Selective processing of shape-related words in women with eating disorders and those who have recovered. *British Journal of Clinical Psychology,* 36, 412-432.

Lovell, D., Williams, J. & Hill, A. (1997). Selective processing of shape-related words in women with eating disorders and those who had recovered. *British Journal of Psychiatry,* 36, 421-432.

Lowe, M.R. (1993). The effects of dieting on eating behavior: A three factor model. *Psychological Bulletin,* 114, 100-121.

Lowe, M.R., Whitlow, J.W. & Bellwoar, V. (1991). Eating regulation: The role of restraint, dieting and weight. *International Journal of Eating Disorders,* 10, 461-471.

Mandel, J.D. (1993). Salivary diagnosis: promises, promises. *Annual New York Academy Science,* 20, 694: 1-10.

Mann, T. & Ward, A. (2001). Forbidden fruit: does thinking about a prohibited food lead to its consumption? *International Journal of Eating Disorders,* 29, 319-327.

Marco, C.A., Neale, J.M., Schwartz, J.E., Shiffman, E. & Stone, E. (1999). Coping with daily events and short term mood changes: an unexpected failure to observe effects of coping. *Journal of Consulting and Clinical Psychology,* 67, 755-765.

Margraf, J., Taylor, B.T., Ehlers, A., Roth, W.T. & Agras, W.S. (1987). Panic attacks in the natural environment. *The Journal of Nervous and Mental Disease,* 175, 558-565.

Meyer, C., Waller, G. & Waters, A. (1998). Emotional states and bulimic psychopathology. In: H. Hoek, M. Katzman & J. Treasure (eds.): *The neurobiological basis of eating disorders* (pp. 271-289). Chichester: Wiley.

Mitchell, J., Crow, S., Peterson, C., Wonderlich, S. & Crosby, R. (1998). Feeding laboratory studies in patients with eating disorders: a review. *International Journal of Eating Disorders,* 24, 115-124.

Mitchell, J.E. & Laine, D.C. (1985). Monitored binge-eating behavior in patients with bulimia. *International Journal of Eating Disorders*, 5, 325-334.

Mitchell, J.E., Hatsukami, D., Eckert, E.D. & Pyle, R.L. (1985). Characteristics of 275 patients with bulimia. *American Journal of Psychiatry*, 142, 482-485.

Mitchell, J.E., Mussel, M.P., Peterson, C.B., Crow, S., Wonderlich, S.A., Crobsy, R.D., Davis, T. & Weller, C. (1999). Hedonics of binge eating in women with bulmia nervosa and binge eating disorder. *International Journal of Eating disorders,* 26, 165-170.

Mitchell, J.E., Pyle, R.L. & Eckert, E.D. (1981). Binge eating behavior in patients with bulimia nervosa. *American Journal of Psychiatry*, 138, 835-836.

Monti, P.M., Rohsenow, D.J., Rubonis, R.S., Niaura, R.S., Sirota, A.D., Colby, S.M., Goddard, F. & Abrahams, D.B. (1993). Cue exposure with coping skills treatment for male alcoholics. A preliminary investigation. *Journal of Consulting and Clinical Psychology*, 61, 1011-1019.

Moyer, A., Rodin, J. & Cummings, N. (1993). Cephalic phase insulin release in bulimia. *International Journal of Eating Disorders,* 14, 331-339.

Mussel, P.M., Mitchell, J.E., de Zwaan, M., Crosby, R.D. & Crow, S.J. (1997). A comparison of onset of binge eating versus dieting in the development of bulimia nervosa. *International Journal of Eating Disorders*, 21, 353-360.

Mussgay & Rüddel, H. (1996). Ambulatory blood pressure monitoring: Promises and limitations in behavioral medicine. In: Fahrenberg, J. & Myrtek, M. (Eds.). *Ambulatory Assessment. Computer assisted psychological and psychophysiological methods in monitoring and field studies* (pp. 114-129). Seattle: Hogrefe.

Mussgay, L., Niegot, F. & Rüddel, H. (2001). The assessment of blood pressure variability in behavior modification: the identification of relevant situation and mood factors. In: Fahrenberg, J. & Myrtek, M. (Eds.). Progress in ambulatory assessment. Hogrefe & Huber, Bern.

Nederkoorn, C., Smulders, F.T. & Jansen, A. (1999). Recording of swallowing events using electromyography as a non-invasive measurement of salivation. *Appetite*, 33, 361-369.

Nederkoorn, C., Smulders, F.T. & Jansen, A. (2000). Cephalic phase responses, craving and food intake in normal subjects. *Appetite*, 35, 45-55.

Neudeck, P. (1998). Psychobiologische Grundlagenforschung zur Cue-Konfrontation bei Bulimia nervosa. Münster: Verlag für Psychotherapie.

Nevonen, L. & Broberg, A. (1999). A sequenced group psychotherapy model for bulimia nervosa patients: a pilot study. *European Eating Disorder Review*, 7, 17-27.

Niego, S., Pratt, E. & Agras, S. (1997). Subjective or objective binge: is the distinction valid. *International Journal of Eating Disorders*, 22, 291-298.

Nierenberg, T. & Miller, P. (1982). Salivation: an assessment of food craving? *Behaviour Research and Therapy,* 20, 405-407.

Nisbett, R.E. (1972). Hunger, obesity and the ventromedial hypothalamus. *Psychological Review,* 79, 433-453.

Nyklicek, I., Vingerhoets, J. & Van Heck, G. L. (2000). Blood pressure, appraisal, and coping with stressors. In: McCabe, Philip M. (Ed); Schneiderman, Neil (Ed); et al. *Stress, coping, and cardiovascular disease. Stress and coping* (pp. 123-144). Mahwah, NJ, US: Lawrence Erlbaum Associates, Inc., Publishers. xi,

Ogden, J. & Wardle, J. (1991). Cognitive and emotional responses to food. *International Journal of Eating Disorders,* 10, 297-311.

Oliver, G., Wardle, J. (1999). Perceived effects of stress on food choice. *Physiology and Behavior,* 66, 511-512.

Oliver, K.G. & Huon, G.F. (2001). Eating-related thought suppression in high and low disinhibitors. *International Journal of Eating Disorders*, 30, 329-337.

Orleans, C.T. & Barnett, L.R. (1984). Bulimarexia: Guidelines for behavioral assessment and treatment. In R.C. Hawkins, W.J. Freeman & P.F. Clement (Eds.): *The binge-purge syndrome: Diagnosis, Treatment and Research* (pp. 144-182). New York: Springer.

Overduin, J. & Jansen, A. (1996). Food cue reactivity in fasting subjects. *European Eating Disorder Review,* 39, 146-160.

Overduin, J. & Jansen, A. (1997). Conditioned insulin and blood sugar responses in humans in relation to binge eating. *Physiology and Behavior,* 61, 569-575.

Overduin, J., Jansen, A. & Eilkes, H. (1996). Cue reactivity to food and body-related stimuli in restrained and unrestrained eaters. *Addictiv behaviors,* 22, 395-404.

Pawlak, L. (1995). *Appetite: the brain body connection: 21st Century Weight Management Program.* California.

Peck, R. (1959). The SHP test: an aid detection and measurement of depression. *Archives of General Psychiatry,* 1, 35-40.

Peri, T., Ben-Shakhar, G. & Orr, S.S. (2000). Psychophysiologic assessment of aversive conditioning in posttraumatic stress disorder. *Biological Psychiatry,* 47, 512-519.

Pirke, K., Platte, P., Lässle, R., Seidl, M. & Fichter, M. (1992). The effect of a mental challenge test of plasma norepinephrine and cortisol in bulimia nervosa and in healthy controls. *Biological Psychiatry,* 31, 1074-1077.

Polivy, J. & Herman, C.P. (1999). Distress and Eating: Why do dieters overeat ? *International Journal of Eating Disorders,* 26, 153-164.

Polivy, J., Herman, C.P., Younger, J.C. & Erskine, B. (1979). Effects of a model on eating behavior: the induction of a restrained eating style. *Journal of Personality,* 47, 100-112.

Powley, T. (1977). The vendromedial hypothalamic syndrome, satiety and cephalic phase hypothesis. *Psychological Review,* 84, 89-126.

Powley, T.L. & Berthoud, H.R. (1985). Diet and cephalic phase insulin responses. *American Journal of Clinical Nutrition,* 42, 991-1002.

Pratt, E., Niego, S. & Agras, S. (1998) Does the size of a binge matter ? *International Journal of Eating Disorders,* 24, 307-312.

Prüssner, J.C., Hellhammer, D.H. & Kirschbaum, C. (1999). Low self-esteem, induced failure and the adrenocortical stress response. *Personality and Individual Differences,* 27, 477-489.

Pudel, V. & Westenhöfer, J. (1989). *Fragebogen zum Essverhalten: Handanweisung.* Göttingen: Hogrefe.

Pudel, V. & Westenhöfer, J. (1998). *Ernährungspsychologie: Eine Einführung.* Göttingen: Hogrefe.

Rachman, S. (1980). Emotional processing. *Behavior Research and Therapy,* 18, 51-60.

Raymond, N., Neumeyer, B., Thuras, P., Weller, C.L., Eckert, E. & Crow, S.J. (1999). Compulsive and impulsive traits in individuals with obese binge eating disorder and bulimia nervosa. *Eating Disorders: The Journal of Treatment and Prevention,* 7, 299-317.

Raymond, N.C., Mussel, M.P., Mitchell, J.E., de Zwaan, M. & Crosby, R.D. (1995). An age matched comparison of subjects with binge eating disorder and bulimia nervosa. *International Journal of Eating Disorders,* 18, 135-143.

Rebert, W.M., Stanton, A.L. & Schwarz, R. (1991). Influence of personality attributes and daily moods on bulimic eating patterns. *Addictive Behaviors,* 16, 497-505.

Rodin, J. & Reed, D. (1988). Sweetness and eating disorders. In J. Dobbing (Ed.), *Sweetness* (S.193-204). Berlin: Springer-Verlag.

Rodin, J., Bach, J., Peranini, E. & DeFronzo, F. (1985). Effect of insulin and glucose on feeding behavior. *Metabolism,* 34, 827-833.

Rogers, P. & Hill, A. (1989). Breakddown of dietary restraint following mere exposure to food stimuli: interrelationship between restraint, hunger, salivation and food intake. *Addictive Behaviors,* 14, 387-397.

Rolls, B.J., Rowe, E.A., Rolls, E.A., Kingston, B., Megson, A. & Gunary, R. (1981). Variety in a meal enhances food intake in man. *Physiology and Behaviors,* 26, 215-221.

Rolls, E.T., Rolls, B.J. & Rowe, E.A. (1983). Sensory specific and motivation specific satiety for the sight and taste of food and water in man. *Physiology and Behavior,* 30, 185-192.

Rosen, J. (1981). Effects of low-calorie dieting and exposure to diet-prohibited food on appetite and anxiety. *Appetite: Journal for Intake Research,* 2, 366-369.

Rosen, J., Leitenberg, H. Fisher, C. & Khazam, C. (1986). Binge eating episodes in bulimia nervosa: the amount and type of food consumed. *International Journal of Eating Disorders,* 5, 255-257.

Rosen, J.C. & Leitenberg, H. (1982). Bulimia nervosa, treatment with exposure and response prevention. *Behaviour Research and Therapy,* 13, 117-124.

Rossiter, E.M., Agras, W.S., Telch, C.F. & Bruce, B.(1992). The eating patterns of non-purging bulimic subjects. *International Journal of Eating Disorders*, 11, 111-120.

Rüddel, H. & Curio, I. (1991). *Non-invasive continous blood pressure recording*. Frankfurt: P. Lang Verlag.

Rüddel, H., Langewitz, W., Schächinger, H., Schmieder, R. & Schulte, W. (1988). Hemodynamic response patterns to mental stress: diagnostic and therapeutic implications. *American Heart Journal,* 116, 617-627.

Rüddel, H., Schächinger, H., Quirrenbach. S. & Otten, H. (1992). Zusammenhang zwischen Ärgerausdruck und den Blutdruckwerten im Tagesverlauf. In: Hodapp, V. & Schwenkmetzeger, P. (Eds.): Ärger und Ärgerausdruck. Verlag H. Huber, Bern. S. 217-226.

Russel, J. Hooper, M. & Hunt, G. (1996). Insulinresponse in bulimia nervosa as a marker of nutritional depletion. *International Journal of Eating Disorders*, 20, 307-313.

Rutledge, T. & Linden, W. (1998). To eat or not to eat: affective and physiological mechanism in the stress-eating relationsship. *Journal of Behavioral Medicine*, 21, 221-240.

Safer, D.L., Telch, C.F. & Agras, W.S. (2001). Dialectical behavior therapy adapted for bulimia: a case report. *International Journal of Eating Disorder,* 30, 101-106.

Saftner, J.L. & Crowther, J.H. (1998). Variability in self-esteem, moods, shame and guilt in women who binge. *International Journal of Eating Disorders*, 23, 391-397.

Sahakian, B., Robbins & T. James, W. (1981). Salivation and insulin secretion in response to food in non-obese men and women. *Appetite: Journal for Intake Research*, 2, 209-216.

Sahakian, B.J. (1981b). Salivation and appetite: commentary on the forum. *Appetite: Journal for Intake Research*, 2, 386-389.

Santanasto, P., Ferrara, S. & Favaro, A. (1999). Differences between binge eating disorder and nonpurging bulimia nervosa. *International Journal of Eating Disorders*, 25, 215-218.

Schächinger, H., Langewitz, W., Rüddel, H. & Schulte, W. (1992). The relationship between self-reported emotional strain and ambulatory blood pressure and heart rate. In: Schmidt, T., Engel, B. & Blümchen, G. (Eds.).

Temporal variations in the cardiovascular system (pp. 297-304). Springer Verlag, Berlin.

Schandry, R. (1996). Psychophysiologische Erhebungsmethoden. In Pawlik, K. (Ed.). *Grundlagen und Methoden der Differentiellen Psychologie* (pp. 189-213). Enzyklopädie der Psychologie, Themenbereich C, Theorie und Forschung, Serie VIII, Differentielle Psychologie und Persönlichkeitsforschung, Band 1. Hogrefe, Göttingen.

Schlundt, D.G., Johnson, W.G. & Jarrel, M.P. (1985). A naturalstic functional analysis of eating behavior in bulimia and obesity. *Advances in Behavior Research and Therapy*, 7, 149-162.

Schmidt, H. (1982). Biochemie für Stomatologen. Johann Ambrosius Barth: Leipzig.

Schmidt, R.F. & Thews, G. (1987). *Physiologie des Menschen.* 23. Aufl., Berlin New York Heidelberg: Urban & Schwarzenberg

Schmidt, U. & Marks, I.M. (1988). Cue exposure to food plus response prevention of binges for bulimia: a pilot study. *International Journal of Eating Disorders*, 7, 663-672.

Schmitz, B. (1987). Ein integratives Modell zur Entstehung und Aufrechterhaltung der Bulimie. In: Lambrecht, F. (Ed): *Integration und Spezialisierung in der Psychosomatik* (pp. 56-64). Berlin: Springer.

Schotte, D.E., McNally, R.J. & Turner, M.L. (1990). A dichotic listening analysis of body weight concerns in bulimia nervosa. *International Journal of Eating Disorders*, 9, 109-113.

Schulze, D. & Jones, B.T. (2000). Desire for alcohol and outcome expectancies as measure of alcohol cue-reactivity in social drinkers. *Addiction*, 95, 1015-1020.

Sebastian, S.B., Williamson, D.A. & Blouin, D.C. (1996). Memory bias for fatness stimuli in the eating disorders. *Cognitive Therapy and Research,* 20, 375-386.

Service, F.J. (1995). Hypoglycemic disorders. *New England Journal of Medicine,* 332, 1144-1152.

Shannon, I.L. (1974). *Saliva: Composition and Secretion.* Basel: Karger.

Shartford, L.E. & Evans, D.R. (1986). Bulimia as a manifestation of the stress process: A LISREL causal modelling analysis. *International Journal of Eating Disorders,* 5, 451-473.

Sherwood, A. & Turner, J.R. (1992) A conceptual and methodological overview of cardiovascular reactivity research. In: J.R. Turner, A. Sherwood & K.C. Light (Eds.) *Individuel differences in cardiovascular responses to stress* (pp. 3-12). New York: Plenum Press.

Sherwood, A., Turner, J.R., Light, K.C. & Blumenthal, J.A. (1990). Temporal stability of the hemodynamics of cardiovascular reactivity. *International Journal of Psychophysiology,* 10, 95-98.

Shiffman, S. & Stone, A. (1998). Ecological momentary assessment: A new tool for behavioral medicine research. In E. David, S. Krantz, E. Andrew et al., (Eds.). *Technology and methods in behavioral medicine* (pp. 117-131). Mahwah: Erlbaum.

Shiffman, S. (1984). Coping with the temptations to smoke. *Journal of Consulting and Clinical Psychology*, 52, 261-267.

Silverstone, P.H. (1991). Low self-esteem in different psychiatric conditions. *British Journal of Clinical Psychology,* 30, 185-188.

Sintra, R., Capatano, D. & O'Malley, S. (1999). Stress induced craving and stress response in cocaine dependent individual. *Psychopharmacology,* 142, 343-351.

Sjöström, L., Garellick, G., Krotiewski, M. & Luyckx, A. (1980). Peripheral insulin response to sight and smell of food. *Metabolism*, 29, 901-909.

Skosnik, P., Chatterton, R.T. Jr., Swisher, T. & Park, S. (2000). Modulation of attentional inhibition by norepinephrine and cortisol after psychological stress. *International Journal of Psychophysiology,* 36, 59-68.

Slade, P.D. (1982). Towards a functional analysis of anorexia nervosa and bulimia nervosa. *British Journal of Clinical Psychology,* 21, 167-179.

Smyth, J., Ockenfels, M.C., Porter, L., Kirschbaum, C., Hellhammer, D.H. & Stone, A. A. (1998). Stressors and mood measured on a momentary basis are associated with salivary cortisol secretion. *Psychoneuroendocrinology*, 23, 353-370.

Soukup, V., Beiler, M. & Terell, F. (1990). Stress, coping style and problem solving ability among eating disordered inpatients. *Journal of Clinical Psychology,* 46, 593-599.

Spurell, E.B., Wilfley, D.E., Tanosky, M.B. & Brownell, K.D. (1997). Age of onset for binge eating: are there different pathways to binge eating? *International Journal of Eating Disorders,* 21, 55-65.

Steiger, H., Gauvin, L. et al. (1999). Hypersensibility to social interactions in bulimic syndromes. *Journal of Consulting and Clinical Psychology,* 67, 765-775

Steinberg, S., Tobin, D. & Johnson, C. (1990). The role of bulimic behaviors in affect regulation: Different functions for different patient subgroups ? *International Journal of Eating Disorders,* 9, 51-55.

Steptoe, A. (1990). The value of mental stress testing in the investigation of cardiovascular disorders. In L.R. Schmidt, P. Schwenkmetzger, J. Weinman & S. Maes (Eds.). *Theoretical and applied aspects of health psychology* (pp. 309-329). Chur: Harwood Academic Publishers.

Steptoe. A. & Vögele, C. (1991). Methodology of mental stress testing in cardiovascular research. *Circulation, 83* (Suppl. 2), II-14-II-24.

Stice, E. & Agras, S. (1998). Predicting onset and cessation of bulimic behaviors during adolescence: a longitudinal grouping analyses. *Behavior Therapy,* 29, 257-276.

Stice, E. & Agras, S.(1999). Subtyping Bulimic Women Along Diatery Restraint and Negativ Affect Dimension. *Journal of Consulting and Clinical Psychology,* 67, 460-469.

Stice, E. & Agras, S.W. (1996). A test of the dual path model of bulimia nervosa: Evidence for restrained-eating and affect-regulation mechanisms. *Journal of Social and Clinical Psychology,* 15, 340-363.

Stice, E. & Shaw, H.E. (1994). Adverse effects of the media portrayed thin-ideal on women and linkages to bulimic symptomatology. *Journal of Social and Clinical Psychology,* 13, 288 – 308.

Stice, E. (1994). A review of the evidence for a socialcultural modell of BN and an exploration of the mechanism of action. *Clinical Psychology review,* 14, 633-661.

Stice, E., Killen, J.D., Hayward, C. & Taylor, C.B. (1998). Age of onset for binge eating and purging during late adolescence: a 4 year survival analysis. *Journal of Abnormal Psychology,* 107, 671-675.

Stice, E., Agras, S., Telch, C., Halmi, K., Mitchell, J. & Wilson, T. (2001). Subtyping binge eating disordered women along dieting and negative affect dimensions. *International Journal of Eating Disorders,* 30, 11-27.

Stice, E., Akutagawa, D., Gaggar, A. & Agras, S. (2000). Negative affect moderates the relation between dieting and binge eating. *International Journal of Eating Disorders,* 27, 218-229.

Stice, E., Schupak-Neuberg, H. & Stein, R. (1994). Relation of media exposure to eating disordered symptomatology: an examination of mediating mechanism. *Journal of Abnormal Psychology*, 103, 836-840.

Stickney, M., Miltenberger, R. & Wolf, G. (1999). A descriptive analysis of factors contributing to binge eating. *Journal of Behavior Therapy and Experimental Psychiatry*, 30, 177-189.

Stone, A. & Shiffman, S. (1994). Ecological momentary assessment (EMA) in behavioral medicine. *Annals of Behavioral Medicine,* 16, 199-202.

Striegel-Moore, R. & Cachalin, F. (1999). Body imagine concerns and disordered eating in adolescent girls: risk and prospective factors. In: Johnson, N. (Eds.), Roberts, M. (Eds.) et al. *Beyond appearances: a new look at adolescent girls* (pp. 85-108). Washington, DC, US: APA.

Striegel-Moore, R., Cachelin, F.M., Dohm, F.-A., Pike, K.M., Wilfley, D.E. & Fairburn, C.G. (2001). Comparison of binge eating disorder and bulimia nervosa in a community sample. *International Journal of Eating Disorders,* 29, 157-165.

Striegel-Moore, R., Silberstein, L. & Rodin, J. (1986). Toward an understanding of risk facotrs for bulimia nervosa. *American Psychologist*, 41, 246-263.

Striegel-Moore, R., Silberstein, L., French, P. & Rodin, J. (1989). A prospective study of disordered eating among college students. *International Journal of Eating Disorders*, 8, 499-509.

Strubbe, J.H. (1992). Parasympathic involvement in rapid meal associated conditioned insulin secretion in the rat. *American Journal of Physiology,* 229, 1019-1022.

Stunkard, A. (1975) Satiety is a conditioned reflex. *Psychosomatic Medicine,* 37, 383-387.

Stunkard, A. (1997). Eating Disorders: the last 25 years. *Appetite,* 29, 181-190

Stunkard, A.J. & Messick, S. (1985). The three-factor-eating questionaire to measure dietary restraint, disinhibition and hunger. *Journal of Psychosomatic Research*, 29, 71-83.

Tanofsky-Kraff, M., Wilfley, D. & Spurell, E. (2000). Impact of interpersonal and ego-related stress on restraint eaters. *International Journal of Eating Disorders*, 27, 411-418.

Taylor, M.J. & Cooper, P.J. (1992). An experimental study of the effect of mood on body size perception. *Behaviour Research and Therapy*, 30, 53-58.

Teff, K.L., Levin, B.E. & Engelman, K. (1993). Oral sensory stimulation in men: effects on insulin, C-peptide and catacholamines. *American Journal of Physiology* 265, R1223-R1230.

Telch, C. F. & Agras, S. W. (1996). The effects of short-term food on caloric intake in eating disordered subjects. *Appetite*, 26, 221-234.

Telch, C.F. & Agras, W.S. (1996). Do emotional states influence binge eating in the obese ? *International Journal of Eating Disorders,* 20, 271-280.

Tiffany, S.T. (1995). The role of cognitive factors in reactivity to drug cues. In: Drummond, D.C., Tiffany, S.T., Glautier, S. & Remington, B. (Eds.). *Addictive behaviors. Cue exposure theory and practice* (S. 137-165). West Sussex: Wiley Series in Clinical Psychology.

Tiggeman, M. (2001). Person x situation interaction in body dissatisfaction. *International Journal of Eating Disorders,* 29, 65-70.

Trebbe, A. (1989). Ideal is body beautiful and clean cut. *USA Today,* September 15, 1-2.

Troop, N., Holbrey, A. & Treasure, J. (1998). Stress, coping and crisis support in eating disorders. *International Journal of Eating disorders*, 24, 157-166.

Turner, J.R. (1994). *Cardiovascular reactivity and stress. Patterns of physiological response*. New York: Plenum Press.

Turrisi, R. (1999). Cognitive and attitudinal factors in the analysis of alternatives to binge drinking. *Journal of Applied Social Psychology*, 29,1512-1535.

Tuschen, B., Florin, I, & Baucke, R. (1993). Beeinflusst die Stimmung den Appetit. *Zeitschrift für Klinische Psychologie*, 22, 315-321.

Tuschen, B., Vögele, C. & Kuhnhardt, K. (1995). Is the desire to binge triggered by interpersonal stress and achievement challenge ? An experimental study on bulimics. In Tuschen, B. & Florin, I. (Eds.) *Current Research in Eating Disorders* (pp. 48-61). Münster, Verlag für Psychotherapie.

Tuschen, B., Vögele, C., Kuhnhardt, K. & Cleve-Prinz, W. (1995). Steigern psychische Belastungen das Essbedürfnis ? Eine experimentelle Studie an Bulimikerinnen. *Zeitschrift für Klinische Psychologie*, 24, 344-351.

Tuschen-Caffier, B. & Vögele, C. (1999). Psychological and physiological reactivity to stress: an experimental study on bulimic patients, restrained eaters and controls. *Psychotherapy and Psychosomatics,* 68, 333-340.

Tuschen-Caffier, B. (1997). *Psychische und physiologische Belastungsreaktionen bei BN.* Unveröffentlichte Habilitationsschrift, Philipps-Universität, Marburg.

Van Someren, M.W., Barnard, Y.F. & Sandberg, J.A. (1994). *The think about method: a practical guide to modelling cognitive processes.* London: Academic Press.

Van der Ster Wallin, G., Norring, C. & Holmgren, S. (1994). Selective dieting patterns among anorectic and bulimics at the onset of eating disorder. *European Eating Disorder Review*, 2, 221-232.

Vitousek, K.B. & Hollon, S.D. (1990). The investigation of schematic content and processing in eating Disorders. *Cognitive Therapy and Research*, 14, 191-214.

Vögele, C. & Florin, I. (1997). Psychophysiological responses to food exposure in binge eaters. *International Journal of Eating Disorders*, 21, 147-157.

Vögele, C. (1998). Klinische Psychophysiologie: Psychophysiologische Methoden in der Diagnostik und Therapie psychophysiologischer Störungen. In F. Rösler (Hrsg.): *Enzyklopädie der Psychologie: Themenbereich C Theorie und Forschung, Serie 1 Biologische Psychologie, Bd 5 Ergebnisse und Anwendungen der Psychophysiologie* (pp. 573-618). Göttingen: Hogrefe.

Vögele, C. (1999). Psychophysiologische Reaktivität bei Personen mit essentieller Hypertonie. *Verhaltenstherapie und Verhaltensmedizin*, 20, 321-342.

Walsh, B. & Devlin, M. (1998). Eating Disorders: Progress and Problems. *Science, 280*, 1378-1390.

Wardle, J. & Beales, S. (1988). Control and loss of control over eating: An experimental investigation. *Journal of Abnormal Psychology*, 97, 35-40.

Wardle, J. (1987). Compulsive eating and dietary restraint. *British Journal of Clinical Psychology,* 26, 47-55.

Wardle, J., Steptoe, A., Oliver, G. & Lipsey, Z. (2000). Stress, diatery restraint and food intake. *Journal of Psychosomatic Research*, 48, 195-202.

Waters, A., Hill, A. & Waller, G. (2001). Internal and external antecedents of binge eating episodes in a group of women with bulimia nervosa. *International Journal of Eating Disorders*, 29, 17-22.

Wegner, D.M. (1994). Ironic processes of mental control. *Psychological Review*, 101, 34-52.

Wegner, D.M., Schneider, D.J., Carter, S. III & White, L. (1987). Paradoxical effects of thought suppression. *Journal of Personality and Social Psychology*, 53, 5-13.

Weingarten, H.P. (1983). Conditioned cues elicit feeding in sated rats: a role for learning in meal initiation. *Science* , 20, 431-433.

Weingarten, H.P. (1984). Meal initiation controlled by learned cues: Basic behavioral properties. *Appetite*, 5, 147-158.

Westenhöfer, J. (2001). Prevalence of eating disorders and weight control practices in Germany in 1990 and 1997. *International Journal of Eating Disorders*, 29, 477-481.

Whittal, M., Agras, S. & Gould, R. (1999). Bulimia nervosa: meta analysis of psychological and pharmacological treatment. *Behavior Therapy*, 30, 117-135.

Wiedermann, M. & Pryor, T. (2000). Body dissatisfaction, bulimia and depression among women: the mediating role of drive for thinness. *International Journal of Eating Disorders*, 27, 90-95.

Willmuth, M.E., Leitenberg, H., Rosen, J.C. & Cado, S. (1988). A comparison of purging and nonpurging normal weight bulimics. *International Journal of Eating Disorders,* 7, 825-835.

Wiseman, M.A., Gray, J.J., Mosimann, J.E. & Ahrens, A.H. (1992). Cultural expectations of thinness in women: An update. *International Journal of Eating Disorders,* 11, 85-89.

Wiser, S. & Telch, C. (1999). DBT for BED. *Journal of Clinical Psychology,* 55, 755-768.

Wisniewski, L., Epstein, L.H., Marcus, M.D. & Kaye, W. (1997). Differences in salivary habituation to palatable foods in bulimia nervosa patients and controls. *Psychosomatic Medicine,* 59, 427-433.

Wooley, O.W. & Wooley, S.C. (1981). Forum on salivation: concluding comments. *Appetite: Journal for Intake Research*, 2, 390-391.

Wooley, O.W., Wooley, S.C. & Williams, S.B. (1978). Restrained of appetite and sensitivity to calories. *International Journal of Obesitiy,* 2, 496 (Abstr.).

Wooley, S. & Wooley, W. (1973). Salivation to the sight and thought of food: a new measure of appetite. *Psychosomatic Medicine*, 35, 136-142.

Wooley, W. & Wooley, S. (1981). Relationship of salivation in humans to deprivation, inhibition and the encephalization of hunger. *Appetite: Journal for Intake Research*, 2, 331-350.

Wooley, W. Wooley, S. & Woods, W. (1975). Effect of calories on appetite for palatable food in obese and non-obese humans. *Journal of Comparative and Physiological Psychology*, 89, 619-625.

Yamakoshi, K.I. (1991). Non-invasive techniques for ambulatory blood pressure monitoring and simultaneous cardiovascular measurements. *Journal of Ambulatory Monitoring*, 4, 123-143.

Zotter, D.L. & Crowther, J.H. (1991). The role of cognitions in bulimia nervosa. *Cognitive Therapy and Research,* 15, 413-426.

Zotter-Bonifaz, D. & Crowther, J.H. (1996). In vivo cognitive assessment in bulimia nervosa and restrained eating. *Behavior Therapy*, 27, 139-158.

9 ANHANG

A.1 DIAGNOSEKRITERIEN BULIMIA NERVOSA

DSM-IV Kriterien

Wiederholte Episoden von Essanfällen. Eine Essanfallsepisode ist gekennzeichnet durch beide der folgenden Merkmale:

1) Verzehr einer Nahrungsmenge in einem bestimmten Zeitraum (z.B. innerhalb eines Zeitraumes von 2 Stunden), wobei diese Nahrungsmenge erheblich größer ist als die Menge, welche die meisten Menschen in einem vergleichbaren Zeitraum und unter vergleichbaren Bedingungen essen würden.

2) Das Gefühl, während der Episode die Kontrolle über das Essverhalten zu verlieren (z.B. das Gefühl weder mit dem Essen aufhören zu können, noch die Kontrolle über Art und Menge der Nahrung zu haben).

Wiederholte Anwendung von unangemessenen, einer Gewichtszunahme gegensteuernden Maßnahme wie z.B. selbstinduziertes Erbrechen, Missbrauch von Laxantien, Diuretika, Klistieren oder anderen Arzneimitteln, Fasten oder übermäßige körperliche Betätigung.

Die Essanfälle und das unangemessene Kompensationsverhalten kommen drei Monate lang mind. zwei mal pro Woche vor.

Figur und Körpergewicht haben einen übermäßigen Einfluss auf die Selbstbewertung.

Die Störung tritt nicht ausschließlich im Verlauf von Episoden einer Anorexia nervosa auf.

Purging-Typus: Die Person induziert während der aktuellen Episode der Bulimia nervosa regelmäßig Erbrechen oder missbraucht Laxantien, Diuretika oder Klistiere.

Nicht-Purging –Typus: Die Person hat während der aktuellen Episode der Bulimia nervosa andere unangemessene, einer Gewichtszunahme gegensteuernde Maßnahmen gezeigt wie bspw. Fasten oder übermäßige körperliche Betätigung, hat aber nicht regelmäßig Erbrechen induziert oder Laxantien, Diuretika oder Klistiere missbraucht.

A.2 DIAGNOSEKRITERIEKN BINGE EATING DISORDER
DSM-IV Kriterien

Wiederholte Episoden von Essanfällen. Eine Essanfallsepisode ist gekennzeichnet durch beide der folgenden Merkmale:

1) Verzehr einer Nahrungsmenge in einem bestimmten Zeitraum (z.B. innerhalb eines Zeitraumes von 2 Stunden), wobei diese Nahrungsmenge erheblich größer ist als die Menge, die die meisten Menschen in einem vergleichbaren Zeitraum und unter vergleichbaren Bedingungen essen würden.

2) Das Gefühl, während der Episode die Kontrolle über das Essverhalten zu verlieren (z.B. das Gefühl weder mit dem Essen aufhören zu können, noch die Kontrolle über Art und Menge der Nahrung zu haben).

Die Episoden von Essanfällen treten gemeinsam mit mind. drei der folgenden Symptome auf:

1) wesentlich schneller essen als normal
2) essen bis zu einem unangenehmen Völlegefühl
3) essen großer Nahrungsmengen, wenn man sich körperlich nicht hungrig fühlt
4) alleine essen aus Verlegenheit über die Menge, die man isst
5) Ekelgefühle gegenüber sich selbst, Deprimiertheit oder große Schuldgefühle nach dem übermäßigen Essen

Es besteht ein deutliches Leiden wegen der Essanfälle

Die Essanfälle treten im Durchschnitt an mind. zwei Tagen der Woche für 6 Monate auf.

Die Essanfälle gehen nicht mit dem regelmäßigen Einsatz von unangemessenen kompensatorischen Verhaltensweisen einher (z.B. Purging-Verhalten, Fasten oder exzessive körperliche Betätigung) und sie treten nicht ausschließlich im Verlauf einer Anorexia nervosa oder BN auf.

B.1 BESCHREIBUNG DER VERWENDETEN FRAGEBÖGEN

B.1.1 Fragebogen zum Essverhalten (FEV; Pudel, 1989; deutsche Version des TFEQ):

Der Fragebogen ist wie sein englisches Original an das Konstrukt des gezügelten Ess-Stiles angelehnt entwickelt worden. Der Fragebogen setzt sich aus 3 Skalen mit insgesamt 60 Items zusammen.

Die erste Skala fragt Aspekte des Essverhaltens hinsichtlich kalorischer Restriktion und Einstellungen zum Essen ab. Die kognitive Kontrolle der Nahrung wird von den Autoren als mitverursachend für Essstörungen gesehen, da sie den natürlichen Hunger-Sättigungshaushalt stören und somit die Regelung psychischer Appetenz bei der Nahrungsaufnahme stören.

Die zweite Skala heißt „Störbarkeit des Essverhaltens“ und soll die Enthemmung der kognitiven Kontrolle durch situative Faktoren wie Geruch, Anblick von Speisen erfassen. Zudem wird erfragt, inwiefern Ablenkung durch Gesellschaft sowie Gefühle wie Langeweile, Kummer oder Angst die Nahrungsaufnahme beeinflussen. Theoretisch ist dieser Skala das Konstrukt der Gegenregulation bei gezügelten Essern zugrundegelegt.

Die dritte Skala beschreibt die subjektive erlebten Hungergefühle und deren Auswirkung auf das Essverhalten. Hohe Werte auf dieser Skala sind charakteristisch für besonders stark erlebte, störende Hungergefühle, welche zu erhöhter Nahrungsaufnahme führen können. Im Vordergrund auf dieser Skala steht die intrinsische Wahrnehmung.

Die Items sind zum Teil als richtig - falsch oder multiple Choice angegeben, für jedes Item wird bei Übereinstimmung mit der Schablonenauswertung ein Punkt vergeben. Je höher der Punktwert, desto auffälliger das Essverhalten.

Auf der Skala kognitive Kontrolle können maximal 21 Punkte erreicht werden, der Mittelwert einer Stichprobe von Frauen, welche sich für experimentelle Forschung interessieren, liegt auf dieser Skala bei 8,22 (sd 5,03). Auf der Skala Störbarkeit des Essverhaltens liegt er bei 7,12 (sd 3,92) bei 16 zu erreichenden Punkten. Auf der dritten Skala ist die maximal zu erreichende Punktzahl 14, der Durchschnitt der Referenzstichprobe liegt bei 5.69 (sd 3,39).

B.1.2 Restraint Scale –revised (RS; Herman & Polivy, 1988)

Die Restraint Scale ist ein von Herman & Polivy (1988) entwickeltes Instrument zur Messung von gezügeltem Essen und entstammt der Forschung zum gezügelten Essen. Mit Hilfe des RS soll die Fähigkeit zu gezügeltem Essen (Diätverhalten), um ein bestimmtes Gewicht zu halten, erfaßt werden. Sie wird über zwei Faktoren (Diätsorgen und Gewichtsfluktuation) gemessen.
Die Restraint Scale wird als ein 10-Item Fragebogen beschrieben, der Gewichtsschwankungen und den Grad des chronischen Diätverhaltens sowie mit Gewicht und Essen verbundene Einstellungen abfragen soll. In der revidierten Form bilden fünf Items (2,3,4,und 10) die Subskala Diät- und Gewichtsverlauf, deren α Coeffizient .62 beträgt. Die verbleibenden 5 Items bilden die Subskala Beschäftigung mit Diäten, deren α coeffizient .68 beträgt. Die gesamte Skala hat einen α Coeffizienten von .75 und die beiden Subskalen korrelieren zu .45 miteinander. Die Skala wurde an einer Stichprobe von Collegestudentinnen validiert. Für Frauen wurde so der Median auf der RS bei 16 festgelegt (Polivy et al., 1988). Der Gesamtwert geht daher von 0-35.
Zur Validität konnten gezügelte Esser signifikant von ungezügelten Essern unterschieden werden, wobei aber nur geringe Korrelationen zu restraint-Skalen anderer Meßinstrumente (Dutch Eating Behavior Questionnaire (DEBQ), Three Factor Eating Questionnaire (TEFQ)) bestehen und deshalb davon ausgegangen werden kann, dass hier ein anderer Aspekt des gezügelten Essens gemessen wird. Der Fragebogen wird daher eher zur Untersuchung "normaler" Stichproben und nicht in bezug auf klinische angewendet.
In der Überprüfung der Faktorenstabilität konnten keine Einflüsse von Alter oder Rasse festgestellt werden. Bei Untersuchungen im Bereich von Essstörungen konnte eine Relation von bulimischen Verhaltensweisen (gemessen mit dem BULIT) und chronischem Diätstil (Subskala RS) festgestellt werden, allerdings gab es keinen Zusammenhang zwischen Gewichtsschwankungen und bulimischen Verhaltensweisen. Es konnte nachgewiesen werden, dass Frauen mit einer Essstörung signifikant höher auf der RS scoren als eine studentische Population von Frauen (Prussin & Harvey, 1991).
Der Fragebogen wurde dieser Untersuchung beigefügt, um vor allem die gesunde KG zu überprüfen. Hohe Werte sprechen dabei für a) Gegenregulation des Essens (gemäß dem Konstrukt von Herman & Polivy wird dabei nach einer erzwungenen hochkalorischen Vorspeise mehr gegessen als ohne diese Vorspeise; Herman & Polivy, 1984) b) mehr Essen bei emotionalem Streß c) Überessen bei dem Gefühl, die Diätgrenze gebrochen zu haben.

Please answer the following questions:

1. How often are you dieting ?
- never • rarely • sometimes • often • always

2. What is the maximum amount of weight (in pounds) you have ever lost in one month ?
- 0 - 4 • 5-9 • 10-14 • 15-19 • 20 +

3. What is your maximum weight gain within a week ?
- 0 - 1 • 1-2 • 2-3 • 3-5 • 5 +

4. In a typical week, how much does your weight fluctuate ?
- 0 - 1 • 1-2 • 2-3 • 3-5 • 5 +

5. Would a weight fluctuation of 5 lb. affect the way you live your life ?
- Not at all • slightly • moderately • very much

6. Do you eat sensibly in front of others and splurge alone ?
- never • rarely • often • always

7. Do you give much time and thought to food ?
- never • rarely • often • always

8. Do you have feelings of guilt after overeating ?
- never • rarely • often • always

9. How conscious are you of what you are eating ?
- Not at all • slightly • moderately • extremely

10. How many pounds over your desired weight were you at maximum ?
- 0 - 1 • 1-5 • 6-10 • 11-20 • 21 +

B.1.3 Allgemeine Depressions-Skala – Kurzform (ADS-K; Hautzinger & Bailer, 1992)

Grundlage zur Entwicklung der Allgemeinen Depressionsskala nach Hautzinger war das Depressionsinventar aus dem Center for Epidemiological Studies. Das Inventar war ein Selbstbeurteilungsinstrument, welches hohe Korrelationen mit dem BDI bzw. dem HAMD aufwies. Hautzinger entwickelte die CES weiter. Die Skala liegt ebenfalls in einer Kurzform mit nur 15 Items vor.

B.1.4 Beck Depression Inventory

Below, are several groups of statements. Please read the entire group of statements in each category. Then pick out the one statment in that group which best describes the way you feel today, that is, right now! Circle the number beside the statement you have chosen. If several statments in the group seem to apply equally well, circle each of them. Be sure to read all of the statements in each group before making your choice.

A	3	I am so sad or unhappy that I can't stand it
	2	I am blue or sad all the time and I can't snap out of it
	1	I feel sad or blue
	0	I do not feel sad
B	3	I feel that the future is hopeless and that things cannot improve
	2	I feel that I have nothing to look forward to
	1	I feel discouraged about the future
	0	I am not particulary pessimistic
C	3	I feel I am a complete failure as a person
	2	As I look back on my life, all I can see is a lot of failures
	1	I feel that I have feiled more than the average person
	0	I do not feel like a failure
D	3	I am dissatisfied with everything
	2	I don't get satisfied out of anything more
	1	I don't enjoy things the way I used to
	0	I am not particularly dissatisfied
E	3	I feel as though I am very bad or worthless
	2	I feel quite guilty
	1	I feel bad or unworthy a good part of the time
	0	I don't feel particularly guilty

F	3	I hate myself
	2	I am disgusted with myself
	1	I am disappointed in myself
	0	I don't feel disappointed in myself
G	3	I would kill myself if I had the chance
	2	I have definite plans about committing suicide
	1	I feel I would be better off dead
	0	I don't have any thoughts of harming myself
H	3	I have lost all of my interest in other people and I don't care about them at all
	2	I have lost most of my interests in other people and have little feeling for them
	1	I am less interested in other people than I used to be
	0	I have not lost interest in other people
I	3	I can't make any decisions at all any more
	2	I have great difficulty in making decisions
	1	I try to put off making decisions
	0	I make decisions about as well as ever
J	3	I feel that I am ugly or repulsive looking
	2	I feel that there are permanent changes in my appearance and thea make me look unattractive
	1	I am worried that I am looking old or unattractive
	0	I don't feel that I look any worse than I used to
K	3	I can't do any work at all
	2	I have to push myself very hard to do anything
	1	It takes extra effort to get started at doing something
	0	I can work about as well as before
L	3	I get too tired to do anything
	2	I get tired from doing anything
	1	I get tired more easily than I used to
	0	I don't geht any more tired than usual
M	3	I have no appetite at all anymore
	2	My appetite is much worse now
	1	My appetite is not as good as it used to be
	0	My appetite is no worse than usual

B.1.5 Eating Disorder Inventory (Originalversion)

Garner, Olmstedt & Polivy (1983) entwarfen dieses Instrument zur Erfassung genereller psycchologischer Merkmale und allgemeiner Symptome von Esstörungen wie Anorexia und Bulimia nervosa. Der EDI enthält 8 Subskalen, wobei die ersten drei Skalen Einstellungen und Verhaltensweisen bzgl. Figur, Gewicht und Ernährungstil abfragen (drive for thiness, Bulimia und Body dissatisfaction). Die übrigen 5 Skalen dienen dazu, allgemeine Charakteristiken von Personen mit Essstörungen zu erfassen wie Perfektionsmus, Ineffectiveness, Interpersonal Distrust, Interoceptive Awarness und Maturity fears. Die Items werden auf einer 6 stufigen Skala dargeboten. Zur Auswahl stehen die Antworten „always", „usually", „often", „sometimes", „rarely" und „never". Die Antworten, die essgestörtes Verhalten beschreiben erhalten drei, zwei und einen Punkt, die übrigen drei Antwortalternativen scoren null. Die Werte für die Subskalen errechenen sich aus der Summe der Punkte auf dieser Skala. Bei der Überprüfung der Faktorstabilität ergab sich abhängig von der zu grunde gelegten Stichprobe eine 8-oder 3-Faktorlösung. Die acht Faktoren entsprachen den ursprünglichen der Skala, die drei Faktoren beinhalteten Perfektionism, essgestörtes Verhalten und damit verbundene Einstellungen und andere Faktoren (Handbbok for eating disorders, Chapter 10, pp 349). Die Alpha-Coeffizienten liegen zwischen .69 und .93, die test-retest reliabilitäten liegen für die erste und dritte Skala bei .70, für die übrigen Skalen bei .81 nach 3 Monaten. Bzgl. der konkurrenten Validität konnte gezeigt werden, dass mit 85% Wahrscheinlichkeit die Personen richtig nach gezügeltem Esser oder Essstörung zugeordnet werden konnten. Die prediktive Validität konnte bis zu 2 Jahren binge eating vorhersagen (Norring, 1990). Die Autoren weisen darauf hin, dass die Skalen für Übertreibung oder Untertreibung der Symptome anfällig sind.

This is a scale which measures a variety of attitudes, feelings and behaviors. Some of the items relate to food and eating. Others ask you about your feelings about yourself. There are no right or wrong answers – so try very hard to be completely honest in your answers. Read each question and tick the column which applies best to you. Please answer each question carefully.

		alwa ys	usually	often	sometimes	rarely	neve r
1.	I eat sweets and carbohydrates without feeling nervous						
2.	I think that my stomach is too big						
3.	I wish that I could return to the security of the childhood						
4.	I eat when I am upset						
5.	I stuff myself with food						
6.	I wish that I could be younger						
7.	I think about dieting						
8.	I get frightened when my feelings are to strong						
9.	I think that my thights are too large						
10.	I feel ineffective as a person						
11.	I feel extremely guilty after overeating						
12.	I think that my stomach is just the right size						
13.	Only outstanding performance is good enogh in my family						
14.	The happiest time in life is when you are a child						
15.	I am open about my feelings						
16.	I am terrified of gaining weight						
17.	I trust others						
18.	I feel alone in the world						
19.	I feel satisfied with the shape of my body						
20.	I feel generally in control of things in my life						
21.	I am confused about what emotion I am feeling						
22.	I would rather be an adult than a child						
23.	I can communicate with others easily						
24.	I wish I were someone else						
25.	I exaggerate or magnify the importance of weight						
26.	I can clearly identify what emotion I am feeling						
27.	I feel inadequate						
28.	I have gone on eating binges where I have felt that I could not						

		alwa ys	usually	often	sometimes	rarely	neve r
29.	As a child, I tried very hard to avoid disappointing my parents and teachers						
30.	I have close relationships						
31.	I like the shape of my buttocks						
32.	I am preoccupied with the desire to be thinner						
33.	I don't know what's going on inside me						
34.	I have trouble expressing me my emotions to others						
35.	the demands of adulthood are too great						
36.	I hate being less than best						
37.	I feel secure about myself						
38.	I think about bingeing (overeating)						
39.	I feel habppy that I am not a child any more						
40.	I get so confused as to wether or not I am hungry						
41.	I have a low opinion of myself						
42.	I feel that I can achieve my standards						
43.	my parents have expected exellence of me						
44.	I worry that my feelings will get out of control						
45.	I think that my hips are too big						
46.	I eat moderately in front of others						
47.	I feel bloated after eating a normal meal						
48.	I feel that peole are happiest when they are children						
49.	If I gain a pound, I worry that I will keep gaining						
50.	I feel that I am a worthwhile person						
51.	When I am upset, I don't know if am sad, frightened or angry						
52.	I feel that I must do things perfectly or not do them at all						
53.	I have the thought of trying to vomit in order to lose weight						

		alwa ys	usually	often	sometimes	rarely	neve r
54.	I need to keep people at a certain distance (feel uncomfortable if someone tries to get to close)						
55.	I think that my thights are jsut the right size						
56.	I feel empty inside (emotionally)						
57.	I can talk about personal thoughts or feelings						
58.	The best years of life are when you become an adult						
59.	I think that my buttaocks are too large						
60.	I have feelings I can't quite identify						
61.	I eat or drink in secrecy						
62.	I think that my hips are just the right size						
63.	I have extremely high goals						
64.	When I am upset, I worry that I will start eating						

Eating Disorder Inventory (EDI; deutsche Übersetzung Thiel & Paul, 1988)

Das eating disorder inventory ist ein Selbstbeobachtungs- bzw. Selbstbeurteilungsfragebogen, der aus acht Unterskalen besteht, welche psychologische und Verhaltenseigenschaften messen, die Bulimie- und Anorexiepatientinnen gemeinsam haben:

Drang zum Dünn sein, Bulimie, Unzufriedenheit mit dem eigenen Körper, Ineffektivität, Perfektionismus, zwischenmenschliches Mißtrauen, interozeptive Wahrnehmung sowie Angst vor dem Erwachsenwerden.

Die Antworten werden auf einer 6 Punkte-Skala gegeben (nie, selten, manchmal, oft, meistens, immer), welche auf zwei Arten ausgewertet werden kann. Das erste System beinhaltet eine Bewertung von "nie", "selten", "manchmal" mit null, "oft" mit 1, "meistens" mit 2 und "immer" mit drei. Die zweite und für diese Studie verwendete Auswertungsweise vergibt sukzessive die Werte 1-6 wobei "nie" mit eins definiert ist und "immer" die höchste Zahl (sechs) erhält. Diese Auswertungsweise wurde gewählt, um eine bessere Differenzierung der Gruppen zu gewährleisten. Die Auswertung erfolgte mit dem zum Test gehörigen Computerprogramm. Als Referenzwerte für die Gruppe der bulimischen Frauen sind folgende Werte angegeben:

Skala EDI	Bulimische Frauen		Vergleichsgruppe (Frauen)	
	M	SD	M	SD
Drang dünn zu sein	32.99	(06.24)	18.37	(06.82)
Bulimia	30.68	(05.79)	11.59	(04.00)
Unzufriedenheit mit dem Körper	36.92	(10.80)	29.74	(10.12)
Ineffektivität	35.28	(09.70)	25.04	(06.37)
Perfektionismus	22.95	(06.30)	16.69	(04.85)
Mißtrauen	23.84	(06.21)	20.75	(05.02)
interozept. Wahrnehmung	35.29	(08.40)	22.07	(05.98)
Erwachsen werden	22.71	(06.56)	21.91	(05.05)

Tabelle 5: Mittelwerte und Standardabweichungen aus einer Validitätsuntersuchung von Thiel & Paul (1988) mit n=205 bulimischen Frauen und n=183 Vergleichspersonen, Rating von 1-6

Der Test differenziert gut zwischen den Gruppen Bulimie und nicht eßgestörten Frauen, was sich aus Reliabilitäts- und Validitätsuntersuchungen erschließen läßt (s. dazu Thiel & Paul 1988).

B.1.6 Symptom-Checklist of Derogatis (SCL-90-R)

Die Skalenkonstruktion der Symptomchecklist unterlag einem steten Wechselspiel zwischen Theorie und Praxis, die Validierung ist nur als Entwicklung und Verknüpfung einzelner Gültigkeitshinweise möglich. Derogatis et al. Gingen von psychologisch-psychiatrischen Konstrukten aus, die ihnen aufgrund ihrer klinischen Erfahrung relevant erschienen. Die heute gültige Form der SCL-90-R wurde 1977 von Derogatis an einer Stichprobe von 1002 ambulanten Psychiatriepatienten entwickelt.
Ausgewertet bietet die SCL-90-R einen Überblick über die psychische Symptombelastung der Person in Bezug auf neun Skalen und drei Globale Kennwerte. Die neun Skalen beschreiben die Bereiche

- Somatisierung (12 Items; einfache körperliche Belastung bis hin zu funktionellen Störungen; erfasst wird Distress, der dadurch entsteht, dass man körperliche Dysfunktionen an sich wahrnimmt: kardiovaskulär, gastrointestinal, respiratorisch und bei anderen Systemen mit starker autonomer Regelung, Kopfschmerzen, Schmerz und Unwohlsein in der Grobmuskulatur und zusätzlich somatische Komponenten der Angst)

- Zwanghaftigkeit (10 Items; leichte Konzentrations- und Arbeitsstörungen bis hin zur ausgeprägten Zwanghaftigkeit; enger Zusammenhang zum klinischen Syndrom der Zwanghaftigkeit: Gedanken, Impulse, Handlungen, die als konstant und nicht veränderbar erlebt werden, gleichzeitig werden sie als ich-fremd oder ungewollt empfunden)

- Unsicherheit im Sozialkontakt (9 Items; leichte soziale Unsicherheit bis hin zum Gefühl völliger persönlicher Unzulänglichkeit; Gefühle von persönlicher Unzulänglichkeit und Minderwertigkeit, v.a. im Vergleich mit anderen. Selbstabwertung und Gefühle des Unwohlseins und deutliches Unwihlsein in interpersonneller Kommunikation sind charakteristische Manifestationen des Syndroms. Patienten mit hohem Wert auf dieser Skala berichten z.B. von akuter Selbstunsicherheit und negativen Erwartungen in Bezug auf die Kommunikation und das zwischenmenschliche Verhalten mit anderen).

- Depressivität (13 Items umfassen Traurigkeit bis hin zu schweren Depressionen; Symptome dysphorischer Stimung und Gefühle zeigen gesunkenes Interesse am allgemeinen Leben, verringerte Motivation und den Verlust vitaler Energien; zusätzlich finden sich Gefühle der Hoffnungslosigkeit, Suizidgedanken und andere kognitive und somatische Korrelate der Depression).

- Ängstlichkeit (10 Items beschreiben körperlich spürbare Nervosität bis hin zu tiefer Angst; die Skala fokussiert auf manifeste Angst mit Nervosität, Spannung und Zittern, Panikattacken und Schreckgefühle und kognitive Komponenten wie Gefühle wie Besorgnis, Furcht und somatische Korrelate der Angst)

- Aggressivität/Feindseligkeit (6 Items, die Reizbarkeit und Unausgeglichenheit bis hin zu starker Aggressivität mit feindseligem Aspekt beinhalten; soll Gedanken, Gefühle und Handlungen erfassen,die charakteristisch für den negativen Gefühlszustand von Ärger sind und sowohl Aggression, Zorn, Irritierbarkeit und Verstimmung erfassen).

- Phobische Angst (7 Items beschreiben leichtes Gefühl von Bedrohung bis hin zur massivem phobischen Angst; andauernde und unangemessene Furcht als Reaktion auf eine bestimmmte Situation, einen Platz, eine Person oder ein Objekt, die zu Vermeidung oder Fluchtverhalten führt. Derogatis fokusiert basierend auf der Definition von Agoraphobie nach

Marks (1969) auf mehr pathogene und spaltende Manifestation des phobischen Verhaltens.)

- Paranoides Denken (6 Items; Misstrauen und Minderwertigkeitsgefühle bis hin zu starkem paranoiden Denken; paranoides Verhalten wird dabei grundsätzlich als Denkstörung verstanden. Gedankenprojektionen, Feindseligkeit, Argwohn, Grandiosität, Einengung, Angst vor Autonomieverlust und wahnhafte Täuschungen werden als primäre Aspekte der Störung skizziert.)

- Psychotizismus (10 Items; mildes Gefühl der Isolation und Entfremdung bis hin zur dramatischen Evidenz der Psychose; die Skala umfasst eine kontinuierliche Dimension des menschlichen Erlebens, die von verzerrtem, isoliertem, schizoidem Lebensstil bis hin zu Primärsymptomen der Schizophrenie wie Halluzination und Gedankenzerfall reicht).

Drei Globale Kennwerte geben Auskunft über das Antwortverhalten über alle Items:

- GSI (global severity indes) misst die grundsätzliche psychische Belastung
- PSDI (positiv symptom distress indes) misst die Intensität der Antworten
- PST (positiv symptom total) gibt die Auskunft über die Anzahl der Symptome, bei denen eine Belastung vorliegt.

Below is a list of problems people sometimes have. Please read each one carefully, and cross the field that best describes **HOW MUCH THAT PROBLEM HAS DISTRESSED OR BOTHERED YOU DURING THE PAST & DAYS INCLUDING TODAY**. Cross the field for only one number for each problem and do not skip any items.

HOW MUCH YOU WERE DISTRESSED BY:

		Not at all	a little bit	Moderately	Quite a lot	Extreme ly
1.	Headaches					
2.	Nervousness or shakiness inside					
3.	Repeated unpleasant thoughts that won't leave your mind					
4.	Faintness or dizziness					
5.	Loss of sexual interest or pleasure					
6.	Feeling critical of others					

		Not at all	a little bit	Moderately	Quite a lot	Extreme ly
7.	The idea that someone else can control your thoughts					
8.	Feeling others are to blame for most of your troubles					
9.	Trouble remembering things					
10.	Worried about sloppiness or carelessness					
11.	Feeling easily annoyed or irritated					
12.	Pains in heart or chest					
13.	Feeling afraid in open spaces or on the street					
14.	Feeling low in energy or slowed down					
15.	Thoughts of ending your life					
16.	Hearing voices that other people do not hear					
17.	Trembling					
18.	Feeling that most people cannot be trusted					
19.	Poor appetite					
20.	Crying easily					
21.	Feeling shy or uneasy with the opposite sex					
22.	Feelings of being trapped or caught					
23.	Suddenly scared for no reason					
24.	Temper outbursts that you could not control					
25.	Feeling afraid to go out of your house alone					
26.	Blaming yourself for things					
27.	Pains in lower back					
28.	Feelings blocked in getting things out					
29.	Feeling lonely					
30.	Feeling blue					
31.	Worrying to much about things					
32.	Feeling no interest in things					
33.	Feeling fearful					
34.	Your feelings being easily hurt					
35.	Other people being awarc of your private thoughts					
36.	Feeling others do not understand you or are unsympathetic					
37.	Feeling that people are unfriendly or dislike you					

		Not at all	a little bit	Moderately	Quite a lot	Extreme ly
38.	Having to do things very slowly to insure correctness					
39.	Heart pounding or racing					
	Nausea or upset stomach					
40.	Feeling inferior to others					
41.	Soreness of your muscles					
42.	Feelings that you are watched by others					
43.	Trouble of falling asleep					
44.	Having to check and double check what you do					
45.	Difficulty making decisions					
46.	Feeling afraid to travel on subways					
47.	Trouble getting your breath					
48.	Hot or cold spells					
49.	Having to avoid certain things, places or activities because they frighten you					
50.	Your mind going blank					
51.	Numbness or tingling in parts of your body					
52.	A lump in your throat					
53.	Feeling hopeless about the future					
54.	Trouble concentrating					
55.	Feeling weak in parts of your body					
56.	Feeling tense or keyed up					
57.	Heavy feelings in your arms or legs					
58.	Thoughts of death or dying					
59.	Overeating					
60.	Feeling uneasy when people are watching or talking about you					
61.	Having thoughts that are not your own					
62.	Having urges to beat, injure, harm s.o.					
63.	Awakening in the early morning					
64.	Having to repeat the same actions such as touching, counting or washing					
65.	Sleep that is restless or disturbed					
66.	having urges to break or smash things					
67.	Having ideas or beliefs that others do not share					
68.	Feeling very self-conscious with others					
69.	Feeling uneasy in crowds, such as shopping or at a movie					

		Not at all	a little bit	Moderately	Quite a lot	Extreme ly
70.	Feeling everything is an effort					
71.	Spells of terror or panic					
72.	Feeling uncomfortable about eating or drinking in public					
73.	Getting into frequent arguments					
74.	Feeling nervous when you are left alone					
75.	Others not giving you proper credit for your achievements					
76.	Feeling lonely even when you are with people					
77.	Feeling restless you can't sit still					
78.	Feelings of worthlessness					
79.	The feeling that something bad is going to happen to you					
80.	Shouting or throwing things					
81.	Feeling afraid you will faint in public					
82.	Feeling that people will take advantage of you if you let them					
83.	Having thoughts about sex that bother you a lot					
84.	The idea that you should be punished for your sins					
85.	Thoughts and images of frightening nature					
86.	The idea that something serious is wrong with your body					
87.	Never feeling close to another person					
88.	Feelings of guilt					
89.	The idea that something is wrong with your mind					

B.1.7 Andere nicht standardisierte Fragebögen

Beschreibung von Stress- und Essanfallssituationen

Auf einem selbstentwickelten Fragebogen gaben die Patientinnen an, in welchen Situationen sie typischerweise einen Essanfall haben und beschrieben diese anhand der situativen, emotionalen und Verhaltensmerkmalen. Für die KG wurde der Fragebogen so übersetzt, dass hier nach Stress, Langeweile, Frustrations- und Ärgersituationen gefragt wurde. Diese Situationen werden nach dem selben Muster beschrieben.

Erfassung von Auslösesituationen von Essanfällen in der Experimentalgruppe

In order to determine whether you are currently or ever have suffered from en eating disorder, please answer the following questions:

First of all:

1. What is your weight ?
2. What is your height ?
3. What has been your lowest/highest weight as an adult?

	YES	*NO*
1. Have you ever weighed much less than you should have in the opinion of other people. Or Have you ever lost a significant amount of weight ?		
2. Have you ever been overweight ?		
if yes, when ?		
3. Were you ever underweight as a child		
if yes, when:		
4. Were you ever overweight as a child ?		
if yes, for how long:		
4. Have you ever had a binge attack, i.e. have you ever eaten a large amount of food in a short time ?		
5. Are you afraid of gaining weight or getting fat ?		
6. Do you think your body is too fat ?		
7. If you think about the things which are important to your selfesteem, i.e. the way you estimate yourself as a person, how important do you consider your figur and your weight to be ?	HIGH	LOW
8. Have you ever missed your period 3 or more consequtive times ?		
if not, do you take oral anticontraceptives ? ....(which)		

- How would you describe a binge attack ?
- How often do you binge ?
- Do you purge after a binge ?

  every time most of the time often hardly never
- Are there other strategies that you use in order to avoid weight gain ?

- What is your preferred binge food ?

- How much do you eat during a binge attack ?

- Do you think that there are certain situations which are usually followed by a binge attack ?

  NO YES

Refollowing questions relate to situations which trigger the urge to binge ? Please answer each section for each example given:

Please describe 4 situations which are typically followed by a binge attack: a) What happened before the binge ? b) what did you do before you started to binge c) what were you feeling before the binge ? d) what did you think during this situation Are there any factors that trigger the binge behaviour for example physical illness, alcohol, drugs, stress, intensive emotions or things alike ? What is the most important cue for the binge ?			
A	**B**	**C**	**D**
1.			
2.			
3.			
4.			

Erfassung idiosynkratischer Belastungssituationen in der Kontrollgruppe

Are there specific situations in which you feel bored, lonely, angry or frustrated			
Please describe 4 situations in which you have experience feelings of anger, boredom, loneliness or frustration. Please use following aspects for description: a) how did you act in this situation b) how did you feel physically c) what did you think about			
SITUATION	**A (ACTION)**	**B (FEELING)**	**C (COGNITION)**
1.			
2.			
3.			
4.			
1. What strategies do you use, in order to cope in those situations ?			
2. Do you eat more than usual in or after such a situation ? NO YES if yes, what types of food do you eat ? ➢			

Um auszuschließen, dass Sie an einer Ess-Störung leiden oder gelitten haben, bitte ich Sie, folgende Fragen zu beantworten:

Zunächst einige Fragen zu Ihrem Gewicht:

Wie groß sind Sie und wie viel wiegen Sie ? cm

kg

Wie war Ihr niedrigstes bzw. höchstes Gewicht im Erwachsenenalter ? min

max

Haben Sie schon einmal viel weniger gewogen, als Sie nach Meinung anderer ja nein

Leute wiegen sollten oder haben Sie schon einmal stark abgenommen
Waren Sie übergewichtig ? ja nein
Wenn ja, in welchen Zeiträumen ?
Wie hat sich Ihr Gewicht im Kindes- und Jugendalter entwickelt ?
Waren Sie untergewichtig ? ja nein
Wenn ja, in welchem Zeitraum bestand das Untergewicht ?
Waren Sie übergewichtig ? ja nein
Wenn ja, in welchem Zeitraum bestand das Übergewicht ?
Haben Sie schon einmal Heißhungerphasen oder Essanfälle gehabt, d.h. sehr viel in sehr kurzer Zeit gegessen ? ja nein
Haben Sie Angst vor einer Gewichtszunahme oder davor, dick zu werden ? ja nein
Fühlen Sie sich insgesamt oder an Teilen Ihres Körpers zu dick ja nein
Wenn Sie einmal überlegen, welche Dinge in Ihrem Leben für Ihr Selbstwertgefühl, d.h. für die Art, wie Sie sich als Person selbst bewerten, wichtig sind, welchen Stellenwert nimmt Ihre Figur bzw. Ihr Gewicht ein ? hoch niedrig
Hat Ihre Regelblutung schon einmal ausgesetzt (mind. 3x hintereinander) ja nein
wenn nein, nehmen Sie die Pille ? __________ __________(welche)
Haben Sie regelmäßig Essanfälle (mind. 2xpro Woche), das heisst haben Sie innerhalb eines bestimmten Zeitraumes (z.B.2 Std.) schon einmal erheblich mehr gegessen, als die meisten Menschen unter vergleichbaren Bedingungen essen würden ? ja nein
Haben Sie während der Essanfälle das Gefühl weder mit dem Essen aufhören zu können, noch die Kontrolle über Art und Menge der Nahrung zu haben ? ja nein
Was und wie viel essen Sie während eines typischen Essanfalles ?

Was tun Sie, um von einem Essanfall nicht zuzunehmen ? (zutreffendes bitte einkreisen)
Erbrechen - Fasten/Diät - körperl. Betätigung - Laxantien/Diuretika

Abfrage der Vorstellungsqualität während der Laborsitzung

Die Lebhaftigkeit der Vorstellungsübung während der Laborsitzung wurde über folgende Skala erfasst:

How clear and vivid was the situation in your imagination ? Please tick the quotations that applies best:

7	Absolutely clear and as vividly as the real experience
6	Very clear and comparable to the real experience
5	fairly clear and vivid
4	neither clear nor vivid, but recognisable
3	Vague, blurred and unclear
2	Barely recognisable
1	No image. All I can recall, is that I had thought about it

B.2 INSTRUKTIONEN ZUM UNTERSUCHUNGSABLAUF

B.2.1 General Information

Dear participant,
Thank you for your interest in the study concerning identification of stressful situations which are followed by a binge in bulimic females. Before asking you to sign the consent form, you will be informed about the aim and the details of this study. If you have any questions, please feel free to ask.
Binge eating is a main symptom in Eating Disorders. There are different models explaining the onset of binge attacks.
In this study we want to identify situations which are usually followed by a binge and try to find changes in physical and subjective responses associated with a binge.
Apart from monitoring any physical changes we will be asking you to give us an idea of your mood in these situations. For this purpose we have designed 2 different ways of exploration:

Laboratory session
There will be an interview in order to identify binge situations that are typical for you. This interview includes several questions about the type of situation, what you are doing, your mood and your thoughts before the occurrence of a binge.
Please describe the situation in such detail that a person listening can vividly imagine it. The best way to achieve this is to imagine yourself a director of a theatre group explaining the scene to her actors.
Next you will be asked to recapture this situation in the laboratory setting during which some physical reactions (e.g. blood pressure and heart rate) will be recorded. We will also be taking saliva samples and will ask you to rate your current mood. Before the imagery task you have the opportunity to relax. Then we will show you your preferred binge food as it allows us to record your responses to food after a stress situation.
Following this, we will ask you to do a mental arithmetic task, so we can compare your responses to the mental task to those during the imagery task. The order of the stages is variable. You will receive detailed information during the session.

Field study
In order to compare the results from the lab session, especially your reactions to stress and to food, with your reactions. In your natural environment your blood

pressure will be recorded over 32 h (from 4 pm first day until bedtime and from getting up the next morning to bedtime again). Additionally, we would like you to give a description of the situations you are in whilst your blood pressure is monitored using a kind of computerised diary (for further information see next pages). There will be a saliva collection once an hour and before every meal. The examiner will show you how to do this. After the 32 h you will bring back the recording systems and collect your fee.
If you have any further questions, please ask.
Thank you very much for taking part in this study.

B.2.2 Baseline

> Please try to relax for the next five minutes. Sit in a comfortable position and breathe calmly and regularly. You may close your eyes, if you like. You are going to hear some light music playing throughout your rest.
> After five minutes a sample of saliva will be collected: Please put the dental rolls in your mouth (as shown earlier). Do not chew. Wait for the sign to remove the dental rolls. Please place them in the test tube provided and complete the questionnaire.
> Please do not move too much as it could disturb our recording.

B.2.3 Imagery task

> I will be reading to you now the situations you described to me last time. During this, we will be monitoring your responses (saliva, physical and emotional reactions) after each situation.
> You should try to imagine the following situation as vividly as possible. Concentrate on any feelings and thoughts that you may be experiencing.
> You may close your eyes.

B.2.4 Erlaubtes Essen

> We will show you now your preferred binge food in order to look for physical and emotional responses.
> Please <u>don't avoid</u> looking at the food. Use your senses: smell, touch and feel the food, then taste it.
> You <u>may eat</u> the food but you are <u>not requested to</u>.
> After twelve minutes, there will be another saliva collection and mood rating questionnaire.

B.2.5 Mental arithmetic task

On the paper in front of you can see 13 lines of one and two-digit numbers. Please add the numbers from the left to the right. When you finished a line please continue immediately in the next line. The aim is not the sum of each line but the overall sum of all lines.

In case you make an error or be confused for other reasons you will have to start again at the beginning (beginning of line I). This is important because at the end you will be asked for the location you reached and the sum of the numbers up to this location. Your result will be compared with the correct results.

From preceding investigations we know how this task was solved on average. The coloured background signs the average results:

- 85% of the participants finished the blue box
- 15% of the participants finished the yellow box
- only one participant finished the red box

This should give you an indication as to how well you will be doing. Since we want to estimate your abilities under everyday life conditions, you will hear environmental sounds via headphones.
Please keep leaned back in your seat and please do not speak during your calculations. Please begin when asked to do so.
After 5 min I will ask you for the result of your calculations

B.2.6 Recovery I + II

Try to relax over the next ten minutes. Breathe quietly and regularly. Afterwards saliva will be collected toghether with the subjective mood rating.

B.2.7 HABLSTRUKTURIERTES INTERVIEW

1. What were your feelings during the trial ?
   - How do you feel about the imagery task ?
   - What was your strongest emotion ?
   - What did you think during the trial ?

2. strain

To what extend did the procedure strain you ?	not at all = 1	a little = 2	almost = 3	strong = 4	very strong = 5

How strong was the strain on a scale from 0 – 100 (not at all = 0; 100 = very strong)
0 100

Did the level of strain change over the different trials ?
NO = 0 YES = 1

How strong was the feeling of strain at the beginning of the imagery task (0 – 100)
0 100

How strong was the feeling of strain at the end of the imagery task (0-100)
0 100

3. Coping
Did you do anything during the imagery task in order to reduce the strain of the situation ?
NO = 0 YES = 1
What did you do ?

4.

Did you have any difficulties imaging the situations	not at all = 1	a little = 2	almost = 3	strong = 4	very strong = 5

What caused these difficulties ?
1 = Setting
2 = undertaking of the task (reading voice too loud, reading to fast, ..)
3= mood (what:............)
4= any other................

5. Exposure

Did you eat any of the food ? NO = 0 YES = 1 if yes, could you control the amount of food eaten ? NO = 0 YES = 1 If no, did you have the desire to eat or to binge ? NO = 0 YES = 1

- What was the reason for not eating ?
- Which emotion was predominant during the exposure ?
- What was your predominant thought ?

Was the exposure a strain for you ?	Not at all = 1	a little = 2	almost = 3	strong = 4	very strong = 5

6. Relaxation

Could you relax before the imagery task ?	not at all = 1	a little = 2	almost = 3	strong = 4	very strong = 5
Could you relax before the mathematical task ?					

Did either task you cause difficulties ? If so, why ?
1 = Setting
2 = undertaking (music)
3= mood (what:...................................)
4= any other................

7. Follow up
How are you now ? (emotional, thoughts)
How would you estimate your mood on a scale from 0 = negative to 100 = positive ?
0 100

B.2.8 Snack List

Please select at least 5 items from the list that are usually included in your binge or refer to your preferred (binge) food.

- ☐ Crisps (Salted, Vinegar, Cheese & onions,..); Peanuts
- ☐ Tuc cheese crackers/ Bread crackers
- ☐ Sausage rolls
- ☐ Scone (plain/raisins)
- ☐ muffins (chocolate/ blue- berry)
- ☐ Pasties (your choice: _)
- ☐ Yoghurt (flavour: _____)
- ☐ Custard; Rice pudding
- ☐ Pancake; Doughnuts (jam/custard)
- ☐ Chocolate cake; Apple pie/mince pie
- ☐ Cookies (choc choc chip/ nut/butter)
- ☐ Cadburrys milk chocolate; Swiss roll
- ☐ chocolate bars (Twix, milky way, mars, .. ________________)
- ☐ flap jacks; croissant plain/chocolate
- ☐ sandwich (tuna, egg-Mayo, cheese-cream, peanut-butter & jam)a

any other suggestions:

B.3 EXEMPLARISCHE DARSTELLUNG DER ANTWORTEN AUS DEM UNSTRUKTURIERTEN ABSCHLUSSINTERVIEW

Ergebnisse aus dem unstrukturierten Interviewteil werden im folgenden für die ersten acht Frauen mit Ess-Störung sowie einer Frau der Kontrollgruppe exemplarisch dargestellt, um einen Eindruck des Erlebens während der Untersuchung zu ermöglichen.

VPN	Erleben Gesamt	Emoti on	Kognition	Cope	Erleben Exposition	Emot.E xpo-sition	Kognition Exposition
ED_1	Nicht so lebhaft wie beim beschreibe n, Anspannu ng wegen Essen	Einsa m-keit	I4 an Heimfahrt gedacht, ist jetzt bald soweit, kein Heimweh mehr, sondern Vorfreude	keine	Erst mal abgewartet und gekämpft, nicht zu essen, hat dann das weniger gefährliche Sandwich gegessen, zu Hause hätte sie aber alles gegessen	Ärger über das Nachge ben	Ich darf das jetzt nicht essen – ich habe doch eben erst zu Hause gegessen
ED_2	Ich will über diese Dinge gar nicht mehr nachdenke n	Frustr ation und Ärger	Über die beschriebe nen Situatione n hinausged acht	Ich habe versucht, mein Handeln zu rechtferti gen	Ich habe das essen weggestellt, sonst hätte ich die Kontrolle verloren und das wollte ich nicht Hatte nicht meine rituelles Tablett und die Decke, war nicht das gleiche	Glücks -gefühl und Verleg en- heit	Ich brauche mir das Essen nicht kaufen, wie schön; ungezogen

VPN	Erleben Gesamt	Emotion	Kognition	Cope	Erleben Exposition	Emot.Exposition	Kognition Exposition
ED_3	Inner Widerstand bei den beiden letzten, diese noch mal zu erleben	Appetit	Gedanken ans Essen	Gedanken ans Essen, um sich nicht mit der Situation beschäftigen zu müssen	Auf Schokolade hatte ich keine Lust, aber das Eis und den Pudding wollte ich sofort essen	Hunger, Verlangen	Lecker, das will ich alles essen, könnte noch mehr essen, was eß ich jetzt zu Hause
ED_4	Ich war etwas nervös wegen den Instrumenten und was passieren wird	Ärger	Es ist gar nicht so schlimm, wenn ich das jetzt so höre	keine	Ich hätte alles gegessen, wenn ich die Zeit gehabt hätte	Schuld	Ich kann jetzt zu Hause nicht mehr das essen, was ich gerne möchte
ED_5	Ich hatte Angst, dass ich mich verrechne, war angespannt, dass ich die Aufgabe nicht gut erfülle (IT)	Erst Ärger und dann das Bedürfnis zu essen	Ich werde Schokolade essen, sobald ich zu Hause bin	keine	Ich wollte nichts essen, konnte aber nicht standhalten. Das Verlangen war so stark	Verlangen, Bedürfnis zu essen	Ich muss jetzt essen, um das Verlangen zu stillen

VPN	Erleben Gesamt	Emotion	Kognition	Cope	Erleben Exposition	Emot.Expo-sition	Kognition Exposition
ED_6	Ich fand es sehr anstrengend, habe aber die Bestätigung, dass ich nicht mehr so stark zu beeinträchtigen bin und mit den Dingen besser umgehen kann	Traurigkeit, ein bisschen Ärger in der 2. Situation, Stress	Ich schämte mich, weil ich mich nicht so sehr kontrollieren konnte wie ich gerne gewollt hätte	Ich sagte mir, dass es Vergangen-heit ist und ich damit jetzt viel besser umgehen kann	Ich aß nur die ungefährlichen Sachen, wenn ich z. b. den custard gegessen hätte, dann wäre es mir außer Kontrolle geraten und ich hätte alles gegessen	Gutes, angenehmes Gefühl durch den Geruch, positiv	Darüber nachgedacht, ob ich essen soll oder nicht
ED_7	Ich war verunsichert, weil ich nicht genau wusste, was auf mich zukommt und ob ich alles richtig mache, nervös	Ärger,	Was wird wohl passieren, was erwartet sie von mir musste an den neuen Streit mit meinen Mitbewohnern denken	Ich wusste, dass es nicht so schlimm ist, dass ich eine andere Möglichkeit gefunden habe und die Situation sich seit der Sitzung geändert hat	Wenn ich alleine gewesen wäre, dann hätte ich alles gegessen, aber das wäre mir peinlich gewesen, Ich esse immer zurückhalten, wenn andere Leute dabei sind	Verlan-gen zu essen	Das Doughnut riecht so lecker, aber ich sollte nicht so viel essen, lass es liegen

ED_8	Die Instrument e und die künstliche Situation waren schwierig, das Blutdruck messen habe ich als störend empfunde n	Anspa nnung	Ich sollte mich mehr anstrengen , die Situatione n zu erleben	Ich versucht e mir vorzustel len, dass ich nicht im Raum bin, sondern wo anders, aber mich mehr auf das Vorstelle n jetzt als auf die damalige Situation konzentr iert	Es war mir so peinlich als das Essen kam. Ich wollte so gerne etwas essen, aber das wäre mir zu peinlich gewesen, hatte Angst, dass es einen „binge cycle" auslöst, das machte mir Angst....es kamen Erinnerungen durch Geruch und Art der Speisen auf (Kindheit), das lenkte mich ein bisschen ab	Verwir -rung, starkes Verlag en zu essen und Peinlic h-keit	Gedanken an meine Kindheit, Ängste, was zu essen
KG_2	Es war schwer, mir die Situatione n lebhaft vorzustelle n, v.a. die ersten beiden – da ist es mir nicht gelungen. Ich war insgesamt aufgeregt und angespann t, hatte angst vor der Rechenauf -gabe	Anspa nnung	Konzentra tion, ich muss mich auf die Vorstellun g konzentrie ren	Ich habe versucht, die Atmung gleich- mässig zu halten, mich zu entspann en	Es war ein angenehmes Gefühl, habe von allem etwas probiert und es genossen	Genuss	Was das alles kostet, leckeres essen, ob sie es wegwirft

B.4.1 Mittelwerte der physiologischen Parameter im Verlauf der Antizipationsphase

Parameter	1. Minute		2. Minute		3. Minute		4. Minute	
	ED	KG	ED	KG	ED	KG	ED	KG
SBD (mmHg)	122,99 (13,7)	136,22 (15,3)	122,46 (14,9)	138,61 (16,2)	119,96 (16,4)	137,98 (15,8)	121,04 (16,1)	139,67 (15,6)
DBD (mmHg)	74,09 (6,7)	80,61 (10,9)	75,37 (9,25)	83,41 (14,3)	73,36 (8,8)	84,53 (13,6)	73,46 (7,7)	84,02 (11,8)
HR (bpm)	72,51 (6,2)	75,31 (10,3)	69,9 (6,5)	75,78 (10,6)	70,59 (7,0)	74,58 (9,9)	71,83 (6,9)	75,27 (10,9)
SCL (t0-t1 in microsinus)	11,35 (9,1)	12,46 (8,6)	10,03 (9,23)	11,96 (8,0)	8,80 (8,9)	11,13 (7,1)	8,64 (8,8)	10,97 (7,1)

Tabelle B.4.1: Mittelwerte und Standardabweichung in Klammern getrennt nach Gruppen (ED=Ess-Störungsgruppe; KG= Kontrollgruppe) pro Minute im Verlauf der Anitzipation des erlaubten Essens

B.4.2 Effektgrößen für den Verlauf der verschiedenen Parameter während Antizipation

	Verlauf			Interaktion			Gruppe		
	F-Wert	df	p	F-Wert	df	p	F-Wert	df	p
SBD	.487	3,93	.692	1.383	3,93	.253	9.854	1,31	.004
DBD	1.263	3,93	.292	1.922	3,93	.131	5.875	1,31	.021
HR	2.542	3,93	.061	2.975	3,93	.036	1.578	1,31	.218
SCL	15.854	3,93	.000	1.371	3,93	.257	,440	1,31	.512

Tabelle B.4.2: Übersicht über die Effektgrößen hinsichtlich Gruppenunterschiede und Varianzanalyse des Verlaufes sowie der Interaktion für alle vier physiologischen Parameter (SBD=systolischer Blutdruck, DBD=diastolischer Blutdruck; HR=Herzrate; SCL=Hautleitfähigkeit).

C.1 Patienteninformation für die Palmtopnutzung

Dear participant,
in order to record situations which are followed by a binge attack, you will be wearing a portable blood pressure recorder. This recorder will pump up over the day about three times an hour. It is designed to catch physiological reactivity over the day, especially in times before a binge.
Additionally you will receive a small computer. This computer will “ask“ you questions about the situation you are at that moment (what are you doing, place, persons, emotions). You should answer these questions at the same time, blood pressure is recorded. It will help us to find links between the described situations and physiological changes.
It's important that you behave „normally“ so that the recording is not influenced.

How does it work ?

The computer will be your „body guard“ for the next 2 days (except at night time). You should use him as an electrical diary:

FIRST TIME USING THE COMPUTER

1. Open the computer
2. You will see the keyboard and a small screen
3. press „Ein“ (at the right corner of the keyboard)
4. you will see the starting page with 4 items (1) how to use; (2) actual situation; (3) Return and (4) no time
5. Press the dark key for „1“ at the right of the keyboard in order to read the instructions
6. press the space-bar (at the bottom of the keyboard) and read the instructions
7. after reading the instructions please press space-bar in order to get back to starting page

Now you've learned the most important functions of your computer.
Please go further and press button „2“ and answer the questions about the actual situation. When you have finished with it you will automatically return to the starting page.
Please try what you should do if you have no time to answer the questions: Start the computer (press „Ein“) and press 4. „no time“ and read the text appearing. Please press „0“ in order to get back to the starting page. Switch off the computer (press „ein“ again).

Procedure of the study

Over the course of day your blood pressure will be recorded about three times an hour. It's your task to give us a description of the situation you are in when blood pressure is recorded. Please switch on the computer after the Tonoport has finished its recordings and answer the following questions.

AFTER EVERY BLOOD PRESSURE RECORDING
1. Open the computer
2.press „Ein“ (the right corner of the keyboard)
3.you can see the starting page now
4.Press key „2“
5. Answer the following questions about your actual situation
6. When the starting page comes up again you have finished the file
6.press „ein“ in order to switch off the computer

It's important that you answer these questions immediately after blood pressure recording. The collected data is reliable only in this case. Exception you have to record under point „4“ (no time), so that you can make it up later. Please try as often as possible to answer immediately after the blood pressure recording.

If you are suffering from binge attacks and you can feel one approaching: Please start a blood pressure recording (press the start/stop button at the top of the recorder) and use the computer, so we can record the physiological responses assoicated to the binge attack. If it's possible please also try to use the salivettes to collect your saliva.

Saliva collection is important because saliva is associated with eating and feelings of hunger in a specific way which is of a strong interest for the understanding of eating disorders. Therefore, you should collect your saliva once an hour. You have 20 test tubes containing 3 dental rolls. 2 of these rolls should be kept between cheek and teeth (one left and one right), the third one should be popped under the tongue. You have to keep the rolls in your mouth for 1 min . Then insert them in the test tubes and note time and date. Please DO NOT CHEW during the saliva collection.

Saliva has to be collected with every third blood pressure record (once an hour), before lunch or any other meal and before a binge attack.

This information is also included in your „timetable“.You have any further questions, please don't hesitate to ask.

On the second day you will take off the recorder before going to bed. Please return all items the following morning (appointed time) to my office. Then you will be paid for your participation.

C.2 Palmtop-Programm

C.2.1 Hauptprogramm

```
(***********************************************************************)
{     Programm zur Begleiterhebung für 24-Stunden-Blutdruckmonitoring     }
{     Anpassung an Bulimiestudie von T. Legenbauer                        }
{     Version 2.0                                                         }
{     Idee: Lutz Mussgay, Gestaltung: Frithjof Niegot                     }
{     (c) 1997,1998 by Frithjof Niegot and Lutz Mussgay                   }
{     Anschrift der Autoren:                                              }
{            Dr. L. Mussgay                                               }
{            Psychosomatische Fachklinik                                  }
{            St.Franziska-Stift                                           }
{            Franzika-Puricelli-Straáe 3                                  }
{            55543 Bad Kreuznach                                          }
(***********************************************************************)

program Zentralprogramm;

(*** mit diesem Programm werden die verschiedenen Units zusammengeführt***)

(***********************************************************************)

uses            (************ folgende units werden ggf. aufgerufen ******)

    crt,        (************ für den Befehl clrscr *********************)
    wichtigs    (**** enthält die wichtigen functions und procedures *****)
    Abbruch     (********* ermöglicht Abbruch mit "!" *******************)

(************************* Hauptprogramm*********************************)

begin
     checkbreak:=false;
     auswahl; (* siehe unit wichtigs *)
end.
```

C.2.2 Anleitung

```
unit Anleitun;
(**********************************************************************
 Dieses Unit führt in die Bedienung des Programms ein. *****************)

interface

procedure Blabla;  (* zeigt nacheinander die Seiten der Anleitung ****)

implementation

uses
    crt,abbruch,wichtigs,situatio,aengstl;

var
   Eingabe :  char;

(*************************  jetzt geht's los **********************)
```

```
procedure Seite1;
begin
     repeat
           clrscr;
           writeln ('+++++++++++++ Anleitung Seite 1 von 15');
           writeln;
           writeln ('Liebe Patientin, lieber Patient!');
           writeln;
           writeln ('Dieser Computer wird uns helfen, Ihren ');
           writeln ('Blutdruck und Ihr Eßverhalten besser   ');
           writeln ('einschätzen zu können.  ');
           writeln;
           writeln ('Drücken Sie jetzt die Leertaste in der ');
           writeln ('untersten Tastaturreihe (oberhalb der  ');
           writeln ('Beschriftung "Zoom"), um zur nächsten  ');
           writeln ('Seite zu gelangen.                     ');
           gotoxy(1,15);
           writeln ('Drücken Sie die Leertaste für "weiter"');
           write ('oder "z" für zurück.');
           Eingabe:=readkey;
           if (Eingabe='!') and Abbruch.beenden=true then halt;
     until (Eingabe=' ') or (Eingabe='z');
end;
(*******************************************************************)
procedure seite2;
begin
     repeat
           clrscr;
           writeln ('+++++++++++++ Anleitung Seite 2 von 15');
           writeln                                          ;
           writeln ('Bitte beantworten Sie unmittelbar nach ');
           writeln ('jeder Blutdruckmessung die Fragen, die ');
           writeln ('der Computer Ihnen zu der aktuellen    ');
           writeln ('Situation stellt.            ');
           writeln ;
           writeln ('Damit Sie die Fragen beantworten       ');
           writeln ('können, werden Sie zunächst den        ');
           writeln ('Computer und die Tastatur kennenlernen.');
           writeln ;
           gotoxy(1,15);
           writeln ('Drücken Sie die Leertaste für "weiter"');
           write ('oder "z" für zurück.');
          Eingabe:=readkey;
          if (Eingabe='!') and Abbruch.beenden=true then halt;
     until (Eingabe=' ')  or (Eingabe='z');
end;
(*******************************************************************)
procedure seite3;
begin
     repeat
           clrscr;
           writeln ('+++++++++++++ Anleitung Seite 3 von 15');
           writeln                                          ;
           writeln ('Am unteren Bildschirmrand ist ange-    ');
           writeln ('geben, mit welcher Taste Sie jeweils   ');
           writeln ('weiterkommen. Jetzt zum Beispiel ist   ');
           writeln ('angegeben, dass Sie mit der Leertaste   ');
```

```
        writeln ('weiterkommen. Mit der Taste "z" können');
        writeln ('Sie zurück zur vorherigen Seite.');
        writeln ;
        writeln ('Wenn Sie eine andere Taste drücken, ');
        writeln ('können Sie nichts falsch machen, Sie ');
        writeln ('kommen aber auch nicht zur nächsten ');
        writeln ('Seite.');
        gotoxy(1,15);
        writeln ('Drücken Sie die Leertaste für "weiter"');
        write ('oder "z" für zurück.');
       Eingabe:=readkey;
       if (Eingabe='!') and Abbruch.beenden=true then halt;
    until (Eingabe=' ') or (Eingabe='z');
end;
(*********************************************************************)
procedure seite4;
begin
    repeat
        clrscr;
        writeln ('+++++++++++++ Anleitung Seite 4 von 15');
        writeln                                         ;
        writeln ('Zwischendurch können Sie jederzeit die ');
        writeln ('Schriftgröße verändern, indem Sie die  ');
        writeln ('kleine "Fin"-Taste links neben der Leer-');
        writeln ('taste gedrückt halten und gleichzeitig ');
        writeln ('so häufig die Leertaste drücken, bis   ');
        writeln ('die gewünschte Größe erscheint.');
        writeln ;
        writeln ('Versuchen Sie jetzt, die Schriftgröße  ');
        writeln ('zu verändern.');
        gotoxy(1,15);
        writeln ('Drücken Sie die Leertaste für "weiter"');
        write ('oder "z" für zurück.');
       Eingabe:=readkey;
       if (Eingabe='!') and Abbruch.beenden=true then halt;
    until (Eingabe=' ') or (Eingabe='z');
end;
(*********************************************************************)
procedure seite5;
begin
    repeat
        clrscr;
        writeln ('+++++++++++++ Anleitung Seite 5 von 15');
        writeln                                         ;
        writeln ('Die meisten Fragen können Sie mit Hilfe');
        writeln ('der dunklen Zifferntasten auf der      ');
        writeln ('rechten Hälfte der Tastatur beantworten.');
        writeln ;
        writeln ('Drücken Sie jetzt eine der Ziffern, um ');
        writeln ('zur nächsten Seite zu gelangen.');
        gotoxy(1,15);
       writeln ('Wählen Sie 0 (Null) bis 9 oder             ');
       write   ('"z" für zurück.                            ');
       gotoxy(1,9);
       Eingabe:=readkey;
       if (Eingabe='!') and Abbruch.beenden=true then halt;
    until Pos(Eingabe,'1234567890z')<>0;
```

```
end;
(**********************************************************************)
procedure seite6;
begin
     repeat
           clrscr;
           writeln ('+++++++++++++ Anleitung Seite 6 von 15');
           writeln                                        ;
           writeln ('Wenn Sie eine Frage beantwortet haben, ');
           writeln ('werden Sie noch aufgefordert, die ge-  ');
           writeln ('wählte Zahl mit der Leertaste zu be-   ');
           writeln ('stätigen. Wenn Sie die gewählte Ziffer ');
           writeln ('korrigieren wollen, drücken Sie eine   ');
           writeln ('andere als die Leertaste.');
           writeln ;
           writeln ('Auf der nächsten Seite können Sie das  ');
           writeln ('ausprobieren. Geben Sie also erst eine ');
           writeln ('Zahl ein und versuchen Sie diese dann  ');
           writeln ('zu korrigieren.');
           gotoxy(1,15);
           writeln ('Drücken Sie die Leertaste für "weiter"');
           write ('oder "z" für zurück.');
          Eingabe:=readkey;
          if (Eingabe='!') and Abbruch.beenden=true then halt;
     until (Eingabe=' ') or (Eingabe='z');
end;
(**********************************************************************)
procedure seite7;
begin
      clrscr;
             writeln ('+++++++++++++ Anleitung Seite 7 von 15');
             writeln ;
             writeln ('Ich fühle mich ängstlich.');
             Eingabe:=Antwort;
end;
(**********************************************************************)
procedure seite8;
begin
     repeat
           clrscr;
           writeln ('+++++++++++++ Anleitung Seite 8 von 15');
           writeln                                        ;
           writeln ('Sobald Sie die Leertaste gedrückt haben,');
           writeln ('erscheint die nächste Frage. Sie können');
           writeln ('aber mit der "z"-Taste zurück. ');
           writeln ;
           writeln ('Erst nach einem Fragenblock werden Ihre');
           writeln ('Angaben gespeichert und Sie können diese ');
           writeln ('nicht mehr korrigieren. Drücken Sie am');
           writeln ('Ende eines Fragenblocks also erst die ') ;
           writeln ('Leertaste wenn Sie sicher sind, daß Sie ');
           writeln ('die Angaben nicht mehr ändern wollen.');
           gotoxy(1,15);
           writeln ('Drücken Sie die Leertaste für "weiter"');
           write ('oder "z" für zurück.');
          Eingabe:=readkey;
          if (Eingabe='!') and Abbruch.beenden=true then halt;
```

```
    until (Eingabe=' ') or (Eingabe='z');
end;
(*****************************************************************)
procedure seite9;
begin
    repeat
        clrscr;
        writeln ('++++++++++++ Anleitung Seite 9 von 15');
        writeln                                            ;
        writeln ('Wenn Sie alle Fragen beantwortet haben,');
        writeln ('kommen Sie zurück zu der Startseite, die');
        writeln ('auch nach dem Einschalten erscheint.    ');
        writeln ;
        writeln ('Sie können den Computer dann mit der    ');
        writeln ('"Ein"-Taste oben rechts wieder aus-');
        writeln ('schalten.');
        gotoxy(1,15);
        writeln ('Drücken Sie die Leertaste für "weiter"');
        write ('oder "z" für zurück.');
       Eingabe:=readkey;
       if (Eingabe='!') and Abbruch.beenden=true then halt;
    until (Eingabe=' ') or (Eingabe='z');
end;
(*****************************************************************)
procedure seite10;
begin
    repeat
        clrscr;
        writeln ('++++++++++++ Anleitung Seite 10 von 15');
        writeln                                            ;
        writeln ('Wenn der Computer eingeschaltet ist,    ');
        writeln ('Sie aber für mehrere Sekunden keine ');
        writeln ('Taste betätigen, dann schaltet sich der');
        writeln ('Computer automatisch ab. ') ;
        writeln ;
        writeln ('Sie können dann den Computer mit der ');
        writeln ('EIN-Taste wieder aktivieren und weiter');
        writeln ('Ihre Angaben machen.');
        gotoxy(1,15);
        writeln ('Drücken Sie die Leertaste für "weiter"');
        write ('oder "z" für zurück.');
       Eingabe:=readkey;
       if (Eingabe='!') and Abbruch.beenden=true then halt;
    until (Eingabe=' ') or (Eingabe='z');
end;
(*****************************************************************)
procedure seite11;
begin
    repeat
        clrscr;
        writeln ('++++++++++++ Anleitung Seite 11 von 15');
        writeln                                            ;
        writeln ('Sobald also eine Blutdruckmessung be-');
        writeln ('endet ist, klappen Sie den Computer auf,');
        writeln ('drücken die EIN-Taste oben rechts und');
        writeln ('die Startseite erscheint. ') ;
        writeln ;
```

```
            writeln ('Dann drücken Sie die "2", um die Angaben');
            writeln ('zur aktuellen Situation zu machen.');
            writeln ('Wenn Sie damit fertig sind, erscheint ');
            writeln ('wieder die Startseite und Sie können den ');
            writeln ('Computer durch erneutes Drücken auf die ');
            writeln ('EIN-Taste wieder ausschalten.');
            gotoxy(1,15);
            writeln ('Drücken Sie die Leertaste für "weiter"');
            write ('oder "z" für zurück.');
          Eingabe:=readkey;
          if (Eingabe='!') and Abbruch.beenden=true then halt;
     until (Eingabe=' ') or (Eingabe='z');
end;
(*********************************************************************)
procedure seite12;
begin
     repeat
            clrscr;
            writeln ('+++++++++++++ Anleitung Seite 12 von 15');
            writeln                                           ;
            writeln ('Sollten Sie direkt nach einer Blutdruck-');
            writeln ('messung einmal keine Zeit für die      ');
            writeln ('Fragen haben, so schalten Sie den  ');
            writeln ('Computer dennoch kurz ein und geben Sie');
            writeln ('an, dass Sie keine Zeit haben. Bitte    ');
            writeln ('machen Sie die Angaben dann zum nächst-');
            writeln ('möglichen Zeitpunkt.');
            gotoxy(1,15);
            writeln ('Drücken Sie die Leertaste für "weiter"');
            write ('oder "z" für zurück.');
          Eingabe:=readkey;
          if (Eingabe='!') and Abbruch.beenden=true then halt;
     until (Eingabe=' ') or (Eingabe='z');
end;
(*********************************************************************)
procedure seite13;
begin
     repeat
            clrscr;
            writeln ('+++++++++++++ Anleitung Seite 13 von 15');
            writeln                                           ;
            writeln ('Sollten Sie noch unsicher sein, dann   ');
            writeln ('können Sie diese Anleitung jederzeit   ');
            writeln ('erneut lesen.');
            writeln ;
            writeln ('Bei weiteren Fragen oder Problemen');
            writeln ('melden Sie sich bitte in der Diagnostik-');
            writeln ('abteilung. ');
            gotoxy(1,15);
            writeln ('Drücken Sie die Leertaste für "weiter"');
            write ('oder "z" für zurück.');
          Eingabe:=readkey;
          if (Eingabe='!') and Abbruch.beenden=true then halt;
     until (Eingabe=' ') or (Eingabe='z');
end;
(*********************************************************************)
procedure seite14;
```

```
begin
     repeat
           clrscr;
           writeln ('+++++++++++++ Anleitung Seite 14 von 15');
           writeln;
           writeln ('Wollen Sie diese Anleitung');
           writeln ('jetzt erneut lesen?');
           gotoxy(1,15);
           writeln ('Drücken Sie "j" für "Ja"');
           writeln ('oder die Leertaste für weiter.');
           gotoxy (1,5);
           EIngabe:=readkey;
     until (eingabe=' ') or (eingabe='j') or (Eingabe='z');
     if eingabe='j' then blabla;
end;
(*********************************************************************)
procedure seite15;
begin
     repeat
           clrscr;
           writeln ('+++++++++++++ Anleitung Seite 15 von 15');
           writeln                                           ;
           writeln;
           writeln ('Die Anleitung ist jetzt beendet.');
           gotoxy(1,15);
           writeln ('Drücken Sie die Leertaste für "weiter"');
           write ('oder "z" für zurück.');
          Eingabe:=readkey;
          if (Eingabe='!') and Abbruch.beenden=true then halt;
     until (Eingabe=' ') or (Eingabe='z');
end;
(*************************************************************************)

procedure blabla;
label an1,an2,an3,an4,an5,an6,an7,an8,an9,an10,an11,an12,an13,an14,an15;
begin
     an1:
     seite1;
     if Eingabe='z' then exit;
     an2:
     seite2;
     if Eingabe='z' then goto an1;
     an3:
     seite3;
     if Eingabe='z' then goto an2;
     an4:
     seite4;
     if Eingabe='z' then goto an3;
     an5:
     seite5;
     if Eingabe='z' then goto an4;
     an6:
     seite6;
     if Eingabe='z' then goto an5;
     an7:
     seite7;
     if Eingabe='z' then goto an6;
```

```
      an8:
      seite8;
      if Eingabe='z' then goto an7;
      an9:
      seite9;
      if Eingabe='z' then goto an8;
      an10:
      seite10;
      if Eingabe='z' then goto an9;
      an11:
      seite11;
      if Eingabe='z' then goto an10;
      an12:
      seite12;
      if Eingabe='z' then goto an11;
      an13:
      seite13;
      if Eingabe='z' then goto an12;
      an14:
      seite14;
      if Eingabe='z' then goto an13;
      an15:
      seite15;
      if Eingabe='z' then goto an14;
end;
end.
```

C.2.3 Basisprogramm

```
unit basis;    * hiermit werden die Basisdaten eines Patienten eingegeben *)
                (* und die Patientendatei erstellt **)

interface
uses
     crt,dos,wichtigs;

var
   patnr: string;
   Geburtsdatum:longint;
   Geschlecht:longint;


procedure Nummer; (******* Eingabe der 8stelligen Patientennummer **)
                  (* Datei wird erstellt (Dateiname: 'Patnr'.dat) **)
procedure Geb;    (** Geburtsdatum des Patienten, 6stellig **)
procedure Geschlechter;    (** Geschlecht 1=w, 2=m ***)
procedure Daten;  (** fügt diese 3 Prozeduren zusammen *******)
                  (* und speichert die Daten in der Datei ***)

implementation
   var
   f:text;
   f1,f2:text;
   raus_hier:boolean;

(*************************************************************************)
```

```
Procedure Nummer;
     var Eingabe1: char;
         Eingabe2: longint;
         s       : string;
         eingabe3: char;
         eingabe4: char;
         eingabe5:char;
         weiter  : boolean;
         Fehler  : integer;
         dateiname:string;
         inhalt:string;
begin
     clrscr;
     writeln ('Wollen Sie Daten eines neuen Patienten ');
     writeln ('eingeben?');
     gotoxy(1,5);
     write ('j für "Ja" oder andere Taste für "nein"');
     Eingabe1:=readkey;
         if (Eingabe1<>'j') then begin
                            raus_hier:=true;
                            exit;
                            end
         else
            begin
               raus_hier:=false;
               {$I-}  (*schaltet Fehlerprüfung ab *)
               repeat
                 clrscr;
                 writeln ('Bitte geben Sie die Patientennummer ');
                 writeln ('ein und beenden Sie die Eingabe mit ');
                 writeln ('Return:');
                 writeln;
                 write   ('34________');
                 gotoxy (3,5);
                 readln(Eingabe2);
                 Fehler:=IOResult;
                       if (Eingabe2<0) or (EIngabe2>99999999) or
(Fehler<>0) then
                                 weiter:=false
                       else begin
                                 writeln ('Bei richtiger Eingabe Return
drücken');

                                gotoxy (8,5);
                                 Eingabe3:=readkey;
                                 if (Eingabe3<>chr(13)) then weiter:=false
else weiter:=true;
                                 str(Eingabe2,s);
                                 Patnr:=s;
                                 if Length(patnr) = 7 then patnr := '0' +
patnr;
                                 if Length(patnr) = 6 then patnr := '00' +
patnr;
                                 if Length(patnr) = 5 then patnr := '000' +
patnr;
                                 if Length(patnr) = 4 then patnr := '0000'
+ patnr;
```

```
                                if Length(patnr) = 3 then patnr := '00000'
+ patnr;
                                if Length(patnr) = 2 then patnr :=
'000000' + patnr;
                                if Length(patnr) = 1 then patnr :=
'0000000' + patnr;
                            end;
               until (weiter=true);
               {$I+}  (*schaltet Fehlerprüfung wieder an *)
               begin
                    assign(f1,'nummern.dat');
                    append(f1);
                    writeln(f1,'');
                    write(f1,Patnr);
                    close(f1);
                    dateiname:=(Patnr+'.dat');
                    assign(f,dateiname);
                    {$I-}      (****************************************
                                überschreiben der Datei wird verhindert,
                                falls sie schon vorhanden sein sollte ***)
                    reset(f);
                    {$I+}
                    if IOresult=0 then begin clrscr;
                         writeln ('Fehler: Datei für diesen Patienten ');
                         writeln ('('+patnr+'.dat) existiert schon!');
                         writeln;
                       writeln ('überprüfen Sie die korrekte Eingabe der');
                       writeln ('Patientennummer!'
                       writeln;
                       writeln ('Drücken Sie eine Taste.');
                                          delay (3000);
                                         Eingabe5:=readkey;
                                         clrscr;
                                         repeat
                        writeln ('(Z)urück zum Ausgangsmenü');
                        writeln ('   und die Nummer ggf. neu eingeben');
                        writeln;
                        writeln ('(W)eiter mit der Patientennummer   ');
                        writeln ('   '+patnr+', die alte Datei ');
                        writeln ('   wird gesichert unter fehler.dat ');
                                         eingabe4:=readkey;
                                         until Pos(Eingabe4,'zZwW')<>0;
                                         case Eingabe4 of
                                         'z','Z' :  begin
                                                    close (f);
                                                     raus_hier:=true;
                                                        exit;
                                                    end;
                                         'w','W' : begin
                                                   assign
(f2,'fehler.dat');

                                                   append (f2);
                                                   repeat
                                                   readln (f,inhalt);
                                                   writeln (f2,inhalt);
                                                   until eof(f);
```

```
                                                              writeln
(f2,'********************');
                                                              close(f);
                                                              close(f2);
                                                              end;
                                                    end;
                                              end;
                      rewrite(f);
                      writeln(f,Patnr);
                      close(f);
                 end;
              end;
           end;

(**********************************************************************)

procedure Geb;
         var Eingabe1 : longint;
             Eingabe2 : char;
             Fehler   : Integer;
             weiter   : boolean;
begin
     {$I-}  (*schaltet Fehlerprüfung ab *)
     begin
          repeat  (** wiederholt bis korrekte Eingabe erfolgte **)
                clrscr;
                writeln ('Patientennummer: ',Patnr:8);
                writeln ('Geburtsdatum: ______');
                writeln ;
                writeln ('z.B. "010550" für 1. Mai 1950');
                gotoxy(15,2);
                readln(Eingabe1);
                Fehler:=IOResult;
                if ((Eingabe1<010100) or (Eingabe1>311299) or (Fehler<>0))
then weiter:=false else
                   begin
                        writeln ;
                        writeln ('Bei richtiger Eingabe "Return" drücken');
                        gotoxy (20,2);
                        Eingabe2:=readkey;
                        if (Eingabe2<>chr(13)) then weiter:=false;
                        Geburtsdatum:=Eingabe1;
                   end;
          until (weiter or (Eingabe2=chr(13)));
     end;
     {$I+}  (*schaltet Fehlerprüfung an *)
end;

(**********************************************************************)

procedure Geschlechter;

var Eingabe1 : char;


    begin
```

```
        repeat
              clrscr;
              writeln ('Patientennummer: ',Patnr:7);
              write ('Geschlecht (w/m): ');
              Eingabe1:=readkey;
        until Pos(Eingabe1, 'WwMm')<>0;
             if (Eingabe1 in ['m','M']) then Geschlecht:=2;
             if (Pos(Eingabe1,'Ww')<>0) then Geschlecht:=1;
    end;


(**********************************************************************)

procedure Daten;
var Eingabe1:char;
begin
     Nummer;
     if raus_hier then exit else begin
       Geb;
       Geschlechter;
       clrscr;
       assign(f,Patnr+'.dat');
       append(f);
       writeln (f,Geburtsdatum);
       writeln (f,Geschlecht);
       writeln
(f,'*************************************************************');
       writeln (f,'Programm zur Begleiterhebung der Bulimiestudie');
       writeln (f,'L. Mussgay, F. Niegot, T. Legenbauer, H. Rueddel');
       writeln (f,'St. Franziska-Stift, Bad Kreuznach');
       writeln
(f,'*************************************************************');
       writeln (f,'');
       gettime(std,min,sek,Hsek);
       getdate(jahr,monat,tag,wt);
       write(f,LeadingZero(tag),'.',LeadingZero(monat),'.',
             LeadingZero(jahr),'; ',LeadingZero(std),':',
             LeadingZero(min),':',LeadingZero(sek),'  ');
       writeln (f,'TTTNbavbla„vtaaavuasehe');
       close(f);
       repeat
       clrscr;
       writeln ('In der Datei ',Patnr,'.dat befinden sich');
       writeln ('folgende Eintragungen:');
       writeln (Patnr);
       writeln (Geburtsdatum);
       writeln (Geschlecht);
       until bestaetigt3;
     repeat
       clrscr;
       writeln;
       gettime(std,min,sek,Hsek);
       getdate(jahr,monat,tag,wt);
       writeln ('Systemdatum und -zeit: ');

writeln(LeadingZero(tag),'.',LeadingZero(monat),'.',LeadingZero(jahr));
       writeln(LeadingZero(std),':',LeadingZero(min),':',LeadingZero(sek));
```

```
    writeln;
    writeln('Stimmen Datum und Uhrzeit mit dem Tonoport überein?');
    writeln('Die aktuelle Zeit erscheint nach Bet„tigen einer Taste.');
  until bestaetigt;

    end;
end;
end.
```

C.2.4 Wichtige Befehle

```
nit wichtigs;

interface
         procedure datei_oeffnen; (* öffnet entsprechende Pat-Datei und
notiert die Zeit **)
         function LeadingZero (w : Word) : String;
         function Anzahl_bisheriger_Eingaben:shortint;

                   (*** verschiedene Antwortformen ***)

         function antwort:char;
         function bestaetigt:boolean;
         function bestaetigt2:boolean;
         function bestaetigt3:boolean;
         function AntwortText(titel:string; sonstige:boolean):char;
         procedure StringsLoeschen;

         procedure auswahl;  (* zeigt die Startseite mit Programmauswahl *)

         var
            patnr:string;   (* 8stellige Patientennummer *)
            f:text;         (* Datei nummern.dat *)
            f1:text;        (* Datei 'patnr'.dat *)
            std,min,sek,Hsek,jahr,monat,tag,wt:word;
            zurueck:boolean; (* den Text um eine Seite zurückbl„ttern *)
            fragen:array[1..4] of string[40];
            antworten:array[1..10] of string[40];

implementation
        uses crt, (** für den Befehl clrscr **)
        anleitun,(********** Anleitung des Programms + einzelne übungen ***)
        aengstl, (*** zum Eingeben der Befindlichkeit (nicht nur Angst) ***)
        situatio,    (*** stellt Fragen zur Situation *****************
          dos, (* für gettime und getdate *)
        abbruch,
        letzte,(**** für abschlieáende Angaben zum Schlaf etc.********)
        basis; (** für die Basisdaten und den Dateinamen **)

(******** macht zB aus 1.9.1997 01.09.1997 ******************************)

function LeadingZero (w : Word) : String;
var
  s : String;
begin
```

```
  Str(w:0,s);
  if Length(s) = 1 then
    s := '0' + s;
  LeadingZero := s;
end;

(**************** spricht für sich selbst, gell?*********************)



procedure datei_oeffnen;

begin
       assign(f1,'nummern.dat');(***** sucht die zuletzt eingetragene*****)
       reset(f1);                 (****** Patientennummer *****)
       while not eof(f1) do
        readln(f1,patnr);
     close(f1);
     if patnr='' then Patnr:='11111111';
     assign(f,Patnr+'.dat');
     {$I-}
     append(f);  (**** versucht eine vorhandene Datei zu erweitern ******)
     {$I+}
     if IOResult<>0 then rewrite(f);(*** oder eine neue zu schreiben ****)
end;

(**************** zählt die bislang gemachten Angaben *****************)

function Anzahl_bisheriger_Eingaben:shortint;
var x:shortint;
    y:string;

begin
     assign(f1,'nummern.dat'); (***** sucht die zuletzt eingetragene *****)
       reset(f1);                 (****** Patientennummer *****)
       while not eof(f1) do
        readln(f1,patnr);
     close(f1);
     if patnr='' then Patnr:='11111111';
     assign(f,Patnr+'.dat');
     {$I-}
     reset(f);
     {$I+}
     if IOResult<>0 then datei_oeffnen;
     close(f);
     X:=0;
     reset(f);
     while not eof(f) do begin
       readln(f,y);
       if (length(y)> 25)  and (pos('keine',y)=0)  and (pos('EVA',y)=0)
           then x:=(x+1);
     end;
     close(f);
     if x<6 then x:=6;
     Anzahl_bisheriger_Eingaben:=x-6;
end;
```

```
(************************ Antwort 0 bis 6 *****************************)
function Antwort;
var bestaetigung,x:char;
begin
    repeat
          gotoxy(1,6);
          writeln('       0 - 1 - 2 - 3 - 4 - 5 - 6');
          writeln('  stimmt                      stimmt');
          writeln('überhaupt                     genau');
          writeln('   nicht');
          gotoxy(1,14);
          writeln ('Wählen Sie 0 (Null) bis 6                   ');
          if not erste_Frage then
          writeln ('oder "z" für zurück.                        ');
          gotoxy(1,6);
          x:=readkey;
          case x of
               '0' : writeln('       0 -   -   -   -   -   -  ');
               '1' : writeln('         - 1 -   -   -   -   -  ');
               '2' : writeln('         -   - 2 -   -   -   -  ');
               '3' : writeln('         -   -   - 3 -   -   -  ');
               '4' : writeln('         -   -   -   - 4 -   -  ');
               '5' : writeln('         -   -   -   -   - 5 -  ');
               '6' : writeln('         -   -   -   -   -   - 6');
          end;
     gotoxy(1,14);
     writeln ('Drücken Sie die Leertaste für "weiter",');
     write ('eine beliebige andere für "wiederholen".');
     gotoxy(1,6);
     if (x<='6') and (x>='0') then bestaetigung:=readkey;
    until ((x<='6') and (x>='0') and (bestaetigung=' '))or (x='!') or
(x='z');
    if (x='!') then begin
               if beenden=true then halt;
               end;
    if x='z' then zurueck:=true else zurueck:=false;
    antwort:=x;
    erste_Frage:=false;
end;
(************************ Antwort Textauswahl
******************************)
function AntwortText(titel:string; sonstige:boolean):char;
var bestaetigung,x:char;
    I:integer;
    j:integer;
    S:String[2];
    MaxAntwort:integer;
    MaxAntwortText:string;
    MaxFrage:integer;
    cAntwort:char;
    nAntwort:integer;
    Weiter:boolean;
    sons:integer;
    sonsx:integer;

begin
     (* Maximale Antwort bestimmen *)
```

```
    for I:=10 downto 1 do
        if antworten[I]='' then MaxAntwort:=I-1;
    (* Auch noch als Text für den Vergleich mit der Eingabe *)
    str(MaxAntwort,MaxAntwortText);
    for I:=4 downto 1 do
        if fragen[I]='' then MaxFrage:=I-1;

   clrscr;
   cAntwort:='~';
   weiter:=FALSE;
   while (weiter=FALSE) do
        begin
         gotoxy(1,1);
         writeln(titel);
         writeln;

         for I:=1 to MaxFrage do
             begin
                writeln('    '+fragen[I]);
             end;
         gotoxy(1,4+MaxFrage);
         if sonstige=true then sonsx:=1 else sonsx:=0;
         for I:=1 to MaxAntwort do
             begin
                STR(i,s);
                writeln('   '+s+'. '+antworten[I]);
             end;
         if sonstige=true then begin
                                sons:=0;
                                writeln('  0. Sonstiges');
                                end
                                else begin
                                     sons:=1;
                                     end;

         gotoxy(1,14);
         writeln ('Wählen Sie ',sons,' bis ',(MaxAntwort),'
');
         writeln ('oder "z" für zurück.
');

         repeat

             if cAntwort='~' then
                cAntwort:=readkey;
{              if (sonstige=false) and (cantwort='0') then cantwort:='~';}
             nAntwort:=-1;
             val(cAntwort,nAntwort,j);
         if cAntwort='z' then begin zurueck:=true; exit; end;
         if ((j>0) AND (Pos(cAntwort,'z!')=0)) or (nAntwort>MaxAntwort) or
(nAntwort<sons) then cAntwort:='~';
         until cAntwort<>'~';
         if cAntwort='!' then
            begin if Abbruch.beenden then halt
                          else begin
                          weiter:=false;
                          clrscr;
```

```
                              end;
              end
            else
                 begin
                 gotoxy(1,4+MaxFrage);

                 for I:=1 to (MaxAntwort+sonsx) do
                  begin
                       STR(i,s);
                       writeln('
');
                  end;
                 gotoxy(1,4+MaxFrage+nAntwort-1);
                     if (nAntwort<>0) then begin
                         gotoxy(1,4+MaxFrage+nAntwort-1);
                         writeln('  '+cAntwort+'. '+antworten[nAntwort]);
                         end
                     else begin
                          gotoxy(1,4+MaxFrage+MaxAntwort);
                          writeln('  0. Sonstige');
                          end;
      end;

            gotoxy(1,14);
            writeln('Drücken Sie die Leertaste für "weiter",');
            writeln('eine beliebige andere Taste für "wiederholen".');
            Antworttext:=cAntwort;
            cAntwort:=readkey;
            if ((cAntwort=' ') or (cAntwort='z')) then weiter:=TRUE;
            if cAntwort='z' then zurueck:=true else zurueck:=false;
    end;
end;

procedure StringsLoeschen;
var i:integer;
begin
   for I:=1 to 4 do
       fragen[I]:='';
   for I:=1 to 10 do
       antworten[I]:='';
end;

(********** einige Möglichkeiten, die Antwort zu bestätigen **************)

(*** Möglichkeit 1 ***)

function bestaetigt;
var best:char;
begin
     gotoxy(1,14);
     writeln ('Drücken Sie die Leertaste für "weiter"');
     write ('oder eine beliebige andere für zurück.');
     best:=readkey;
     if (best=' ') then bestaetigt:=true else bestaetigt:=false;
end;

(*** Möglichkeit 2 ***)
```

```
function bestaetigt2;
var best2:char;
begin
     repeat
     zurueck:=false;
     gotoxy(1,14);
     writeln ('Drücken Sie die Leertaste für "weiter"');
     write ('oder "z" für zurück.');
     best2:=readkey;
     until ((best2=' ') or (best2='z'));
     bestaetigt2:=true;
     if (best2=' ') then zurueck:=false else zurueck:=true;
end;

(*** Mölichkeit 3 ***)

function bestaetigt3;
var best3:char;
begin
     repeat
     zurueck:=false;
     gotoxy(1,14);
     writeln ('Drüken Sie die Leertaste fü "weiter".');
     best3:=readkey;
     until (best3=' ');
     bestaetigt3:=true;
end;

(**************** Startseite
*********************************************)



procedure auswahl;

 var
   Ausw         : char;
   ende         : boolean;
   Bestaetigung : char;
label anfang;

 begin
     anfang:
     repeat
          clrscr;
          writeln ('+++++++++++++++++++++++ Startseite');
          writeln;
          writeln ('  (1) Anleitung');
          writeln;
          writeln ('  (2) Angaben zur aktuellen Situation');
          writeln;
          writeln ('  (3) letzte Angaben vor Rükgabe');
          writeln;
          writeln ('  (4) keine Zeit fürAngaben');
          writeln ;
          writeln;
```

```
        writeln ('Wählen Sie 1, 2, 3 oder 4.');
        gotoxy(1,15);
        writeln ('Wenn Sie das Programm beenden wollen, ');
        write   ('drücken Sie die EIN-Taste oben rechts.');
        gotoxy (1,12);
        Ausw:=readkey
   until (Ausw in ['1'..'4','!']);
        case Ausw of
             '1'   : begin
                       clrscr;
                       writeln ('++++++++++++++++++++++++ Startseite');
                       writeln;
                       writeln ('  (1) Anleitung');
                       gotoxy(1,14);
                       writeln('Drücken Sie die Leertaste wenn Sie');
                       writeln('jetzt die Anleitung lesen wollen,');
                       write('eine beliebige andere Taste für "zurück"');
                       gotoxy(1,3);
                       Bestaetigung:=readkey;
                       if (Bestaetigung=' ') then begin
                            Anleitun.Blabla;
                            auswahl;
                            end;
                       goto  anfang;
                     end;
             '2'   : begin
                       clrscr;
                       writeln ('++++++++++++++++++++++++ Startseite');
                       gotoxy(1,5);
                       writeln ('  (2) Angaben zur aktuellen Situation');
                       writeln;
                       writeln('(Sie haben bisher
',Anzahl_bisheriger_Eingaben,' mal diese Angaben');
                       writeln(' gemacht.)');
                       gotoxy(1,14);
                       writeln('Drücken Sie die Leertaste wenn Sie die');
                       writeln('Fragen zur Situation beantworten
wollen,');


                       write  ('eine beliebige andere Taste für
"zurück"');
                       gotoxy(1,5);
                       Bestaetigung:=readkey;
                       if (Bestaetigung=' ') then begin
                          Sit;
                          if zurueck then goto anfang;
                          Befinden;
                          end;
                          goto anfang;
                     end;
             '3'   : begin
                       clrscr;
                       writeln ('++++++++++++++++++++++++ Startseite');
                       gotoxy(1,7);
                       writeln ('  (3) letzte Angaben vor Rückgabe');
                       gotoxy(1,14);
```

```
                        writeln('Drücken Sie die Leertaste, wenn Sie am');
                        writeln('Ende der Untersuchung angelangt sind,');
                        write  ('eine beliebige andere Taste für
"zurück"');
                        gotoxy(1,7);
                        Bestaetigung:=readkey;
                        if (Bestaetigung=' ') then begin
                            letzte_Angaben;
                            end;
                            goto anfang;
                       end;
              '4'   :  begin
                        clrscr;
                        writeln ('+++++++++++++++++++++++++ Startseite');
                        gotoxy(1,9);
                        writeln ('  (4) keine Zeit für Angaben');
                        gotoxy(1,14);
                        writeln('Drücken Sie die Leertaste, wenn Sie');
                        writeln('jetzt keine Zeit für die Fragen haben,');
                        write  ('eine beliebige andere Taste für
"zurück"');
                        gotoxy(1,9);
                        Bestaetigung:=readkey;
                        if (Bestaetigung=' ') then begin
                            keine_Zeit;
                            end;
                            goto anfang;
                       end;
              '!'   :  begin
                            if Abbruch.Beenden then exit else goto anfang;
                       end;
 end;
end;

(*************************************************************************)
end.
```

C.2.5 Situationsbeschreibungen

```
unit Situatio;

Interface
         procedure sit;  (**** führt alle Fragen zur Situation zusammen
****)
         procedure keine_Zeit; (* falls der Patient keine Zeit für Angaben
hat *)

         procedure taetigkeit1;
         procedure taetigkeit2;
         procedure taetigkeit3;
         procedure taetigkeit4;
         procedure taetigkeit5;

    var anzahl,vertrau,anstr,beeinfl,lage,aktiv,
```

```
        belast,bp,taetigk1,taetigk2,taetigk3:char;
        anzahl_str :Integer;
        code       :Integer;

implementation
uses crt,Abbruch,wichtigs,dos,aengstl;

(*************************************************************************)
procedure keine_Zeit;

var Bestaetigung,Grund:char;
    weiter:boolean;
label doch_nicht;

begin
          datei_oeffnen;
          gettime(std,min,sek,Hsek);
          getdate(jahr,monat,tag,wt);
          write(f,LeadingZero(tag),'.',LeadingZero(monat),'.',
             LeadingZero(jahr),'; ',LeadingZero(std),':',
             LeadingZero(min),':',LeadingZero(sek));
          write (f,'  keine Zeit ');
          close(f);
  repeat
          clrscr;
          writeln;
          writeln ('Sie k"nnen den Computer jetzt');
          writeln ('ausschalten.');
          writeln;
          writeln ('Schalten Sie den Computer wieder ein und');
          writeln ('machen Sie mit der Leertaste weiter, ');
          writeln ('sobald Sie wieder Zeit haben.');
          gotoxy(1,14);
          writeln('Drücken Sie die Leertaste für "weiter"');
          writeln('oder "z" für zurück.');
          Bestaetigung:=readkey;
              if (Bestaetigung='!') then begin
                                             if Abbruch.beenden=true then
halt;
                                        end;
              if (bestaetigung='z') then begin
                                   Grund:='X';
                                   goto doch_nicht;
                                   end;
  until (bestaetigung=' ');
  repeat
  repeat
        clrscr;
        writeln ;
        writeln ('Bitte geben Sie an, was Sie an der');
        writeln ('Beantwortung gehindert hat:');
        writeln;
        writeln ('1. Therapiesitzung');
        writeln ('2. Untersuchung');
        writeln ('3. sonstiges');
        gotoxy(1,16);
        writeln ('W„hlen Sie 1, 2 oder 3.');
```

```
        Grund:=readkey;
  until Grund in ['1'..'3'];
        clrscr;
        writeln ;
        writeln ('Bitte geben Sie an, was Sie an der');
        writeln ('Beantwortung gehindert hat:');
        case grund of
        '1' : begin
                   gotoxy(1,5);
                   writeln ('1. Therapiesitzung');
              end;
        '2' : begin
                   gotoxy(1,6);
                   writeln ('2. Untersuchung');
              end;
        '3' : begin
                   gotoxy(1,7);
                   writeln ('3. sonstiges');
              end;
        end;
  until bestaetigt;
  repeat
        clrscr;
        writeln ;
        writeln ('L"sen Sie jetzt bitte mit der ') ;
        writeln ('Start/Stop-Taste am Blutdruckgerät ');
        writeln ('eine Blutdruckmessung aus und ');
        writeln ('beantworten Sie wie gewohnt die ');
        writeln ('Fragen zur Situation.');
   until bestaetigt3;
        doch_nicht:
        datei_oeffnen;
        write (f,Grund);
        gettime(std,min,sek,Hsek);
        getdate(jahr,monat,tag,wt);
        writeln(f,'          ',LeadingZero(tag),'.',LeadingZero(monat),'.',
             LeadingZero(jahr),'; ',LeadingZero(std),':',
             LeadingZero(min),':',LeadingZero(sek));
        close (f);
end;
(**********************************************************************)

procedure taetigkeit1;
var  i:integer;
begin
   StringsLoeschen;
   Taetigk1:= ' ';
   Taetigk2:= ' ';
   Taetigk3:= ' ';
   fragen[1]:='Was tun Sie im Moment?';
   antworten[1]:='Therapie/Untersuchung';
   antworten[2]:='Freizeit';
   antworten[3]:='Mahlzeiten';
   antworten[4]:='Körperpflege, An-, Auskleiden';
   antworten[5]:='Essanfall';
   taetigk1:=AntwortText('++++++++++++++ Angaben, Seite 1 von 24',true);
  case taetigk1 of
```

```
        '1' : taetigkeit2;
        '2' : taetigkeit3;
        '3' : taetigkeit4;
        else taetigk2:='x';
        end;
end;
(*********************************************************************)
procedure taetigkeit2;
var  i:integer;
begin
   StringsLoeschen;
   fragen[1]:='Welche Therapie/Untersuchung haben Sie';
   fragen[2]:='im Moment?';
   antworten[1]:='Einzeltherapie/-untersuchung';
   antworten[2]:='Gruppentherapie';
   antworten[3]:='Sporttherapie';
   antworten[4]:='Entspannung oder Feldenkrais';
   taetigk2:=AntwortText('++++++++++++++ Angaben, Seite 2 von 24',TRUE);
end;
(*********************************************************************)
procedure taetigkeit3;
var  i:integer;
begin
   StringsLoeschen;
   fragen[1]:='Was tun Sie genau?';
   antworten[1]:='Problemgespräch';
   antworten[2]:='Unterhaltung';
   antworten[3]:='Telefonat';
   antworten[4]:='Sport';
   antworten[5]:='Entspannung, Lesen etc.';
   antworten[6]:='Nachdenken';
   antworten[7]:='Fernsehen, Radio';
   antworten[8]:='Einkaufen, bummeln';
   antworten[9]:='Spaziergang';
   taetigk2:=AntwortText('++++++++++++++ Angaben, Seite 2 von 24',TRUE);
end;
(*********************************************************************)
procedure taetigkeit4;
var  i:integer;
begin
   StringsLoeschen;
   fragen[1]:='Welche Mahlzeit nehmen Sie';
   fragen[2]:='gerade zu sich ?';
   antworten[1]:='Frühstück';
   antworten[2]:='Zwischenmahlzeit (morgens)';
   antworten[3]:='Mittagessen';
   antworten[4]:='Zwischenmahlzeit (mittags)';
   antworten[5]:='Abendessen';
   antworten[6]:='Abendlicher Snack';
   taetigk2:=AntwortText('++++++++++++++ Angaben, Seite 2 von 24',false);
   taetigkeit5;
end;
(*********************************************************************)
procedure taetigkeit5;
var  i:integer;
begin
```

```
   StringsLoeschen;
   fragen[1]:='Wo nehmen Sie die Mahlzeit';
   fragen[2]:='zu sich ?';
   antworten[1]:='Zu Hause (im Zimmer)';
   antworten[2]:='Speisesaal';
   antworten[3]:='Gaststätte, Restaurant';
   antworten[4]:='Imbiss, Fast-Food-Lokal';
   antworten[5]:='Auf der Straße';
   taetigk3:=AntwortText('++++++++++++++ Angaben, Seite 2 von 24',false);
end;

(*********************************************************************)
procedure anzahl_personen;

var  i:integer;
begin
   StringsLoeschen;
   fragen[1]:='Welche Personen sind im Moment ';
   fragen[2]:='anwesend?';
   antworten[1]:='ich bin allein';
   antworten[2]:='eine vertraute Person';
   antworten[3]:='eine nicht vertraute Person';
   antworten[4]:='mehrere vertraute Personen';
   antworten[5]:='mehrere nicht vertraute Personen';
   antworten[6]:='eine größere Gruppe von Personen';
   anzahl:=AntwortText('++++++++++++++ Angaben, Seite 3 von 24',false);
end;
(*********************************************************************)
procedure belastet;
begin
     clrscr;
     writeln ('++++++++++++++ Angaben, Seite 4 von 24');
     writeln;
     writeln ('Durch die anwesenden Personen bin ich ');
     writeln ('belastet.');
     belast:=antwort;
end;
(*********************************************************************)
procedure vertraut;
begin
clrscr;
     writeln ('++++++++++++++ Angaben, Seite 6 von 24');
     writeln;
     writeln ('Diese Situation ist mir vertraut.');
     vertrau:=antwort;
end;
(*********************************************************************)
procedure anstrengend;

begin
     clrscr;
     writeln ('++++++++++++++ Angaben, Seite 5 von 24');
     writeln;
     writeln ('Die Situation ist anstrengend für mich.');
     anstr:=antwort;
end;
(*********************************************************************)
```

```
procedure beeinflussbar;
begin
     clrscr;
     writeln ('++++++++++++++ Angaben, Seite 7 von 24');
     writeln;
     writeln ('Ich komme mit der Situation gut zurecht.');
     beeinfl:=antwort;
end;
(***************************************************************************)
procedure koerperlich;



var  i:integer;
begin
   StringsLoeschen;
   fragen[1]:='Wie war Ihre Körperlage    ';
   fragen[2]:='während der Blutdruckmessung?';
   antworten[1]:='Stehen';
   antworten[2]:='Sitzen';
   antworten[3]:='Liegen';
   antworten[4]:='Gehen';
   lage:=AntwortText('++++++++++++++ Angaben, Seite 8 von 24',false);
end;
(**********************************************************************)
procedure aktivitaet;
begin
   repeat
     clrscr;
     writeln ('++++++++++++++ Angaben, Seite 9 von 24');
     writeln;
     writeln ('Wie sehr haben Sie sich körperlich');
     writeln ('betätigt?');
     gotoxy(1,6);
     writeln('        0 - 1 - 2 - 3 - 4 - 5 - 6');
     writeln('     sehr                       sehr');
     writeln('    wenig                       viel');
     gotoxy(1,14);
     writeln ('Wählen Sie 0 (Null) bis 6 oder              ');
     writeln ('"z" für zurück.                             ');
     gotoxy(1,6);
     aktiv:=readkey;
     case aktiv of
               '0' : writeln('        0 -   -   -   -   -   -  ');
               '1' : writeln('          - 1 -   -   -   -   -  ');
               '2' : writeln('          -   - 2 -   -   -   -  ');
               '3' : writeln('          -   -   - 3 -   -   -  ');
               '4' : writeln('          -   -   -   - 4 -   -  ');
               '5' : writeln('          -   -   -   -   - 5 -  ');
               '6' : writeln('          -   -   -   -   -   - 6');
          end;
          gotoxy(1,6);
     until ((aktiv<='6') and (aktiv>='0')) or (aktiv='!') or (aktiv='z');
           zurueck:=false;
           case aktiv of
           '!' : begin
                    if beenden=true then halt;
```

```
               end;
          'z' : zurueck:=true;
          end;
end;

(*********************************************************************)
procedure sit;
var eing,eing1:char;
    std,min,sek,Hsek:word;
    x:char;
label s1,s2,s3,s4,s5,s6,s7,s7a;
begin
     s1:
        taetigkeit1;
        if zurueck then begin
                        datei_oeffnen;
                        writeln(f);
                        close(f);
                        exit;
                        end;
        gettime(std,min,sek,Hsek);
        getdate(jahr,monat,tag,wt);
        datei_oeffnen;
        write(f,LeadingZero(tag),'.',LeadingZero(monat),'.',
             LeadingZero(jahr),'; ',LeadingZero(std),':',
             LeadingZero(min),':',LeadingZero(sek),'  ');
             close(f);
     s2:
        anzahl_personen;
        if zurueck then goto s1;
      s3:
        Val(anzahl,anzahl_str,code);
        belast := ' ';
        if anzahl_str <> 1 then belastet;
        if zurueck then goto s2;
     s4:
        anstrengend;
        if zurueck then goto s3;
     s5:
        vertraut;
        if zurueck then goto s4;
     s6:
        beeinflussbar;
        if zurueck then goto s5;
     s7:
        koerperlich;
        if zurueck then goto s6;
     s7a:
         aktivitaet;
         if zurueck then goto s7;
     repeat
           clrscr;
           writeln ('++++++++++++++ Angaben, Seite 10 von 24');
           writeln;
           writeln ('Wenn Sie diesen Fragenblock beenden');
           writeln ('wollen, dann drücken Sie die Leertaste.');
           writeln ('Sie können die Angaben aus diesem Fragen-');
```

```
          writeln ('block dann nicht mehr korrigieren.');
          gotoxy(1,14);
          writeln ('Drücken Sie die Leertaste für "weiter"');
          write ('oder "z" für zurück.');
          x:=readkey;
     until ((x=' ') or (x='z'));
          if x='z' then goto s7;
              datei_oeffnen;

write(f,taetigk1,taetigk2,taetigk3,anzahl,belast,anstr,vertrau,beeinfl,lage
,aktiv);
              close(f);
end;
end.
```

C.2.6 Emotionen

```
unit aengstl;

interface
        procedure befinden; (*** siehe ganz unten, ruft die einzelnen *)
                            (*** Prozeduren dieser Unit auf ***********)
        var aengst,veruns,traur,aufger,angen,angesp,veraer,unterdr,aggres,
            schaem,essen,hungr,erschoe:char;
            erste_Frage:boolean;

implementation

uses
    crt,abbruch,wichtigs,situatio,dos;

(***************************** aengstlich ******************************)
procedure aengstlich;
begin
     clrscr;
     writeln ('+++++++++++++++ Angaben, Seite 11 von 24');
     writeln;
     writeln ('Ich fühle mich ängstlich.');
     erste_frage:=true;
     aengst:=antwort;
end;
(***************************** verunsichert*****************************)
procedure verunsichert;
begin
     clrscr;
     writeln ('+++++++++++++++ Angaben, Seite 12 von 24');
     writeln;
     writeln ('Ich fühle mich verunsichert.');
     erste_frage:=true;
     veruns:=antwort;
end;

(***************************** traurig ******************************)
procedure traurig;
```

```
begin
     clrscr;
     writeln ('+++++++++++++++ Angaben, Seite 13 von 24');
     writeln;
     writeln ('Ich bin traurig.');
     traur:=antwort;
end;

(***************************** aufgeregt ******************************)
procedure aufgeregt;
begin
     clrscr;
     writeln ('+++++++++++++++ Angaben, Seite 14 von 24');
     writeln;
     writeln ('Ich bin aufgeregt.');
     aufger:=antwort;
end;
(************************ angenehmes K"rpergefühl *******************)
procedure angenehm;
begin
     clrscr;
     writeln ('+++++++++++++++ Angaben, Seite 15 von 24');
     writeln;
     writeln ('Ich habe ein angenehmes Körpergefühl.');
     erste_frage:=true;
     angen:=antwort;
end;




(***************************** angespannt ******************************)
procedure angespannt;
begin
     clrscr;
     writeln ('+++++++++++++++ Angaben, Seite 16 von 24');
     writeln;
     writeln ('Ich fühle mich angespannt.');
     angesp:=antwort;
end;
(***************************** ver„rgert ******************************)
procedure veraergert;
begin
     clrscr;
     writeln ('+++++++++++++++ Angaben, Seite 17 von 24');
     writeln;
     writeln ('Ich bin verärgert.');
     veraer:=antwort;
end;
(***************************** Žrgerunterdrückung
***********************)
procedure Unterdrueckung;
begin
     clrscr;
     writeln ('++++++++++++++ Angaben, Seite 17a von 24');
     writeln;
     writeln ('Ich unterdrücke meinen Ärger.');
```

```
    unterdr:=antwort;
end;

(****************************** aggressiv ******************************)
procedure aggressiv;
begin
     clrscr;
     writeln ('+++++++++++++++ Angaben, Seite 18 von 24');
     writeln;
     writeln ('Ich fühle mich aggressiv.');
     aggres:=antwort;
end;
(****************************** schaemen ******************************)
procedure schaemen;
begin
     clrscr;
     writeln ('+++++++++++++++ Angaben, Seite 19 von 24');
     writeln;
     writeln ('Ich schäme mich.');
     schaem:=antwort;
end;
(****************************** unbedingt essen ***********************)
procedure unbed_essen;
begin
     clrscr;
     writeln ('+++++++++++++++ Angaben, Seite 20 von 24');
     writeln;
     writeln ('Ich möchte unbedingt etwas essen.');
     essen:=antwort;
end;
(****************************** hungrig ******************************)
procedure hungrig;
begin
     clrscr;
     writeln ('+++++++++++++++ Angaben, Seite 21 von 24');
     writeln;

     writeln ('Ich bin hungrig.');
     hungr:=antwort;
end;
(****************************** erschöpft ******************************)
procedure erschoepft;
begin
     clrscr;
     writeln ('+++++++++++++++ Angaben, Seite 22 von 24');
     writeln;
     writeln ('Ich fühle mich erschöpft.');
     erschoe:=antwort;
end;

(****************************** Befinden *********************************)
procedure Befinden;
var x:char;
label a1,a2,a3,a4,a5,a6,a7,a8,a9,a10,a11,a12;
   begin
        a1:
        aengstlich;
```

```
    if zurueck then goto a1;
  a2:
  verunsichert;
    if zurueck then goto a1;
  a3:
  traurig;
    if zurueck then goto a2;
  a4:
  aufgeregt;
    if zurueck then goto a3;
  a5:
  angenehm;
    if zurueck then goto a4;
  a6:
  angespannt;
    if zurueck then goto a5;
  a7:
  veraergert;
    if zurueck then goto a6;
    if veraer>'0' then Unterdrueckung
       else unterdr:='0';
    if zurueck then goto a6;
  a8:
  aggressiv;
    if zurueck then goto a7;
  a9:
  schaemen;
    if zurueck then goto a8;
  a10:
  unbed_essen;
    if zurueck then goto a9;
  a11:
  hungrig;
    if zurueck then goto a10;
  a12:
  erschoepft;
    if zurueck then goto a11;

  repeat
     clrscr;
     writeln ('+++++++++++++++ Angaben, Seite 19 von 19');
     writeln;
     writeln ('Wenn Sie diesen Fragenblock beenden');
     writeln ('wollen, dann drücken Sie die Leertaste.');
     writeln ('Sie k"nnen die Angaben aus diesem Fragen-');
     writeln ('block dann nicht mehr korrigieren.');
     gotoxy(1,14);
     writeln ('Drücken Sie die Leertaste für "weiter"');
     write ('oder "z" für zurück.');
     x:=readkey;
until ((x=' ') or (x='z'));
 if x='z' then goto a8;
  datei_oeffnen;
  write(f,aengst,veruns,traur,aufger,angen,angesp,veraer,
          unterdr,aggres,schaem,essen,hungr,erschoe);
  gettime(std,min,sek,Hsek);
  getdate(jahr,monat,tag,wt);
```

```
        writeln(f,'   ',LeadingZero(tag),'.',LeadingZero(monat),'.',
             LeadingZero(jahr),'; ',LeadingZero(std),':',
             LeadingZero(min),':',LeadingZero(sek));
        close(f);
   end;

(*************************************************************************)
end.
```

C.2.7 Abbruchfunktion

```
unit Abbruch; (******* ermöglicht Ausstieg aus dem Programm mit "!" *****)
              (** oder die Eingabe neuer Patientendaten über unit basis *)

interface

     function Beenden:boolean;

implementation
     uses
         crt,basis,dos,wichtigs;
     var
        abbr:boolean;

(***********************************************************************
     falls das Programm zwischendurch abgebrochen werden soll
 ***********************************************************************)

function Beenden:boolean;
         var
             x : char;
             std,min,sek,Hsek:word;
             jahr,monat,tag,wt:word;

    begin
          clrscr;
          Beenden:=false;
          gettime(std,min,sek,Hsek);
          getdate(jahr,monat,tag,wt);
          write('Systemdatum und -zeit: ');
          writeln(LeadingZero(tag),'.',LeadingZero(monat),'.',
             LeadingZero(jahr),'; ',LeadingZero(std),':',
             LeadingZero(min),':',LeadingZero(sek),'   ');
      writeln;

          writeln ('Wollen Sie dieses sch"ne Programm schon ');
          writeln ('beenden???');
          writeln;
          writeln ('(n) NEIN!');              (* zurück zu "Haupt" *)
          writeln ('(!) Ja, ich muss. ');      (* Prg wird beendet **)
          writeln ('(d) Daten für einen neuen Patienten ');
                                              (*verzweigt zu unit Basis *)
          x:=readkey;
            if ((x='d') or (x='D')) then daten;
            if (x='!') then begin
                     Beenden:=true;
```

```
                    end;
     end;
end.
```

C.2.8 letzte Eingaben vor Rückgabe

```
(*** Die Untersuchung wird abschließend bewertet ***********)
unit letzte;
interface
         procedure letzte_Angaben;
              procedure alles;
              procedure seit3;
              procedure seit4;
              procedure seit5;
              procedure seit7;
              procedure seit8;
              procedure seit9;
              procedure seit10;
              procedure seit11;
              procedure seit12;
              procedure seit13;
              procedure seit14;
              procedure seit15;
              procedure seit16;
              procedure seit17;

implementation

uses crt,abbruch,wichtigs,dos;
var Eingabe:char;
    weiter:boolean;
    gut,stoerg,messung,rechner,rrmessung,gefallen1,gefallen2,
    handhab1,handhab2,hilfr1,hilfr2:char;
    zurueck:boolean;


(*********************************************************************)
procedure seit3;
begin
     clrscr;
     writeln ('++++++++ letzte Angaben, Seite 3 von 17');
     writeln;
     writeln ('Ich habe gut geschlafen.');
     gut:=antwort;
end;
procedure seit4;
begin

     clrscr;
     writeln ('++++++++ letzte Angaben, Seite 4 von 17');
     writeln;
     writeln ('Ich wurde in der Nacht durch das Auf-');
     writeln ('pumpen der Blutdruckmanschette gest"rt.');
     messung:=antwort;
```

```
end;
procedure seit5;
begin
     clrscr;
     writeln ('++++++++ letzte Angaben, Seite 5 von 17');
     writeln;
     writeln ('Ich wurde in der Nacht durch etwas ');
     writeln ('anderes gestört.');
     stoerg:=antwort;
end;
(*****************************************************************)
procedure seit7;
begin
     clrscr;
     repeat
     writeln ('++++++++ letzte Angaben, Seite 7 von 17');
     writeln;
     writeln ('Abschließend möchten wir Ihnen');
     writeln ('noch einige Fragen zur Blutdruck-');
     writeln ('messung und zur Datenerhebung');
     writeln ('am Computer stellen.');
     until bestaetigt3;
end;
procedure seit8;
begin
     clrscr;
     writeln ('++++++++ letzte Angaben, Seite 8 von 17');
     writeln;
     writeln ('Ich wurde tagsüber durch das Aufpumpen');
     writeln ('der Blutdruckmanschette gestört.');
     rrmessung:=antwort;
end;
procedure seit9;
begin
     clrscr;
     writeln ('++++++++ letzte Angaben, Seite 9 von 17');
     writeln;
     writeln ('Mir hat die Blutdruckmessung gefallen.');
     gefallen1:=antwort;
end;
procedure seit10;
begin
     clrscr;
     writeln ('++++++++ letzte Angaben, Seite 10 von 17');
     writeln;
     writeln ('Der Umgang mit dem Blutdruckgerät fiel ');
     writeln ('mir sehr leicht.');
     handhab1:=antwort;
end;
procedure seit11;
begin
     clrscr;
     writeln ('++++++++ letzte Angaben, Seite 11 von 17');
     writeln;
     writeln ('Die Eingaben in den Computer haben mich  ');
     writeln ('sehr gestört.');
     rechner:=antwort;
```

```
end;
procedure seit12;
begin
     clrscr;
     writeln ('++++++++ letzte Angaben, Seite 12 von 17');
     writeln;
     writeln ('Die Erhebung am Computer hat mir sehr ');
     writeln ('gut gefallen.');
     gefallen2:=antwort;
end;
procedure seit13;
begin
     clrscr;
     writeln ('++++++++ letzte Angaben, Seite 13 von 17');
     writeln;
     writeln ('Der Umgang mit dem Computer fiel mir');
     writeln ('sehr leicht.');
     handhab2:=antwort;
end;
procedure seit14;
begin
     clrscr;
     writeln ('++++++++ letzte Angaben, Seite 14 von 17');
     writeln;
     writeln ('Die Anleitung auf dem Bildschirm war ');
     writeln ('sehr hilfreich.');
     hilfr1:=antwort;
end;
procedure seit15;
begin
     clrscr;
     writeln ('++++++++ letzte Angaben, Seite 15 von 17');
     writeln;
     writeln ('Die beigefügte schriftliche Anleitung');
     writeln ('war sehr hilfreich.');
     hilfr2:=antwort;
end;
procedure seit16;
begin
     repeat
            clrscr;
            writeln ('++++++++ letzte Angaben, Seite 16 von 17');
            writeln;
            writeln ('Wenn Sie diesen Fragenblock beenden');
            writeln ('wollen, dann drücken Sie die Leertaste.');
            writeln ('Sie können die Angaben aus diesem Fragen-');
            writeln ('block dann nicht mehr korrigieren.');
     until bestaetigt2;
     end;
procedure seit17;
begin
     clrscr;
     writeln ('++++++++ letzte Angaben, Seite 17 von 17');
     writeln;
     writeln;
     writeln ('Wir danken Ihnen herzlich für ');
     writeln ('Ihre Teilnahme und wünschen Ihnen');
```

```
     writeln ('gute Besserung.');
     writeln ;
     writeln ('Schalten Sie bitte den Computer aus und');
     writeln ('geben Sie diesen, das Blutdruckgerät  ');
     writeln ('sowie Ihre Notizen in der Diagnostik-');
     writeln ('abteilung ab.');
     delay(4000);
    repeat
     clrscr;
     writeln ('++++++++ letzte Angaben, Seite 17 von 17');
     writeln;
     writeln;
     writeln ('Wir danken Ihnen herzlich für ');
     writeln ('Ihre Teilnahme und wünschen Ihnen');
     writeln ('gute Besserung.');
     writeln ;
     writeln ('Schalten Sie bitte den Computer aus und');
     writeln ('geben Sie diesen, das Blutdruckgerät  ');
     writeln ('sowie Ihre Notizen in der Diagnostik-');
     writeln ('abteilung ab.');
     gotoxy (1,14);
     writeln ('Oder drücken Sie die Leertaste, um  ');
     writeln ('zur Startseite zurückzukommen.');
     Eingabe:=readkey;
    until (Eingabe=' ');
end;
(*********************************)
procedure alles;
var x:char;
label le2,le3,le4,le5,le6,le7,le8,le9,le10,le11,le12,le13,le14,le15,le16;
begin
     le2:
     repeat
     clrscr;
     writeln ('++++++++ letzte Angaben, Seite 2 von 17');
     writeln;
     writeln ('Zunächst möchten wir Ihnen einige');
     writeln ('Fragen zum Nachtschlaf stellen, ');
                              writeln ('danach einige Fragen zu der');
                              writeln ('Untersuchung insgesamt.');
                              gotoxy(1,14);
                              writeln ('Drücken Sie die Leertaste für
"weiter"');
                              write ('oder "z" für zurück.');
                              x:=readkey;
                              until ((x=' ') or (x='z'));
                              if x='z' then begin
                                     weiter:=true;
                                     exit; end;
     le3:

     seit3;
     if gut='z' then goto le2;
     le4:

     seit4;
     if messung='z' then goto le3;
```

```
le5:

seit5;
if stoerg='z' then goto le4;
le6:

repeat
      clrscr;
      writeln ('++++++++ letzte Angaben, Seite 6 von 17');
      writeln;
      writeln ('Wenn Sie diesen Fragenblock beenden');
      writeln ('wollen, dann drücken Sie die Leertaste.');

      writeln ('Sie können die Angaben aus diesem Fragen-');
      writeln ('block dann nicht mehr korrigieren.');
      gotoxy(1,14);
      writeln ('Drücken Sie die Leertaste für "weiter"');
      write ('oder "z" für zurück.');
      x:=readkey;
 until ((x=' ') or (x='z'));
if x='z' then goto le5;
   gettime(std,min,sek,Hsek);
   getdate(jahr,monat,tag,wt);
   datei_oeffnen;
   writeln;
   write(f,LeadingZero(tag),'.',LeadingZero(monat),'.',
        LeadingZero(jahr),'; ',LeadingZero(std),':',
        LeadingZero(min),':',LeadingZero(sek),'  ');
   write(f,'EVA',gut+messung+stoerg);
   close(f);
                              le7:
 repeat
      clrscr;
      writeln ('++++++++ letzte Angaben, Seite 7 von 17');
      writeln;
      writeln ('Abschlieáend m"chton wir Ihnen');
      writeln ('noch einige Fragen zur Blutdruck-');
      writeln ('messung und zur Datenerhebung');
      writeln ('am Computer stellen.');
 until bestaetigt3;
       if zurueck=true then goto le6;
                              le8:

                              seit8;
                              if rrmessung='z' then goto le7;
                              le9:

                              seit9;
                              if gefallen1='z' then goto le8;
                              le10:

                              seit10;
                              if handhab1='z' then goto le9;
                              le11:

                              seit11;
                              if rechner='z' then goto le10;
```

```
                                    le12:

                                    seit12;
                                    if gefallen2='z' then goto le11;
                                    le13:

                                    seit13;
                                    if handhab2='z' then goto le12;
                                    le14:

                                    seit14;
                                    if hilfr1='z' then goto le13;
                                    le15:

                                    seit15;
                                    if hilfr2='z' then goto le14;
                                    le16:

                                    seit16;
                                    if zurueck=true then goto le15;
                                    datei_oeffnen;

writeln(f,rrmessung+gefallen1+handhab1+rechner+gefallen2+handhab2+hilfr1+hi
lfr2);
                                    close(f);
                                    seit17;
                                    weiter:=true;
                                end;
(*********************************************************************)
procedure letzte_Angaben;
begin
   repeat
     repeat
           clrscr;
           writeln ('++++++++ letzte Angaben, Seite 1 von 17');
           writeln;
           writeln ('Wollen Sie jetzt die letzten');
           writeln ('Angaben machen bevor Sie die ');
           writeln ('Geräte wieder zurückgeben?');
           writeln;
           writeln ('Drücken Sie "j" oder "n".');
           gotoxy(1,7);
           Eingabe:=readkey;
     until Pos(EIngabe,'jJnN!')<>0;
           case Eingabe of
                'n','N'  :  exit;
                'j','J'  :  alles;
                '!'      :  begin
                                  if Abbruch.beenden then exit
                                  else weiter:=false;
                            end;
           end;
   until weiter=true;
end;
(*********************************************************************)
end.
```

D.1 Deskription einer idiosynkratischen Belastungssituation einer Kontrollperson

Mir ist furchtbar langweilig.....keine Verabredung steht an....bin das ganze Wochenende in Kreuznach.....mir fällt die Decke auf den Kopf....das ist das erste Wochenende alleine nach der Trennung von X ....kann mich irgendwie zu nichts aufraffen-.....könnte ja das Kurzdarmsyndrom bearbeiten....oder mich über Diabetes Mellitus weiterbilden.....schaue ein bisschen Fernsehen. zappe....kommt irgendwie auch nichts richtiges im Fernsehen....lege mich ein bisschen hin......kann aber nicht richtig schlafen....döse vor mich hin...mir ist kalt bin unzufrieden...lustlos.....denke darüber nach, dass ich was tun müsste...kann mich einfach nicht aufraffen....stehe auf und lege mich wieder vor den Fernseher schaue mir Tarzan an....hänge meine Wäsche auf...spüle das dreckige Geschirr das aktivsein tut mir ganz gut....nehme mir vor, um 19:10 wer wird Millionär zu gucken ...vorher koche ich mir noch geschnetzelte Putenbrust....setze mich dann mit meinem leckeren Essen vor den Fernseher, die Show läuft auch schon fühle mich besser.....verdränge die Gedanken an das Kurzdarmsyndrom....werde das Morgen schon irgendwie hinkriegen....wie immer.....fühle mich nicht super, aber die Sendung ist lustig und lenkt mich ganz gut ab....das Telefon klingelt und ich rede noch mit Marius und verabrede mich für das nächste Wochenende......

D.2 Deskription einer idiosynkratischen Belastungssituation mit nachfolgendem Essanfall einer Frau mit diagnostizierter Ess-Störung

meine Eltern sind nicht da...ich bin alleine zu Hause.....ich habe die letzte Stunde gelesen....ich merke, dass ich irgendwie unruhig werde...muss mich unheimlich auf das Buch konzentrieren...merke gar nicht mehr, was ich da lese.....muss die Sätze mehrfach lesen.....meine Gedanken schweifen immer öfter dahin ab, ob ich was essen sollte ..fühle mich irgendwie leer....mir ist stinklangweilig.......ich überlege, ob ich Hunger habe.......spüre das aber nur sehr schlecht........weiß gar nicht, ob ich jetzt was essen soll oder nicht......überlege, was ich gestern und heute schon alles gegessen habe.....wenn jetzt jemand da wäre ich mich beschäftigen würde, wer das jetzt nicht der Fall......ich fühle mich einsam bei dem Gedanken....verkrampfe mich.....werde immer unruhiger....mein Will, nichts zu essen wird immer schwächer.....gehe runter...obwohl ich es eigentlich gar nicht will...schaue mir die Sachen an, die da sind...habe aber eigentlich gar kein Lust auf die Sachen die da sind....die brauch ich im Moment auch nicht.....na ja "ein Kinderriegel" geht......esse den Kinderriegel noch im stehen in der Küche....sobald ich den Geschmack auf der Zunge und im Mund spüre, weiß ich, dass es zu spät ist...ich kann jetzt nicht aufhören.....

FSC
www.fsc.org
MIX
Papier | Fördert
gute Waldnutzung
FSC® C083411

Kolibri 360 GmbH
Ferdinand-Jühlke-Straße 7
99095 Erfurt, Deutschland
produktsicherheit@kolibri360.de

Druck:
CPI Druckdienstleistungen GmbH
im Auftrag der
Kolibri 360 GmbH
Ferdinand-Jühlke-Str. 7
99095 Erfurt